청소년
주님은 나의
최고봉

Everything Counts :Oswald Chambers' Classic:
My Utmost for His Highest Adapted for Teens
by Steven L. Case
Copyright © 2003, 2015 by Zondervan
All rights reserved.

Korean translation copyright © 2015 by Togijangi Publishing House
2F, 71-1 Donggyo-ro. Mapogu, Seoul 04018, Korea

This Korean edition is published by the permission of Zondervan.
(3900 Sparks Dr. SE. Grand Rapids, Michigan 49546 USA)
through the arrangement of rMaeng2, Seoul, Korea.

본 저작물의 한국어판 저작권은 알맹2를 통해 Zondervan과의 독점 계약으로 한국어 판권을 '도서출판 토기장이'가 소유합니다. 저작권법에 의하여 한국 내에서 보호를 받는 저작물이므로 무단 전재와 무단 복제를 금합니다.

특별한 표기가 없는 모든 성경 구절은 개역개정성경을 인용한 것입니다.

청소년 주님은 나의 최고봉

스티브 L. 케이스 지음 · 장인식 옮김

토기장이

저출산 시대에 우리는 다음 세대 아이들의 신앙계승을 위한 시대적 소명 앞에 직면해 있습니다. 그런데 청소년들에게 무엇을 가르쳐야 하는지, 아니 어떤 본을 보여 주고 있는지 묻는 질문에 과연 사도 바울의 고백처럼 "나를 본받으십시오"라고 대답할 수 있을지 의문입니다.

많은 사람이 한국교회의 미래를 바라보면서 걱정의 목소리를 높이고 있습니다. 아마도 다음 세대를 위한 신앙의 계승화가 실패했다고 보기 때문일 것입니다. 그러나 저는 이대로 주저앉기보다는 우려의 목소리를 다시금 회복할 수 있는 기회로 삼는다면 어떨까 싶습니다. 그런 의미에서 이 책은 꿈도 비전도 없이 학업에만 열중하는 청소년들이 주님의 제자로 거듭나도록 도전하고, 영적으로 크게 성장하도록 돕기에 충분하다고 생각합니다.

특별히 이 책은 오스왈드 챔버스의 「주님은 나의 최고봉」에 나오는 주제를 청소년들이 쉽게 이해하고 묵상할 수 있도록, 그리고 스스로 결단할 수 있도록 구성되어 있습니다. 다소 어려울 수도 있지만, 우리 청소년들이 말씀을 묵상하고 묵상한 말씀을 삶에서 실천하도록 노력한다면, 분명 나침반과 같은 책이 될 것입니다.

김병삼 목사(분당만나교회 담임)

매일 주님과 동행하며 직접 가르침을 받는다면 그것보다 더 훌륭한 제자훈련은 아마 없을 것입니다. 게다가 도전적인 메시지로 자신을 뒤돌아보며 점검한다면, 성도는 세상의 높은 파도 앞에서도 잠잠하고 묵직한 평안을 소유하게 됩니다. 오스왈드 챔버스의 365 묵상집 「주님은 나의 최고봉」은 오랜 기간 동안 전 세계 기독교 독자들의 마음에 진정한 위로와 거짓 없는 도전을 전달해 왔습니다. 챔버스 목사님의 생동감 있고 강렬한 필체는 지금도 성령님의 훌륭한 도구로 쓰임 받고 있습니다.

「청소년 주님은 나의 최고봉」은 십대들의 감성과 코드에 맞게 새롭게 편집된 책입니다. 청소년 시기에 말씀 묵상이 삶의 습관으로 익혀진다면, 그 청소년은 평생 환난 앞에서도 믿음을 당당히 지켜갈 것입니다. 감사하게도 본서는 '오늘의 묵상 말씀-마음을 여는 이야기-오스왈드 챔버스의 메시지-하나님과 나만의 이야기-삶을 변화시키는 한 줄' 이 다섯 흐름으로 깊은 묵상의 세계로 인도합니다. 다음 세대가 말씀으로 준비되는데 본서의 방향은 더없이 따뜻한 친구가 되기에 적합합니다. 한국교회의 지상과제가 된 다음 세대 운동에 본서가 알찬 보탬이 되기를 바라는 심정으로 추천합니다.

송태근 목사(삼일교회 담임)

「주님은 나의 최고봉」은 43세의 젊은 나이로 에녹처럼 너무나 일찍 떠난 오스왈드 챔버스 목사의 묵상집입니다. 깊은 영성과 인생에 대한 예리한 통찰력으로 인해 영국에서 처음 출간된 이후로 기독교 모던 클래식이 되었고, 지금까지 3대 기독교 고전 중 한 권으로 인정받는 놀라운 책입니다. 그야말로 영성은 세월에서 축적되는 것이 아니라 영원으로부터 선사되는 것을 깨닫습니다.

저는 이 귀한 책이 청소년판으로 출간되어 얼마나 반가운지 모릅니다. 「주님은 나의 최고봉」은 다소 어려운 감이 있어 마치 단단한 식물을 씹듯 반복과 묵상과 반추의 과정을 거쳐야만 몸속에 스며드는 것을 느낄 수 있습니다. 그러다 보니 이 풍성한 영혼의 만찬을 청소년들이 마음껏 누릴 수 없다는 것이 안타까운 부분이었는데, 이번 책을 통해서 그 갈증이 깔끔하게 해소되었습니다.

「청소년 주님은 나의 최고봉」은 오스왈드 챔버스의 통찰력 있는 메시지 한 부분을 머릿돌로 삼아서 청소년들이 건실한 삶을 세워갈 수 있도록 쉽게 해설해 주고 적용거리를 제공해 주고 있습다. 이 책은 원작의 품위와 깊이를 손상하지 않을 만큼 진지함을 유지하고 있고, 동시에 공감하고 실천할 수 있을 만큼 쉽게 접근하고 있습니다.

이 책은 자녀 세대의 영적 부흥을 위한 필독서입니다. 수십 년 동안 전 세계 크리스천들이 애독한 이 책을 이제 우리의 소중한 다음 세대에게 선물할 수 있게 되었습니다. 자녀들에게 무엇을 물려주시겠습니까? 물질보다 능력을, 능력보다 태도를, 태도 중에 가장 중요한 태도인 신앙을 물려주어야 하지 않을까요? 그렇다면 이 책을 여러분의 자녀의 서가 한가운데 꽂아두십시오. 최고의 주님을 만나 최선의 인생이 되도록!

이상준 목사(양재온누리교회 담당)

저는 10여 년간 청소년 사역을 하며 다음 세대를 향한 특별한 애정을 품게 되었습니다. 제게 그 시간은 복음만이 유일한 대안임을 몸서리치게 깨닫는 소중한 기간이었습니다. 학업에 시달려 지쳐 있는 아이들, 친구 관계로 힘들어 하는 아이들, 재정적인 문제로 어려움을 겪는 아이들… 각각의 문제는 달랐지만 그들에겐 예수 그리스도가 필요했습니다. 복음으로 인해 변화되고 꿈을 갖게 된 아이들이 자라 사회 구석구석에서 제몫을 감당하는 것을 보면 참 감사하고 기쁩니다.

이번에 토기장이에서 「청소년 주님은 나의 최고봉」이 출간되어 기쁘게 추천합니다. 많은 분이 오스왈드 챔버스의 영성을 어렵게 생각하시는데 사실은 아주 명료하고 단순합니다. 왜냐하면 그는 한결같이 "예수 그리스도와 우리는 하나가 되어야 한다"는 것에 포커스를 맞추고 있기 때문입니다. 즉, 하나님이 기뻐하시는 것에 집중하고, 하나님이 싫어하시는 것은 삶에서 제거해나가자는 것입니다.

이 책은 「주님은 나의 최고봉」의 주요 내용을 저자가 이해하기 쉽게 풀어 주고 있습니다. 또한 '하나님과 나만의 이야기' 부분을 통해 매일매일 믿음의 순종 훈련을 할 수 있어 청소년 제자훈련 교재로도 활용할 수 있습니다. 집중적으로 주님과 교제하며 그분의 임재를 사모하는 훈련을 통해 참 제자로 거듭나는 과정에서 이 책은 큰 유익을 줄 것입니다. 특히 「주님은 나의 최고봉」으로 묵상을 해 보신 부모님들이라면 자녀와 함께 가정예배 시간에 묵상하는 것도 좋을 것입니다.

이 책을 묵상하면서 우리 다음 세대들이 진정 주님의 제자로 멋지게 세워져가길 소망합니다.

이찬수 목사(분당우리교회 담임)

오스왈드 챔버스의 「주님은 나의 최고봉」처럼 기독교 역사상 지대한 영향을 끼친 책은 아마 없을 것입니다. 전 세계적으로 수많은 크리스천들이 묵상하고 있고, 미국 대통령 취임식 때마다 빌리 그래함 목사님이 대통령에게 선물하는 책이라고 하니, 기독교의 고전 중에 고전이자 묵상서 중에 가장 탁월한 책이 아닐까 생각합니다. 이토록 수많은 독자들의 삶을 주님께로 이끈 이 책의 '청소년 버전'이 출간되어 저는 참 기쁩니다. 아니, 제가 더 설레고 기대가 됩니다. 이제 우리 다음 세대들도 이 책을 통해 주님의 제자로 세워져 갈 것이라 기대하니 말입니다.

챔버스의 영성은 일면 과격한 면이 있습니다. 주님께 래디컬하게 순종할 것을 요구하고 또 삶 속에서 래디컬한 제자로 살아갈 것을 계속적으로 도전하고 있기 때문입니다. 챔버스는 하나님을 우리 삶의 최우선순위에 놓으라고 반복적으로 강조하고 있습니다. 그래서 제 지인 중에 한 사람은 「주님은 나의 최고봉」으로 묵상하고 나면 때때로 불편해진다고도 고백합니다. 그만큼 챔버스의 조언대로 실천하고 살아가기가 어려우니까요. 하지만 저는 그렇기 때문에 이 책을 더욱 추천하고 싶습니다. 저도 챔버스 목사님처럼 여러분께 도전하고 싶습니다. 하나님을 제1순위로 두고 사십시오. 이러한 삶은 결코 쉽지 않습니다. 그럼에도 불구하고 이 책을 묵상해가면서 진지하게 노력해 보세요. 단언컨대 주님께서 여러분의 인생을 놀랍게 사용하실 것입니다.

진재혁 목사(지구촌교회 담임)

저는 「주님은 나의 최고봉」을 고등학교 시절에 처음 읽고 "정말로 대단한 책이다!"라고 감탄하는 동시에 "도대체 오스왈드 챔버스가 살았던 세상은 어떠했을까"라는 의문을 품은 적이 있습니다. 당시에 저는 챔버스가 세상을 등진 채 삶과 하나님에 대해 심오한 글만 쓰는 매우 엄격한 노인일 것이라고 상상했습니다. 그런데 그가 43세의 나이에 세상을 떠났고, 자신이 '직접' 책을 저술한 적이 없다는 사실을 알고 굉장히 놀랐습니다.

1874년 7월 24일, 챔버스는 스코틀랜드 애버딘에서 침례교 목사의 막내아들로 태어났습니다. 그는 어린 시절을 퍼스에서 보내다가 15세가 되던 해에 가족과 함께 런던으로 이사했습니다. 이사한 직후 챔버스는 예수님에 대한 믿음을 공개적으로 고백하며 역동적인 교회의 성도가 되었습니다. 이 일로 인해 그의 신앙은 급속히 성장했고, 자신을 향한 하나님의 뜻을 발견하기 위해 진지하게 노력하기 시작했습니다.

미술가와 음악가로서의 재능을 타고난 챔버스는 런던에 소재한 국립미술학교에서 교육을 받으며, 그리스도의 대사로서 미술가들에게 복음을 전해야겠다는 사명감을 느꼈습니다. 그러나 에딘버러대학에서 미술을 공부하는 동안(1895-96) 심한 내적 갈등을 겪은 후 목회자가 되기로 결심했습니다. 그는 에딘버러대학을 떠나 글래스고 근처에 있는 더눈대학에 입학했고, 이곳에서 9년 동안 학생으로서 또 교사로서 공부하며 일했습니다.

1906년부터 1907년까지 그는 전 세계를 여행했는데, 오하이오 주 신시내티에 있는 하나님의 성경학교에서 6개월 동안 학생들을 가르치기도 했고, 후에는 일본에 있는 도쿄성경학교를 방문하기도 했습니다. 1910년에는 거트루드 홉스와 결혼하여 캐스린이란 딸을 낳았습니다.

챔버스 목사는 마지막 10년 동안 다양한 사역을 하였습니다. 특별히 YMCA 소속 군목으로 이집트에 있는 영국군 병사들에게 복음을 전했는데, 안타깝게도 1917년 11월 15일 급성 맹장염으로 인한 합병증으로 카이로에서 세상을 떠났습니다.

그의 아내 거트루드는 남편이 세상을 떠난 후 자신이 속기(速記)로 기록한 그의 설교를 정리하여 책으로 출간하기 시작했습니다. 그 중에서 가장 널리 알려진 「주님은 나의 최고봉」은 1927년에 발간되어 지금까지 출간되고 있습니다. 더욱이 13개가 넘는 언어로 번역되어 베스트셀러 자리를 꾸준히 고수하고 있습니다.

예수 그리스도를 알고 따르는 것이 무엇을 의미하는가에 대해 그가 던지는 메시지는 진지하기 그지없습니다. 아마도 이런 이유 때문에, 그가 세상을 떠난 지 거의 100여 년이 지난 지금까지 전 세계 크리스천들이 매일 그의 글을 읽고 있으리라 생각합니다.

이 책을 통해 오스왈드 챔버스 목사의 영적 통찰력을 만나십시오. 그의 메시지는 청소년 여러분의 마음을 사로잡아 그리스도께 헌신하도록 도전을 줄 것입니다. 이는 그가 일상의 모든 영역에서 전적으로 신실하게 살았기 때문입니다.

데이빗 맥캐스랜드
오스왈드 챔버스의 전기 「순종의 길」(토기장이)의 저자

존더밴(Zondervan) 출판사 서문

예수님과 성경 다음으로 이 책이 여러분의 가장 좋은 친구이자 변치 않는 동반자가 되기를 소망합니다.

저희는 이 책의 메시지를 여러분께 가장 효과적으로 전달하기 위해 많은 노력을 기울였습니다. 이 책의 구성은 다음 다섯 부분-오늘의 묵상 말씀, 마음을 여는 이야기, 오스왈드 챔버스의 메시지, 하나님과 나만의 이야기, 삶을 변화시키는 한 줄로 나뉘어져 있는데요. 각 부분이 서로를 보완하면서 여러분을 깊은 묵상으로 인도해 줄 것입니다.

이 책을 통해 하나님을 만나고, 하나님 나라의 가치관을 배우며 비전을 발견해 나가기를 기도드립니다. 여러분의 삶을 통해 많은 사람이 예수 그리스도를 만나고 역사하시는 주님의 손길을 느끼기를 기도드립니다.

이 세상에 중요하지 않은 것은 하나도 없습니다. 왜냐하면 모든 것을 하나님이 만드셨기 때문입니다. 소중한 여러분 자신을 위해 이 책을 꾸준하게 읽고 묵상해나가시기를 축복합니다.

차례

January • 지도가 필요 없는 여행
: 삶의 운전대를 온전히 주님께 맡기세요

February • 잡음을 차단하고 주의 음성을 듣는 법
: 주님과 관계없는 것으로부터 멀어지세요

March • "네가 나를 사랑하느냐?"
: 주님을 얼마나 사랑하는지 고백하세요

April • 천국의 입구에서 퇴짜 맞지 않는 법
: 여러분은 주님을 위해 무엇을 포기했나요?

May • 믿음 갖기, 세우기, 다지기
: 눈에 보이는 것만 의지하지 마세요

June • "다 내게로 오라"
: 스트레스에서 벗어나 주님 품에 안겨 쉬세요

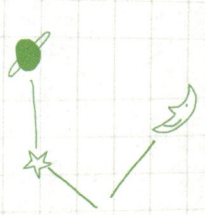

July • 제자가 되기 위한 아름다운 훈련
: 제자의 길은 어렵지만 주님이 함께하세요

August • 사막에서 생수를 마시는 경험
: 거듭나면 영원히 목마르지 않아요

September • 믿음의 여정을 위한 짐 꾸리기
: 불필요한 짐은 다 내려놓고 주의 음성만 따르세요

October • 내 삶의 주인공은 정말 나일까?
: 언제나 여러분의 이름이 아닌 주님의 이름이 남게 하세요

November • 영혼의 관점에서 주님만 바라보기
: 여러분 안에 역사하시는 주님을 만나세요

December • 진정한 시작은 회개로부터
: 날마다 여러분의 잘못을 고백하여 깨끗해지세요

January

지도가 필요 없는 여행

삶의 운전대를 온전히 주님께 맡기세요

핵심을 놓치지 않았나요?

Jan. 01

나의 간절한 기대와 소망을 따라 아무 일에든지 부끄러워하지 아니하고 지금도 전과 같이
온전히 담대하여 살든지 죽든지 내 몸에서 그리스도가 존귀하게 되게 하려 하나니 (빌 1:20)

인생의 모든 문제가 이 질문에 달려 있습니다. 그래서 먼저 핵심을 찾는 일부터 시작해야 합니다. '나는 하나님의 종'이라는 마음으로 모든 일을 하세요. 어디를 가든지 그분과 동행하세요. 오늘부터 시작되는 이 여정을 성공적으로 마치려면 여러분의 존재를 아낌없이, 또 기꺼이 쏟아 부어야만 합니다. 그렇지 않으면 단어만 읽는 꼴이 될 테니까요. 여러분에게는 아무도 빼앗을 수 없는 유일한 것이 있는데, 그것은 바로 여러분 자신입니다. 어느 누구도 여러분을 '빼앗아 가지' 못하고, 오직 여러분만이 자신을 하나님께 드릴 수 있습니다. 물론 이렇게 하는 것은 쉽지 않습니다. 하지만 여러분의 전부를 주님께 드린다면 지금까지 경험하지 못한 새로운 모험을 하게 될 것입니다.

오스왈드 챔버스의 메시지

자신에게 지나치게 몰두하면 자신을 하나님께 드리지 못하게 됩니다. 그러면서 다른 사람을 염려하기 때문이라고 그럴듯한 핑계를 대죠. 우리는 예수님의 명령에 순종하면, 누군가가 피해를 입을 거라고 생각합니다. 그래서 "하나님은 순종이 얼마나 힘든지 모르셔"라고 불평합니다. 그러나 핵심을 놓치지 마세요. 하나님은 다 아닙니다. 온갖 걱정을 떨쳐 버리고, 하나님 앞에서 오직 최고이신 하나님께 나의 최선을 드릴 생각만 하세요. 저는 전적으로, 또 단호하게 오직 그분만을 위해 살기로 결단했습니다.

하나님과 나만의 이야기

하나님께 여러분의 모든 것, 즉 지식과 재능, 그리고 감정까지 모두 사용해 달라고 기도드리세요. 그러면 앞으로 여러분의 마음과 몸, 그리고 영혼 중 어느 한 부분도 허비되지 않을 거예요. 먼저 간구하고 귀를 기울이세요.

이 여정을 잘 마치려면 처음도 하나님, 마지막도 하나님,
모든 일에서 하나님, 모든 방법에서 하나님입니다.

Jan. 02 — 지도가 필요 없는 여행

> 믿음으로 아브라함은 부르심을 받았을 때에 순종하여 장래의 유업으로 받을 땅에 나아갈 새 갈 바를 알지 못하고 나아갔으며 (히 11:8)

우리가 시작한 이 여정에는 지도가 필요 없습니다. 또한 100퍼센트 오직 하나님의 은혜로만 진행되는 모험입니다. 목적지에 도달할 때까지는 어디로 가는지 모르고, 가서 무엇을 보게 될지도 모릅니다. 그렇다면 이 여정이 위험할까요? 어떤 사람에게는 그럴 수도 있고, 또 어떤 사람에게는 구원을 얻는 유일한 길이 될 수도 있습니다.

오스왈드 챔버스의 메시지

"하나님, 저를 어디로 인도하고 계세요?"라고 계속해서 여쭤 보고 있나요? 그러나 하나님은 그 질문에 답해 주시지 않을 것입니다. 그분은 앞으로 하실 일을 명확하게 말해 주시기보다, 그분 자신이 어떠한 분이신가를 계시해 주시기 때문입니다. 여러분은 믿음 안에서 하나님이 무슨 일을 하시더라도 조금도 놀라지 않을 준비가 되어 있나요? 주님께 가장 가까이 있을 때 느꼈던 그분이 바로 여러분이 알고 있는 하나님이라고 생각해 보세요. 그렇다면 우리가 염려하는 것이 얼마나 무례한 행동인지 알 수 있을 것입니다. 항상 하나님만 의지하고 두려움 없이 나아가세요. 그러면 여러분의 인생은 더할 나위 없이 매력적인 삶이 될 것이고, 예수님도 기뻐 하실 것입니다. 이렇게 되려면 확신과 신념, 그리고 경험을 초월하여 전진하는 법을 배워야만 합니다. 그래서 믿음에 관한 한, 여러분과 하나님 사이에 어떠한 장애물도 없게 해야 합니다.

하나님과 나만의 이야기

마음 한구석을 차지하고 있는 문제 하나를 하나님께 맡기고 이제 그 문제에서 해방되세요. 하나님이 반드시 처리해 주실 것입니다. 물론 즉시 해결해 주지 않으실 수도 있고, 여러분 스스로 문제를 해결하도록 방법만 알려 주실 수도 있습니다. 하지만 분명한 것은 이제 여러분의 문제는 하나님의 몫입니다.

눈 딱 감고 삶의 운전대를 온전히 주님께 맡기고
주님만 의지하기로 결정하세요.

친구 그 이상

Jan. 03

구름과 흑암이 그를 둘렀고 의와 공평이 그의 보좌의 기초로다 (시 97:2)

오늘의 말씀은 단순한 언어 묘사가 아닙니다. 예수님은 우리에게 흥미로운 사건에 대한 재미있는 이야기를 들려주는 친구 그 이상이십니다. 친구로서의 예수님은 단지 일부에 지나지 않습니다. 그분에게서 나오는 빛이 얼마나 찬란한지, 그 빛을 보는 사람마다 땅에 완전히 엎드려 경배했습니다. (성경에서 이런 체험을 한 인물이 더러 있죠.) 언젠가 여러분에게도 예수님에 대한 생생한 느낌이 마음에 짜릿하게 전해질 때가 올 것입니다.

오스왈드 챔버스의 메시지

하나님의 영이 마음에 깨달음을 주실 때에야 비로소 우리는 예수님의 가르침을 이해하게 됩니다. 만약 우리가 고리타분한 종교적인 태도에서 한 번도 벗어나 본 적이 없고, 하나님께 친숙한 척하며 나아간 행동을 떨쳐 버린 적이 없다면, "과연 내가 하나님 앞에 서 있나?" 하고 의심해 보아야 합니다. 예수님께 한 번도 제대로 나아가 본 적이 없는 사람은 자신이 하나님과 친밀하다고 착각한 나머지 경박하게 행동을 합니다. 하지만 예수님이 행하신 일을 깨닫고 엄청난 기쁨과 자유를 체험한 사람은 그분을 이해하려고 할 때 깊은 암흑을 경험하게 됩니다.

하나님과 나만의 이야기

하나님께 무릎을 꿇고 기도드리세요. 그분은 우리의 친구 그 이상이십니다. 유일하신 하나님이시거든요. 이 책을 덮고 기도할 때, 우리가 기도하는 대상이 바로 창조자라는 진리를 기억하세요.

믿음의 세계는 여러분의 생각보다 훨씬 더 심오하고 무궁무진합니다.
그곳으로 풍덩 빠져들고 싶으세요?

앞서가지 마세요!

베드로가 이르되 주여 내가 지금은 어찌하여 따라갈 수 없나이까 주를 위하여 내 목숨을 버리겠나이다 (요 13:37)

항공기 조종사는 계기판에 있는 각종 장치들이 정상적으로 잘 작동하고 있는지 세밀하게 점검한 후, 관제탑의 승인을 기다립니다. 만약 여러분이 조종사라면 어서 레버를 밀고 활주로 위를 날아오르고 싶겠죠? 승인을 기다리는 조종사처럼 여러분도 모든 일에 하나님의 승인을 받아야 합니다. 그러니 그때까지 조금만 더 기다리세요. 여러분이 준비되었다는 사실은 하나님도 아시니까요. 이제 하나님의 신호가 들리는지 귀를 곤두세우고 들으세요. 타이밍이 중요합니다. 여러분이 이륙할 준비가 되었다고 해서 반드시 이륙이 가능한 것은 아닙니다. 눈에 보이는 장애물이 없다고 해서 언제나 안전한 비행이 보장되지 않는 것처럼요. 여러분은 하나님을 의지하겠다고 이미 약속했습니다. 그렇다면 잠시 여유를 가지고 언제 이륙해야 하는지 하나님께 여쭤 보세요. 그러면 가장 좋은 때가 언제인지 알려 주실 것입니다.

오스왈드 챔버스의 메시지

때때로 여러분이 하려고 하는 일을 하나님이 막으실 때가 있습니다. 이처럼 하나님이 공백기를 주시면, 그 기간을 다른 뭔가로 채우려 하지 마세요. 그냥 기다리세요. 어쩌면 하나님은 그 기간을 통해 여러분에게 성화(聖化)의 의미가 무엇인지, 또는 성화 뒤에 이어지는 섬김의 의미가 무엇인지를 알려 주기 원하실지 모릅니다. 결코 하나님의 인도하심보다 앞서가지 마세요. 만약 조금이라도 의심이 생기면, 그것은 그분이 인도하시는 상황이 아닙니다. 의심이 생길 때마다 멈추세요.

하나님과 나만의 이야기

오늘은 하나님께 인내심과 기다리는 법을 배우게 해 달라고 기도드리세요. 비록 지금 당장 출발하고 싶더라도 꾹 참으세요. 하나님이 원하시는 때에 바른 길을 보여 주셔서 그 길을 가게 해 달라고 기도드리세요. 더 나아가 길을 환히 밝혀 주셔서 출발할 때에 넘어지지 않게 해 달라고 기도드리세요.

초조해 하지 마세요.
하나님은 가장 좋은 때를 아시고, 때가 되면 알려 주십니다.

준비가 되면 출발할 수 있어요

Jan. 05

시몬 베드로가 이르되 주여 어디로 가시나이까 예수께서 대답하시되 내가 가는 곳에 네가 지금은 따라올 수 없으나 후에는 따라오리라 (요 13:36)

여러분도 아시겠지만, 번지점프에서 뛰어내리기 전에 아주 짧은 시간이 주어집니다. 그때 앞으로 벌어질 일을 상상하며 뭔가를 해 봐야 아무 소용없습니다. 하나님과 관계를 맺는 것도 이와 같습니다. 여러분이 가지고 있는 여러 선입견은 아무 의미가 없습니다. 이제 성령님의 통제 아래 들어가야 하니까요. 아마도 여러분의 세포 하나하나가 새롭게 움직일 것입니다. 예수님은 "나를 따르라"고 말씀하셨습니다. 대충 따르라거나 완벽에 가까울 정도로 따르라고 요청하지 않으셨고, 그저 "나를 따르라"고 단호하게 명령하셨습니다. 지금까지 여러분은 자신의 신념과 태도, 그리고 재능과 사상을 의지해왔습니다. 그러나 이제는 그러한 것들을 다 쓰레기통에 버리세요. 예수님은 완벽하며 전적인 헌신을 원하십니다. 그분을 따르세요.

오스왈드 챔버스의 메시지

하나님이 여러분 안에 어떠한 변화를 일으키신다 하더라도 결코 그 변화를 의지하지 마세요. 오직 예수 그리스도와 하나님이 보내신 성령님만 의지하세요. 인간의 맹세와 결심에 믿음의 기초를 두면 결국 예수님을 부인할 수밖에 없습니다. 왜냐하면 인간은 그 결심을 끝까지 유지시킬 능력이 없기 때문입니다. 우리는 실제로 우리 자신의 한계에 도달할 때, 성령님과 함께 할 수 있습니다. "성령을 받으라." 예수님이 던지신 이 말씀은 성령님이 '침투'하신다는 뜻입니다. 우리 삶에는 오직 한 가지 푯대만이 존재합니다. 바로 주 예수 그리스도입니다.

하나님과 나만의 이야기

지금까지 여러분을 퇴보시켰던 건전치 못한 책들을 더 이상 읽지 않겠다고 기도드리세요. 그 죄를 용서해 주시고 새롭게 시작하게 해 달라고 말이에요. 기도를 드렸다면 이제 모든 것이 새로워졌기에 새 마음으로 다시 시작하면 됩니다. 과거를 훌훌 털어버리고, 전심으로 예수님을 따르겠다고 다짐하세요.

주저하거나 얽매이지 말고 주님을 따르세요.
눈 딱 감고 나아가세요!

Jan. 06 — 이것을 받아 주세요!

> 거기서 벧엘 동쪽 산으로 옮겨 장막을 치니 서쪽은 벧엘이요 동쪽은 아이라 그가 그 곳에서 여호와께 제단을 쌓고 여호와의 이름을 부르더니 (창 12:8)

하나님께서 주신 재능에 감사한 적이 있으세요? 그렇다면 이제는 그 재능을 하나님께 돌려 드리세요. 만약 노래를 잘 한다면 그분의 영광을 위해 노래하고, 그림을 잘 그린다면 그분을 위해 붓을 잡으세요. 농구에 재능이 있으세요? 그렇다면 하나님의 영광을 위해 뛰세요.

 오스왈드 챔버스의 메시지

'예배'란 하나님께서 주신 가장 좋은 선물을 그분께 다시 드리는 것입니다. 여러분은 자신의 최고의 재능을 어떻게 사용하고 있나요? 하나님께서 복을 베풀어 주실 때마다 그분에 대한 사랑의 표시로 그것을 하나님께 돌려 드리세요. 먼저 하나님 앞에서 묵상하는 시간을 갖고, 정성껏 드리는 예배를 통해 받은 선물을 다시 주님께 드리세요. 혹시라도 여러분 자신을 위해 재능을 아껴 둔다면, 그 재능은 영적으로 말라 썩어질 것입니다. 이스라엘 백성이 광야에서 만나를 쌓아 두었을 때, 썩은 것처럼 말입니다. 하나님은 여러분이 영적 능력을 이기적인 목적으로 사용하는 것을 결코 원치 않으십니다. 그러니 마땅히 하나님께 드려 누군가를 위한 축복의 통로가 되게 해야 합니다.

하나님과 나만의 이야기

오늘은 하나님께 여러분의 재능을 하나하나 떠올리며 감사의 기도를 드리세요. 다른 사람이 아직 발견하지 못한 자신만의 장점에 대해서도 감사드리세요. 그리고 하나님이 주신 재능을 어떻게 사용해서 감사를 표현할지 그 방법도 찾아보세요. 말로 끝나는 것은 진짜 기도가 아니니까요.

먼저 하나님께 받은 축복을 떠올리며 감사의 고백을 하세요.
그리고 받은 축복을 그분께 다시 돌려 드리세요.

완벽한 관계

Jan. 07

예수께서 이르시되 빌립아 내가 이렇게 오래 너희와 함께 있으되 네가 나를 알지 못하느냐 나를 본 자는 아버지를 보았거늘 어찌하여 아버지를 보이라 하느냐 (요 14:9)

분명히 예수님은 제자들과 친밀한 관계를 맺기 위해 부단히 애쓰셨습니다. 그런데 예수님의 열두 제자들은 이것을 잘 몰랐습니다. 그들은 육체를 지닌 한 인간으로서의 예수님, 그 이상을 상상하지 못했습니다. 자신들을 격려해 주고 함께 식사하며 함께 여행하는 예수님만을 보았을 뿐입니다. 예수님이 나무에 달려 못 박히신 후에야 비로소 친밀한 관계가 시작된다는 사실을 깨닫지 못했던 것이죠. 그런데 이것은 우리도 마찬가지입니다.

오스왈드 챔버스의 메시지

예수님과 친밀한 관계를 맺은 크리스천은 결코 외롭지 않습니다. 그들은 누군가에게 동정을 구하지 않고, 언제나 '기쁘게' 자신의 모든 것을 쏟아 붓습니다. 예수님과 친밀한 교제를 나누는 크리스천은 절대로 자신의 흔적을 남기려 하지 않습니다. 오히려 어떠한 방해에도 끄떡하지 않고 예수님만을 남기기 위해 노력합니다. 그 이유는 오직 그분에 의해서만 만족할 수 있기 때문입니다. 이렇게 사는 크리스천은 환경과 상관없이 평안을 누리며 건강한 삶을 삽니다. 주님께서 지켜 주시기 때문입니다.

하나님과 나만의 이야기

주변의 친구들이 여러분을 통해 예수님을 보게 해 달라고 기도드리세요. 그런데 이를 위해서는 많은 책임이 따릅니다. 농구 시합에서 득점하지 못한 친구의 어깨 위에 손을 얹을 때, 시험을 앞두고 있는 친구를 향해 격려의 미소를 지을 때, 당연히 누려야 할 여러분의 권리를 다른 사람에게 양보할 때, 예수님이 바로 거기에 계신답니다. 이러한 순간을 자주 만들어서 여러분 안에 계신 예수님을 나타내세요.

예수님은 가장 좋은 친구입니다.
이것을 믿음으로 예수님과 친밀한 관계를 맺으세요.

Jan. 08 ― 장애물 제거하기

> 하나님이 그에게 일러 주신 곳에 이른지라 이에 아브라함이 그 곳에 제단을 쌓고 나무를 벌여 놓고 그의 아들 이삭을 결박하여 제단 나무 위에 놓고 (창 22:9)

예수님의 진정한 제자가 되려면 사랑하는 것들을 전부 포기해야 하고, 하나님도 그것을 원하신다고 생각하세요? 아니에요. 하나님은 우리가 그분을 기쁘시게 하기 위해 이런저런 것들을 포기하는 것들에 관해 별 관심이 없으십니다. 대신 우리는 하나님과 멀어지게 만드는 것들을 반드시 제거해야 합니다. 예수님은 우리를 위해 십자가에 달려 돌아가셨습니다. 따라서 우리는 죽을 필요가 없습니다. 가장 힘든 일은 이미 그분이 다 하셨으니까요. 이제 여러분은 '예수님을 위해 사는 법을 배워야 한다'는 사실을 인정하고 이해하기만 하면 됩니다. 그분을 위해 '죽을' 준비를 하기 전에 그분을 위해 '사는' 법을 배워야 합니다.

오스왈드 챔버스의 메시지

성경 어디에서도 하나님은 우리에게 '포기' 자체를 위해 포기하라고 가르치지 않으십니다. 하나님은 우리가 '산 제물'이 되기를 원하시며, 예수님을 통해 구원받고 거룩하게 된 우리의 모든 능력을 사용하기를 원하십니다. 하나님이 받으실 만한 산 제물이란 바로 이런 뜻입니다.

하나님과 나만의 이야기

하나님께 여러분의 모든 것, 다시 말해 현재와 미래의 모습까지 완전히 사로잡아 도구로 사용해 달라고 기도드리세요. 또한 용기를 주셔서 하나님의 사랑으로 충만케 되는 데 방해하는 온갖 장애물들을 제거하게 해 달라고 기도드리세요. 이것은 마치 물웅덩이에 있는 돌들을 하나씩 주워 올리는 것과 같습니다. 그러면 이제 빈 공간이 생길 때마다 그곳에 물이 차겠지요. 이렇게 하나님의 사랑이 여러분을 가득 채우게 하세요.

기억하세요. 죽음이나 희생 자체가 인생의 목적이 아닙니다.
필요치 않은 것들은 다 제거하고 중요한 것에 집중하세요!

자신을 점검하세요

Jan. 09

평강의 하나님이 친히 너희를 온전히 거룩하게 하시고 또 너희의 온 영과 혼과 몸이 우리 주 예수 그리스도께서 강림하실 때에 흠 없게 보전되기를 원하노라 (살전 5:23)

하나님은 우리의 상상을 초월하십니다. 우리는 그분에 대해 어떤 엄청난 상상을 한다 해도 결코 그분을 알 수 없습니다. 하나님과의 관계 역시 마찬가지입니다. 하나님은 우리에게 믿음을 주시고 훈련 과정을 겪게 하심으로써 그분과의 관계를 유지하는데 방해되는 요소들을 없애시며 정결케 하십니다. 장애물들은 우리의 영혼이 하나님으로부터 멀어지게 만들기 때문에 늘 싸워 이겨내야 합니다. 그래야만 성령님이 우리 안에 거하실 수 있습니다.

오스왈드 챔버스의 메시지

하나님이 빛 가운데 거하시는 것처럼 우리가 빛 가운데 거하면, 우리의 영혼은 가장 깊은 영역에서 가장 높은 영역에 이르기까지 죄로부터 온전히 정결하게 됩니다. 그리고 예수 그리스도의 생애를 가득 채우셨던 바로 그 성령님께서 우리 영혼을 가득 채워 주십니다.

하나님과 나만의 이야기

하나님은 여러분을 잘 아십니다. 모르시는 것이 하나도 없으십니다. 기도할 때 이 사실을 기억하고 솔직하게 아뢰세요. 만약 여러분의 영혼을 어둠 가운데 머물게 하는 악한 것들을 다 제거한다면 성령님께서 여러분 안에 들어오실 것입니다.

모든 장애물을 제거하여 하나님의 빛이 들어오게 하세요.
빛과 함께 성령님이 임하시고, 성령님과 함께 생명이 찾아옵니다.

Jan. 10

굉장한 선물

그 눈을 뜨게 하여 어둠에서 빛으로 사탄의 권세에서 하나님께로 돌아오게 하고 죄 사함과 나를 믿어 거룩하게 된 무리 가운데서 기업을 얻게 하리라 (행 26:18)

"하나님, 제가 주님의 소유인가요?" 혹시 이렇게 외쳐 본 적 있나요? 혹시 그 순간 할리우드 영화에 나오는 특수효과처럼 갑자기 토네이도가 불어와 빛을 발하며 여러분의 몸을 지상에서 약 3미터 정도 띄우진 않을까 상상하나요? 믿음의 세계는 결코 이런 식으로 진행되지 않습니다. 여러분이 하나님께 나아와 전심으로 "하나님, 저는 주님의 소유입니다"라고 말할 때, 여러분은 두 가지를 경험하게 됩니다. 첫째, 죄를 용서받습니다. 이것은 굉장한 선물입니다. 절대로 하찮게 여기지 마세요. 둘째, 영혼이 새로워집니다. 이것 역시 엄청난 선물이며 누구도 이를 거부할 수 없습니다.

오스왈드 챔버스의 메시지

우리가 이 세상에 존재하는 목적은, 하나님께서 원하시는 대로 우리를 사용하도록 맡기기 위함입니다. 기억하세요! 하나님은 우리가 그분을 위해 무슨 일을 할까 고민하기보다는 하나님 자신에 대해 더 많은 관심을 갖기를 간절히 원하십니다. 일단 여러분이 그리스도 안에서 뿌리를 내리고 기초를 닦았다면, 여러분이 할 수 있는 최고의 일은 그냥 '존재'하는 것입니다. 쓸모 있는 사람이 되려고 노력하는 것보다 올바른 크리스천이 되세요. 그러면 하나님께서 여러분을 사용하셔서 그분의 목적을 성취하실 것입니다.

하나님과 나만의 이야기

여러분의 마음이 하나님을 향해 완전히 열려 있게 하려면 여러분의 삶을 그분께 드려야 합니다. 하나님께서 부르실 때 전심으로 따를 수 있도록 도와달라고 기도드리세요. "아멘!" 하고 외치며 예수님을 영접했다면, 이제 빛으로 살아가세요. 하나님의 빛으로 말입니다.

여러분의 무언가가 아닌
여러분 자신을 하나님께 드리세요.

그래도 포기하지 마세요

Jan. 11

그들이 예수를 끌고 갈 때에 시몬이라는 구레네 사람이 시골에서 오는 것을 붙들어 그에게 십자가를 지워 예수를 따르게 하더라 (눅 23:26)

"하나님, 저는 주님의 소유입니다"라고 외치는 순간, 마을 하나를 통째로 집어 삼킬 만한 엄청난 산사태가 일어날 수도 있습니다. 여러분의 이 결심으로 인해 주변 사람들이 피해를 입을지도 모르기 때문입니다. 그렇더라도 포기하지 마세요. 하나님께서 모든 문제를 반드시 해결해 주실 것임을 믿으세요. 앞으로 여러분은 하나님이 보내시는 곳이라면 어디든지 가야 하고, 친구들은 여러분을 이해하지 못할 것입니다. 하지만 하나님은 그들도 지켜 주실 것입니다.

오스왈드 챔버스의 메시지

하나님의 명령에 순종하면 누군가의 계획이 망가지게 되어 있습니다. 그럴 때 그들은 크리스천을 향해 "그래, 이게 기독교란 말이지?"라고 비난할 것입니다. 물론 우리는 이런 비난을 피할 수 있습니다. 그러나 하나님의 명령을 따르기로 결심했다면 절대로 피하지 마세요. 오히려 어떤 대가라도 다 치르세요. 또한 하나님께 순종할 때, 여러분이 원하는 일만 일어나게 해 달라고 그분께 명령하고 싶은 마음이 들거든 조심하세요.

하나님과 나만의 이야기

여러분이 하나님의 뜻을 따르기로 결심했을 때, 혹여 피해를 볼지도 모를 사람들을 보호해 달라고 기도드리세요. 하나님이 예비하신 그 길을 잘 따라갈 수 있는 힘을 달라고, 친구들의 문제를 해결하려고 애쓰다가 믿음의 길에서 벗어나지 않게 해 달라고 기도드리세요. 하나님은 세상 모든 일을 통치하십니다. 다른 사람이 받은 피해 역시 돌봐 주실 것입니다.

세상의 모든 일은 대가를 치르게 되어 있습니다.
하나님을 의지하세요. 그분이 돌봐 주실 것입니다.

Jan. 12 — 제발, 홀로 있는 시간을!

> 비유가 아니면 말씀하지 아니하시고 다만 혼자 계실 때에 그 제자들에게 모든 것을 해석하시더라 (막 4:34)

인간은 자신이 누구인지를 알아내기 위해 정말 많은 시간을 투자합니다. "내가 누구인지 나도 잘 모르겠어!" 이렇게 말한 적이 얼마나 많습니까? 그런데 한번 생각해 봅시다. 여러분은 자신이 어떠한 존재인지를 결코 정확히 알 수 없습니다. 그것은 인간의 힘으로 불가능합니다. 그런데 바로 이 사실을 인정하면 하나님이 여러분을 사용하십니다. 그리고 그때 여러분은 자신의 정체성을 깨닫게 됩니다.

 오스왈드 챔버스의 메시지

마음에 교만이 자리 잡고 있으면 예수님이 아무것도 설명해 주실 수 없습니다. 그래서 때때로 예수님은 우리의 지적인 오만에 상처를 내시고 낙심시키십니다. 전에는 생각하지 못했던 지나친 애착을 드러내시고, 마침내 홀로 있게 하십니다.

 하나님과 나만의 이야기

홀로 기도하는 시간을 가져 보세요. 자동차나 버스 안에서가 아니라 한적한 곳에 가서 기도해 보세요. 조용히 앉아 심호흡을 한 후, 여러분이 어떠한 존재인지 하나님께 여쭤 보세요. 그분이 뭐라고 말씀하실까요? 주님은 여러분이 그분께 더 가까이 나아오도록 인도하셔서 스스로 깨닫게 하실 것입니다.

조용히 앉아 마음 문을 활짝 열고 여러분이 누구인지 알려 달라고 하나님께 간청하세요.

거기 누구 없어요?

Jan. 13

예수께서 홀로 계실 때에 함께 한 사람들이 열두 제자와 더불어 그 비유들에 대하여 물으니 (막 4:10)

막다른 골목에 이르러서야 하나님을 찾은 경험이 있나요? 우리는 종종 일이 잘 못되어 더 이상 어찌할 수 없을 때, "하나님, 왜 제게 이런 일을 허락하세요?"라고 외칩니다. 그런데 하나님은 바로 이런 상황을 원하십니다. 도대체 그 이유가 뭘까요? 그것은 이런 상황을 만나야지만 우리가 비로소 하나님으로부터 들을 준비가 되기 때문입니다. 만약 그렇지 않다면 일상의 자질구레한 일들이나 누군가의 문제에 푹 빠져 정신이 없을 테니까요. 하나님은 여러분 자신의 한계에 도달했을 때, 이렇게 말씀하십니다. "좋아, 이제 나랑 대화 좀 해 볼까?"

 오스왈드 챔버스의 메시지

하나님과 동행하고 있다면, 그분이 여러분의 영혼에 얼마나 큰 관심을 가지고 계신지 누구보다 자신이 잘 알 것입니다. 하나님이 그것을 확실하게 보여 주시니까요. 우리는 성령님이 드러내셔야 할 완고함과 무지로 가득 차 있는데, 예수님이 우리를 홀로 있게 하실 때에야 비로소 자신의 이런 모습을 깨닫습니다.

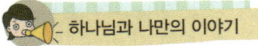 하나님과 나만의 이야기

하나님이 언제나 여러분을 기다리고 계시다는 진리를 기억한다면 기도하기가 훨씬 더 쉬워질 것입니다. 그분은 손에 커피 잔을 들고 사랑하는 사람을 기다리는 연인처럼 여러분이 말을 걸어 주기만을 간절히 기다리고 계십니다. 힘든 일이 닥칠 때에만 기도하려고 하지 마세요. 좋은 일이 생길 때도 그분께 기도드리세요.

 막다른 골목에 이르기 전에 하나님과 대화하세요. 그분은 들을 준비를 하고 계십니다. 그것을 믿지요?

Jan. 14

다음 질문에 신속히 답하세요!

주께서 이르시되 내가 누구를 보내며 누가 우리를 위하여 갈꼬 하시니 그 때에 내가 이르되 내가 여기 있나이다 나를 보내소서 하였더니 (사 6:8)

여기서 하나님은 "내가 누구를 보낼까?"라고 물으시고, 이사야는 "저를 보내주세요"라고 응답하고 있습니다. 명심하세요. 여기에는 '만약' '아마도' '~해 주시면'이라는 단어가 들어갈 여지가 없습니다. 가령 "제가 집에 가서 늘 시청하는 TV 프로그램을 본 후에 가면 안 될까요?"라고 말할 수 없습니다. 하나님 역시 "아마 그 일이 어렵고 힘들지 몰라. 그러나 너는 해낼 수 있을 거야"라고 말씀하시지 않습니다. 그분은 "내가 누구를 보낼까?"라고 물으시고, 우리는 "저를 보내주세요"라고 대답할 뿐입니다. 이 짧은 대화가 우리의 삶을 완전히 바꾸어 놓습니다. 하나님은 절대로 간청하지 않으십니다. 단지 초청하십니다. "저를 보내주세요." 이 말 외에 다른 말이 필요할까요?

오스왈드 챔버스의 메시지

"청함을 받은 자는 많되 택함을 입은 자는 적으니라"(마 22:14). 이 말씀을 보면 택함을 입은 자는 아주 적습니다. '택함을 입은 자'란 예수 그리스도를 통해 하나님과 관계를 맺고, 그들의 기질이 바뀌어 언제든지 들을 준비가 되어 있는 성도입니다. 따라서 그들은 "누가 우리를 위하여 갈꼬?"라고 물으시는 하나님의 세미한 음성을 듣습니다. 만일 우리가 성령님의 인도에 따라 하나님을 직접 마주한다면, 우리 역시 이사야 선지자가 들었던 그 음성을 듣고 기꺼이 "제가 여기 있습니다. 저를 보내소서"라고 응답할 것입니다.

하나님과 나만의 이야기

큰 소리로 이렇게 외쳐 보세요. "하나님, 저를 보내주세요!" 약간 주저하는 마음이 있더라도 진실한 마음으로 그분께 고백해 보세요. 하나님은 여러분의 장점과 의심마저 다 알고 계시는 분이니까요. 그분은 여러분이 감당할 수 없는 상황으로 절대로 몰아넣지 않으십니다.

"제가 가겠습니다."

이렇게 큰 소리로 기도했다면, 하나님께서 어떻게 인도하실지 관찰하며 기다리세요.

과거와 현재의 상태

Jan. 15

그러므로 우리가 그의 죽으심과 합하여 세례를 받음으로 그와 함께 장사되었나니 … 우리로 또한 새 생명 가운데서 행하게 하려 함이라 (롬 6:4)

일단 여러분이 예수님을 따르기로 결심하면, 삶에 커다란 변화를 겪을 수밖에 없습니다. 옛 사람을 버리고 새로운 피조물이 되어야 하며, 과거의 자아가 죽고 새로운 자아로 태어나야 합니다. 새 생명을 누리려면 예수님과 함께 무덤에 들어가야 하고, 예수님과 마찬가지로 죽은 자 가운데서 부활해야 합니다. 이제 여러분은 새로워졌습니다. 그러나 과거의 모습을 버리지 않고 고집을 부리면 절대로 옛 사람을 버리지 못합니다.

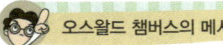 오스왈드 챔버스의 메시지

지금까지 과거의 자아가 죽는 위기를 경험하지 못했다면 성화는 단지 환상에 불과합니다. 크리스천은 반드시 옛 사람이 죽고 새롭게 부활하여 그리스도의 생명을 누리는 경험을 해야 합니다. 아무도 이러한 삶을 막지 못합니다. 이처럼 변화된 크리스천은 하나님과 동행하며 오직 한 가지 목적을 위해 살아갑니다. 다시 말하면, 그리스도의 증인으로서 생활합니다.

하나님과 나만의 이야기

앞으로 여러분이 어떻게 될지 조금만 보여 달라고 하나님께 기도드리세요. 그러면 불필요한 것들을 떨쳐 버리기가 훨씬 쉬워집니다. 그것들을 버리는 것에 대해 두려워하지 마세요. 하나님은 여러분이 상상할 수 없는 더 좋은 선물을 준비하고 계신답니다.

 과거의 자아를 과감하게 버린다고 고백하며 기도드리세요. 이제 새로운 삶이 시작됩니다. 무슨 일이 있어도 뒤를 돌아보지 마세요.

Jan. 16
어, 내가 아는 목소린데!

내가 또 주의 목소리를 들으니 주께서 이르시되 내가 누구를 보내며 누가 우리를 위하여 갈꼬 하시니 (사 6:8)

흔히 방랑하기를 좋아하는 사람은 세상이 자신을 부른다고 말하고, 선원들은 바다가 자신을 부른다고 말합니다. 이들은 외부에서 들려오는 '부름'에 기꺼이 응합니다. 그러나 성경에서 말하는 하나님의 부르심은 이와는 차원이 다릅니다. 우리가 하나님의 부르심을 듣는다면 그것은 그분이 우리 안에 계시기 때문입니다. 여러분이 이미 세워 놓은 계획과 하나님의 부르심이 어떻게 조화를 이루며 진행될지 궁금하세요? 그렇다면 그분의 부르심을 듣지 않는 편이 차라리 낫습니다. 왜냐하면 그분의 부르심에 귀를 기울이는 순간, 여러분의 삶이 통째로 바뀌기 때문입니다.

 **오스왈드 챔버스의 메시지**

하나님과 관계를 맺으면 우리도 이사야 선지자가 처했던 상황을 경험하게 됩니다. 이사야는 엄청난 위기를 겪으면서도 하나님께 초점이 맞추어져 있었기에, 하나님이 자신을 부르실 때, 그 결정적인 순간을 놓치지 않았습니다. 대부분의 사람들은 자신의 요구 외에는 어떤 소리도 들으려 하지 않습니다. 그래서 하나님의 음성을 듣지 못합니다. 하나님의 음성을 들을 수 있는 영역으로 나아가려면 마음과 태도에 근본적인 변화가 있어야 합니다.

하나님과 나만의 이야기

하나님은 우리 각자를 개인적으로 부르십니다. 그래서 이 부르심은 오직 여러분과 창조주 하나님만이 압니다. 하나님께 들을 수 있는 능력을 달라고 기도드리세요. 그러면 더 많은 것을 깨닫게 해 주십니다. 마음 문을 열고 그분의 음성에 귀를 기울이세요. 듣는 순간 그분의 목소리임을 알게 될 테니까요.

한 걸음만 앞으로 더 나아가면 상황이 바뀝니다. 하나님은 지금 이 순간 여기에 계십니다. 귀를 기울이세요!

생명을 추구하는 삶

Jan. 17

은혜로 나를 부르신 이가 그의 아들을 이방에 전하기 위하여 그를 내 속에 나타내시기를 기뻐하셨을 때에 (갈 1:15-16)

하나님의 부르심을 받았다고 해서 누구나 모든 것을 포기하고 테레사 수녀 같은 삶을 살 필요는 없습니다. 하나님의 부르심을 받고 그분이 누구인지를 깨달은 성도는 그분을 따르는 크리스천으로서 새로운 삶을 살아가며, 주변 사람들도 이 변화를 느낍니다. 평소와 다른 태도로 하루하루를 살아가세요. 여러분은 이미 하나님의 음성을 들었습니다. 그 음성이 여러분의 영혼에 들어왔고, 이제 여러분 안에서 놀라운 일을 창조할 것입니다.

오스왈드 챔버스의 메시지

'섬김'이란 우리 삶의 자연스런 일부입니다. 하나님이 우리를 이끌어 그분과 관계를 맺게 하시면, 우리는 그분의 부르심을 이해하게 됩니다. 그 결과 그분을 향한 순수한 사랑으로 말미암아 자발적으로 뭔가를 하게 됩니다. '하나님을 섬기는 것'은 하나님의 부르심을 들은 우리가 표현하는 '사랑'의 행위입니다.

하나님과 나만의 이야기

오늘 하루의 삶을 인도해 달라고 기도드리세요. 하나님의 부르심은 단순한 진로의 차원이 아니라 '생명'의 문제입니다. 이 생명을 허락해 달라고 간구하세요. 하나님이 여러분을 가장 소중한 존재로 여기신다는 사실을 언제나 꼭 기억하세요. 여러분의 평범한 활동을 통해 그분의 빛이 환하게 드러나 어두운 세상에 빛을 발하게 해 달라고 간청하세요.

다양한 색상의 페인트를 섞으면 새로운 색깔이 만들어지죠.
여러분의 모습에 하나님을 첨가해 보세요.

Jan. 18
이제, 말씀해 주세요!

도마가 대답하여 이르되 나의 주님이시요 나의 하나님이시니이다 (요 20:28)

하나님을 섬기는 일 자체에 집착하다가 정작 섬기는 대상인 하나님을 잊지 않도록 주의하세요. '하나님의 종'이라는 표현에서 중요한 단어는 '종'이 아니라 '하나님'입니다. 하나님이 여러분에게 맡기신 일보다 더 소중한 것은 그분께서 여러분을 부르셨다는 사실입니다. 따라서 여러분에게 어떤 일이 주어지면, 반드시 하나님에 대한 넘치는 사랑으로 그 일을 감당해야 합니다. 비록 환경이 마음에 들지 않더라도 말입니다. 하지만 그곳이 하나님께서 보내신 장소라면, 힘 있게 뛰어들어 가 하나님의 빛을 발해야 합니다.

 오스왈드 챔버스의 메시지

많은 사람들이 하나님을 기쁘시게 해야 할 순간에 자기 자신의 갈증을 해결하기 위해 주님께 조릅니다. 우리는 마지막 남은 것까지 아낌없이 주님을 위해 쏟아 부어야 합니다. 우리의 욕망을 충족시키기 위해 그분을 이용해서는 안 됩니다. "너희가 내 증인이 되리라." 이 말은 그리스도를 위해 헌신하는 삶을 의미합니다. 우리는 하나님이 우리를 두시는 곳에서 그분을 만족시키는 삶을 살아야 합니다.

하나님과 나만의 이야기

여러분 자신의 욕구와 필요에 지나치게 집착하지 마세요. 하나님은 이미 여러분의 특기, 장단점, 취향, 그리고 여러분이 원하는 환경을 다 알고 계십니다. "하나님, 저는 주님의 소유입니다." 이렇게 고백하며 욕심과 욕망을 다 버리세요. 하나님께서 여러분을 최고의 작품으로 만드시고 계심을 믿으세요. 우주를 창조하신 그분은 여러분의 미래도 주관하십니다.

필요한 곳으로 보내달라고 하나님께 요청하세요.
그리고 그분이 보내시면 묵묵히 가세요.

눈가리개

Jan. 19

해 질 때에 아브람에게 깊은 잠이 임하고 큰 흑암과 두려움이 그에게 임했더니 (창 15:12)

하나님은 우리에게 빛을 주기도 하시지만 때로는 눈을 가리기도 하십니다. 그분은 비전을 통해 여러분에게 영감을 주신 후, 마침내 손을 거두시며 "가라!"고 명령하십니다. 가끔 그분이 여러분의 얼굴을 손으로 덮어 어둡게 하실 때가 있는데, 그것은 준비하라는 신호입니다. 이때 고삐를 당겨 출발하고 싶거든 잠깐 멈추어 서서 하나님이 왜 막으시는지 생각해 보아야 합니다. 하나님의 때는 완벽하고, 그분은 여러분을 완벽하게 준비시켜 필요한 일을 하게 하십니다. 만약 준비가 덜 된 상태로 뛰쳐나가면 함정에 빠지게 될 가능성이 큽니다.

오스왈드 챔버스의 메시지

하나님이 비전을 주시고 그 후에 어둠이 온다면 기다리세요. 하나님의 때를 기다리면 그분이 여러분을 만지셔서 그 비전에 딱 맞는 인물로 만들어 주실 것입니다. 하나님께서 약속을 이루어 주실 때, 절대로 돕는다는 명목으로 끼어들지 마세요.

하나님과 나만의 이야기

하나님의 손이 어둠을 들어들이실 때 오히려 감사하세요. 통제가 싫다며 제멋대로 날뛰는 어린아이처럼 소란 피우지 마세요. 눈가리개가 완전히 벗겨질 때까지 하나님께 어둠을 허락하신 이유를 여쭈며 그 의미를 깨닫게 해 달라고 기도드리세요.

하나님의 때를 기다리세요.
그리고 그 때가 오면 뛰세요.

Jan. 20

따분한가요?

예수께서 대답하여 이르시되 진실로 진실로 네게 이르노니 사람이 거듭나지 아니하면 하나님의 나라를 볼 수 없느니라 (요 3:3)

하나님을 섬길 때 '따분하다'는 생각이 들면 어떻게 하세요? 재미나 흥분이 사라지고 영적 갈증을 채우고 싶은 욕구도 사라질 때 어떻게 하세요? 때때로 우리는 다른 사람과 자신을 비교하며 자신보다 못하다고 비난하기도 하고, 다른 사람이 우리를 알아주지 않는다고 불평하기도 합니다. 이러한 케케묵은 생각이 스멀스멀 기어들어와 마음에 자리를 잡는다면, 그것은 여러분과 하나님 사이에 무언가가 끼어들고 있다는 징조입니다. 예수님은 제자들을 불러 하나님과 하나가 되도록 하였습니다. 그러니 하나님과 여러분 사이에 그 어떤 것도 끼어들게 해서는 안 됩니다.

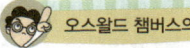 오스왈드 챔버스의 메시지

여러분의 삶이 계속 예수 그리스도를 향해 열려 있게 하세요. 절대로 가식적으로 행동하지 마세요. 혹시 하나님이 아닌 다른 것에서 삶의 활력을 얻고 있지는 않나요? 만약 그렇다면, 하나님이 갑자기 사라지셔도 그것을 깨닫지 못할 것입니다. 성령으로 거듭나는 체험은 우리가 일반적으로 알고 있는 것보다 훨씬 더 큰 의미를 지닙니다. 새로운 비전을 얻으며 끊임없이 공급되는 하나님의 생명을 통해 완전히 새로운 시각으로 모든 사물을 대하게 되니까요.

하나님과 나만의 이야기

하나님의 종이 되는데 방해가 되는 모든 것을 제거해 달라고 하나님께 기도드리세요. 시기와 분노, 그리고 이기심 등 말입니다. 하나님께 전부 맡기면, 그것들을 제거하여 주시고 하나님을 잘 섬길 수 있도록 도와주실 것입니다.

하나님을 섬기세요. 따지거나 핑계를 대지 말고 그냥 섬기세요.
다른 사람과 비교하지 말고 종처럼 섬기세요.

그 때를 기억하세요

Jan. 21

> 여호와께서 이와 같이 말씀하시기를 내가 너를 위하여 네 청년 때의 인애와 네 신혼 때의 사랑을 기억하노니 곧 씨 뿌리지 못하는 땅, 그 광야에서 나를 따랐음이니라 (렘 2:2)

자기 자신을 한번 평가해 보세요. 하나님이 여러분의 과거를 어떻게 평가하실지도 한번 점검해 보세요. "하나님, 저는 주님의 소유입니다!" 이렇게 외쳤던 순간을 완전히 잊고 있진 않았나요? 우리는 종종 하나님께 우리의 시간을 드리기만 하면 그분께서 넉넉히 보상해 주시고, 그렇게 되면 힘든 상황이 순식간에 끝날 것이라고 생각합니다. 그렇지 않나요? 하지만 일이 언제나 그런 식으로 풀리지는 않습니다. 상황이 안 좋아지면 우리는 흔히 하나님의 약속을 까맣게 잊어버리고 버럭 화를 내며 "제가 뭘 잘못했나요?"라고 따집니다. 하나님의 보상만을 기대하며 그분을 사랑한다면, 시작부터 잘못된 것입니다.

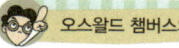
오스왈드 챔버스의 메시지

예전처럼 하나님을 기쁘시게 하려고 노력합니까, 아니면 친절을 베풀어 달라고 요청하기만 합니까? 오늘, 어떻게 하면 그분을 기쁘시게 할까 고민하고 있습니까, 아니면 일이 잘 안 풀린다고 계속해서 투덜대고 있습니까? 하나님께서 소중히 여기는 것이 무엇인지를 잊은 크리스천은 절대로 기쁨을 느낄 수 없습니다.

하나님과 나만의 이야기

만약 가야 할 바른 길에서 벗어났다고 생각되거든, 어떤 방법을 통해서라도 바른 길로 돌아갈 수 있도록 인도해 달라고 하나님께 기도하세요. 그분께서 베풀어 주신 축복, 특히 그중에서도 독생자를 통해 보여 주신 사랑에 감사하세요. 그리고 주어진 일을 성실히 수행하겠다고 약속하세요.

어떻게 하면 하나님을 기쁘시게 할지 고민해 보세요.

Jan. 22

초점을 맞추세요!

땅의 모든 끝이여 내게로 돌이켜 구원을 받으라 나는 하나님이라 다른 이가 없느니라 (사 45:22)

무슨 이유 때문인지는 몰라도, 우리는 종종 하나님이 우리 뒤를 졸졸 따라다니며 축복하시는 분이라고 오해하곤 합니다. 그런데 성경은 "나를 앙망하라"고 명령합니다. 정말로 축복을 받고 싶다면 하나님께 나아가야 합니다. 오로지 그분께 초점을 맞추어야 합니다. 오늘 본문의 말씀을 눈여겨보세요. "내게로 돌이켜 구원을 받으라"고 선언하고 있습니다. 결코 "구원을 받게 될 것이다"라고 말하고 있지 않습니다. 하나님과 관계 맺기를 진심으로 원한다면, 그분께 초점을 맞추세요. 오늘 무슨 옷을 입을까, 이번 주말에 어디로 놀러 갈까 하는 문제보다 이 문제가 훨씬 더 중요합니다.

오스왈드 챔버스의 메시지

여러분 자신을 일깨워 하나님을 바라보세요. 오직 그분께 소망을 두세요. 비록 주변의 상황과 주변 사람들이 그것을 막더라도 단호히 떨쳐 버리고 주님만을 고대하세요. "나를 앙망하라." 주님을 바라보는 순간 구원을 받습니다.

하나님과 나만의 이야기

조용한 장소에서 홀로 기도하는 시간을 가지세요. 마음을 산만하게 하는 요소들을 제거하세요. 후에 하나님께 뭔가를 달라고 해야겠다는 생각도, 그분에 대한 편견도 전부 내려놓으세요. 오직 하나님의 임재를 느끼며 그분의 '본질'을 알아가세요.

초점을 맞추고 믿으세요. 오직 하나님께 집중하세요.
그러면 구원을 받습니다.

나는 '거울'이랍니다

Jan. 23

우리가 다 수건을 벗은 얼굴로 거울을 보는 것 같이 주의 영광을 보매 그와 같은 형상으로 변화하여 영광에서 영광에 이르니 곧 주의 영으로 말미암음이니라 (고후 3:18)

벽에 비친 빛을 보며 "도대체 이게 어디서 온 것일까?" 궁금해 한 적이 있나요? "누군가의 시계일까, 아니면 귀걸이일까" 하면서요. 혹시 손거울을 들고 앉아 햇빛을 반사하여 다른 곳에 비춰본 적 있나요? 하나님은 우리가 바로 이런 역할을 하길 원하십니다. 우리는 거울이고 그리스도의 사랑은 빛이기 때문에, 우리는 그 빛을 받아 다른 사람에게 비추어야 합니다. 거울에 얼룩이 생기지 않도록 신경을 써야 하는 이유가 바로 여기에 있습니다. 주의를 산만하게 하는 것들과 사람들의 비난 따위는 다 날려 버리세요. 그리스도의 빛과 여러분 사이를 가로막는 장애물이 생기지 않도록 주의하세요.

 오스왈드 챔버스의 메시지

여러분이 지켜야 할 가장 소중한 규칙은, 하나님을 향해 열린 마음으로 그분께 초점을 맞추어야 한다는 점입니다. 이 한 가지를 제외한 다른 모든 것, 즉 학업과 옷, 그리고 음식 등은 잠시 제쳐 두세요. 이런 부수적인 일에 빠져 정신없이 살다보면 하나님께 집중하는 일을 언제나 놓치기 때문입니다. 영적인 삶이 철저히 또 꾸준히 지속되도록 자신을 단련해야만 합니다.

하나님과 나만의 이야기

하나님이 여러분을 거울로 사용하셔서 어두운 곳에 그분의 빛을 반사할 수 있게 해 달라고 기도드리세요. 여러분의 거울을 항상 깨끗하고 밝게 유지할 수 있는 능력을 달라고 요청하세요.

살면서 생긴 얼룩을 말끔히 닦아내고 하나님의 빛을 받아 친구들에게 반사하세요.

Jan. 24

쉽게 생각하지 마세요!

> 일어나 너의 발로 서라 내가 네게 나타난 것은 곧 네가 나를 본 일과 장차 내가 네게 나타날 일에 너로 종과 증인을 삼으려 함이니 (행 26:16)

예수님은 바울을 종으로 선택하실 때, 그에게 요청하지 않으시고 "너는 내 것이다"라고 선언하셨습니다. 크리스천이 되기란 그리 쉽지 않습니다. 크리스천은 '풀타임 사역자'입니다. 그래서 어느 때는 신앙인처럼 살다가 또 어느 때는 세상 사람처럼 살 수 없습니다. 예수님께 우리의 삶을 드린다는 말은 어느 시간, 어느 장소에서든 그리스도께 '생명'을 바친다는 뜻입니다. 하지만 그렇다고 해서 여러분이 좋아하는 것들을 다 포기할 필요는 없습니다. 무슨 일을 하든지 하나님이 가장 중요하다는 진리를 잊지 않으면 됩니다.

오스왈드 챔버스의 메시지

사도 바울은 어떤 메시지나 교리를 선포하도록 부름을 받지 않았습니다. 오히려 예수 그리스도께 완전히 사로잡혀 그분과 분명한 개인적(인격적) 관계를 맺게 되었습니다. 하나님과의 인격적 관계가 없다면 이 세상에 의미가 있는 것은 아무것도 없습니다. 그는 철저히 주님의 소유물이었습니다. 그래서 그는 예수님을 제외한 다른 대상이나 목표에 한 번도 눈길을 주지 않았습니다.

하나님과 나만의 이야기

하나님을 최우선순위에 두고 살게 해 달라고 기도드리세요. 결코 그 고백이 입에 발린 표현이 되지 않도록 주의하세요. 하나님과 인격적인 관계를 맺게 해 달라고 간청하세요. 하나님과의 관계는 다른 어떤 친구와의 관계와도 비교할 수 없는 소중한 것입니다. 하나님과 여러분을 묶고 있는 끈이 더 튼튼해지도록 기도드리세요.

생각해 보세요. 인간 관계에서 무엇을 희생하느냐에 따라 얻는 게 달라집니다. 이 세상에서 가장 중요한 관계를 위해 여러분은 무엇을 희생하고 있나요?

하나님 자리

Jan. 25

그러나 내 어머니의 태로부터 나를 택정하시고 그의 은혜로 나를 부르신 이가 (갈 1:15)

"손님, 언제든지 오실 때마다 편히 드실 수 있도록 자리를 준비해 놓겠습니다." 만약 이렇게 말했다면 종업원은 그 손님을 위해 늘 자리를 준비해 놓을 것입니다. 이와 마찬가지로 우리도 하나님을 위한 공간을 삶 속에 마련해 놓아야 합니다. 언제나 '하나님 자리'를 준비하고 기다려야 한다는 뜻이죠. 그렇지만 하나님이 언제 어떤 모습으로 다가오실지 아무도 모릅니다. 그러니 찾아오는 사람 누구나 맞이하는 편이 좋지 않을까요? 행여 하나님을 쫓아낼 수도 있으니까요.

오스왈드 챔버스의 메시지

하나님을 위한 공간을 삶 속에 예비하고 그분이 오시기만을 기다리세요. 그러나 내가 생각하는 특정한 방식으로 오실 것이라고 기대하진 마세요. 우리가 하나님에 대해 아무리 많이 안다 해도, 그분은 자신이 원하시는 시간에 찾아와 우리를 놀라게 하시는 분이니까요. 비록 우리는 이러한 성향을 무시하는 경우가 많지만, 그분은 언제나 이런 식으로 일하십니다. 하나님은 예상치 못한 순간에 다가오십니다. 다시 말하면 '그분이 가장 기뻐하시는 때에' 역사하십니다.

하나님과 나만의 이야기

여러분의 삶에 하나님을 초청하세요. 이번에는 공개적으로 요청해 보세요. 하나님을 향해 언제나 문이 열려 있고, 하나님을 위해 필요 없는 것들은 다 정리하고 있는 중이라고 고백하면서 기도드리세요.

공간을 마련한 후 마음 문을 활짝 열고 그분을 초청하세요.
그리고 그분이 오시면 기쁘게 맞이하세요.

Jan. 26 — 한 걸음 뒤로 물러나 다시 살피세요!

> 오늘 있다가 내일 아궁이에 던져지는 들풀도 하나님이 이렇게 입히시거든 하물며 너희일까 보냐 믿음이 작은 자들아 (마 6:30)

예수님의 메시지가 멋진 이유는 아주 단순하기 때문입니다. 그분은 결코 복잡하게 가르치지 않으셨습니다. "하나님을 사랑하라." "서로 사랑하라." 예수님은 우리가 한 걸음 뒤로 물러나 들에 핀 꽃을 보며, 일상의 사소한 일 속에서 행복을 찾기를 원하십니다. 하나님이 들풀까지 돌보신다면 자신의 자녀인 우리도 돌보시지 않을까요? 우리는 흔히 문제가 꼬일 때, 하나님께서 약속을 지키지 않으실 것이라고 착각합니다. 하지만 일이 잘 풀리지 않는 것은 주로 우리의 잘못된 선택 때문 아닌가요? 상황과 상관없이 하나님은 우리를 보호하겠다고 약속하셨습니다.

오스왈드 챔버스의 메시지

'성별'(聖別)이란 신성한 일에 쓰기 위하여 보통의 것과 구별하는 행위를 말하는데, 크리스천은 하나님을 위해 자신을 '끊임없이' 세상으로부터 분리시켜야 합니다. 딱 한 번 구별한다고 해서 될 문제가 아닙니다. 지금 하나님을 생각하면서 여러분 자신이 일상에서 구별된 삶을 살아가는지 점검해 보세요.

하나님과 나만의 이야기

성별은 한 번으로 끝나서는 안 됩니다. 매일 하나님의 사랑을 부어 주시고 눈을 열어 주셔서 중요한 것이 무엇인지 깨닫게 해 달라고 기도드리세요. 이 세상에서 변하지 않는 것은 아무것도 없습니다. 늘 새롭게 변화되세요.

주목하고 보세요.
중요한 것은 받아들이고 단순하게 사세요.

넘버원

Jan. 27

> 목숨을 위하여 무엇을 먹을까 무엇을 마실까 몸을 위하여 무엇을 입을까 염려하지 말라 목숨이 음식보다 중하지 아니하며 몸이 의복보다 중하지 아니하냐 (마 6:25)

"도대체 무슨 말씀을 하시는 거예요? 먹고 마시는 것도 안 된다는 말인가요? 세련된 옷을 안 입으면 왕따를 당할 수도 있다고요!" 우리는 본문에 나오는 예수님의 가르침을 읽으며, 예수님이 현실을 몰라도 너무 모른다고 자주 투덜댑니다. 그런데 사실은 정반대입니다. 예수님은 우리의 삶에서 벌어지는 일에 대해 우리보다도 더 잘 알고 계십니다. 물론 우리는 저녁식사 계획을 세워야 합니다. 하지만 음식이 삶의 우선순위에서 제1순위가 되어서는 안 됩니다. 예수님은 경쟁 상대를 용납하지 않으십니다. 이는 그분이 항상 우리의 삶에서 '넘버원'이 되셔야 하기 때문입니다.

오스왈드 챔버스의 메시지

'세상의 염려'와 '주님과의 관계'가 우리의 마음을 빼앗기 위해 경쟁하려 할 때마다, 하나님과의 관계를 최우선순위에 두세요.

하나님과 나만의 이야기

여러분이 중요하게 여기는 것들을 하나하나 적어 목록을 작성해 보세요. 물론 목록의 맨 위에는 하나님을 적어 놓으셨겠지요? 모든 일을 올바른 관점에서 보게 해 달라고 하나님께 기도드리세요. 이제부터 하나님과의 관계를 제1순위에 두고 모든 일을 처리하며 살겠다고 결단하세요.

하나님이 넘버원입니다. 사실입니다.
의문의 여지가 없답니다. 언제나 넘버원이시죠!

Jan. 28 — 내 방식, 아니면 진리의 길

> 우리가 다 땅에 엎드러지매 내가 소리를 들으니 히브리 말로 이르되 사울아 사울아 네가 어찌하여 나를 박해하느냐 가시채를 뒷발질하기가 네게 고생이니라 (행 26:14)

문제는 늘 내가 아닌 상대방에게 있습니다. 정말 그런가요? 처음에 바울은 크리스천들을 핍박했습니다. 그때 예수님은 바울에게 "네가 어찌하여 나를 박해하느냐?"라고 물으셨습니다. 분명히 '나의 제자들'이라고 하시지 않고 '나'라고 하셨습니다. 바울은 자신의 행동을 통해 예수님을 박해하고 있었던 것입니다. 우리는 종종 원하는 것을 얻기 위해 잘못된 상황을 바로 잡겠다고 외치며, 독선적인 방법으로 다른 사람들을 불안하게 만듭니다. 그러나 이는 바울이 저지른 실수를 반복하는 꼴입니다.

오스왈드 챔버스의 메시지

예수님은 오직 한 가지, 즉 아버지 하나님과 완벽하게 하나가 되는 것만을 생각합니다. 그러기에 "나는 마음이 온유하고 겸손하니 나의 멍에를 메고 내게 배우라"(마 11:29)고 명령하십니다. 우리가 하는 모든 일은 당연히 하나님과 완전히 하나가 되는 일에 기초해야 합니다. 거룩해지려는 인간의 결심에 기초를 두어서는 안 됩니다. 그런데 하나님과 하나가 되면 세상 사람들이 우리를 함부로 대하고 무시하며 약점을 잡아 이용할 것입니다. 하지만 예수님께 복종하면 그분이 핍박당하시는 것을 막을 수 있답니다.

하나님과 나만의 이야기

하나님께 여러분 자신의 모습을 보게 해 달라고 기도드리세요. 혹시 여러분의 이기적인 생활 패턴이 복음을 전하는 데 지장을 주고 있지는 않나요? 그렇다면 이러한 장애물들이 완전히 제거되어 자유롭게 복음을 전하게 해 달라고 기도드리세요.

신앙생활을 처음 시작했던 때를 떠올리며 바른 길로 돌아오세요.
장애물을 넘어서세요. 그 장애물은 바로 여러분 자신입니다.

하나님, 제발 들려주세요!

Jan. 29

내가 대답하되 주님 누구시니이까 주께서 이르시되 나는 네가 박해하는 예수라 (행 26:15)

하나님은 흔히 다음과 같은 두 가지 방법으로 우리에게 말씀하십니다. 세미한 음성을 들려주시든지 아니면 벽돌로 '쿵'하고 내리치시는 것처럼 분명한 음성을 들려주십니다. 하나님이 어떤 방법을 취하시든지 우리는 들을 필요가 있습니다. 내 지식을 의지하면 반드시 함정에 빠지기 때문입니다. '우리'가 옳다고 생각하는 방식으로 일을 처리하며 하나님을 섬기거나 '우리'가 하나님을 섬긴다고 주장하며 교만한 마음을 품을 때, 그분은 우리를 좌절케 하십니다. "내 생각에 내가 지금 하는 이 일이 하나님께서 원하시는 일인 것 같아." 크리스천이라면 이런 말을 해서는 안 됩니다. 왜냐하면 하나님의 일은 인간의 '생각'에 달려 있지 않기 때문입니다. 그분은 우리에게 가장 좋은 방법으로 분명하게 자신의 뜻을 보여 주십니다.

오스왈드 챔버스의 메시지

인간이 자신의 신념을 가지고 고집을 피울 때, 하나님은 그 확신을 꺾으십니다. "이 일은 꼭 내가 해야 돼!" 이렇게 말할 때, 하나님은 우리가 예상치 못한 음성을 들려주심으로써 우리가 얼마나 무지한가를 적나라하게 보여 주십니다. 내가 생각하는 방식으로 하나님을 섬기겠다고 말하는 경우가 자주 있는데, 이는 하나님에 대한 무지를 드러낼 뿐입니다.

하나님과 나만의 이야기

하나님께 분명하게 말씀해 달라고 기도하지 마세요. 오히려 더 잘 '들으려고' 노력하세요. 이해하는 것은 우리의 몫이지 하나님의 몫이 아닙니다. 귀를 통해서 뿐만 아니라 모든 감각을 동원하여 그분의 음성을 듣게 해 달라고 기도드리세요.

세미한 음성이 들리는지 귀를 기울이세요. 아니면 '쿵' 소리가 들리는지 주위를 살피세요. 둘 중 어느 쪽이든 하나님은 알려 주십니다.

Jan. 30 — 제게 말씀해 주세요

> 사무엘이 아침까지 누웠다가 여호와의 집의 문을 열었으나 그 이상을 엘리에게 알게 하기를 두려워하더니 (삼상 3:15)

명심하세요! 하나님의 사전에는 '아마도'라는 단어가 없습니다. 그분이 여러분에게 뭔가를 알려 주기를 원하신다면, 여러분은 반드시 깨닫게 될 것입니다. 따라서 "이 음성이 과연 하나님의 음성 맞아?" 이렇게 말해서는 안 됩니다. 기도할 때마다 자신이 원하는 것을 하나님 앞에 쏟아 놓으려고 하지 마세요. 하나님은 말씀하고 싶어 하십니다. 그분은 하실 말씀을 반드시 하십니다. 단, 우리가 들을 준비가 되어 있을 때 그렇게 하십니다. 예수님은 늘 하나님의 말씀에 귀를 기울이셨습니다. 우리도 예수님처럼 해야 하지 않을까요?

 오스왈드 챔버스의 메시지

"주님, 말씀해 주세요." 평소에 이렇게 말하는 습관을 들이세요. 그러면 하나님과의 로맨스가 시작됩니다. 상황으로 인해 스트레스를 받을 때마다 "주님, 말씀해 주세요"라고 속삭이며 귀를 기울이세요. 징계는 단순한 처벌이 아닙니다. 그것은 "주님, 제게 말씀해 주세요"라고 요청하는 겸손한 마음 자세를 갖게 합니다.

하나님과 나만의 이야기

"하나님, 말씀해 주세요." 아침에 일어날 때나 잠자리에 누울 때, 이렇게 속삭여 보세요. 여러분의 마음과 영혼이 준비된 상태가 되어 그분이 말씀하시는 순간 바로 느낄 수 있을 것입니다.

"하나님, 제게 말씀해 주세요." 이렇게 말하고 귀를 기울이세요. 온 마음을 다해 들으세요. 곧 하나님께서 응답해 주실 것입니다.

이제 새롭게 되었어요!

Jan. 31

예수 그리스도의 종 바울은 사도로 부르심을 받아 하나님의 복음을 위하여 택정함을 입었으니 (롬 1:1)

여러분이 생각하는 현재의 자아상, 이랬으면 좋겠다고 바라는 이상적인 자신의 모습을 다 집어치우고 100퍼센트 하나님의 소유물이 되세요. 자신을 '하나님의 소유물'이라고 여기지 않는다면, 거룩하게 보이는 모든 종교적인 행동은 무의미합니다. 하나님과 관계를 맺지 못하게 방해하며 믿음으로 살지 못하게 만드는 온갖 장애물을 다 밀쳐놓으세요. 심지어 하나님의 일을 열심히 하는 사역자들조차도 자칫하면 함정에 빠집니다. 예수님은 대가를 치르고 우리를 사셨습니다! 따라서 과거에는 우리가 우리 삶의 주인이었으나 이제는 하나님이 우리의 주인이십니다.

오스왈드 챔버스의 메시지

"삶의 문제들을 해결하기 위해 예수님께 나아와 십자가를 붙들라는 말은 더 이상 하지 마세요. 오히려 하나님이 저를 위해 뭔가를 해 주시면 안 돼요? 저를 더 매력적인 인간으로 만들어 달라고요. 누구나 호감을 가질 정도로요." 만약 누군가가 이렇게 말한다면 그는 복음의 핵심을 놓친 사람입니다. 모든 것을 하나님께 맡기지 못했기 때문입니다. 자기 자신의 성품을 개발하는 데에만 관심을 쏟는다면, 하나님은 우리를 구원해 주실 수 없습니다.

하나님과 나만의 이야기

하나님께 요청하고 싶은 것들을 빼곡히 적어놓은 종이쪽지가 있다면 과감하게 버리세요. 뭔가를 얻어내기 위해 기도하지 마세요. 오직 하나님만 가장 귀하게 여기세요. 이제 아무 조건 없이 그분의 넓은 품 안에 뛰어들 수 있는 믿음을 달라고 기도드리세요. 자유롭게 주님을 향해 사랑을 표현할 수 있도록 도와달라고 요청하세요.

'종교인'이 되지 말고 하나님의 '소유물'이 되세요.
이 둘은 분명히 다릅니다. 그 차이를 깨닫고 나면 뭔가 달라질 것입니다.

February

잡음을 차단하고
주의 음성을 듣는 법

주님과 관계없는 것으로부터 멀어지세요

예수님 소개하기

Feb. 01

그리스도께서 나를 보내심은 세례를 베풀게 하려 하심이 아니요 오직 복음을 전하게 하려 하심이로되 (고전 1:17)

하나님이 내게 주신 모든 것을 다른 사람에게 다 나눌 수는 없습니다. 그리고 자기 자신을 크리스천의 표본으로 보이며 "나를 본받으라"고 자신 있게 말하는 것도 불가능합니다. 단지 우리의 있는 모습 그대로를 보여줄 수밖에 없습니다. 우리는 불완전한 크리스천이지만 예수 그리스도를 전하는 데에는 부족함이 없습니다. 크리스천은 세상 사람들에게 구원의 길을 알려줘야 합니다. 마치 굶주린 사람이 배가 고파 죽어가는 동료에게 먹을 것이 어디에 있는지를 알려 주듯이 말입니다. 안타깝게도 우리는 기도할 때마다 내게 필요한 것을 달라고 간청하는 데 너무 많은 시간을 할애합니다. 그러나 하나님이 어떤 분인지를 깨달은 크리스천은 더 이상 그렇게 하지 않습니다.

오스왈드 챔버스의 메시지

바울이 품었던 한 가지 열정은 하나님의 복음을 선포하는 것이었습니다. 그는 기꺼이 비탄과 환멸, 그리고 시련을 참아냈습니다. 그 이유는 이러한 어려움들이 그로 하여금 더욱 복음을 위해 헌신하게 만들었기 때문입니다.

하나님과 나만의 이야기

크리스천이 빠지기 쉬운 함정 중의 하나는 자신이 그리스도와 동등하다고 착각하는 것입니다. 따라서 오늘은 건전한 정신을 갖게 해 달라고 기도드리세요. 여러분이 하나님으로부터 뭔가를 받아 다른 사람에게 전해 주려고 하지 마세요. 모든 것을 베풀어 주시는 그리스도를 그들에게 소개하기만 하면 됩니다.

모든 선한 것은 하나님에게서 옵니다. 여러분이 받은 선물을 다른 사람에게 보여 주세요. 그래서 그들도 주님께 간구하여 받게 하세요.

Feb. 02
하나님, 이걸 원하세요?

> 내가 복음을 전할지라도 자랑할 것이 없음은 내가 부득불 할 일임이라 만일 복음을 전하지 아니하면 내게 화가 있을 것이로다 (고전 9:16)

여러분은 예수님 외에 구원에 이르는 길은 없다는 것을 잘 알고 있을 것입니다. 그런데 간혹 여러분이 택한 길보다 더 편해 보이는 길을 발견할 수도 있고, 그 구원의 길에서 벗어난 친구들이 오히려 더 재미있게 사는 광경을 볼 수도 있습니다. 하지만 그 길은 여러분이 가야 할 길이 아닙니다. 여러분은 이미 진리이신 예수님을 영접하고 구원의 길을 선택했습니다. "내게 화가 있을 것이로다!" 바울의 이 고백은 그가 자신에게 주어진 재능, 즉 하나님께서 맡기신 복음 전하는 일을 하지 않았을 때 닥칠 심각한 상황을 언급한 것입니다. 여러분도 바울과 마찬가지로 진리의 길을 걸으며 여러분의 재능을 사용할 필요가 있습니다. 여러분이 받은 재능은 무엇인가요? 지금 찾아보세요.

오스왈드 챔버스의 메시지

바울이 전하는 메시지는 예수 그리스도의 종이 되는 것과 관련이 있습니다. 그리스도의 종은 앞으로 자신이 무슨 일을 하게 되고 어디로 가야 할지 스스로 결정하지 못합니다. 하나님은 크리스천을 예수님처럼 '찢겨진 빵과 부어지는 포도주'(주님의 찢겨진 살과 쏟으신 피를 의미함)로 만드셔서 주님의 영광을 위해 일하게 하십니다. '복음을 위해 택함을 입었다'는 말은 하나님의 부르심을 받았다는 뜻입니다. 그런데 만약 우리가 그분의 부르심을 건성으로 듣는다면, 그때부터 주님의 종이란 이름에 합당한 고통을 받기 시작할 것입니다.

하나님과 나만의 이야기

여러분이 지닌 재능이 무엇인지 알려 달라고 하나님께 여쭤 보세요. 아니면 오늘 여러분이 가장 즐겁게 할 수 있는 일을 하나님의 이름으로 해 보세요. 재능을 주신 하나님께 감사하며, 그것을 사용해 어떻게 복음을 전해야 할지 깨닫게 해 달라고 구하세요.

여러분의 재능을 발견해서
하나님을 위해 마음껏 사용하세요.

이런 게 신앙생활인가요?

Feb. 03

우리가 지금까지 세상의 더러운 것과 만물의 찌꺼기 같이 되었도다 (고전 4:13)

여러분이 이 특별한 여정을 시작했다고 해서 친구들이 여러분을 알아주며 잘했다고 칭찬할 거라고 기대하지 마세요. 사실은 정반대입니다. 그리스도를 따르기로 결정했다는 이유 하나 때문에 누군가는 여러분을 싫어할 수도 있습니다. 그러기에 사도 바울은 우리가 그리스도 때문에 어리석은 자가 되었다고 선언합니다. 아마 조롱하는 친구들은 여러분을 망쳐 놓기 위해 기다리고 있다가 손가락질하며 비웃을 것입니다. 게다가 이러한 일이 반복적으로 일어날 것입니다. 만일 그렇더라도 반드시 사랑으로 응답하세요. 당신을 모욕하면 오히려 그에게 경의를 표하세요. 계속해서 밀어 쓰러뜨리더라도 오뚝이처럼 다시 일어나세요.

오스왈드 챔버스의 메시지 하나님이 예수님을 통해 주신 구원은 정말로 놀랍습니다. 심지어 이 세상에서 가장 비열하고 악한 사람도 그분의 사랑에서 벗어나지 못합니다.

하나님과 나만의 이야기 세상 사람들이 우리를 깔아뭉개고 상처 줄 때, 자존심과 이기심을 버리는 것은 쉽지 않습니다. 그러기에 우리에게는 인내, 친절, 동정심, 유머 감각 등의 속성들이 필요합니다. 더 늦기 전에 이때 필요한 능력을 공급해 달라고 기도드리세요.

'어리석은 사람', 크리스천의 경우에 이 말은 칭찬입니다.
'정직한 사람', 우리는 이렇게 되기로 작정한 사람입니다.

Feb. 04

하나도 쉽지 않네요

그리스도의 사랑이 우리를 강권하시는도다 우리가 생각하건대 한 사람이 모든 사람을 대신하여 죽었은즉 모든 사람이 죽은 것이라 (고후 5:14)

전적으로 주님을 따를 준비가 되셨나요? 모든 것을 포기할 수 있으세요? 이 질문이 오늘의 핵심입니다. 그런데 그것이 과연 쉬울까요? 아마도 그렇지 않을 거예요. 만일 예수님을 위해 이렇게 살기로 다짐했다면, 예수님이 통과하신 전 과정을 거칠 준비를 해야 할 것입니다. 극도의 피로, 배척, 박해, 배신, 죽음의 단계를 거쳐야 하겠지요. 즉, 과거의 자아가 죽는 죽음까지 말입니다. 과거의 습성을 버리고 새 생명을 취하라는 요청도 받을 것입니다. 자, 준비되셨나요? 성령님의 능력을 힘입으면 불가능이란 없습니다.

 오스왈드 챔버스의 메시지

바울의 마음을 온전히 사로잡았던 것은 하나님의 사랑이었습니다. 그 결과 그는 다른 어떤 것에도 관심을 두지 않았습니다. "그리스도의 사랑이 우리를 강권하시는도다." 만일 이러한 상황에 처한 크리스천을 보면 우리는 반드시 그를 알아보게 되어 있습니다. 하나님의 성령이 그의 삶에서 자유롭게 역사하시는 현장을 보기 때문입니다. 우리가 그리스도의 사랑에 자신을 완전히 맡길 때, 비로소 삶에 열매를 맺고, 하나님의 능력과 거룩함을 드러낼 수 있습니다. 결코 자신의 거룩함을 자랑하지 않습니다.

 **하나님과 나만의 이야기**

사도 바울처럼 성숙한 단계에 도달한 크리스천은 매우 드뭅니다. 중요한 것은 목표를 향해 끊임없이 나아가는 자세입니다. 바른 길에서 이탈하지 마세요. 끈기를 구하며 매일 조금씩 그분을 향해 나아가세요. 여러분 안에 있는 진리의 빛을 다른 사람이 보게 해 달라고 간구하세요. 비록 그 빛이 아직은 희미하더라도 말입니다.

 이제 여기까지 왔습니다. 앞으로 더 힘들지 모르고 실제로 그렇게 될 가능성이 큽니다. 하지만 여러분은 결코 혼자가 아닙니다.

하나님, 저를 보내주세요!

Feb. 05

> 만일 너희 믿음의 제물과 섬김 위에 내가 나를 전제로 드릴지라도 나는 기뻐하고 너희 무리와 함께 기뻐하리니 (빌 2:17)

하나님이 우리를 부르시면 우리는 "네"라고 대답하고, "가라"고 명령하시면 "물론이죠!"라고 응답해야 합니다. "얼마나 멀리 가야 하나요?" "힘들진 않을까요?"라고 묻지 말아야 합니다. "지금은 좀 바쁜데요"라고 말해서도 안 됩니다. 칭찬을 받기 위해 하나님의 명령을 따라서도 안 됩니다. 만일 선교여행을 떠났는데 현지 주민들이 따뜻하게 환영하며 영접한다면, 얼마나 마음이 편할까요? 하지만 하나님의 요청에 의해 모든 사람이 꺼리는 일을 해야 하고, 더욱이 그 힘든 일을 끝냈을 때 아무도 알아주는 사람이 없다면, 과연 그 일을 맡기가 쉬울까요? 그런데 크리스천은 그 일을 할 준비가 되어 있어야 합니다. 하나님께서 하라고 명하셨기 때문입니다. 다른 이유가 없습니다.

오스왈드 챔버스의 메시지

누구나 흠모하는 영웅처럼 외로운 길을 가는 상황과 하나님의 명령에 따라 다른 사람의 발밑에 깔리는 발닦이가 되어 멸시를 받는 상황은 완전히 다릅니다. 여러분은 섬김을 받지 않고 오히려 남을 섬기며 기꺼이 다른 사람을 위해 희생할 준비가 되어 있나요?

하나님과 나만의 이야기

여러분의 개인적인 감정을 다 접고 "하나님, 저를 보내주세요"라고 요청하세요. 만일 이렇게 하고 싶은 생각이 전혀 들지 않는다면, 그것은 또 다른 문제입니다.

Go!! Go!!
하나님은 우리를 언제나 멋진 장소로만 보내지 않으십니다.
늘 칭찬을 받게 만들지도 않으십니다.

Feb. 06
시련을 통과하게 해 주세요

전제와 같이 내가 벌써 부어지고 나의 떠날 시각이 가까웠도다 (딤후 4:6)

"나를 죽이지 않는 모든 것은 나를 강하게 만든다." 네, 맞는 말입니다! 우리는 제련하는 불에 대해 자주 언급하며, 역경이 인간을 보다 나은 존재로 만든다고 주장합니다. 하지만 아무리 그렇다고 해도 "제가 시련을 겪게 해 주세요"라고 요구할 사람이 얼마나 될까요? 아마 스스로 용광로에 뛰어들 사람은 없을 것입니다. 역경을 통과하면 강해진다는 것을 분명히 믿지만, 우리는 가능한 한 고통을 피하려고 애씁니다. 우리가 넘어지면 하나님께서 일으켜 주신다는 사실을 우리는 압니다. 그러나 넘어지면 분명히 아플 텐데, 자원하여 그렇게 할 크리스천이 과연 있을까요? "하나님, 준비되었습니다. 이제 시련의 불을 통과하게 해 주세요." 크리스천은 반드시 이렇게 말할 수 있어야 합니다. 일단 마음의 전투에서 이기면 몸은 자연히 따라옵니다.

오스왈드 챔버스의 메시지

여러분의 의지를 새롭게 하여 하나님이 주신 위기를 잘 넘기세요. 그러면 어떠한 외부의 압력이 오더라도 굴하지 않고 희생을 감수하며 앞으로 나아갈 수 있을 것입니다. 자신이 온전히 제단 앞에 드려지면 여러분을 우울하게 하거나 억압하던 요소가 완전히 사라질 것입니다. 이제 다시 위기가 닥친다 해도, 그 위기가 예전처럼 여러분을 흔들지 못할 것입니다.

하나님과 나만의 이야기

용기를 주시는 하나님께 구하세요. 하나님은 여러분이 요구하는 것보다 더 많은 선물을 주십니다. 하지만 간청해야만 받을 수 있습니다. 두려움을 극복하고 확신을 가지고 하나님께 나아가세요.

한 걸음 앞으로 나아가세요. 염려하지 마세요.
하나님이 보고 계십니다. 용기를 내세요.

하나님의 잘못이 아니에요!

Feb. 07

우리는 이 사람이 이스라엘을 속량할 자라고 바랐노라 이뿐 아니라 이 일이 일어난 지가 사흘째요 (눅 24:21)

여러분의 자아상은 여러분이 어떤 선택을 하느냐에 따라 달라집니다. 만약 지금 여러분의 태도가 좋지 못하다면 그것은 하나님의 잘못이 아닙니다. 아마 여러분의 잘못이겠죠. 우리는 살면서 힘든 시기를 지날 때마다 "하나님, 왜 제게 이런 어려움을 주시나요?"라고 따집니다. 그러나 이렇게 하나님께 응답을 강요한다면 결코 대답을 듣지 못할 것입니다. 그러나 진심으로 하나님을 찾고 그분을 경외하는 삶을 살면, 하나님은 여러분이 원하는 것을 주십니다.

오스왈드 챔버스의 메시지

욕망은 기도에 응답하시는 '하나님'을 찾기보다 '응답' 자체를 추구합니다. 하나님이 내 기도에 반드시 응답하셔야 한다고 고집을 부리는 태도는 성경의 가르침에서 벗어납니다. '기도'란 하나님을 붙드는 것이지, 하나님께 응답을 강요하는 것이 아닙니다.

하나님과 나만의 이야기

하나님의 얼굴을 보게 해 달라고 기도드리세요. 그분의 사랑스런 팔로 포근히 안아 달라고 간구하세요. 그러나 주먹을 휘두르며 응답해 달라고 다그치지는 마세요. 여러분이 하나님의 임재 가운데 머물러 있다면, 여러분이 원하는 시간이 아닌 그분의 때에 응답해 주십니다.

선택은 중요합니다.
항상 신중하게 선택하세요.

Feb. 08

잡음이 더 잘 들리나요?

평강의 하나님이 친히 너희를 온전히 거룩하게 하시고 (살전 5:23)

자, 지금부터 여러분 앞에 이 세상에 있는 모든 전자 장비를 한곳에 쌓아 놓았다고 상상해 보세요. 각종 게임기, 컴퓨터 관련 기기, 통신 장비, CD, 영화 DVD 등이 산더미처럼 쌓여 있습니다. 그런데 한쪽 구석에서 세미한 하나님의 음성이 들려옵니다. 여러분과 대화를 나누고 싶어 하는 간절한 음성입니다. 여러분은 그 작은 목소리가 들리나요? 그분의 음성을 알아들을 수 있나요? 온갖 신기한 장비들이 여러분의 시선과 귀를 사로잡는 요란한 상황에서도, 정신을 집중하여 들어야 할 메시지를 들을 수 있나요? 하나님은 우리에게 이런 자세를 요구하십니다. 크리스천은 거룩해지기 위해 세상의 잡음을 차단하고, 하나님의 음성에 귀를 기울이는 법을 반드시 배워야 합니다.

오스왈드 챔버스의 메시지

예수님은 자신이 하나님과 하나인 것처럼 크리스천이 하나님과 하나가 되도록 기도하셨습니다. 우리 안에 계시는 성령님은 우리로 하여금 예수 그리스도를 꼭 닮게 하시며, 예수님과 관계없는 모든 것으로부터 우리가 멀어지도록 만드십니다. 예수님과 성령님, 그리고 크리스천 모두 한 가족이기 때문이죠.

하나님과 나만의 이야기

이제 여러분에게 달려 있습니다. 하나님은 여러분이 귀를 더 잘 기울이도록 도와주지 않으십니다. 그리고 여러분이 관심을 기울이지 않는다고 해서 소리 높여 책망하지도 않으십니다. 우리는 단지 하나님께 말씀해 주시도록 요청할 뿐입니다. 귀를 기울이는 것은 우리의 몫입니다.

세상을 향해 열린 문을 닫고 하나님께 집중하세요.
세미한 음성이 들리는지 귀를 기울이세요. 가까이 다가가 들으세요.

몹시 피곤한가요?

Feb. 09

너는 알지 못하였느냐 듣지 못하였느냐 영원하신 하나님 여호와, 땅 끝까지 창조하신 이는 피곤하지 않으시며 곤비하지 않으시며 명철이 한이 없으시며 (사 40:28)

많이 피곤하시죠! 여기까지 잘 따라왔다면 분명 피곤할 것입니다. 그런데 우리가 피곤하다는 것을 이해하지 못하는 사람들이 있습니다. 그들은 예수님을 따르기만 하면 에너지가 끊임없이 충전되어 피곤을 못 느낄 거라고 생각하기 때문입니다. 하지만 크리스천들도 당연히 피곤해 합니다. 세상 사람들에게 예수님을 소개하며 지쳐 쓰러질 때까지 섬기기 때문이죠. 사람들은 자신들에게 좀 더 관심을 가져달라고 말하고, 그들의 요구를 따르다 보면 우리는 지치기 마련입니다. 물론 하나님은 이 상황을 다 아십니다. 여러분이 처음으로 "하나님, 저를 보내주세요"라고 고백했던 때를 떠올려 보세요. 그리고 그때 영적 에너지를 어디서 얻었는지 점검해 보세요. 여러분이 다시 하나님께 나아가 "저, 정말로 피곤해요"라고 말하면, 그분은 분명히 새 힘을 공급해 주실 것입니다. 사실 하나님은 여러분과 계속 함께하셨습니다.

오스왈드 챔버스의 메시지

'탈진'이란 생명력이 고갈된 상태를 의미합니다. 영적 탈진은 '죄'가 아닌 '섬김'으로부터 옵니다. 그러므로 영적으로 고갈되지 않으려면 남을 섬기면서 지속적으로 힘을 공급받아야 합니다. 예수님은 베드로에게 "내 양을 먹이라"고 명령하셨습니다. 그러나 먹일 음식은 아무것도 주지 않으셨습니다. 크리스천이 '찢겨진 빵과 부어지는 포도주'가 되어야 한다는 말은, 크리스천인 '우리'가 다른 사람의 영혼을 위한 영적 자양물이 되어야 한다는 의미입니다. 적어도 그들이 하나님으로부터 직접 영적 음식을 공급받을 때까지는 그들에게 영적 자양분을 제공해 주어야 합니다.

하나님과 나만의 이야기

힘들면 힘들다고 하나님께 말하세요. 그러면 다시 회복시켜 주실 거예요. 그런데 만약 그렇지 않다면 여러분이 하나님을 위해 정말 열심히 뛰어왔는지 한번 점검해 보세요.

피곤한가요? 그렇다면 재충전을 받으세요.
하나님이 새 힘을 주십니다.

Feb. 10 — 상상을 넘어선 세계

너희는 눈을 높이 들어 누가 이 모든 것을 창조하셨나 보라 (사 40:26)

디즈니랜드에서 볼 수 있는 갖가지 놀이기구들과 화려한 성들은 책상 위에서 구상한 작은 아이디어에서 시작되었습니다. 여기에 전문가들이 가세해 그 아이디어들을 구체화시켰죠. 이 사람들이야말로 놀이동산을 만든 진정한 영웅이라 말할 수 있을 것입니다. 그러나 아무리 뛰어난 기획가나 전문가라 해도 하나님이 어떤 분인지 상상하지 못할 것입니다. 그것은 모든 노력을 기울인다 하더라도 불가능한 일이죠! 우리는 하나님을 생각할 때, 자신이 알고 있는 지식으로 그분을 일정한 틀 안에 가둡니다. 그러나 여러분의 상상력을 제한하지 마세요. 우리의 한계 내에서 하나님을 상상하면, 그 하나님은 인간이 창조한 하나님이 되어 버리고 맙니다. 그러면 성경에서 말하는 하나님일 리가 없죠. 하나님을 상상하며 모든 가능성에 대해 문을 활짝 열어 놓으세요. 눈에 보이는 색깔과 들리는 소리, 그 한계를 뛰어넘어 하나님의 얼굴을 그려 보세요.

 오스왈드 챔버스의 메시지

매일 찾아오는 낮과 밤, 시원하게 불어오는 산들바람, 하늘을 수놓는 온갖 기묘한 형상들, 활짝 핀 꽃 등 자연 현상을 통해 하나님은 우리에게 다가오십니다. 그것을 느끼기 위해 상상력을 동원하기만 한다면 말입니다.

 하나님과 나만의 이야기

이해력의 한계를 없애 달라고 하나님께 기도드리세요. 그 한계를 뛰어 넘는다면, 하나님이 어떤 분이신지 깨달을 수 있을 것입니다.

> 눈에 보이는 색의 건너편, 귀에 들리는 소리의 건너편, 거기에 하나님이 계십니다. 그분은 언제나 우리에게 다가오십니다.

창조주 하나님을 생각하세요!

Feb. 11

주께서 심지가 견고한 자를 평강하고 평강하도록 지키시리니 이는 그가 주를 신뢰함이니이다 (사 26:3)

여러분의 상상력과 생각은 믿음을 보여 주는 강력한 도구로 사용되어 하나님을 영화롭게 할 수 있습니다. 하나님은 이 우주에서 가장 창조적인 분이십니다. 만물을 창조하셨잖아요! 그분이 창조하신 자연을 보세요. 아름다운 일출과 일몰, 반짝이는 별, 그리고 웅장한 산을 바라보세요. 지구와 이 땅에 거하는 모든 생명체는 창조주 하나님의 번득이는 아이디어에서 생겼습니다. 이 점을 잊지 마세요. 하나님의 생각과 관심에 대해 깊이 묵상하세요. 그러면 삶이 힘들어질 때, 그분이 함께 하신다는 사실을 체험할 것입니다.

오스왈드 챔버스의 메시지

지금 여러분이 누구의 소유이고 누구를 섬기고 있는지 분명히 기억하세요. 그리고 그 기억을 되살려 자신을 일으켜 세우세요. 그러면 하나님을 향한 사랑이 열 배로 늘어나고 마음은 더 이상 굶주리지 않으며 힘과 열정이 넘치게 될 것입니다. 게다가 소망은 형언할 수 없을 정도로 찬란하게 빛날 것입니다.

하나님과 나만의 이야기

여러분의 마음이 틀에 갇히지 않도록 기도드리세요. 그리고 절대로 생각을 가두려 하지 마세요. 끊임없이 이런 노력을 기울이며 하나님을 닮아가세요.

생각이 끊임없이 뻗어 나가게 하세요.
무한하신 하나님을 상상하여 한계를 뛰어넘으세요.

Feb. 12 — 하나님을 무시하나요?

> 모세에게 이르되 당신이 우리에게 말씀하소서 우리가 들으리이다 하나님이 우리에게 말씀하시지 말게 하소서 우리가 죽을까 하나이다 (출 20:19)

하나님은 우리의 관심을 끌기 위해 애쓰시는데, 우리가 그분을 무시하는 모습을 보면 정말 기가 막힐 때가 있습니다. 그럴 때 하나님은 마치 원맨쇼를 하는 악사 같으십니다. 딸랑이는 방울이나 번쩍이는 네온사인을 달고 악기를 연주하시는데도 우리는 아랑곳하지 않고 내 할 일만 합니다. 우리는 고집 센 어린아이가 부모님이나 선생님의 말을 귓등으로 듣듯이 하나님의 말씀을 무시합니다. 즉, 전심으로 귀를 기울여 듣지 않는다는 뜻이죠. 우리가 세상에 너무 빠져 살 때 하나님이 얼마나 답답해 하실까요? 이는 어린아이가 어머니의 음성을 네 번이나 듣고도 아무 반응을 보이지 않다가, 다섯 번째 불렀을 때 비로소 선물을 들고 서 있는 어머니를 발견하는 꼴입니다. 여러분도 이 어린아이처럼 행동하지는 않나요?

 오스왈드 챔버스의 메시지

우리는 대부분 의식적으로 하나님을 거역하지는 않습니다. 단지 그분의 명령에 관심이 없을 뿐입니다. 하나님은 우리에게 따라야 할 명령을 주셨고, 명령은 언제나 그 자리에 있습니다. 그런데 우리는 그 명령에 관심을 쏟지 않습니다. 이는 의도적으로 그분을 거역하고 싶어서가 아니라 그분을 사랑하거나 존경하지 않기 때문입니다. "너희가 나를 사랑하면 나의 계명을 지키리라"(요 14:15). 그동안 우리가 얼마나 하나님을 '경멸'했는가를 깨달으면, 우리는 굴욕과 수치심으로 인해 얼굴을 들지 못할 것입니다. 지금까지 그분을 경시했기 때문입니다.

 하나님과 나만의 이야기

하나님의 음성을 더 잘 들을 수 있는 귀를 달라고 기도드리세요. 그 귀는 마음과 영혼의 귀를 말합니다. 하나님을 실망시키지 않을까 두려워하는 마음의 귀를 뜻합니다. 하나님을 무시하지 마세요. 그분은 언제나 여러분을 사랑하십니다. 그분의 부르심을 들을 수 있는 능력을 달라고 구하세요.

귀를 기울이고 들리는 소리를 따라가세요.
절대로 두려워하지 마세요.

하나님과 우정을 나누세요

Feb. 13

여호와께서 임하여 서서 전과 같이 사무엘아 사무엘아 부르시는지라 사무엘이 이르되 말씀하옵소서 주의 종이 듣겠나이다 하니 (삼상 3:10)

친한 친구 사이에는 간혹 말이 필요 없을 때가 있습니다. 무슨 생각을 하고 있는지 알고 있기 때문입니다. 혹시 괴로워하는 친구를 보며 "내가 좀 더 귀를 기울여 주고 마음을 헤아려 주었으면 좋았을 것을!" 하고 후회한 적이 있나요? 하나님은 우리의 속마음을 알고 싶어 하십니다. 상대방의 말에 귀를 기울이면 우정이 깊어집니다. 하나님과의 관계도 마찬가지입니다. 그런데 아무리 친한 친구 사이라도 상대방의 말에 귀를 기울이지 않으면 관계가 멀어집니다. 주님과의 관계 역시 그렇습니다. 그분께서 말씀하실 때 단지 듣기만 해서는 안 됩니다. 마음을 다해 귀를 기울일 필요가 있습니다.

오스왈드 챔버스의 메시지 하나님의 음성을 듣지 못하는 이유는 다른 일에 마음이 빼앗겨 있기 때문입니다. 그것은 의도적으로 그 음성을 듣지 않으려는 것이 아니라 마땅히 신경을 써야 할 곳에 쓰지 못하기 때문입니다. 이런저런 일이나 봉사활동, 학업에 몰두해 있으면, 하나님께서 원하시는 것이 무엇인지 말씀하신다 해도 듣지 못하게 됩니다.

하나님과 나만의 이야기 하나님과 더 깊은 우정을 나누세요. 더 이상 말이 필요 없는 친밀하고 원활한 관계를 누리세요. 하나님은 언제나 기다리시며 내내 말씀하고 계신답니다. 하나님께 나아가는 바른 통로를 찾도록 도와 달라고 기도하시고, 찾거든 거기에 목숨을 거세요.

하나님은 지금도 말씀하십니다. 귀를 기울여 들으세요.
그분은 지금도 살아 계십니다. 계속 듣고 있나요?

Feb. 14

잠시 입을 다무세요

> 내가 너희에게 어두운 데서 이르는 것을 광명한 데서 말하며 너희가 귓속말로 듣는 것을 집 위에서 전파하라 (마 10:27)

가끔 구덩이에 빠진 것 같은 기분이 들 때가 있나요? 손을 대는 것마다 산산이 부서지는 것 같은 경험 말입니다. 이런 상황에서는 기도하고 싶은 생각이 들지 않을지도 모릅니다. 구덩이에 빠졌다고 느끼는 순간, 입을 다물고 하나님의 음성에 귀를 기울여 보세요. 여러분에게 중요한 메시지를 전하시기 위해 하나님이 극약 처방을 내린 것인지도 모릅니다. 또는 여러분을 도구로 사용하셔서 누군가에게 메시지를 대신 전달하게 하시는 것인지도 모릅니다.

오스왈드 챔버스의 메시지

지금 어두운 환경 가운데 처해 있습니까? 혹시 하나님과의 관계가 그렇습니까? 만약 그렇다면 침묵을 지키세요. 하나님의 음성이 들리는지 귀를 기울이며 주위를 살피세요. 만일 여러분이 다른 사람과 대화를 나눈다면 하나님의 음성을 듣지 못하게 될 것입니다. 어둠에 처한 상황에서 주님께 귀를 기울이면 굉장히 소중한 메시지를 주실 것입니다. 그리고 후에 빛 가운데로 들어갈 때, 그 경험을 다른 사람과 나누게 하실 것입니다.

하나님과 나만의 이야기

단 한 마디 말도 하지 마세요. 하나님께 들을 수 있는 귀를 달라거나 인내심을 달라고도 구하지 마세요. 하나님께서 여러분에게 무슨 말씀을 들려주시려고 하는지 깨달을 때까지 그냥 묵묵히 앉아 기다리세요.

침묵을 지키세요. 지금은 하나님이 말씀하실 차례입니다. 사실 그분이 처음 말씀하셨을 때 여러분이 듣지 않았기 때문에 여기까지 온 것입니다.

아낌없는 일꾼

Feb. 15

우리 중에 누구든지 자기를 위하여 사는 자가 없고 자기를 위하여 죽는 자도 없도다 (롬 14:7)

만일 하나님이 어떤 일을 맡기고 싶으신데, 여러분이 학업에만 빠져 정신이 없다면 어떻게 될까요? 만일 하나님이 누군가에게 전할 중요한 메시지가 있어 여러분을 통해 전하려 하시는데, 여러분이 지금 당장 바쁘고, 앞으로도 계속 바쁠 상황이라면 어떻게 될까요? 그렇다면 여러분은 주위 사람에게 신경을 쓰지 못하게 될 것입니다. 혹 여러분은 '이 세상에서 누가 일 년 내내, 그것도 100퍼센트 완벽하게 하나님께 충성할 수 있을까?'라는 생각이 들지도 모릅니다. 물론 예수님 밖에 없으시죠! 그런데 이렇게 생각하면 마음이 좀 편한가요? 아닙니다! 하나님이 여러분을 이 땅에 두신 이유가, 뒤에서 팔짱만 끼고 앉아 세상 돌아가는 모습이나 구경하라는 것인가요? 이것도 아닙니다! 계속 귀를 기울이면서 하나님과 대화하는 가운데 앞으로 나아가세요.

오스왈드 챔버스의 메시지

얼마나 많은 성도가 예수 그리스도를 위해 자신이 가지고 있는 육체적, 정신적, 도덕적, 영적 에너지를 아낌없이 소비할 수 있을까요? 그런데 사도행전 1장 8절에서 예수님이 말씀하신 '증인'의 의미가 바로 이렇습니다. 주님의 일꾼으로서 우리는 구원을 주신 하나님께 '감사'해야 합니다. 그것도 우리의 삶을 통해 말입니다. 우리가 취할 수 있는 유일한 방법이 바로 이것입니다.

하나님과 나만의 이야기

폭 넓은 시각을 갖게 해 달라고 기도드리세요. 전체적인 상황뿐만 아니라 그곳에서 여러분이 담당해야 할 작은 역할을 잠깐이라도 좋으니 분명하게 보게 해 달라고 기도드리세요.

계속 나아가세요. 신앙생활은 장거리 여행입니다.
예수님을 구원에 이르는 '유일한 길'이라 부르는 데에는 그럴 만한 이유가 있습니다.

Feb. 16

불가능한 일을 해 봐!

그러므로 이르시기를 잠자는 자여 깨어서 죽은 자들 가운데서 일어나라 그리스도께서 너에게 비추이시리라 하셨느니라 (엡 5:14)

어린 시절을 떠올려 보세요. 그때는 항상 웃음이 떠나지 않았고 무엇이든지 할 수 있을 것만 같지 않았나요? 그런데 한 살 한 살 나이가 먹으면서 그것들을 하나하나 다 잊어버리게 된 것은 아닌가요? 하나님은 우리에게 "일어나! 불가능한 일을 해 봐!"라고 명령하십니다. 우리가 불가능하다고 여기는 멋진 아이디어들은 사실 불가능한 것이 아닙니다. 하나님이 분명 영감을 주실 것이기 때문입니다. 그러나 우리도 반드시 해야 할 일이 있습니다. 그 일이 가능할 것이라고 믿고, 일어나서 시도하는 것입니다. '난 이미 틀렸어'라는 생각을 버리고, 하나님이 원하시면 나도 충분히 할 수 있음을 믿으십시오. 그러면 하나님께서 지금껏 누려 보지 못한 축복을 베푸실 것입니다.

오스왈드 챔버스의 메시지

예수님은 회당에서 한쪽 손 마른 병자에게 "네 손을 내밀라!"고 명령하셨습니다(막 3:5). 이때 그가 손을 내밀자 회복되었습니다. 여기서 주목할 점은, 그가 손을 내밀었다는 사실입니다.

하나님과 나만의 이야기

자칫하면 고정관념에 빠지기 쉽습니다. 오늘은 이러한 틀에서 벗어나게 해 달라고 기도드리세요. 여러분의 손을 높이 들어 올리세요. 그러면 하나님께서 힘을 주실 것입니다.

남들과 다르게 생각하세요. 만사를 새롭게 보세요. 그러면 웃을 일이 생길 것입니다.

우울증 탈출하기

Feb. 17

로뎀 나무 아래에 누워 자더니 천사가 그를 어루만지며 그에게 이르되 일어나서 먹으라 하는지라 (왕상 19:5)

우리는 때로 우울증에 빠집니다. 그런데 만약 우울한 것을 모른다면 기쁨 또한 어떻게 알 수 있을까요? 본문에 나오는 천사는 탈진한 엘리야 선지자에게 나타나 영광스러운 천국의 모습을 보여 주지 않았습니다. 오히려 "일어나 먹으라"고 했습니다. 이처럼 의기소침한 상태에 빠졌을 때는 평범한 일을 하는 것이 최고의 치료제가 될 수 있습니다. 하나님은 항상 평범한 일상에서 역사하십니다. 우리는 그분의 영광스러운 모습을 보고 싶어 하지만, 친구와 함께하는 소박한 식탁에서 주님의 모습을 보게 될 확률이 더 큽니다. 우리는 자주 예상치 못한 장소에서 하나님을 만나곤 합니다. 이러한 경험은 여러분이 이제 어둠에서 벗어나기 위해 첫걸음을 떼었다는 신호이기도 합니다.

오스왈드 챔버스의 메시지

우울증을 극복하기 위해 뭔가를 하면 할수록 오히려 병이 더 깊어집니다. 그러나 성령님께서 어떤 일을 해야 한다고 느끼게 하실 때 그 일을 하면, 우울증이 완전히 사라집니다. 우리는 하나님의 명령에 순종하는 순간, 더 높은 차원의 삶을 살게 됩니다.

하나님과 나만의 이야기

하나님은 어디에나 계십니다. 그러기에 여러분이 그분을 찾으면 분명히 나타나 주실 것입니다. 그런데 그곳은 아마도 가장 평범하면서도 놀라운 장소일 것입니다. 하지만 한 가지 조건은, 여러분이 반드시 눈을 들어 바라보아야 한다는 점입니다.

마음이 낙심되어도 걱정하지 마세요.
잠시 기다렸다가 다시 일어나 활기차게 살면 되니까요!

Feb. 18

절망의 늪에 빠져 있나요?

일어나라 함께 가자 보라 나를 파는 자가 가까이 왔느니라 (마 26:46)

예수님은 가장 힘든 순간에 제자들에게 함께 깨어 있어 달라고 요청하셨습니다. 그런데 제자들은 그렇게 하지 못했습니다. 이로 인해 예수님은 실망하셨고, 제자들 역시 그 사실을 눈치챘습니다. 때론 우리도 이러한 상황을 겪습니다. 누군가가 도움을 요청할 때 도와주기는커녕 오히려 사태를 엉망으로 만들어 상대방을 곤란에 빠뜨릴 때가 한두 번이 아닙니다. 우리는 이때 스스로를 책망하며 "나는 일을 망치는 바보야. 아무짝에도 쓸모없어!"라고 탄식하곤 합니다. 하지만 예수님은 "일어나 함께 가자"라고 재촉하십니다. 혹시 지금 털썩 주저앉아 손을 놓고 있나요? 언제나 해야 할 일이 있는 법입니다. 더 이상 주저앉아 형편없는 인간이라고 자책하며 슬픔에 잠겨 있지 마세요. 하나님은 명령하십니다. "일어나라. 아직 네가 할 일이 있다."

오스왈드 챔버스의 메시지 엄청난 기회를 놓쳐 버렸을 때 우리는 쉽게 절망에 빠집니다. 이때 예수님이 오셔서 말씀하십니다. "이제 자고 쉬라. 기회는 영원히 사라졌고 과거는 돌이킬 수 없다. 하지만 일어나 다음 단계로 나아가자." 과거는 그냥 잠들게 하세요. 다시 말하면 그리스도의 품에서 쉬게 하세요. 그리고 여러분은 예수님과 함께 미래로 뛰어드세요.

하나님과 나만의 이야기 기도할 때에 말하기보다는 듣기를 더 많이 하세요. 침묵을 지켜도 좋습니다. 과거의 실패는 다 잊으세요. 앞으로 해야 할 일이 더 많고, 그 일이 무엇인지는 하나님이 하나하나 알려 주실 거예요.

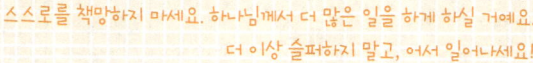

스스로를 책망하지 마세요. 하나님께서 더 많은 일을 하게 하실 거예요.
더 이상 슬퍼하지 말고, 어서 일어나세요!

여러분의 태도에 달려 있어요

Feb. 19

일어나라 빛을 발하라 이는 네 빛이 이르렀고 여호와의 영광이 네 위에 임하였음이니라 (사 60:1)

이 세상에는 재미없는 일이 몇 가지 있습니다. 책상 정리하기, 방 청소하기 등이 그것입니다. 이러한 일은 지루하게 느껴지기 때문에, 종종 누군가가 대신 해 주기를 바라게 되지요. 그런데 어떻게 하면 이러한 일도 하나님이 받으실 만한 고상한 일로 변화시킬 수 있을까요? 어떻게 따분한 느낌을 없애고 즐거운 일로 만들 수 있을까요? 예수님도 제자들의 발을 씻기는 천한 일을 하셨습니다. 그러나 그것을 거룩한 일로 승화시키셨죠. 마음에 하나님을 모시고 무의미한 일을 하면, 그 일은 더 이상 무의미해지지 않습니다. 하나님께서 그 천한 일에 의미를 부여하시고, 성령님께서 우리를 통해 역사하시기 때문입니다. 그러니 언제나 굉장하고 멋있어 보이는 일만 하겠다고 고집부리지 마세요. 무슨 일을 하든 상관없습니다. 하나님이 함께하시면 무가치한 일도 의미 있는 일로 바뀌니까요.

오스왈드 챔버스의 메시지

하나님은 우리에게 영감을 주셔서 선택을 하게 하십니다. 그때 우리는 멍하니 누워 있지 말고 일어나서 주님께서 하라고 명하시는 일을 해야 합니다. 만약 일어나 빛을 발하면 단조롭고 고된 일도 거룩한 일로 승화될 것입니다. 주님께서 우리를 통해 일하실 때, 그분은 언제나 지루한 일을 거룩한 일로 바꾸어 주십니다.

하나님과 나만의 이야기

여러분의 몸과 마음, 그리고 감정 안에 하나님이 들어오시도록 초청하세요. 여러분의 일상에 하나님이 개입하시면 평범하고 따분한 삶은 사라지고 기뻐 춤추게 될 것입니다.

천한 일이라도 마음에 하나님을 모시고 하면 더 이상 그 일은 천하게 보이지 않을 거예요.

Feb. 20

꿈만 꾼다면

오직 내가 아버지를 사랑하는 것과 아버지께서 명하신 대로 행하는 것을 세상이 알게 하려 함이로라 일어나라 여기를 떠나자 하시니라 (요 14:31)

여러분의 모든 꿈과 소망, 그리고 영감은 하나님으로부터 온 것인가요? 만약 그렇다면 이러한 것들은 그분이 주신 놀라운 선물입니다. 그런데 여러분이 영감을 받은 이후에 가만히 앉아 꿈이 이루어지기를 소망하며 몽상하기만 한다면 어떻게 될까요? 꿈이 이루어질 리가 없겠죠. 예를 들어, 화가가 아무리 위대한 작품을 구상하더라도 계속해서 꿈만 꾼다면 좋은 작품이 나올 수는 없습니다. 크리스천과 하나님의 관계도 이와 같습니다. 하나님은 절대자이시고 원하시는 바가 분명히 있으십니다. 그런데 여러분이 하나님의 요구 사항을 알면서도 자리에 앉아 생각만 하고 있다면, 이러한 태도는 여러분이 그분을 믿지 못한다는 하나의 증거일 뿐입니다. 주님이 요구하시는 일이 있거든 더 이상 생각하지 말고 '실천'하세요!

 오스왈드 챔버스의 메시지

하나님께서 원하시는 것이 무엇인지 알기 위해 나아가는 도중에 꿈을 꾼다면 이는 문제가 되지 않습니다. 그러나 해야 할 일을 이미 알려 주셨는데도 그 일에 대해 꿈만 꾸며 시간을 허비한다면, 이는 악한 행위이며 절대로 하나님의 축복을 기대할 수 없습니다. 앉아 있거나 우두커니 서 있지 말고 앞으로 나아가세요. 하나님 안에서 여러분의 꿈과 기쁨과 환희의 원천을 찾으세요. 그리고 세상 속으로 들어가 하나님의 말씀을 실천하세요.

 하나님과 나만의 이야기

하나님께 그분의 위대하신 계획을 보여 달라고 기도드리세요. 그리고 그 계획을 위해 주님께서 맡기신 일을 잘 감당할 수 있게 해 달라고 기도드리세요.

꿈이 있으면 그것을 이루기 위해 행동하세요. 만일 행동하지 않는다면 여러분의 시간과 하나님의 시간까지 몽땅 허비하게 될 것입니다.

이상한 사랑에 빠졌나요?

Feb. 21

예수께서 이르시되 가만 두라 너희가 어찌하여 그를 괴롭게 하느냐 그가 내게 좋은 일을 하였느니라 (막 14:6)

상대가 인간이든 하나님이든 사랑은 폭발하게 되어 있습니다. 사랑은 비실용적이며 자발적이고, 경솔하며 비체계적이고, 무계획적이며 이상하고, 막연하며 어리석고, 때로 별난 행동까지 과감하게 연출합니다. 하나님은 우리가 그분에 대한 사랑을 어떻게 '표출'하는지 확인하고 싶어 하십니다. 약 1년 치 임금에 해당하는 향유를 예수님의 머리에 부은 여인처럼 우리도 하나님께 대한 전적인 헌신을 입증해 보여야 하고, 온전한 사랑을 표현하며 그분을 찬양해야 합니다.

 오스왈드 챔버스의 메시지

어떤 의무감이나 다른 의도 때문이 아니라, 단지 하나님을 사랑한다는 그 이유 하나만으로 사랑에 도취되어 주님을 위해 뭔가를 한 적이 있나요? 하나님께 전적으로 헌신한 성도는 스스로 유용한 존재가 되려고 애쓰지 않습니다. 오직 하나님께 가치 있는 존재가 되기 위해 노력합니다. 하나님의 도구로 변함없이 쓰임 받는 존재가 되려면 그분께 완전히 굴복해야 합니다.

 하나님과 나만의 이야기

하나님을 찬양하세요. 뭔가를 달라고 간청하지 말고, 주변을 살펴보며 하나하나에 대해 감사하세요. 춤을 추고 그림을 그리고 시를 쓰고 노래하며 오직 하나님만을 높이세요.

다른 사람의 시선을 의식하지 말고 자유롭게 표현하세요.
가슴 벅찬 환희를 느끼며 마음껏 찬양하세요.

Feb. 22

불굴의 투지

이르시기를 너희는 가만히 있어 내가 하나님 됨을 알지어다 내가 뭇 나라 중에서 높임을 받으리라 내가 세계 중에서 높임을 받으리라 하시도다 (시 46:10)

해적이 등장하는 영화를 보면 으레 주인공이 칼을 떨어뜨리고, 해적이 그를 아찔한 절벽 끝으로 몰아붙입니다. 그러면 주인공은 손가락 끝으로 절벽에 매달린 채 기를 쓰고, 악당은 주인공의 손을 밟아 짓이기려 합니다. 이때 갑자기 주인공이 이를 악물며 자신의 몸을 위로 끌어올려 계속 싸워나갑니다. 우리도 예수님을 위해 싸울 때에 이런 자세를 취해야 합니다. 주변을 둘러보면 예수님이 말씀하신 덕목들, 예컨대 사랑, 평화, 소망, 친절, 정의, 공평, 용서 등이 절벽에 매달려 바둥거리며 이제 곧 사라지기 직전입니다. 그러기에 우리는 영적으로 결단하여 온갖 악한 세력과 과감하게 맞서야 합니다. 그때 우리는 하나님의 능력을 받아 용기를 내어 계속 싸울 수 있습니다.

오스왈드 챔버스의 메시지

'불굴'(不屈)이란 단순히 참는 행위가 아닙니다. 바라는 일이 반드시 이루어질 것이라고 믿는 절대적인 확신과 인내가 결합된 단어입니다. 떨어질까 봐 무서워 그냥 매달려 있는 상황도 아닙니다. 불굴은 자신이 추종하는 영웅이 결코 패하지 않으리라 강하게 믿고 최선을 다해 앞으로 나아가는 용기입니다.

하나님과 나만의 이야기

능력이 아니라 불굴의 투지를 달라고 기도드리세요. 불굴의 투지를 얻으면 능력과 결단, 그리고 용기와 사랑은 저절로 따라옵니다. 크리스천의 삶에는 이러한 요소가 모두 필요합니다.

영화에서 악당이 승리하는 법은 없습니다. 주인공은 언제나 다시 일어납니다.
그렇다고 해서 손을 놓고 있으면 절대로 안되겠죠?

저는 조수입니다!

Feb. 23

인자가 온 것은 섬김을 받으려 함이 아니라 도리어 섬기려 하고 자기 목숨을 많은 사람의 대속물로 주려 함이니라 (마 20:28)

예수님은 우주를 창조하신 절대자 하나님의 독생자이십니다. 하지만 항상 겸손한 태도로 인간을 사랑하며 섬기셨습니다. 때때로 크리스쳔들은 레스토랑에서 근무하는 거만한 웨이터처럼 뽐내며 신앙생활을 합니다. "저를 보세요. 지금 서빙을 하고 있잖아요." "부인, 제가 잔을 다시 채워 드릴게요." 그런데 사실 예수님은 우리가 웨이터가 아닌, 웨이터 조수로서 일하도록 부르셨습니다. 손님이 퇴장하고 난 후에 식탁을 정리하고 온갖 잡일을 도맡아 하는 조수 말입니다. 웨이터가 바쁘게 손님을 맞는 순간, 조수는 조용히 식탁으로 가서 테이블을 정리합니다. 따라서 대부분의 경우 손님들은 그의 존재를 눈치채지 못합니다. 그는 엄청난 팁을 받기 위해 일하지 않습니다. 단지 그 일이 자신의 임무이기 때문에 감당합니다.

오스왈드 챔버스의 메시지

바울은 섬김에 대해 예수님과 같은 견해를 가지고 있었습니다. "나는 섬기는 자로 너희 중에 있노라"(눅 22:27). "예수를 위하여 우리가 너희의 종 된 것을 전파함이라"(고후 4:5). 예수님과 바울이 말한 이 두 구절을 살펴보면 이 점을 확실히 알 수 있습니다. 바울은 인간을 사랑한다는 이유로 섬기지 않았습니다. 오히려 예수님을 사랑했기 때문에 인간을 섬겼습니다. 주님을 사랑하기 때문에 사람을 섬긴다면, 배은망덕한 사람을 수시로 만난다 하더라도 결코 상처 받지 않을 것입니다.

하나님과 나만의 이야기

천하고 더러운 일이 주어지면, 우리는 그 일이 끝나기만을 간절히 고대하며 어쩔 수 없이 견디어 나갑니다. 그러나 언젠가는 예수님과 동행하며 기쁘게 '설거지'할 날이 올 것입니다. 하나님께 앞으로 천국에서 누릴 안식을 잠깐만 맛보게 해 달라고 기도드려 보세요.

땀을 흘리며 일하세요. 다른 사람들이 몰라줘도 괜찮아요. 하나님이 다 아시잖아요.

Feb. 24

분명한 목적을 가지세요!

내가 너희 영혼을 위하여 크게 기뻐하므로 재물을 사용하고 또 내 자신까지도 내어 주리니
(고후 12:15)

삶을 하나님께 드린다고 말할 때, 어떤 사람들은 마치 원반을 던지듯이 삶을 하나님께 던지는 장면을 상상하곤 합니다. 그런데 그렇지가 않습니다. 내동댕이 치듯 던져서는 안 됩니다. 분명한 목적을 가지고 신중하게 드려야 합니다. 모든 사고와 지식을 총동원하여 그분을 위해 살겠다고 결단해야 하며, 예수님처럼 살기로 다짐해야 합니다. 우리는 삶을 힘들게 하는 것이 아니라, 영적으로 우리를 퇴보하게 만드는 온갖 것을 포기해야 합니다. 행복해지기 위해 세상 사람들이 꼭 필요하다고 여기는 것들을 내려놓을 때, 우리의 영혼은 자유로워집니다.

오스왈드 챔버스의 메시지

사도 바울은 '찢겨진 빵과 부어지는 포도주'처럼 어디를 가든지 자신을 희생했고, 예수님은 그의 삶을 마음껏 사용하셨습니다. 그런데 오늘날 대부분의 기독교인들은 자신의 유익을 위해 일하기 때문에 예수님이 그들을 사용하실 수 없습니다. 예수님께 전적으로 헌신한 성도는 자신의 목적을 위해 일하지 않습니다. 어떻게 이게 가능할까요? 이는 그가 전적으로 예수님께 헌신했기 때문입니다.

하나님과 나만의 이야기

잠시 여러분 자신을 점검하며 왜 신앙생활을 하는지 물어보세요. "보세요. 저는 크리스천이에요." 이렇게 자랑하고 싶어서 합니까, 아니면 다른 사람이 보든 안 보든 그리스도를 따르고 싶어서 합니까?

분명한 목적을 가지고 여러분의 전부를 주님께 드리세요.
어깨 너머로 아무렇게나 던지지 말고 그리스도를 향해 조심스럽게 내미세요.

어떤 조건도 없이

Feb. 25

너희를 더욱 사랑할수록 나는 사랑을 덜 받겠느냐 (고후 12:15)

우리는 '크리스천'이기 때문에 그리스도를 섬긴다고 생각합니다. 하지만 정작 예수님은 하나님을 섬기려면 다른 사람을 섬겨야 한다고 말씀하십니다. 따라서 진정한 크리스천인가를 판단하는 기준은, 다른 사람의 발을 씻어줄 수 있느냐 하는 것입니다. 바울은 자신이 그리스도의 종으로 살면, 친구뿐 아니라 적까지도 생길 수 있다는 점을 잘 알고 있었습니다. 그렇지만 상관하지 않았습니다. 오직 전적으로 그리스도를 위해 헌신하는 일에만 신경을 썼습니다. 어떤 조건도 없이 전적으로 헌신했습니다.

오스왈드 챔버스의 메시지

바울은 영혼들을 향한 하나님의 마음을 알았기에 기쁘게 자신을 쏟아 부었고, 조금도 대가를 바라지 않았습니다. 그는 예수님이 신약성경에서 언급하신 바른 성도의 모습을 그대로 보여 주었습니다. 다시 말하면 단지 복음만 전하는 자가 아니라, 예수 그리스도에게 완전히 사로잡혀 다른 사람들을 위해 '찢겨진 빵과 부어지는 포도주'가 되었습니다.

하나님과 나만의 이야기

오늘은 만족하게 해 달라고 기도드리세요. 만일 현재에 만족한다면, 더 많은 것을 얻기 위해 스트레스 받지 않을 테니까요. 하나님은 우리에게 필요한 것이 무엇인지를 다 아십니다. 그래서 여러분의 인생 여정에 꼭 필요한 것이 있다면 무엇이든 공급해 주신답니다.

기꺼이 모든 것을 포기할 수 있나요? '모든' 것을 말입니다.
말 그대로 예외 없이 전부를 드려야 합니다.

Feb. 26

질문 있어요!

여자가 이르되 주여 물 길을 그릇도 없고 이 우물은 깊은데 (요 4:11)

신앙생활에서 생기는 의문은 하나님이 역사하시는 방식을 우리가 이해하지 못하기 때문에 생겨납니다. 아니면 '우리'가 원하는 방식으로 그분이 일하시지 않기 때문에 생겨납니다. 그래서 기대했던 대로 되지 않으면 화를 내곤 하죠. 하지만 이런 식의 태도는 신뢰도 아니고 믿음도 아닙니다. 인간은 자신의 한계 내에서 예수님을 믿습니다. 그러나 예수님은 인간의 지각(知覺)을 훨씬 초월하십니다. 만약 그분을 이해할 수 없다며 화를 낸다면, 이는 쓸데없이 에너지를 낭비하는 꼴입니다.

 오스왈드 챔버스의 메시지

"나는 예수님을 의심하지는 않아. 단지 나 자신을 믿지 못할 뿐이야." 우리 안에 있는 자아는 경건한 척하며 이런 말로 스스로를 속입니다. 그러나 속지 마세요! 이 세상에서 자신을 의심하는 사람은 아무도 없습니다. 우리는 자신이 할 수 없는 일이 무엇인지 정확하게 압니다. 그렇지만 예수님에 대해서는 불안한 마음을 떨쳐버리지 못하죠. 인간은 자신이 못하는 일을 예수님이 하실 수 있다는 말을 들으면 이상하게도 상처를 받습니다.

 하나님과 나만의 이야기

하나님께 나아가 그분에 대해 실망했던 경험, 물어보고 싶었던 내용을 다 쏟으세요. 마음에 품은 의심과 두려움을 만물의 근원이신 그분께 가지고 나아가 전부 털어놓으세요. 아마 그분도 이해해 주실 것입니다.

> 마음에 의심이 생기거든 "의심이 생겼어요"라고 털어놓으세요.
> 해결사이신 주님께 아뢰면 처리해 주십니다.

우리의 생각을 초월한다구요?

Feb. 27

어디서 당신이 그 생수를 얻겠사옵나이까 (요 4:11)

'전능하신'이란 단어를 사용할 때, 과연 우리는 그 단어의 의미를 어느 정도 믿고 사용하는 것일까요? 우리가 예수님을 "전능하신 하나님의 독생자"라고 부르며 그대로 믿는다면, 예수님은 못할 일이 없으십니다. 우리는 예수님을 '위로자', '치료자', '양육자'로 칭할 때 별 어려움을 느끼지 못합니다. 그러나 '전능하신 주님'이라고 부를 때는 잠시 멈칫합니다. 그 이유는 '전능하신'이란 단어의 의미를 인간의 머리로 상상할 수 없기 때문입니다. 아무리 깊은 상처를 받은 사람이라 해도 예수님은 치료하실 수 있습니다. 우리의 문제가 아무리 크다 해도 예수님은 그보다 더 크신 분이시니까요.

 오스왈드 챔버스의 메시지

털썩 주저앉아 "이 일은 원래 불가능한 일이었어!"라고 내뱉으며 체념하지 마세요. 여러분도 알다시피, 예수님을 바라보면 모든 문제가 해결됩니다. 상황이 어떻든 포기하지 말고 예수님을 바라보세요.

 하나님과 나만의 이야기

기도할 때 '전능하신'이란 단어를 크게 외쳐 보세요. 그리고 인간이 아무리 노력해도 이 단어의 의미를 제대로 이해할 수 없다는 사실을 인정하세요. 인간의 지각을 초월하는 하나님의 능력, 이것이 이 단어의 의미랍니다.

 아무리 깊은 곳에 숨어도 하나님은 다 아세요. 그리고 여러분이 어딜 가든 주님은 찾아내십니다. 믿으세요. 하나님께는 불가능이 없습니다.

Feb. 28

의무감이 아니에요

이로써 … 우리가 믿사옵나이다 예수께서 대답하시되 이제는 너희가 믿느냐 (요 16:30-31)

우리는 자신의 구상에 따라 목표를 정하고 세부 계획을 수립한 후, 하나님께 도와달라고 요청합니다. 예수님의 계획이 아닌 인간의 계획을 가지고 말입니다. 그런데 하나님의 일을 하다가 예수님을 놓쳐 버리면 온갖 문제에 부딪히게 되고, 마침내 하나님께 다시 돌아와 "어쩌다가 일이 이렇게 됐죠?"라고 하소연하게 됩니다. 이렇듯 하나님을 섬겨야 한다는 '의무감' 때문에 사역을 시작하면 일을 망칩니다. 그분을 '섬기려는 마음'이 앞서야 합니다.

오스왈드 챔버스의 메시지

크리스천은 양심이나 의무감에 따라 살도록 부름을 받은 존재가 아닙니다. 빛 가운데서 살라고 부르심을 받았습니다. 만일 우리가 의무감 때문에 어떤 일을 한다면 논쟁 과정을 거칠 수 있습니다. 그렇지만 주님께 복종하기 위해 한다면 논쟁의 여지가 없습니다. 그러나 바로 이런 이유 때문에 성도가 쉽게 세상 사람들의 조롱거리가 되기도 합니다.

하나님과 나만의 이야기

하나님의 계획에 관해 물어보세요. 자신의 생각만 의지하다가 빗나간 길에서 헤매고 있을지 모르니까요. 또한 하나님의 '자녀'이기 때문에 '당연히' 그분을 위해서 일한다고 착각하고 있을지 모르니까요. 하나님께 잘못된 관점을 바로잡아 주시고, 바른 길로 인도해 달라고 기도드리세요.

누구에게 책임이 있나요? 여러분입니까, 아니면 하나님입니까?
여러분의 뜻과 하나님의 뜻이 반드시 일치하지는 않습니다.

불가능하다니요?

Feb. 29

네게 무엇을 하여 주기를 원하느냐 이르되 주여 보기를 원하나이다 (눅 18:41)

손에 티스푼을 들고 해변에 서서 "지금 시작하면 이 물을 다 비울 수 있을 거야"라고 말한다면 어리석기 짝이 없겠죠? 우리가 예수님을 완전히 이해하려고 노력하는 것도 이와 같습니다. 예수님이 어떤 분이신지 인간의 머리로 완전히 이해한다는 것은 불가능합니다. 기억하세요. 예수님은 측량할 수 없는 분이십니다. 그렇다면 이제 여러분은 현재 직면한 문제를 어떻게 대해야 할까요? 혹시 "이 일은 불가능해" 하며 난처한 상황 속에서 그저 멍하니 있지는 않나요? 여러분이 아는 범위 내에서 예수님의 능력을 제한하고 있지는 않나요? 만약 여러분이 망설이며 "그런데 예수님, 이 일은 불가능해요"라고 말한다면, 여러분은 믿음을 발휘하지 못할 뿐 아니라 예수님의 무한한 능력까지 제한하게 됩니다. 믿음은 100퍼센트 신뢰를 요구합니다. 신앙생활을 하다 보면 언제나 "이 일은 불가능해"라고 말하고 싶은 의심의 그림자가 다가오게 마련입니다. 그러나 그리스도에게는 불가능한 일이 없습니다.

오스왈드 챔버스의 메시지 먼저 그분이 전능하시다는 것을 믿는 단계까지 여러분이 나아가야만 합니다. 예수님이 하신 말씀의 '내용'보다 '예수님'을 믿으세요. 예수님이 하신 말씀의 내용만을 생각하면 절대로 믿지 못합니다. 하지만 예수님을 바라보면, 그분은 마치 숨을 쉬는 것처럼 자연스럽게 불가능한 일을 이루어 주십니다.

하나님과 나만의 이야기 지금 직면한 문제가 무엇이든 하나님께 말씀드리세요. 비록 끝이 안 보이는 절망적인 상황이라 하더라도 말입니다. 하나님께는 불가능한 일이 없다그 전적으로 확신하며 털어놓으세요.

하나님의 능력을 제한하면
그분이 여러분을 위해 하실 수 있는 일까지 제한을 받습니다.

March

"네가 나를 사랑하느냐?"

주님을 얼마나 사랑하는지 고백하세요

마음을 꿰뚫는 질문

Mar. 01

네가 나를 사랑하느냐 (요 21:17)

"네가 나를 사랑하느냐?" 언제나 행복과 기쁨만 추구하는 크리스천은 예수님의 질문이 가져오는 고통을 쉽게 무시해 버립니다. 예수님에 대한 그들의 사랑이 피상적인 차원에 머물러 있기 때문입니다. 그들은 언제나 긍정적인 마인드로 살면, 멋진 사람이 되어 멋지게 보이는 사람들을 도와주다가 멋진 예수님을 만나게 될 것이라고 기대합니다. 하지만 그들은 정작 중요한 것을 놓치고 있습니다. 예수님의 질문을 받을 때 찾아오는 고통이 때로 모든 것을 압도한다는 점을 말입니다. 그럼에도 불구하고 여러분은 끝까지 예수님을 사랑할 건가요?

오스왈드 챔버스의 메시지

주님이 단도직입적으로 물으실 때 멋진 말로 포장해서 대답하는 것은 불가능합니다. 심적 고통이 너무 크기 때문입니다. 얼마나 아프게 찌르시는지 아무 생각도 안 납니다. 주님께서 물으실 때, 그 질문은 반드시 고통을 동반합니다.

하나님과 나만의 이야기

여러분이 하나님을 얼마나 사랑하는지 고백해 보세요. 온 마음을 다해서요. 주님께서 주시는 대답은 고통과 기쁨을 동시에 가져온답니다. 여러분은 상상을 초월하는 기쁨을 누리기 위해 기꺼이 아픔을 견딜 수 있나요? 마음의 고통이 아무리 크다 해도 하나님을 사랑하겠다고 고백하세요.

> 예수님의 질문은 아픔을 동반합니다. 왜냐하면 지금까지 여러분이 받은 질문 중에서 가장 대답하기 힘든 질문이니까요. 그래도 정직하게 답하고 다음 단계를 기다리세요.

Mar. 02

네, 사랑합니다

세 번째 이르시되 요한의 아들 시몬아 네가 나를 사랑하느냐 (요 21:17)

예수님이 "네가 나를 사랑하느냐?"라고 물으실 때, 우리는 기발한 방법을 동원하여 그 사랑을 입증하려고 노력합니다. 하지만 예수님은 이런 식의 표현을 원하지 않으십니다. 예수님은 베드로에게 세 번이나 물었습니다. 그분은 베드로에게 노래나 춤을 원하지 않으셨습니다. 단지 "네가 나를 사랑하느냐?"라고 물으셨고, 이 질문에 간단하게 답하기를 요구하셨습니다. 마침내 베드로가 이해했습니다. 모든 과정을 다 겪은 후에 드디어 깨닫고 "그렇습니다"라고 대답했습니다. 예수님은 우리에게도 이 질문을 던지십니다. 화려한 순간이 아닌 고요한 순간에 "네가 나를 사랑하느냐?"라고 직설적으로 물으실 것입니다. 그때 여러분도 분명하게 "그렇습니다"라고 대답해야 합니다.

오스왈드 챔버스의 메시지

베드로를 노련하게 다루시는 예수님의 끈질기면서도 단도직입적인 태도를 주목하세요! 주님은 가장 적당한 때에 이 질문을 던지십니다. 아주 드물게, 아마 평생 한 번 정도, 예수님은 우리를 구석으로 몰고 가 핵심을 찌르는 질문을 던지심으로 우리의 마음을 아프게 하실 것입니다. 이때 비로소 우리는 말로 표현하는 고백보다 더욱 깊이 우리가 그분을 사랑한다는 사실을 깨닫게 될 것입니다.

하나님과 나만의 이야기

마음을 깨끗하게 비우세요. 내일 해야 할 과제나 준비물 등을 생각하지 마세요. 하나님께 기도하며 얼마나 그분을 사랑하는지 고백하세요. 이것은 무엇을 달라고 간청하는 기도가 아니랍니다.

예수님의 질문에 답하세요.
진심으로...

주님의 양

Mar. 03

베드로가 근심하여 이르되 주님 모든 것을 아시오매 내가 주님을 사랑하는 줄을 주님께서 아시나이다 예수께서 이르시되 내 양을 먹이라 (요 21:17)

예수님은 제자들이 자신과 하나가 되기를 원하며 기도하셨습니다. 그분은 이미 하나님과 하나였기 때문에, 제자들도 그렇게 되기를 원하셨습니다. 예수님은 우리 역시 하나님과 하나가 되기를 소망하십니다. 예수님은 "내 양을 먹이라. 네가 나를 사랑한다면, 서로 돌보아라"고 명령하십니다. 우리는 주님의 양입니다. 양은 성격이 까다롭고 제대로 관리하지 않으면 더럽고 냄새나는 짐승 중 하나라 양무리를 돌본다는 것은 참 어려운 일입니다. 그러나 예수님은 명령하십니다. "내 양을 먹이라. 비록 이따금 힘든 일이 있더라도 말이다."

오스왈드 챔버스의 메시지

하나님의 사랑은 결코 바닥을 드러내지 않습니다. 우리 안에 있는 하나님의 사랑 역시 절대로 마르지 않습니다. 하나님의 사랑은 우리 각자의 개성과 상관없습니다. 만일 여러분이 주님을 사랑한다면, 타고난 기질이나 개성에 얽매일 필요가 없습니다. 그저 주님의 양을 먹이기만 하면 됩니다.

하나님과 나만의 이야기

그렇습니다. 하나님은 여러분이 주님을 얼마나 사랑하는지 다 아십니다. 그렇다면 이제 뭔가를 해 보세요. 지금까지 받은 은혜를 세어 보며 감사하고, 엄청난 은혜를 받은 사람답게 살아가세요.

양의 속성을 더 알고 싶으세요?
그러면 주님의 양을 먹이세요.

Mar. 04 — 자신을 신경쓰지 마세요

> 내가 달려갈 길과 주 예수께 받은 사명 곧 하나님의 은혜의 복음을 증언하는 일을 마치려 함에는 나의 생명조차 조금도 귀한 것으로 여기지 아니하노라 (행 20:24)

'좋아! 이제 크리스천이 되었으니 정말로 좋은 사람이 될 거야.' 이렇게 생각하는 사람이 더러 있습니다. 그러나 하나님이 정말 원하시는 것이 무엇인지를 이해하려면 먼저 자기 자신에 대해 생각하지 말아야 합니다. 바울은 자신에 대해 조금도 신경을 쓰지 않았습니다. 만일 여러분이 "하나님, 이제 무슨 일을 해야 하죠?"라는 질문을 던지지 않고 하루하루를 살아간다면, 분명히 지금보다 더 자유롭고 풍요로우며 성공적인 삶을 살 수 있을 것입니다. 그렇지만 믿음을 소유한 사람은 그렇게 살지 않습니다. "어떻게 해야 나 자신을 하나님께 드릴 수 있을까?" 우리는 이렇게 물어야 합니다. "하나님 저를 사용해 주세요. 그렇지만 제 스케줄에 맞춰 주셔야 돼요." 하나님께 나아가 이런 식으로 요구해서는 안 됩니다.

오스왈드 챔버스의 메시지

여러분이 사명을 받았다면, 하나님이 원하시는 것을 떠올릴 때마다 자극을 받을 것입니다. 여러분이 쓸모 있는 존재인지 아닌지에 대해 절대로 따지지 마세요. 여러분의 주인이 자신이 아니라 하나님이라는 점만을 기억하기 바랍니다.

하나님과 나만의 이야기

여러분의 재능을 하나님께 드릴 때, '여러분'이 원하는 방식으로 하나님이 사용해 주시기를 은근히 바라지 마세요. 그저 "저를 사용해 주세요"라고 간단하게 기도드리세요. 그러면 하나님이 그렇게 하실 것입니다.

> 재미있게 시간을 보낼 도구들이 많이 있나요? 하나님께서 그것들을 여러분에게 주셨습니다. 하지만 그분은 '도구들'이 아닌 '여러분 자신'을 원하십니다.

예수님과의 동행

Mar. 05

내가 달려갈 길과 주 예수께 받은 사명 곧 하나님의 은혜의 복음을 증언하는 일을 마치려 함에는 나의 생명조차 조금도 귀한 것으로 여기지 아니하노라 (행 20:24)

살면서 진정한 행복을 누리려면, 하나님이 여러분에게 맡기신 일이 무엇인지 찾는 법부터 배워야 합니다. 여기서 말하는 행복은 새로운 게임기를 구입했을 때 느끼는 기쁨이 아니라, 인생에서 얻을 수 있는 진정한 만족을 의미합니다. '진정한' 행복은 하나님을 위해 '뭔가'를 한다고 해서 생기지 않습니다. 오히려 하나님께서 여러분을 이 땅에 두신 목적이 무엇인지를 발견할 때 주어집니다. 그렇다면 그 목적을 어떻게 찾을 수 있을까요? 좋은 질문입니다! 하나님의 친구들과 교제하는 시간이 많아지면 많아질수록 정답을 찾을 확률은 높아집니다.

 오스왈드 챔버스의 메시지

여러분이 사명을 다 완수한 것을 보시고 예수님께서 "잘 하였도다. 착하고 충성된 종아"라고 칭찬하신다면, 얼마나 기쁠까요? 크리스천은 살면서 자신이 있어야 할 자리를 찾아야 하는데, 그 자리는 하나님의 사명을 받을 때 발견하게 됩니다. 이렇게 되려면 먼저 예수님과 동행해야만 합니다. 단지 개인적인 구세주로 아는 데 그쳐서는 안 됩니다.

 하나님과 나만의 이야기

하나님과 동행하게 해 달라고 요청하세요. 삶의 각 단계에서 그분의 임재를 느끼게 해 달라고 간구하세요. 하나님이 어떤 분이신지를 알아야 그분이 내게 무엇을 원하시는지를 발견할 수 있답니다. 하나님의 뜻은 고등학교나 대학을 졸업한 후에도 발견하지 못할 수 있고, 이 책을 덮는 순간 발견할 수도 있습니다.

하나님과 동행하세요. 지금 시작하면 됩니다.
주님께 더 가까이 나아가세요. 언제나 시작일 뿐입니다.

Mar. 06
늘 변함없이 꾸준하게

> 오직 모든 일에 하나님의 일꾼으로 자천하여 많이 견디는 것과 환난과 궁핍과 고난과 (고후 6:4)

지금 진행되는 여정의 다음 단계는 아주 힘든 코스입니다. 이 과정에서는 매일 기쁨이 찾아오는 것도, 그렇다고 큰 슬픔이 찾아오는 것도 아닙니다. 그래서 마치 아무 기복 없이 중간에 놓여 있는 평지를 걷는 듯한 느낌이 들 수도 있습니다. 잠자리에서 일어날 때조차 아무 영감을 느끼지 못할 수도 있습니다. 그러나 바로 이 시기에 믿음이 찾아옵니다. 크리스천은 반드시 하나님을 믿어야 합니다. 우리가 따분하다고 여기는 날이나 하늘이 열리며 하나님의 은혜와 평안이 우리 삶에 쏟아진다고 확신하는 날이나 관계없이, 하나님은 동일하게 역사하신다는 진리를 말입니다. 이처럼 평범한 날에 하나님을 바라보세요. 그리고 그분이 거기 계시고, 비록 눈에 보이지 않지만 언제나 역사하신다는 진실을 믿으세요.

오스왈드 챔버스의 메시지 궁극적으로 하나님과 사람들에게 의미 있는 일을 하려면 눈에 띄지 않는 곳에서 꾸준히 인내하며 일해야 합니다. 또한 그렇게 살면서도 위축되지 않으려면 하나님만 바라보아야 합니다. 다른 방법이 없습니다. 여러분의 영이 항상 부활하신 그리스도만을 볼 수 있게 해 달라고 하나님께 기도드리세요. 그러면 아무리 단조롭고 고된 일도 여러분의 의욕을 꺾지 못할 것입니다.

하나님과 나만의 이야기 비록 여러분이 하나님을 볼 수 없다 해도 "저를 찾아와 주셔서 감사해요"라고 고백하세요. 영감을 느끼지 못해도 "영감을 주셔서 감사해요"라고 속삭이세요. 사랑을 받는다는 느낌이 들지 않는 날에도 "엄청난 사랑을 부어 주셔서 감사해요"라고 고백하세요.

 하나님은 늘 거기에 계신답니다. 삶이 굉장히 따분한 순간에도 말입니다. 그분은 여러분을 위해 엄청난 일을 계획하고 계십니다.

겁내지 말고 파도를 즐기세요!

Mar. 07

그러나 이 모든 일에 우리를 사랑하시는 이로 말미암아 우리가 넉넉히 이기느니라 (롬 8:37)

서핑 초보자와 선수의 차이점을 생각해 보세요. 초보자는 밀려오는 거대한 파도를 보며 "으악!" 하고 소리칩니다. 하지만 선수는 "딱, 좋은데!" 하고 감탄합니다. 인생을 바라보는 관점도 이처럼 다릅니다. 바울은 로마서에서 이 세상의 어느 것도 하나님의 자녀를 그분의 사랑에서 끊을 수 없다고 확신합니다. 기도생활, 하나님과의 관계, 그분께 대한 헌신, 영적 기쁨 등을 방해하는 요인은 얼마든지 있습니다. 그러나 우리를 하나님의 사랑에서 떼어놓을 수 있는 것은 아무것도 없습니다. 이 단순한 진리를 아는가의 여부가 결정적 차이를 만들어 냅니다. 선수들은 몰려오는 파도를 보며 흥분합니다. 그 재미를 알기 때문이죠! 그들은 파도에 휩쓸려도 다시 도전합니다. 파도는 계속해서 밀려오는 법이니까요. 하나님과 동행한다는 확신은 우리로 하여금 파도를 타게 하며, 때로 하늘로 솟아오르게 합니다. 여러분은 서핑 선수인가요, 아니면 초보자인가요?

오스왈드 챔버스의 메시지

우리를 괴롭히는 여러 요인, 즉 환난, 고통, 핍박 등은 싸워야 할 대상이 아니라, 우리 안에서 최고의 기쁨을 양산하는 매개체입니다. 우리는 예수 그리스도를 힘입어 이 모든 어려움을 '통과하며' 정복자가 얻는 기쁨, 그 이상의 기쁨을 만끽하게 됩니다. 그것도 고난에도 '불구하고'가 아니라 고난의 '한복판'에서 또는 고난 '때문에' 말입니다. 우리가 살면서 얻는 크고 작은 경험은, 그것이 끔찍한 것이든 단조로운 것이든, 예수 그리스도 안에 있는 하나님의 사랑을 무력하게 만들지 못합니다.

하나님과 나만의 이야기

여러분도 알다시피 주님은 모든 문제를 해결하실 수 있습니다. 지금까지 경험해 오셨잖아요! 주님께 능력의 손을 여러분의 어깨 위에 얹어 달라고 요청하세요. 그리고 문제를 바라보며 큰 소리로 외치세요. "어디, 덤벼 봐!"

'문제'라는 파도에 올라타서 솟아오르세요.
때로 바닥에 충돌해도 일어나 다시 올라타세요.

Mar. 08

가벼워지기

내가 그리스도와 함께 십자가에 못 박혔나니 (갈 2:20)

여러분이 지금까지 이룬 업적과 수집한 것들을 다 모아 하나의 배낭에 담을 수 있다면, 언젠가 그것을 열어 내용물을 하나하나 점검 받을 날이 올 것입니다. 아마 그때 대부분의 사람들은 굉장히 놀랄 것입니다. 자신이 저지른 범죄나 방종 때문이 아니라, 그리스도를 수시로 배척해왔던 교만한 마음을 발견하고서 말입니다. 우리는 '진리'의 길에 들어설 때, 다시 말하면 그리스도의 제자가 되겠다고 다짐할 때, 못된 행동을 버리겠다고 결단합니다. 맞습니다! 여기까지는 별 문제가 없습니다. 하지만 우리는 모든 것을 버려야 합니다. 배낭 마저도 던져 버려야 비로소 아무 지장을 받지 않고 구원의 문을 향해 나아갈 수 있습니다. 짐이 조금이라도 남아 있다면, 앞으로 닥칠 난관들을 헤쳐 나갈 수 없을 것입니다.

오스왈드 챔버스의 메시지

주님의 시각으로 자신을 점검할 때 우리는 충격을 받게 될 것입니다. 혐오스러운 죄 때문이 아니라, 예수님께 대항하는 무시무시한 마음 속 교만을 발견하게 될 것이기 때문입니다. 만일 지금 여러분이 모든 것을 포기해야 할 상황에 처해 있다면, 그 위기를 잘 넘기세요. 모든 짐을 내려놓으면, 하나님께서 여러분을 그분이 원하시는 모습으로 만들어 주실 것입니다.

하나님과 나만의 이야기

버려야 할 물건이 언제 다시 필요할지 모르니 그냥 배낭에 넣어 두어도 괜찮을까요? 아닙니다! 그렇게 해서는 안 됩니다! 배낭이 커서 아무리 여유가 있더라도 안 됩니다. 과감하게 버리고 단호한 결심과 함께 새로운 생활을 시작하세요.

배낭을 점검하세요. 무게를 줄이세요.
목적지를 향해 가려면 가벼워야 하니까요.

어떤 길이라도

Mar. 09

예수께서 열두 제자에게 이르시되 너희도 가려느냐 (요 6:67)

좁은 길을 갈 때, 구덩이가 많은 지점을 통과할 때도, 나뭇가지와 관목이 빽빽이 엉켜 있어 햇빛이 들어오지 않는 지점을 통과할 때도 있을 것입니다. 또한 오물이 여러분을 꼼짝 못하게 하는 지점을 통과할 때도 있을 것입니다. 그러나 하나님이 여러분이 잘 해낼 거라는 확신이 없으셨다면 애초부터 그런 길을 가게 하지 않으셨겠죠? 그분은 모든 것을 계획하시는 분이니까요. 물론 하나님은 순탄하고 햇빛이 잘 드는 다른 좁은 길을 걷게도 하십니다. 그때가 여러분에게 있어서는 영광의 순간이 될 것입니다. 이처럼 하나님께서 순탄한 길을 허락하시면 즐기고, 험한 길을 허락하시면 그분을 더욱 의지하세요

 **오스왈드 챔버스의 메시지**

만일 하나님께서 그분이 원하시는 것이 무엇인지를 분명하면서도 단호하게 깨닫게 하셨다면, 다른 특정한 방법으로 그분과의 관계를 유지하려고 노력하지 마세요. 오로지 예수님만 의지하며 자연스럽게 살아가세요. 하나님이 정하신 기준 외에 다른 기준을 따르며 하나님과 동행한다고 말해서는 절대로 안 됩니다. 하나님의 기준이란 온전히 그분께 헌신하는 삶입니다.

하나님과 나만의 이야기

혹시 지금 진흙탕에 빠져 있다면, 잠시 쉴 수 있도록 도와 달라고 하나님께 요청하세요. 아마 거절하지 않으실 것입니다. 만약 즐거운 음악을 들으며 순조롭게 구원의 길을 따라 걷고 있다면, 현 위치를 기억하며 지금껏 인도해 주신 하나님께 감사하세요.

 인생은 좁은 길이 많지만 그럼에도 불구하고 주님이 함께하시면 삶은 즐겁습니다.

Mar. 10 — 치어리더?

> 너는 말씀을 전파하라 때를 얻든지 못 얻든지 항상 힘쓰라 범사에 오래 참음과 가르침으로 경책하며 경계하며 권하라 (딤후 4:2)

진정한 크리스천은 응원 구호를 외치며 열광하는 군중을 이끄는 사람이 아닙니다. 하나님을 위해 '치어리더'가 되는 것과 '하나님의 사람'이 되는 것은 차이가 있습니다. 여러분은 복음을 전하는 전도자가 될 수도 있고, 여러분 자신이 메시지가 될 수도 있습니다. 그렇지만 여러분의 입에서 나오는 말은 반드시 살아 있어야 합니다. 꾸며낸 말은 쉽게 들키기 때문입니다. 크리스천의 말 속에는 언제나 '진심'이 담겨 있어야 합니다.

오스왈드 챔버스의 메시지

크리스천이 구원받은 것은 단지 '통로'가 되기 위함이 아니라, 하나님의 아들과 딸이 되기 위함입니다. 따라서 우리는 영적 메신저가 되어야 하고, 반드시 그 메시지의 일부가 되어야 합니다. 독생자 예수님은 그분 자신이 메시지셨고, 그분의 말씀은 영과 생명이었습니다. 성도의 삶 자체가 그리스도의 메시지를 담는 성찬(빵과 포도주)이 되려면, 먼저 죄에 대한 뉘우침으로 인해 마음이 깨어진 후, 성령 세례를 통해 하나님의 목적에 합당하게 지어져야 합니다.

하나님과 나만의 이야기

오늘은 하나님께 모든 말과 행동으로 복음을 전할 수 있게 해 달라고 기도드리세요. 그리고 주변에 복음을 전할 친구들이 있는지 꼭 찾아 전하세요. 여러분은 그리스도의 메시지임을 언제나 기억하세요.

하나님의 말씀을 들으세요. 복음을 전하세요.
여러분의 삶 자체가 메시지가 되도록 노력하세요.

하나님, 냅다 집어 던져 주세요

Mar. 11

아그립바 왕이여 그러므로 하늘에서 보이신 것을 내가 거스르지 아니하고 (행 26:19)

조금도 앞으로 나아가지 못하고 헛바퀴만 돌리고 있는 듯한 느낌을 받을 때 다른 사람을 원망하지 마세요. 그것은 여러분에게 문제가 있는 것이니까요. 하나님은 이미 우리에게 그분이 원하시는 것이 무엇이고, 우리를 어디로 인도하시는지 알려 주셨습니다. 여러분의 일상과 영적 삶은 분리될 수 없습니다. 마땅히 하나가 되어야 하고 똑같아야 합니다. 그렇게 되려면 여러분이 결정을 내리는 순간마다 하나님이 개입하시게 해야 합니다. 크리스천은 매초 매분 하나님의 임재를 느끼며 살아야 합니다.

오스왈드 챔버스의 메시지

하나님께서 보내시는 회오리바람을 주목하세요. 그분은 오직 회오리바람을 통해 성도의 마음에 씨앗을 뿌리십니다. 열매를 맺느냐 못 맺느냐 하는 문제는, 여러분이 빛 가운데서 실제로 살아가느냐의 문제에 달려 있습니다. 하나님이 여러분을 냅다 집어 던지실 때까지 앞서 나가지 말고 기다리세요. 만일 여러분이 선택해서 먼저 뛰쳐나가면, 속 빈 강정 꼴이 될 것입니다. 그러나 하나님께서 씨앗을 뿌려 주시면 반드시 열매를 맺습니다.

하나님과 나만의 이야기

여러분을 필요한 곳에 보내달라고 하나님께 기도드리세요. 그런데 그냥 보내지 마시고 냅다 집어 던져 달라고 하세요. 그분이 여러분을 던지실 준비가 되면, 여러분도 가서 일할 준비가 되어 있을 것입니다.

여러분이 어디로 던져지느냐는 중요하지 않습니다. 하나님이 던지시는 것, 그 자체가 중요합니다. 준비하세요.

Mar. 12 — 가장 소중한 선물

베드로가 여짜와 이르되 보소서 우리가 모든 것을 버리고 주를 따랐나이다 (막 10:28)

우리가 하나님을 위해 기꺼이 모든 것을 포기한다고 말할 때, 정말로 '하나님'을 위해 포기할 마음이 있는 것일까요? 어떤 사람은 자신의 모든 것을 하나님께 드렸다는 것을 이렇게 자랑하고 싶어 합니다. "저를 보세요! 저는 모든 것을 주님께 드렸답니다. 제가 얼마나 멋진지 봐주세요." 만약 우리가 진정으로 자신을 주님께 드리고 싶어 한다면, 주님께 더 가까이 나아가고 싶은 마음 때문에 드려야 합니다. 다른 이유가 있어서는 안 됩니다. 새롭게 된 크리스천이 정결한 삶을 산다거나 하나님의 선택된 자녀가 되는 것은, 오로지 그분이 주시는 축복입니다. 오직 하나님께 더 가까이 나아가기 위해 그분과의 친밀한 관계를 소망해야 합니다.

 오스왈드 챔버스의 메시지

'가족 관계'라는 벽에 부딪힐 때 예수님의 말씀을 어떻게 적용해야 할까요? 이때 대부분은 이렇게 말하며 주님을 떠납니다. "주님이 하라는 대로 가족을 섬겼습니다. 그런데 제가 해야 할 일이 너무 많네요. 그래서 더 이상 주님을 따르기 어렵습니다." 만약 이렇게 말한다면, 예수님은 "그렇다면 너는 내 제자가 될 수 없다"라고 선언하실 것입니다.

 하나님과 나만의 이야기

기도 제목을 적은 쪽지가 있다면 그것을 뒷주머니에 넣고, 오늘은 빈손으로 하나님께 나아가 보세요. 여러분 자신을 드릴 생각만 하고 나아가세요. 여러분이 하나님께 드릴 수 있는 가장 소중한 선물은 바로 여러분 자신이랍니다.

 세상의 명예나 영화, 새로운 멋진 물건들, 이런 것들을 얻으려고 신앙생활을 하지 마세요. 오직 하나님만을 바라보며 나아가세요.

믿음이 필요해요

Mar. 13

하나님이 세상을 이처럼 사랑하사 독생자를 주셨으니 이는 그를 믿는 자마다 멸망하지 않고 영생을 얻게 하심이라 (요 3:16)

'믿음'의 길에 들어서서 앞으로 나아갈 때, 과거에 내려놓은 짐들을 결코 되돌아보지 마세요. 그런데 만약 되돌아보면 어떻게 될까요? 믿음의 길을 제대로 걷지 못하게 됩니다. 하나님께 자신을 전적으로 드린다는 말은 오로지 앞에 있는 대상만을 바라본다는 뜻입니다. 죄책감과 슬픔을 버리고 예수님을 따르기로 결단할 때, 주어질 결과에 대해서도 생각하지 마세요. 만일 여러분이 "친구들이 나를 보고 뭐라고 할까?" 또는 "이걸 하려면 무엇을 포기해야 하지?" 하는 문제에 집착하다 보면, 믿음의 길에서 이탈할 수 있습니다. 믿음의 길은 헌신의 길입니다. 과거에 대한 미련이나 미래에 대한 불안을 떨쳐 버리고, 배 밖으로 발을 내디디세요. 그러면 끝없는 폭풍이 아닌, 예수님의 사랑스런 팔이 여러분을 맞아 줄 것입니다.

오스왈드 챔버스의 메시지

자신을 주님께 온전히 드린 성도는 자신의 노력을 의식하지 못합니다. 그의 삶 전체가 자신을 받아 주신 주님께 완전히 사로잡혀 있기 때문입니다. 요한복음 3장 16절의 의미는 예수님이 자신을 전적으로 주셨다는 뜻인데, 여러분은 이 의미를 이해할 때에야 비로소 헌신이 무엇인지를 깨닫게 될 것입니다. 나의 모든 것을 주님께 드린다는 말은, 하나님께서 우리를 위해 아낌없이 자신을 주신 것처럼 우리를 그분께 드린다는 뜻입니다.

하나님과 나만의 이야기

하나님은 앞으로 어떤 일이 일어날지에 대해 알려 주지 않으십니다. 그러니 다만 용기를 달라고 기도드리세요. 우리에게 필요한 것은 믿음입니다.

오직 '믿음'을 달라고 기도한 후 적극적으로 활용하세요.
하나님은 전능하신 분입니다. 이 진리만 잊어버리지 않으면 됩니다.

Mar. 14

무엇의 통제를 받고 있나요?

너희 자신을 종으로 내주어 누구에게 순종하든지 그 순종함을 받는 자의 종이 되는 줄을 너희가 알지 못하느냐 (롬 6:16)

도대체 무엇이 우리의 마음을 통제하고 있을까요? 우리는 매 시간 무엇에 굴복하고 있나요? 게임이나 야한 동영상, 폭력적인 영화, 두려움은 어떻습니까? 우리는 가끔 아침에 일어나는 것을 싫어하기도 하고, 다른 사람 앞에서 말하는 순간을 꺼리기도 합니다. 혹은 왕따를 당할지도 모른다는 두려움 때문에 낯선 사람에게 다가가 선뜻 손을 내밀지 못하는 경우도 있습니다. 문제는, 우리가 하나님의 자녀로서 그분을 찬양하면서도 날마다 두려움이나 유혹에 굴복한다는 점입니다. 만약 그렇게 쉽게 유혹에 굴복한다면, 우리의 믿음이 그만큼 미지근한 것은 아닐까요?

 오스왈드 챔버스의 메시지

여러분을 지배하는 세력이 무엇인지를 알려면, 제일 먼저 다음과 같은 달갑지 않은 사실을 인정해야만 합니다. 즉, 여러분이 이처럼 지배를 당하는 것은 전적으로 여러분 책임이라는 점입니다. 자신의 이기적인 욕심에 굴복하든지, 하나님께 굴복하든지 선택하십시오.

하나님과 나만의 이야기

어린아이는 자신의 욕구를 통제하지 못합니다. 그래서 눈에 띄는 것은 무엇이든 다 갖고 싶어 난리를 칩니다. 그렇지만 여러분은 어린아이가 아닙니다. 오늘은 성숙한 신앙을 허락해 달라고 기도드리세요. 중요한 것과 그렇지 못한 것을 구분할 수 있도록 말입니다.

 "하나님, 이것도 주세요. 저것도 주세요." 이렇게 요구하지 말고 오직 하나님 '그분'만을 찾으세요.

예수님의 신비

Mar. 15

> 예루살렘으로 올라가는 길에 예수께서 그들 앞에 서서 가시는데 그들이 놀라고 따르는 자들은 두려워하더라 (막 10:32)

예수님은 두 가지 측면을 가지고 계십니다. 하나는 인간적 측면입니다. 그분은 마구간에서 태어나 우리처럼 이 땅을 살아가셨습니다. 예수님의 이러한 면은 하나님이 어떤 분이신지를 이해하는 데 꼭 필요합니다. 다른 하나는 신적 측면인데, 우리가 알고 있는 예수님은 실제 예수님의 극히 일부에 불과합니다. 예수님은 하나님이십니다. 예수님의 이 두 측면을 여러분은 어떻게 받아들이나요? 아직은 완전히 이해하는 것이 힘들지요? 하지만 괜찮습니다. 진도를 계속해서 나가다 보면 알게 될 테니까요.

오스왈드 챔버스의 메시지

예수 그리스도는 사람이 경험할 수 있는 모든 죄악과 슬픔을 가장 깊은 곳까지 다 경험하셔야만 했습니다. 이 때문에 주님이 우리에게 매우 낯설게 보입니다. 그러나 우리가 이 주님을 만나지 못한다면 그분을 알지도 못하고 그분의 삶의 모습을 이해할 수도 없을 것입니다.

하나님과 나만의 이야기

오늘은 기도하면서 여러분이 생각하는 예수님의 이미지를 떠올려 보세요. 구체적이든 추상적이든 상관없습니다. 그런 다음에는 감사를 드리세요. 예수님이 자신에 관한 모든 정보를 아는 사람만 자신을 사랑할 수 있다는 조건을 달지 않으셨다는 것에 대해서요.

예수님은 우리가 생각하는 시간, 공간, 현실의 개념을 모두 뛰어넘으십니다. 그러니 예수님을 완전히 이해하는 것이 불가능함을 철저히 깨달으세요.

Mar. 16

빛인가요, 돌덩이인가요?

이는 우리가 다 반드시 그리스도의 심판대 앞에 나타나게 되어 각각 선악간에 그 몸으로 행한 것을 따라 받으려 함이라 (고후 5:10)

영혼이 꽉 막힌 것처럼 보이는 사람을 본 적이 있나요? 이들은 매사에 불평합니다. 아무 까닭 없이 타인에게 피해를 주는가 하면 수시로 화를 내며 공격합니다. 이들의 마음은 돌처럼 굳어 있습니다. 하지만 우리는 그리스도의 빛 안에서 살아갑니다. 사도 요한이 우리에게 "빛 가운데 행하면"(요일 1:7)이라고 조언할 때, 그는 결코 미래나 최후의 순간이 아닌 지금 이 세상에서의 삶을 언급하고 있습니다. 그러므로 크리스천은 매일 빛 가운데서 살아야만 하고, 하나님을 사랑하며 그분을 기쁘시게 하는 삶을 살아야 합니다. 가족과 친구, 이웃들을 사랑하면서 말입니다.

 만약 여러분이 지금 이 세상에서 그리스도의 환한 빛 가운데서 사는 법을 배운다면, 최후의 심판을 상상할 때마다 환희를 느낄 것입니다. 이는 하나님이 여러분 안에 이미 구원을 이루어 놓으셨기 때문입니다. 끊임없이 그리스도의 심판대를 생각하고, 여러분이 알고 있는 가장 거룩한 빛 가운데 거하세요.

여러분이 하나님을 얼마나 사랑하는지 고백하세요. 도움이 된다면 무릎을 꿇고 크게 외치세요. 우리를 위해 우주를 창조하시고 자신의 독생자를 보내신 하나님을 생각하며 사랑을 표현해 보세요. 그 사랑으로 인해 우리가 어둠이 아닌 빛 가운데서 살아갈 수 있게 되었답니다.

여러분의 속마음을 들여다보세요.
빛이 있나요, 아니면 돌덩이가 있나요?

하나님이 기뻐하시는 일

Mar. 17

그런즉 우리는 몸으로 있든지 떠나든지 주를 기쁘시게 하는 자가 되기를 힘쓰노라 (고후 5:9)

크리스천도 때로는 '득점'을 하고 싶습니다. 물론 점수가 높을수록 좋죠! 우리는 야망을 품고 '하나님을 위해' 놀라운 일을 하여 주변 사람들을 깜짝 놀라게 하고 싶어합니다. 그런데 이때 하나님을 기쁘시게 하겠다는 생각은 잊어버리고 맙니다. 하나님은 우리의 거창한 계획보다 노숙자에게 담요 한 장을 갖다 주거나 아픈 친구를 돌보는 것을 더 원하실지 모릅니다. 세상 사람들이 여러분에게 원하는 것과 주님이 여러분에게 원하는 것이 언제나 일치하지는 않는다는 것을 기억하세요.

 오스왈드 챔버스의 메시지

우리는 모든 것을 주님의 뜻과 연결시키는 법을 배워야만 하며, 또한 쉬지 않고 이런 태도를 유지해야만 합니다. 홀로 있을 때 드러나는 내 모습이야말로 진짜 내 모습입니다. 주님을 기쁘시게 하는 삶이 여러분의 최고의 소망이며, 그 소망이 하나님께서 받으실 만한 것인가요?

하나님과 나만의 이야기

하나님께 '겸손하게' 해 달라고 진심을 다해 기도드리세요. 친구들이 여러분을 가리키며 "쟤는 진짜 크리스천이야!"라고 말하는 것을 듣는다면 얼마나 기분이 좋을까요? 그렇지만 우리에게 인간의 칭찬과 하나님의 칭찬 중 무엇이 더 중요한지 생각하세요.

여러분은 청중을 기쁘게 하기 위해 연주합니까?
아니면 우주의 지휘자이신 하나님을 기쁘시게 하기 위해 연주합니까?

Mar. 18 — 아주 깨끗하게

> 그런즉 사랑하는 자들아 이 약속을 가진 우리는 하나님을 두려워하는 가운데서 거룩함을 온전히 이루어 육과 영의 온갖 더러운 것에서 자신을 깨끗하게 하자 (고후 7:1)

만약 여러분이 택시 운전사이고 예수님이 곧 손님으로 타게 될 상황이라면, 어떻게 하실 건가요? 내비게이션을 한 번 더 점검해서 가는 길을 확인하지 않을까요? 만일 여러분이 레스토랑의 요리사이고 예수님이 곧 음식을 주문하실 것을 안다면, 어떻게 하실 건가요? 주방을 정돈하고 요리 재료가 최상의 상태인지 한 번 더 살펴보지 않을까요? 이와 마찬가지로 하나님을 우리 삶에 모시려면 그분이 거하실 처소를 깨끗하게 정돈할 필요가 있습니다. 하나님은 여러분의 현재 모습을 사랑하십니다. 당연합니다! 하지만 여러분이 '전능하신' 하나님을 사랑한다면 최상의 모습을 보여 드려야 하지 않을까요? 혹시 주님이 싫어하시는 행동이나 말을 하지는 않나요?

오스왈드 챔버스의 메시지

여러분이 그리스도의 마음을 닮고 있는지 한번 점검해 보세요. 나의 영이 하나님의 영과 일치하도록 만드는 것은 나의 책임입니다. 다른 사람들이 여러분의 삶에 나타나는 하나님의 모습을 자주 보고 있나요?

하나님과 나만의 이야기

여러분 자신을 잘 돌보세요. 깨끗한 크리스털 유리잔을 조심스럽게 다루듯이요. 여러분 안에 있는 생수, 즉 예수님을 잘 간직할 수 있도록 말입니다.

여러분은 기적을 통해 창조되었습니다.
여러분 자신을 이런 태도로 대하세요. 하나님은 언제나 그렇게 대하십니다.

손을 꼭 잡고 가세요!

Mar. 19

믿음으로 아브라함은 부르심을 받았을 때에 순종하여 장래의 유업으로 받을 땅에 나아갈새 갈 바를 알지 못하고 나아갔으며 (히 11:8)

어렸을 때 어머니와 함께 생전 처음 보는 장소에 가본 적 있나요? 아마 좀 무서웠겠지만 어머니의 손을 잡고 끝까지 잘 걸어갔을 것입니다. 목적지가 어디인지 몰라도 어머니가 내민 손을 잡고 기쁘게 따라가는 행동, 바로 이것이 순수한 믿음입니다. 하나님은 이러한 믿음을 원하십니다. 만약 여러분이 인도하시는 분을 전적으로 믿고 의지하며 사랑한다면, 목적지가 어딘지는 그리 중요하지 않습니다. 앞으로 무슨 일이 일어날지, 또 목적지가 어딘지 반드시 알아야 한다고 우기는 태도는 믿음을 약화시킬 뿐입니다.

오스왈드 챔버스의 메시지 믿음은 자신이 어디로 이끌리는지 전혀 알지 못해도 인도하시는 분이 누구인지를 알며 그분을 사랑하는 것입니다. '믿음'의 삶이란 바로 이런 것입니다. 그것은 지성이나 이성을 통해 따지며 따라가는 삶이 아니라, 우리에게 "가라"고 명하신 하나님을 알아가는 삶입니다. 믿음의 뿌리는 하나님을 아는 것입니다. 우리가 빠지기 쉬운 가장 큰 함정은, 하나님이 언제나 우리를 성공으로 이끄실 것이라고 믿는 착각입니다.

하나님과 나만의 이야기 오늘은 하나님께 기도하며 "왜" "언제" "어디서" "누구와" "무엇을" 이런 단어를 사용하지 마세요. 아무 조건 없이 따라가겠다고 고백하세요.

손을 내밀어 믿음을 붙잡으세요.
그리고 따라가세요.

Mar. 20

우정 쌓기

여호와께서 이르시되 내가 하려는 것을 아브라함에게 숨기겠느냐 (창 18:17)

하나님과의 우정은 여러분이 지금까지 경험한 인간의 우정을 초월합니다. 둘 사이가 아주 가까워 지금 있는 곳이 어디인지, 일을 제대로 하는지, 바르게 성장하고 있는지, 전혀 염려할 필요가 없는 그런 친밀한 관계를 상상해 보세요. 예수님은 이런 관계를 원하십니다. 즉, 자신과 성부 하나님의 관계처럼, 우리도 하나님과 굉장히 친밀한 관계 맺기를 소망하십니다. 그런데 우리는 자기 자신만을 위하느라 하나님과의 우정을 망쳐 놓습니다. 자신이 원하는 것을 선택하고는 '그것'이 하나님의 뜻이라고 스스로를 속이기도 합니다. 지난번에 드렸던 기도를 떠올려보세요. 이기적인 마음으로 기도했나요, 아니면 하나님을 기쁘시게 하려고 기도했나요? 하나님과의 우정이 깊어질수록, 우리는 하나님께서 필요한 것들을 다 주셨다는 사실을 깨닫게 될 것입니다.

오스왈드 챔버스의 메시지 우리가 기도하는 이유는 하나님을 더 잘 알기 위함입니다. "여호와를 기뻐하라. 그가 네 마음의 소원을 네게 이루어 주시리로다"(시 37:4). 하나님 그분을 더 깊이 알기 위해 계속 기도하세요.

하나님과 나만의 이야기 이렇게 따라해 보세요. "하나님, 저는 주님의 소유입니다!" 이 말의 의미가 가슴에 와 닿을 때까지 묵상해 보세요. 그리고 기도하듯이 다시 고백해 보세요.

하나님은 완벽한 연결을 원하십니다. 철저한 네트워크 말이죠.
그러니 아무것도 숨기지 마세요.

내 안에

Mar. 21

내가 그리스도와 함께 십자가에 못 박혔나니 (갈 2:20)

만일 여러분이 예수님과 동행하기로 결정하고, 예수님이 여러분의 마음에 계신다고 믿는다면, 우리 역시 그분과 함께 십자가에 못 박혔다는 사실을 알아야만 합니다. 이 진리는 굉장히 중요합니다. 이것은 마치 여러분이 초등학교 1학년 때 그린 그림에 반짝이를 뿌리는 것과 같습니다. 똑같은 그림이지만 지금은 반짝거립니다. 이제 사람들이 보며 "와!" 하고 소리를 지르며 감탄합니다. 이처럼 여러분은 마침내 하나님이 원하시는 존재가 되었습니다. 이 모습이 바로 진정한 여러분입니다.

오스왈드 챔버스의 메시지

우리가 바울처럼 영적 결단을 내리고 그 결정에 따라 행동한다면, 예수님이 십자가를 통해 '우리를 위해' 이루신 모든 것이 '우리 안에서' 역사하기 시작할 것입니다. 우리가 기꺼이 자신을 하나님께 헌신한다면, 성령님은 우리에게 예수 그리스도께서 지녔던 '거룩'을 주셔서 거룩한 삶을 살아가도록 인도하실 것입니다.

하나님과 나만의 이야기

예수님과 성부 하나님이 하나이듯이, 예수님과 여러분도 하나입니다. 항상 바르게 살도록 노력하세요. 그리고 하나님과의 친밀함을 더 분명히 느끼게 해 달라고 기도드리세요.

여러분은 자신이 생각하는 것보다 훨씬 더 소중한 존재입니다.
그러니까 이제 빛을 발하며 사세요.

Mar. 22

불타는 마음

> 그들이 서로 말하되 길에서 우리에게 말씀하시고 우리에게 성경을 풀어 주실 때에 우리 속에서 마음이 뜨겁지 아니하더냐 하고 (눅 24:32)

언젠가는 우리 모두 비전을 받은 산에서 내려와야 합니다. 언젠가 여러분은 성령님이 여러분을 감싸주시거나 여러분 안에 계시는 것을 생생하게 느끼는 놀라운 경험을 하게 될 것입니다. 선교 여행을 떠나거나 수련회를 갈 때, 이러한 순간을 곧잘 경험하게 됩니다. 이때 우리는 은혜 받은 그 자리를 떠나지 않으려고 합니다. 그러나 하나님은 우리가 떠나기를 원하십니다. 불타는 마음을 가지고 일상으로 돌아가 말씀대로 살기를 원하십니다. 물론 이렇게 살려면 힘이 듭니다. 크리스천은 세상의 유혹에 빠지지 않으면서도 매 순간 불타는 마음으로 사는 법을 배워야만 합니다.

오스왈드 챔버스의 메시지 만약 성령님이 여러분의 마음에 감동을 주시면, 결과를 따지지 말고 피할 수 없는 그 일을 하세요. 어떠한 일이라도 말입니다. 영원히 변화산 위에서 머물 수만은 없습니다. 산 아래로 내려와 그곳에서 받은 말씀에 순종하며 반드시 실천해야 합니다. 하나님이 비전을 주시면, 대가를 따지지 말고 수행하세요.

하나님과 나만의 이야기 비전을 받은 산에서 내려오려면 용기가 필요합니다. 산은 안전하고 평화로우니까요. 그러니 산을 내려갈 용기를 달라고 하나님께 기도드리세요. 믿음의 불이 지속적으로 타오르게 하는 것은 여러분의 책임입니다.

여러분의 마음에 하나님의 빛이 환하게 빛나고 있습니다.
그런데 세상은 여전히 어둡습니다. 이제 어떻게 해야 할까요?

문제를 선물로 바꾸시는 분

Mar. 23

너희는 아직도 육신에 속한 자로다 너희 가운데 시기와 분쟁이 있으니 어찌 육신에 속하여 사람을 따라 행함이 아니리요 (고전 3:3)

사람들은 크리스천이 되면 당연히 도덕적으로 나무랄 데 없이 항상 행복하고 기쁘게 살아야 한다고 생각하는데, 왜 그런 생각을 하는 걸까요? 이 세상에는 유혹과 싸우는 사람들이 많은데, 크리스천 역시 그렇습니다. 사실 크리스천이라면 누구나 유혹을 경험합니다. 예수님을 따르기로 결단한다고 해서 유혹이 사라지는 것은 아니기 때문입니다. 여기서 중요한 점은, 유혹이 찾아올 때 굴복하지 않고 예수님을 따라야 한다는 것입니다. "다른 믿는 친구들도 다 그렇게 하는데요." "별 문제 아니에요." 이렇게 말해서는 안 됩니다. 하나님은 유혹을 없애 주시지 않습니다. 오히려 그분을 사랑하며 그분을 향해 마음 문을 열기를 요청하십니다. 그래야 그분의 능력을 힘입어 넘어지지 않기 때문입니다.

오스왈드 챔버스의 메시지

성령님은 여러분 안에서 잘못된 것을 찾아내시더라도 그것을 고치라고 요구하지 않으십니다. 대신 빛을 받아들이게 하셔서 직접 고쳐 주십니다. 그러면 빛의 자녀는 즉시 죄를 고백하고 하나님 앞에 벌거벗은 모습으로 서게 됩니다. 일단 빛이 들어와 잘못을 깨닫게 하면, 죄를 고백하세요. 그러면 하나님이 직접 처리해 주십니다.

하나님과 나만의 이야기

어떤 일은 하나님과 여러분 모두에게 문제가 되지 않을 수도 있지만, 그렇더라도 잠시 묵상하는 시간을 갖고 모든 사항을 하나님께 아뢰세요. 그러면 그분께서 받으시고 놀라운 선물로 바꿔 주실 것입니다.

모든 짐을 내려놓고 재충전한 후 열정적으로 생활하세요.

가장자리로 물러나세요

그는 흥하여야 하겠고 나는 쇠하여야 하리라 하니라 (요 3:30)

여러분은 신앙생활을 하면서 체험한 놀라운 경험을 다른 사람과 나누고 싶은 열정에 사로잡혀 있나요? 그러나 이때 하나님의 자리를 차지해서는 결코 안 됩니다. 친구에게 예수님을 전했다면 이제는 가장자리로 물러나세요. 그래서 하나님이 직접 그 친구를 이끄시도록 하세요. 기억하세요! 때로 하나님은 질그릇을 다시 빚기 위해 먼저 부수기도 하십니다. 누군가가 부서지는 모습을 보면 가슴이 아프겠죠. 그렇지만 하나님이 여러분을 온전케 하셨듯이, 그 부서진 영혼도 온전케 하실 것입니다. 제발 하나님이 하시는 일에 끼어들지 마세요.

 오스왈드 챔버스의 메시지

만일 여러분이 누군가에게 절대적으로 필요한 존재라면, 여러분은 이미 하나님의 명령을 거역한 것입니다. 그러나 여러분에게 도움을 받는 친구가 예수님의 명령을 기다리고 있다면, 그에게 미친 여러분의 영향력은 제대로 된 것입니다. 친구에게 시련이 닥쳐올 때, 여러분이 손을 내밀어 그것을 막으려고 하지 마세요. 대신에 그를 위해 기도해 주세요. 그러면 그 친구의 신앙은 열 배나 더 강해져, 이 세상의 어떤 세력이나 심지어 지옥의 세력이라 할지라도 그의 영혼을 예수 그리스도로부터 떼어 놓지 못할 것입니다.

 하나님과 나만의 이야기

친구들을 도울 때, 여러분이 예수님의 자리를 차지하지 않게 해 달라고 간구하세요. 여러분의 친구가 진리이신 예수님을 발견하도록 기도드리세요. 일단 친구가 믿음의 길에 들어서면, 여러분은 길옆으로 비켜서서 그들의 신앙이 성장하도록 조용히 기도드리세요.

 친구를 예수님 앞에 데려왔다면, 이제 여러분은 비켜서세요.
하나님은 이런 일을 여러 번 겪으셨답니다.

웨딩플래너

Mar. 25

신부를 취하는 자는 신랑이나 서서 신랑의 음성을 듣는 친구가 크게 기뻐하나니 나는 이러한 기쁨으로 충만하였노라 (요 3:29)

한번 상상해 보세요. 이제 여러분은 웨딩플래너입니다. 자, 지금 여러분은 세상에서 가장 멋진 결혼식을 계획하고 있습니다. 계획한 것들 하나하나가 완벽하게 시간에 맞춰 진행되어야 합니다. 이제 여러분의 상상력을 더 확장시켜 보죠. 여러분 주변에 있는 모든 사람이 신붓감입니다. 당연히 신랑은 예수님이고요. 하나님은 무엇보다도 이 결혼이 성사되기를 원하십니다. 그런데 바로 여러분이 그 일을 해야 합니다. 신부와 신랑이 제시간에 와야 하고, 음악과 음식, 그리고 들러리도 준비되어 있어야 합니다. 물론 이것을 다 준비하는 것이 힘들겠지요. 하지만 결혼식이 끝나면 잊지 못할 감동을 받게 될 것입니다.

 오스왈드 챔버스의 메시지

만일 예수님을 드러내지 못하고 그분께 받은 선물만을 자랑한다면, 그것은 예수님의 사역을 방해하는 것입니다. 아마도 그런 사람은 "저분은 참으로 훌륭한 분이야!"라는 칭찬을 듣고 싶어 할 것입니다. 신랑이신 예수님의 진정한 친구는 이런 식으로 행동하지 않습니다. 왜냐하면 예수님이 흥하고 나는 쇠하여야 하기 때문입니다.

 하나님과 나만의 이야기

아직도 예수님을 모르는 친구가 있으면 그들을 위해 기도하세요. 여러분은 중매인이니까요. 어서 그들에게 예수님을 소개해 주세요.

결혼식이 시작되었습니다.
신랑이 기다리고 있는데, 도대체 신부는 어디에 있죠?

마음의 대청소

마음이 청결한 자는 복이 있나니 그들이 하나님을 볼 것임이요 (마 5:8)

매우 신기한 교회가 있습니다. 이 교회는 내부를 깨끗하게 하면 할수록 외부가 더 아름다워집니다. 진공청소기로 카펫을 청소하면 정원에 있는 꽃이 아름답게 피어나고, 긴 의자를 닦으면 정원이 더 완벽해집니다. 여러분은 마치 이 교회와 같습니다. 여러분이 하나님의 성전으로서 필요한 존재가 되려면, 여러분의 안을 깨끗하게 해야 합니다. 그런데 이것이 결코 쉽지 않습니다. 때로는 구역질이 나기도 합니다. 하지만 그렇게 하면 분명 그리스도의 사랑을 밖으로 뿜어낼 것입니다. 내면을 늘 깨끗하게 유지하세요.

오스왈드 챔버스의 메시지

비록 여러분의 신앙생활에 아무 문제가 없고 내면이 오염되지 않았다 하더라도, 이따금 외면(外面)에 드러나는 모습이 오염되는 경우가 있습니다. 하나님은 이러한 가능성으로부터 우리를 보호해 주지 않으십니다. 만일 삶에서 피어나는 영적 꽃이 조금이라도 손상을 입는다면, 만사를 제쳐 두고 우선 치료하세요. 기억하세요! 하나님을 보는 영혼의 눈은 우리의 인격에 달려 있습니다.

하나님과 나만의 이야기

오늘은 마음에 대청소를 할 수 있도록 도와 달라고 하나님께 요청하세요. 여러분의 마음에 쌓여 있는 불필요한 요소들을 찾아보세요. 이러한 것들을 다 뽑아내어 쓰레기통에 버릴 수 있게 해 달라고 간구하세요.

진공청소기를 작동시켜 내면에 쌓인 먼지를 빨아내세요.
그러면서 여러분의 외면에서 자라는 꽃들을 살펴보세요.

지붕 위에 서세요!

Mar. 27

이리로 올라오라 이 후에 마땅히 일어날 일들을 내가 네게 보이리라 하시더라 (계 4:1)

밤중에 높은 건물 꼭대기까지 올라가 본 적이 있나요? 그곳에서 본 광경이 어떠했는지 마음에 그려 보세요. 아마도 더 높은 건물 꼭대기에서 비치는 불빛을 보았을지도 모릅니다. 그런데 만약 여러분이 높은 건물에 올라가지 않았다면, 더 높은 곳에서 비치는 불빛을 보지 못했을 것입니다. 신앙생활도 마찬가지입니다. 우리는 날마다 더 높은 차원으로 나아가고 싶어 합니다. 그 이유는 하나님이 우리에게 더 좋은 것을 보여 주시기 때문입니다. 그분은 새로운 선물을 보여 주시며 우리를 이끄십니다.

오스왈드 챔버스의 메시지

이제 우리는 더 높은 차원에서 볼 수 있는 특권을 얻었습니다. 하나님께서 진리의 말씀을 하나라도 주시면 즉시 따르세요. 언제나 실천하며 진리의 빛 가운데서 사세요. 은혜 안에서 성장한다는 말은, 후퇴하지 않는다는 의미가 아닙니다. 이는 자신이 영적으로 어느 위치에 있는지 볼 수 있는 통찰력을 얻는다는 뜻입니다.

하나님과 나만의 이야기

믿음의 여정은 계속 진행됩니다. 기억하시죠? 지금까지 지나온 과정을 숙고하며 하나님께 감사하세요. 그리고 이 과정을 잘 마칠 수 있는 용기와 인내심을 달라고 기도드리세요.

위를 보세요. 빛이 보이나요?
다음 목적지가 바로 거기입니다. 그곳을 향해 올라가세요.

Mar. 28

하나님의 관점

> 그 후에 제자들에게 이르시되 유대로 다시 가자 하시니 제자들이 말하되 랍비여 방금도 유대인들이 돌로 치려 하였는데 또 그리로 가시려 하나이까 (요 11:7-8)

하나님은 자신이 하시는 일이 무엇인지 정확히 알고 계십니다. 여러분은 이 사실을 분명히 믿어야 합니다. 그분은 전능하십니다. 우리는 실수를 통해 배우지만, 하나님은 절대로 실수하지 않으십니다. 그러므로 하나님이 우리에게 어떤 일을 맡기실 때, "그런데요, 그게 확실한가요?"라고 되묻지 말아야 합니다. 여러분은 이제 손에 퍼즐을 들고 맞추려고 하지만, 하나님은 이미 정답을 보고 계십니다. 앞으로 일어날 일을 누가 더 잘 볼까요?

오스왈드 챔버스의 메시지

주님께서 우리에게 요구하시는 일이 분명히 있는데, 그 일을 무시한 채 우리 방식대로 예수님을 영화롭게 한다고 떠들며 행동하는 것은 결코 옳지 않습니다. 비록 선한 의도를 가지고 행동했다 하더라도 말입니다. 그렇게 하면 결국에는 하나님의 요구가 틀렸다는 결론에 도달하니까요.

하나님과 나만의 이야기

모든 것을 하나님의 관점에서 볼 수 있도록 도와 달라고 기도드리세요. 물론 이렇게 하려면 내 생각을 다 내려놓아야 하기에 결코 쉽지 않을 것입니다. 하나님께 비전을 보여 주시도록 요청하세요. 그리고 주님께서 원하시는 방법대로 그 비전을 이룰 수 있는 힘을 달라고 기도하세요.

 따라가세요. 질문하지도 논쟁하지도 말고 무작정 따라가세요. 그리고 실천하세요.

기쁘게 맞을 준비됐나요?

Mar. 29

그러므로 너희도 준비하고 있으라 생각하지 않은 때에 인자가 오리라 하시니라 (눅 12:40)

만일 여러분이 택시를 운전하고 있고 예수님이 뒷좌석에 앉아 계신다면, 여러분의 운전 스타일이 어떨까요? 만일 예수님이 점심식사를 하기 위해 여러분의 집에 방문하신다면, 어떤 요리를 내놓을까요? 사실 예수님이 언제 방문하실지는 아무도 모릅니다. 아마도 우리가 종교적 행위를 하지 않을 때 오실 가능성이 크겠죠? 한 가지 팁을 알려드리면, 예수님이 문밖에 서서 점심식사가 준비되었느냐고 물으실 때, 깜짝 놀랄 준비를 하고 기다리세요.

오스왈드 챔버스의 메시지 예수님은 우리가 예상하는 장소에 나타나시는 법이 거의 없으십니다. 가장 예상치 못한 장소에 나타나십니다. 따라서 주님의 일꾼으로서 충성된 종의 모습을 보이고 싶다면, 예고 없이 찾아오시는 주님의 방문에 늘 대비하고 있어야 합니다. 중요한 것은 '일'이 아닙니다. 언제든 어디서든 예수님이 나타나실 수 있다고 믿으며 준비하는 열정적인 영적 태도입니다.

하나님과 나만의 이야기 예수님이 오실 때 당황하거나 숨지 않고 기쁨으로 맞이하게 해 달라고 기도드리세요. 여러분은 그때를 알 수 없지만 그때를 기도하며 준비할 수는 있습니다.

똑똑! 자, 예수님을 맞을 준비가 되었나요?
늘 그분의 방문을 대비하세요.

Mar. 30 — 이제 주문하시겠어요?

> 사람이 없음을 보시며 중재자가 없음을 이상히 여기셨으므로 자기 팔로 스스로 구원을 베푸시며 자기의 공의를 스스로 의지하사 (사 59:16)

안타깝게도 사람들은 하나님을 전 세계 성도들의 시중을 드는 웨이터 정도로 여깁니다. 그래서 예배당에 가서 기도 제목이 적힌 목록을 펴놓고 하나님께 주문한 후에 응답을 기다립니다. 그리고 이것이 옳은 기도라고 생각합니다. 그런데 사실 '기도'란 인간이 하나님께 주문하는 것이 아니라, 오히려 하나님의 주문을 받는 과정입니다. 기도와 예배는 바로 이런 행위입니다. 그러므로 반드시 우리의 존재 전체를 사용하여 하나님과 대화해야 합니다.

오스왈드 챔버스의 메시지

우리는 기도할 때 하나님을 예배할 생각은 하지 않고, 기도가 어떻게 응답되어야 하는지에 대해 장황한 설명만 늘어놓습니다. 여러분은 기도하며 하나님을 예배합니까, 아니면 하나님과 논쟁합니까? 기도할 때 하나님을 놓친 성도는 마음이 굳어지고 독단적인 자세를 취하게 됩니다. 이들은 조금도 하나님을 예배하지 않을뿐더러 예수님의 마음을 닮을 생각도 하지 않습니다.

하나님과 나만의 이야기

오늘은 기도할 때 여러분이 꼭 받고 싶어 하는 것과 관련 없는 내용으로만 해 보세요. 절대로 흥정하지 마시고요. "만약 주님께서 이렇게 해 주시면, 제가 그 일을 할게요." 이런 말은 꺼내지도 마세요. 기꺼이 여러분 자신을 하나님께 드리겠다고 다짐하세요.

기도는 대화입니다. 그 내용의 대부분은 말이 아닌 다른 수단을 통해 전달됩니다. 여러분의 모든 것을 사용하여 하나님께 나아가세요.

누구를 품고 있나요?

Mar. 31

> 누구든지 형제가 사망에 이르지 아니하는 죄 범하는 것을 보거든 구하라 그리하면 사망에 이르지 아니하는 범죄자들을 위하여 그에게 생명을 주시리라 사망에 이르는 죄가 있으니 이에 관하여 나는 구하라 하지 않노라 (요일 5:16)

사람들은 '크리스천'이라는 단어를 들을 때마다, 침울한 얼굴에 판사가 입는 듯한 복장을 하고 옆구리에 책 한 권을 끼고 있는 노인을 연상하곤 합니다. 그런데 이 노인은 손가락으로 누군가를 가리키며 인상을 쓰고 그들의 삶이 잘못되었다고 지적까지 합니다. 우리가 가장 빠지기 쉬운 함정이, 바로 이러한 이미지를 다른 누군가에게 심어 주려는 태도입니다. 여러분이 크리스천이 되었다고 해서 다른 사람의 일에 불쑥 끼어들어 책망하지 마세요. 그것은 여러분의 일이 아닙니다. 만일 우리가 하나님의 음성에 귀를 기울이면, 그분은 우리가 해야 할 일을 알려 주실 것입니다. 혹시 어려움이나 고통에 빠져 있는 친구들을 보여 주신다면, 그들을 도울 수 있는 가장 좋은 방법도 알려 주실 것입니다!

오스왈드 챔버스의 메시지

하나님이 누군가에 대한 중요한 비밀을 보여 주시면, 우리는 하나님 앞에서 그의 짐을 떠맡고 그를 향한 그리스도의 마음을 품어야 합니다. 이때 하나님의 뜻에 따라 그를 위해 기도하면 그를 향한 하나님의 마음을 부어 주십니다.

하나님과 나만의 이야기

조용히 여러분이 알고 있는 사람 중에 도움이 필요한 사람이 있는지 세심하게 찾아보세요. 그러면 하나님이 그 사람에 대해 뭔가를 알려 주실 것입니다. 혹시 기다리라고 하실 수도 있고, 여러분과 관련된 문제를 알려 주실 수도 있습니다. 어느 쪽으로 응답하시든 지시하신 대로 행하세요.

하나님은 오직 한 분입니다. 그분은 이미 하실 일을 알고 계십니다. 따라서 그분의 일을 빼앗으려 하지 말고 제발 그분의 음성을 들으세요.

April

천국의 입구에서
퇴짜 맞지 않는 법

여러분은 주님을 위해 무엇을 포기했나요?

널 위해 기도할게

Apr. 01

마음을 살피시는 이가 성령의 생각을 아시나니 이는 성령이 하나님의 뜻대로 성도를 위하여 간구하심이니라 (롬 8:27)

동아리, 친구, 스포츠 활동 같은 것들이 여러분의 마음을 사로잡을 때가 자주 있나요? 바로 그런 때에 우선순위 목록을 작성한다면 하나님의 자리가 자꾸 아래로 내려가게 됩니다. 잠시 조용히 생각해 보세요. 만약 하나님의 자리가 최우선순위라면, 나머지 일들은 여러분을 압도하지 못할 거예요. 그렇죠? 우리는 하나님께 소중한 존재입니다. 그렇지만 우리가 기꺼이 그분께 삶의 우선권을 드리지 않는다면, 그분이 우리에게 관심과 사랑을 부어 주실 방도가 없으십니다. 그러나 예배와 기도를 통해 하나님께 집중하면, 마음 문이 열리고 성령님이 여러분의 삶에 개입하셔서 날마다 인도해 주실 것입니다.

오스왈드 챔버스의 메시지

먼저 여러분이 처해 있는 상황을 생각하며 가족, 학업, 친구, 관계 등을 위해 중보기도를 드리세요. 혹시 지금 환경이 여러분을 압도하고 있나요? 그래서 하나님의 임재를 느끼지 못하게 할 뿐 아니라, 예배할 시간조차 없게 만드나요? 만약 그렇다면 잠시 멈추고, 하나님과의 살아 있는 관계 속으로 들어가세요. 그래야 다른 사람을 위해 중보기도할 마음이 생기고, 그 기도를 통해 하나님께서 놀라운 일을 행하십니다.

하나님과 나만의 이야기

여러분이 하나님께 요청하고 싶은 것들을 잠시 제쳐두고, 조용히 묵상하는 시간을 가지세요. 성경을 읽거나 기도 내용을 종이에 적어 보세요. 오직 하나님께 집중하세요. 꼭 시간을 내어 이렇게 해 보세요. 매우 중요한 일이니까요.

시간을 내어 하나님께 집중하세요.
그분의 임재를 사모하세요.

Apr. 02

누가 첫째입니까?

예수께서 나를 보내어 너로 다시 보게 하시고 (행 9:17)

사울은 조금 둔한 사람이었습니다. 그래서 하나님은 그를 말에서 떨어뜨려야만 하셨습니다. 그 사건을 계기로 사울은 예수님을 최우선순위에 두기 위해 혼신의 힘을 기울였습니다. 나중에 하나님이 그의 이름을 바울로 바꾸어 주셨죠. 바울처럼 살기란 결코 쉽지 않습니다. 그가 기록한 서신서들을 읽어 보면 여러분은 그가 얼마나 하나님을 기쁘시게 하기 위해 노력했는지를 알 수 있을 것입니다. 당연히 여러분도 이렇게 하고 싶겠죠! 하지만 바울은 '진정으로' 하나님을 기쁘시게 하고 싶었고, 그분에 의해 완전히 사로잡혀 있었습니다. 우리도 이렇게 되어야 합니다. 진실한 삶을 사는 것으로 만족해서는 안 되고, '진정으로' 예수님을 닮아야 합니다. 그때 세상 사람들에게 하나님을 보여 줄 수 있습니다.

오스왈드 챔버스의 메시지 그리스도인의 삶을 사로잡고 있는 뜨거운 열정은 오직 예수 그리스도를 향한 헌신입니다. 만일 여러분이 어떤 성도에게서 이런 특징을 발견한다면, 그가 하나님의 마음에 합한 사람이라는 사실을 분명히 알 수 있을 것입니다.

하나님과 나만의 이야기 오늘은 하나님과 대화하며 그분이 여러분에게 얼마나 소중한 존재인가를 꼭 고백하세요. 하나님께 감사하고 그분을 찬양하며 사랑을 표현하세요. 그리고 다음에 해야 할 일이 무엇인지 물어보세요.

무엇이 가장 중요합니까?
만약 그 대답이 하나님이 아니라면, 마음을 고쳐먹고 다시 질문하세요.

기적소리가 들리세요?

Apr. 03

이르시되 너도 오늘 평화에 관한 일을 알았더라면 좋을 뻔했거니와 지금 네 눈에 숨겨졌도다 (눅 19:42)

여러분이 기차선로를 따라 걷다가 교각(橋脚)이 있는 지점까지 왔다고 가정해 봅시다. 다리를 건너 반대편으로 가야 하는데, 건너는 도중에 기차가 기적을 울리며 다가오면 어떻게 하죠? 아마 있는 힘껏 뛰어야겠지요? 여러분의 삶이 이와 같습니다. 선로를 따라 뛰기 때문에 뛰어내릴 기회도, 피신할 곳도 없습니다. 하나님은 반복해서 여러분에게 가야 할 길을 보여 주십니다. 그렇지만 여러분이 이 기회를 놓치고 지나친다면, 되돌아가지도 못하고 열차와 정면으로 부딪힐 수밖에 없습니다. 간혹 쓰라린 기억은 우리를 괴롭히기도 하지만, 어떤 경우에는 소중한 교훈을 주기도 합니다. 과거의 좋은 기회를 놓쳤을지라도 그 아픔을 통해 새로운 기회를 발견할 수도 있기 때문입니다.

오스왈드 챔버스의 메시지

"그랬더라면!"이라는 표현에는 아쉬움과 슬픔이 담겨 있습니다. 하나님은 이미 닫힌 문을 절대로 열어 주지 않으십니다. 오히려 다른 문을 여십니다. 그리고 이때 절대로 닫아서는 안 되는 문들을 우리가 닫았다는 사실을 상기시켜 주십니다. 하나님이 과거를 떠오르게 하실 때 두려워하지 마세요. 하나님은 그 기억을 통해 우리를 책망하고 질책하여 뉘우치게 하십니다. 그래서 그 결과로 "그랬더라면!" 하는 슬픈 과거를 멋진 미래로 바꾸어 주십니다.

하나님과 나만의 이야기

과거의 쓰라린 기억과 놓쳐 버린 기회들은 마음을 아프게 합니다. 하지만 그것들을 통해 배우세요. 그리고 다가올 미래를 기대하세요.

후회보다는 미래를 기대하며 꿈꾸세요!
주님이 함께 하시는 미래를요…

Apr. 04
하지만 지금은 어두운걸요

> 보라 너희가 다 각각 제 곳으로 흩어지고 나를 혼자 둘 때가 오나니 벌써 왔도다 그러나 내가 혼자 있는 것이 아니라 아버지께서 나와 함께 계시느니라 (요 16:32)

하나님과 친밀한 관계를 유지한다고 해서, 삶에 어려운 일이 닥치지 않는 것은 아닙니다. 시련은 닥치기 마련입니다. 그러나 그 시련이 여러분의 진로를 방해하게 해서는 안 됩니다. 시련 역시 이 여정의 일부니까요. 믿음의 길에서 넘어지고 쓰러지며 엉망이 되는 상황은 언제든지 일어납니다. 하지만 하나님은 여정의 전 과정을 보시기 때문에 여러분에게 닥칠 일도 다 알고 계십니다. 지금은 진흙 구덩이에 빠진 듯한 느낌이 들어도 말입니다. 하나님은 여러분이 도달하게 될 목적지를 보고 계십니다. 여러분이 그 목적지를 향해 끝까지 잘 달려 나가면 그분의 품에 안길 날이 곧 올 것입니다.

오스왈드 챔버스의 메시지

하나님은 절대로 서두르지 않으십니다. 그런데 우리가 조급하다면, 하나님은 우리가 그분보다 그분이 주실 축복에만 관심이 있다는 것을 깨닫게 하실 것입니다. 하나님의 축복만을 바라는 신앙은 초보 단계입니다. "담대하라. 내가 세상을 이기었노라"(요 16:33). 우리에게 정말로 필요한 것은 이런 영적 담력입니다.

하나님과 나만의 이야기

때때로 여러분은 오직 믿음만을 가지고 계속해서 나아가야 합니다. 숨이 차기도 하고, 힘과 활력이 떨어져 피곤할 때도 있습니다. 그래도 계속 전진해야 합니다. 비록 하나님이 여러분의 기도를 듣지 않으시는 것처럼 보여도, 포기하지 않고 노력하겠다고 고백하세요.

참으세요. 끝나려면 아직 멀었습니다.
계속 걸어나가세요.

예수님의 희생

Apr. 05

이에 말씀하시되 내 마음이 매우 고민하여 죽게 되었으니 너희는 여기 머물러 나와 함께 깨어 있으라 하시고 (마 26:38)

여러분이 어떤 인물이든 무슨 일을 하든 어떤 상상을 하든 예수님이 십자가에 달리시기 전날 밤에 겪으신 일은 짐작조차 할 수 없을 것입니다. 성경에 의하면, 예수님이 기도하실 때 얼마나 간절하게 하셨는지 땀구멍에서 피가 흘러나왔습니다. 끔찍한 두려움이 예수님을 압도하고 있었습니다. 여러분과 나는 알 수 없지만, 예수님은 자신에게 닥칠 일을 정확히 다 알고 계셨습니다. 아마 예수님이 겟세마네 동산에서 "일어나라, 함께 가자"고 말씀하지 않으셨다면, 여러분은 지금 이 책을 읽고 있을 수 없겠지요. 얼마나 감사한가요! 예수님이 스스로 붙잡히시고 심문을 당하시며 채찍에 맞으시고 고통을 당하시며 마침내 죽임을 당하셨기에 여러분이 이 순간까지 신앙생활을 하며 이 책을 읽고 있는 것 아닌가요?

오스왈드 챔버스의 메시지

그리스도의 십자가는 예수님이 '인자'(人子)로서 승리하신 사건을 보여 줍니다. 십자가는 우리 주님이 승리하셨다는 것과 인류를 구원하는 일에 승리하셨음을 동시에 보여 줍니다. 이제 우리는 인자로서 예수님이 겪으신 고통을 힘입어 하나님 앞에 나아갈 수 있게 되었습니다.

하나님과 나만의 이야기

예수님이 겪으신 겟세마네의 고통을 상상하려고 하지 마세요. 도저히 상상할 수 있는 것이 아니니까요. 그저 하나님께 감사드리세요. 그리고 그 마음으로 하루하루를 살아가세요.

십자가의 고통을 우리는 도저히 상상하지 못해요.
오직 한 가지 목적을 위해 예수님은 참으셨지요. 바로 여러분 때문입니다.

Apr. 06 ― 십자가의 승리

> 친히 나무에 달려 그 몸으로 우리 죄를 담당하셨으니 이는 우리가 죄에 대하여 죽고 의에 대하여 살게 하심이라 그가 채찍에 맞음으로 너희는 나음을 얻었나니 (벧전 2:24)

십자가를 고통이나 죽음의 상징으로만 여기지 마세요. 십자가는 승리와 대성공의 상징입니다. 예수님이 십자가에 못 박히심으로써 우리는 죄에서 해방되었고, 그 결과 "하나님의 왕국이 하늘에서 이루어진 것같이 땅에서도 이루어지게" 되었습니다. 주기도문에 등장하는 구절이 현실로 이루어진 것이죠. 우리는 십자가로 인해 승리했습니다. 십자가가 있기 전까지 우리의 삶은 어두운 감옥과도 같았습니다. 그런데 예수님이 죄수(우리들)들에게 망치를 주어 벽을 부수고 빛 가운데로 나아올 수 있도록 만들어 주었습니다. 십자가의 등장과 함께 감옥의 벽이 무너져 내렸습니다. 이제 우리는 다시 어둠 속에서 살 필요가 없게 되었습니다.

오스왈드 챔버스의 메시지

십자가는 인간의 십자가가 아닌 하나님의 십자가입니다. 우리의 경험은 절대로 하나님의 십자가를 이해하지 못합니다. 십자가는 하나님의 속성이 무엇인지를 자랑스럽게 보여 주었으며, 그 십자가라는 관문을 통해 누구든지 하나님과 연합하는 관계에 들어가게 되었습니다. 우리는 십자가에 도달하면 그냥 통과해 지나가지 않고, 십자가가 제공하는 예수님의 생명을 누리게 됩니다.

하나님과 나만의 이야기

십자가를 바라보세요. 이제 십자가를 고통의 상징으로 여기지 말고, 영원한 최고의 승리를 상징하는 것으로 여기세요. 십자가에 온 정신을 집중하며 천사들의 환호성을 들어보세요.

예수님의 십자가를 죽음과 동등한 것으로 여기지 마세요.
십자가는 생명입니다. 바로 여러분의 생명입니다.

쿵, 퍼즐 조각을 맞추세요

Apr. 07

그들이 산에서 내려올 때에 예수께서 경고하시되 인자가 죽은 자 가운데서 살아날 때까지는 본 것을 아무에게도 이르지 말라 하시니 (막 9:9)

"도대체 이해가 안 돼요." "왜 예수님이 바로 오셔서 설명해 주시지 않는 거죠?" 우리는 흔히 이렇게 불평합니다. 예수님의 대답은 종종 애매하여 우리를 당황케 합니다. 그러나 예수님에 대해 알게 되고 그분의 말씀을 이해하기 시작하면, 이런 의문이 사라집니다. 일단 예수님과 교제를 나누며 마치 예수님과 하나님이 하나이듯이 하나가 되면, '그때부터' 말씀이 이해되기 시작합니다. 이것은 마치 퍼즐 조각이 널려 있는 탁자를 보는 것과 같습니다. 우리가 찾는 퍼즐 조각이 보이지 않다가, 문득 "쿵" 소리가 나서 바라보니 거기에 그 조각이 있는 상황 말입니다. 우리가 예수님과 관계를 맺은 상태에서 시작하면 점차로 하나하나 이해가 되기 시작합니다. 그래서 예수님께 더 가까이 나아갈수록 더욱 많은 내용을 깨닫습니다.

오스왈드 챔버스의 메시지 인자이신 예수님이 여러분 안에서 부활하실 때까지는 아무 말도 하지 마세요. 다시 말하면 부활하신 그리스도의 생명이 여러분을 주관하여 예수님이 이 땅에서 가르치신 말씀이 이해될 때까지 입을 열지 마세요. 여러분의 내면세계가 바르게 정리되면 예수님이 하신 말씀이 분명하게 다가오기 때문에, 여러분이 전에 그 말씀을 이해하지 못했다는 사실을 발견하고 놀랄 것입니다.

하나님과 나만의 이야기 여러분과 하나님의 거리가 더 좁혀지게 해 달라고 간청한 후, 말씀을 이해할 수 있는 능력을 달라고 기도드리세요. 곧 알게 되겠지만 예수님은 해답을 '가지고' 계신 분이 아닙니다. 예수님 '자체'가 해답이십니다.

 일단 말씀을 실천하세요. 그러면 이해할 수 있습니다. 당연히 이것은 어렵습니다. 믿음으로 나아가세요!

Apr. 08 — 부활의 능력

그리스도가 이런 고난을 받고 자기의 영광에 들어가야 할 것이 아니냐 하시고 (눅 24:26)

만일 여러분이 "페인트 주의"라는 팻말을 걸어 놓으면, 대부분의 사람들은 정말인지 확인하기 위해 자꾸 만져 보려고 할 것입니다. 우리에게는 원래 밉살스런 면이 있거든요. 하나님은 그분의 창조하신 자녀들을 내려다보시며 실망하셨습니다. 늘 선지자들을 보내 자신에게 나아오는 법을 알려 주셨는데, 아무도 하나님의 말씀에 귀를 기울이지 않았기 때문입니다. 마침내 하나님은 독생자 예수님을 세상에 보내셨습니다. 예수님은 우리에게 필요한 내용을 다 가르치신 후에 죽임을 당하였습니다. 하나님을 거역한 죄로 인해 우리가 받아야 할 형벌을 그분이 대신 받으신 거죠. 그러나 놀랍게도 예수님은 죽은 지 사흘 만에 죽음을 정복하심으로써 자신이 가르치신 모든 내용이 진리임을 입증하셨습니다. 하나님에 관해 들려주신 주님의 모든 말씀, 서로 사랑하라고 가르쳐 주신 모든 말씀은 다 진리였습니다.

오스왈드 챔버스의 메시지

주님의 십자가는 그분의 생명으로 들어가는 입구입니다. 예수님이 부활하셨다는 말은, 그분이 이제 자신의 생명을 우리에게 전하실 수 있는 능력을 갖게 되셨다는 사실을 의미합니다. 언젠가 우리도 예수님과 같은 영광스런 몸을 소유하게 될 것입니다. 그렇지만 지금 이 순간에도 주님의 부활의 능력을 체험하며 새로운 삶을 살 수 있습니다.

하나님과 나만의 이야기

성경 말씀이 진리라는 사실을 믿으세요. 그리고 여러분 자신에게 말하세요. 예수님이 우리에게 알려 주신 모든 내용이 진리라고요. 이 진리를 믿고, 하나님이 원하시는 삶을 사세요.

믿으세요. 이해하세요. 기도드리세요.
그리고 실천하세요.

예수님은 바로 여기에 계세요!

Apr. 09

그 후에 그들 중 두 사람이 걸어서 시골로 갈 때에 예수께서 다른 모양으로 그들에게 나타나시니 (막 16:12)

성경은 예수님이 여러 차례 제자들에게 자세히 설명해 주셨는데 제자들이 이해하지 못했다고 적고 있습니다. 어떤 경우에는 문제가 우리 코앞에 있는데도 우리가 못 볼 때가 있습니다. 그러다가 후에 이해가 되면 "왜 그때는 못 보았을까" 하며 의아하게 생각합니다. 우리는 모두 예수님을 보고 싶어 합니다. 그래서 예수님을 찾고 소망하며 보여 달라고 기도합니다. 예수님은 내내 바로 우리 앞에 서서 "내가 여기 있다!"고 말씀하셨는데 말입니다. 예수님이 우리를 위해 하신 일을 깨달을 때에야 비로소 우리는 그분을 보기 시작합니다. 그때가 될 때까지는 우리 눈에 보이지 않습니다.

 오스왈드 챔버스의 메시지

태어나면서부터 시각장애인이었던 사람은 예수님이 다시 나타나셔서 자신을 계시하신 후에야 비로소 그분이 누구인지를 깨달았습니다(요 9:38). 이처럼 예수님은 누군가를 위해 어떤 일을 행하신 다음에 그에게 나타나십니다. 그렇지만 그분이 언제 나타나시는지는 아무도 모릅니다. 갑자기 그분이 모습을 드러내시면, 우리는 "내가 이제 주님을 봅니다!"라고 외치겠죠?

하나님과 나만의 이야기

하나님께 기도하며 그분이 여러분을 위해 하신 일에 대해 감사하세요. 특히 여러분이 기억하지 못하는, 살면서 자주 잊어버리는 것들을 떠올리면서 눈에 보이지 않는 것에 대해서도 감사하세요. 그것이 얼마나 소중한지를 곧 알게 될 테니까요.

먼저 눈을 크게 뜨고 마음 문을 여세요.
그리고 그동안 놓쳤던 것들을 보세요. 예수님이 지금 여기에 계신답니다.

Apr. 10 — 옛 사람과 헤어지기

> 우리가 알거니와 우리의 옛 사람이 예수와 함께 십자가에 못 박힌 것은 죄의 몸이 죽어 다시는 우리가 죄에게 종 노릇 하지 아니하려 함이니 (롬 6:6)

바울이 쓴 서신서의 대부분은 하나님을 믿으면서도 옛 자아를 버리지 못하는 성도들을 위해 쓰여진 것입니다. 예수님을 믿으면 삶이 바뀌어야 합니다. 그것도 영원히 말입니다. 옛 사람을 완전히 죽이고 새로운 삶을 시작해야 합니다. 일단 새로운 생명을 취하면, 그리스도께서 힘을 공급해 주십니다. 하지만 가끔 죄에 물든 인간의 본성이 여러분을 유혹하여 옛 생활을 그리워하게 합니다. 이때는 하나님을 향해 사랑을 고백해야 합니다. 만일 과거의 삶으로 다시 돌아가면, 문제에 빠지게 되니까요.

오스왈드 챔버스의 메시지

그리스도와 함께 십자가에 못 박히는 영광스런 특권을 누림으로써, 지금 여러분의 살과 피에 오직 그리스도의 생명만이 남은 상태인가요? "내가 그리스도와 함께 십자가에 못 박혔나니 그런즉 이제는 내가 사는 것이 아니요 오직 내 안에 그리스도께서 사시는 것이라"(갈 2:20).

하나님과 나만의 이야기

반드시 진정으로 말해야 합니다. 입술의 고백만 되어서는 안 됩니다. 마음이 담겨 있어야 합니다. "하나님, 제가 주님을 따르겠습니다. 저는 주님의 종입니다." 이렇게 고백하고 실천해 보세요. 더 이상 미루지 마세요.

옛 자아를 십자가에 매달고 미련 없이 가세요.
이제 필요치 않으니까요.

하나님이 주신 새로운 삶

Apr. 11

만일 우리가 그의 죽으심과 같은 모양으로 연합한 자가 되었으면 또한 그의 부활과 같은 모양으로 연합한 자도 되리라 (롬 6:5)

만약 우리가 기꺼이 옛 사람을 죽이면 모든 것이 달라질 것입니다. 우리도 예수님처럼 새로운 생명을 경험하게 될 것입니다. "하나님이 주관하신다"는 말은, 그분께 우리의 삶을 드리고 보내시는 곳에 가며 요구하시는 일에 순종하는 상황을 의미합니다. 이는 단지 종이 되는 차원을 넘어섭니다. 우리가 삶을 하나님께 드리면 그분은 새로운 삶을 주십니다. 우리가 받는 삶(생명)은 우리가 포기한 삶(생명)보다 훨씬 더 좋습니다. 물론 간혹 힘들고 화가 나며 실망할 때도 있겠죠. 하지만 하나님께서 우리에게 주신 삶을 살면 모든 게 달라집니다.

오스왈드 챔버스의 메시지

예수님과 함께 십자가에 못 박힌 성도는 그리스도를 닮기로 결단합니다. 예수님의 영이 우리 안에 오시면 우리 삶이 그리스도를 향하도록 재조정하십니다. 이제 우리는 예수님의 부활 생명을 누릴 수 있게 되었으며, 그 부활 생명은 우리의 거룩한 삶을 통해 드러납니다.

하나님과 나만의 이야기

예수님을 따르기 위해 지금까지 좋아하던 것들을 다 포기하고 나니 공허함이 느껴지나요? 그렇다면 하나님께 그 공허한 마음을 채워 달라고 기도드리세요. 그러면 하나님께서 넘치는 사랑을 부어 주실 것입니다.

뭔가를 포기한다고 해서 끝나지 않습니다. 텅 빈 공간이 채워져야 하고, 어둠은 빛으로 바뀌어야 하며, 밤은 낮으로, 사막은 태양으로 변해야 합니다.

Apr. 12

버리고 채우기

사망이 다시 그를 주장하지 못할 줄을 앎이로라 그가 죽으심은 죄에 대하여 단번에 죽으심이요 그가 살아 계심은 하나님께 대하여 살아 계심이니 이와 같이 너희도 너희 자신을 죄에 대하여는 죽은 자요 그리스도 예수 안에서 하나님께 대하여는 살아 있는 자로 여길지어다 (롬 6:9-11)

이 책의 내용들이 여러분의 머리를 혼란케 할 수도 있습니다. 어쨌든 세상 사람들이 여러분에게 "앞으로 펼쳐질 네 인생은 뻔하다"라는 식의 말을 하지 못하게 하세요. 그 이유는 여러분의 인생 여정이 아직 끝나지 않았기 때문입니다. 성령님이 우리 안에 거하시면 하나님의 생명이 활동하기 시작합니다. 여기서 중요한 사항은, 성령님이 거할 장소를 마련했느냐 하는 점입니다. 그러므로 우리는 삶을 점검하며 "무엇을 기꺼이 포기해야 할까?", "하나님과의 친교를 맺지 못하게 하는 요소가 무엇일까?" 등의 질문을 던져야 합니다. 아마도 누군가에 대해 품었던 분노나 원한일 수 있고, 자신에 대한 분노일 수도 있습니다. 인간은 원래 필요 없는 것들을 놓지 않으려 합니다. 앞으로 이 여정을 지속하며 성령님이 거할 자리를 마련하여 하나님의 생명을 누리게 되기를 바랍니다.

오스왈드 챔버스의 메시지

아무리 연약한 성도라도 일단 기꺼이 '내려놓으면' 그리스도의 거룩한 능력을 체험하게 됩니다. 우리는 모든 것을 내려놓아야만 합니다. 그러면 하나님의 위대하면서도 충만한 생명이 확실하게, 그리고 천천히 우리 삶의 각 영역에 침투하게 되고, 세상 사람들은 우리가 예수님과 동행한다는 사실을 알게 될 것입니다.

하나님과 나만의 이야기

기도는 여러분과 하나님 사이에 오가는 비밀이야기입니다. 그러므로 여러분이 하나님께 아뢰는 내용과 그분이 여러분에게 주신 선물은 오직 여러분만이 압니다. 지금까지 오랫동안 지고 다녔던 영혼의 짐이 있거든 완전히 버리세요. 그것을 주님께 드리면, 주님은 사랑으로 그 공간을 채워 주실 것입니다.

버리고 공간을 만드세요.
공간이 다시 채워지면 여러분은 새로워질 거예요.

짐이 무거우세요?

Apr. 13

네 짐을 여호와께 맡기라 그가 너를 붙드시고 의인의 요동함을 영원히 허락하지 아니하시리로다 (시 55:22)

다음을 상상해 보세요. 기숙사 방으로 짐을 옮기는데 마침 가장 친한 친구가 안락의자를 선물로 주었습니다. 하지만 그것을 들고 계단을 올라가 방에 들여놓으려면, 반드시 누군가의 도움을 받아야만 합니다. 우리가 살면서 지고 가는 대부분의 짐은 우리 스스로 만든 것입니다. 그 짐이 우리 삶을 얼마나 엉망으로 만드는지를 알면 아마 깜짝 놀랄 것입니다. 물론 짐 중에는 하나님이 주신 것도 있습니다. 그렇지만 그분은 여러분이 감당할 수 없는 짐을 결코 주시지 않습니다. 게다가 짐을 주신 후에는 도와주겠다고 하셨습니다. 하나님은 여러분이 홀로 짐을 지는 것을 원치 않으십니다.

오스왈드 챔버스의 메시지

하나님께서 우리에게 주신 짐을 다시 그분께 맡기면, 그분은 우리를 위해 일을 대신 처리해 주시며 우리의 부담을 없애 주실 것입니다. 하나님을 신뢰하세요.

하나님과 나만의 이야기

여러분에게도 많은 짐이 있겠지요? 그중에서 하나를 선택하여 구체적으로 하나님께 도와 달라고 하세요. 하나님은 여러분이 무거운 짐을 홀로 지도록 그냥 놔두지 않으십니다. 여러분이 도와 달라고 요청하기만 한다면 말이죠.

하나님과 함께 짐을 지세요.
여러분 혼자 짐을 진다면, 너무 힘들고 해결되지 않습니다.

Apr. 14
슈퍼맨!

나는 마음이 온유하고 겸손하니 나의 멍에를 메고 내게 배우라 그리하면 너희 마음이 쉼을 얻으리니 (마 11:29)

하나님은 우리를 향해 굉장한 인내심을 발휘하고 계십니다. 그분은 우리와 더욱 친밀한 관계를 맺고 싶어 하시지만, 우리는 늘 불평합니다. 이럴 때 우리는 잠깐 뒤로 물러서서 전체적인 상황을 볼 필요가 있습니다. 하나님은 우리에게 짐을 같이 들자고 요청하십니다. 이를테면 어제 소개한 안락의자의 한쪽 끝을 들라고 요구하십니다. 그런데 이 하나님이 어떤 분이시죠? 우주의 창조자이시며 전능하시고 영원하시며 시작과 끝이 되시는 분 아닌가요? 하나님은 우리와 교제하고 싶으셔서 이렇게 요청하십니다. 그렇다면 펄쩍 뛰며 이처럼 좋은 기회를 주신 하나님께 감사해야 할 상황이 아닙니까? 우리는 마땅히 우리를 신뢰해 주시고 이런 영예를 주신 주님께 감사해야 합니다. 그런데도 우리는 때로 꽁무니를 뺍니다. 하나님은 우리를 쓰러뜨리기 위해 짐을 주시지 않습니다. 오히려 높이 들어올리기 위해 짐을 주십니다.

오스왈드 챔버스의 메시지

하나님이 주시는 기쁨과 빛, 그리고 평화가 있는 곳에는 언제나 멍에가 있게 마련입니다. 하나님이 주시는 멍에에는 포도를 으깨어 포도즙이 흘러나오게 합니다. 그런데 대부분의 사람들은 포도즙만을 봅니다. 이 세상이나 지옥의 어떤 세력도 크리스천 안에 있는 하나님의 영을 정복할 수 없습니다. 성령님은 결코 누구도 지배할 수 없는 내적 능력입니다.

하나님과 나만의 이야기

혹시 여러분은 정말로 원치 않는 짐을 하나님에게서 받았을지 모릅니다. 그렇다면 하나님과 함께 짐을 옮기며 대화를 나누세요. 귀를 기울이세요. 그러면 여러분은 하나님이 원하시는 것이 무엇인지를 알게 되고, 그분은 여러분이 무엇을 원하는지 알게 될 테니까요.

짐을 맡긴 분이 누구인지 생각해 보세요.
그러면 그분이 여러분을 얼마나 신뢰하는지 알게 됩니다.

점검시간을 가지세요

Apr. 15

산당은 이스라엘 중에서 제하지 아니했으나 아사의 마음이 일평생 온전했더라 (대하 15:17)

오늘 성경 본문에 '아사'라는 인물이 등장합니다. 그는 어떤 면에서 유다 왕국을 정화하라는 임무를 맡은 사람입니다. 이방신과 관련된 각종 우상이 제거되어야 했고, 그의 직계 가족 내에서도 변화가 필요했습니다. 온 나라가 물질적인 면이나 영적인 면에서 대대적인 개혁을 필요로 하던 시기였습니다. 따라서 아사 왕은 우상을 부수고, 우상을 섬기던 자들을 제거해야만 했습니다. 크리스천 역시 내면을 정화해야 합니다. 우리는 하나님이 거하시는 성전인 육체를 점검한 후에, 영혼도 살펴보아야 합니다. 그래서 잘못된 점이 있으면 고치고 정화하며 수선하고 버려야 합니다. 이러한 작업은 평생 지속되어야 하고, 하나님도 이 점을 잘 아십니다. 그렇다고 해서 중도에 포기하지 마세요. 중단하면 성장하지 못하기 때문입니다.

오스왈드 챔버스의 메시지

어떤 문제에 대해서든 "이건 중요한 문제가 아니야!"라고 말하지 않도록 조심하세요. 여러분에게 중요하지 않은 문제가 하나님에게는 엄청 중요한 문제가 될 수 있습니다. 하나님의 자녀에게는 절대로 사소한 문제가 없습니다.

하나님과 나만의 이야기

하나님과 바른 관계를 맺기 위해서는 누구에게나 해야 할 일이 있습니다. 하나님께 도와 달라고 요청하세요. 그러면 여러분은 그분의 도우심으로 더없는 행복을 느낄 것입니다.

철저히 자신을 점검한 후,
하나님이 여러분을 새롭게, 아름답게 빚어가게 하세요!

Apr. 16

좋은 날 궂은 날

너희에게 아직 빛이 있을 동안에 빛을 믿으라 그리하면 빛의 아들이 되리라 예수께서 이 말씀을 하시고 그들을 떠나가서 숨으시니라 (요 12:36)

만사가 순조롭게 진행된 적이 있었나요? 세상의 모든 일이 완벽하게 이루어진 시절을 겪어 보았나요? 인간사가 이렇게만 진행된다면 얼마나 좋을까요? 하지만 그런 일은 불가능합니다. 순탄한 시기는 하나님께서 우리에게 선물로 주십니다. 따라서 이때에는 내면을 잘 살피며 자신을 점검해야 합니다. 그러다가 하는 일마다 꼬이는 때가 오면, 과거의 좋았던 시절을 되돌아보며 그때 배웠던 내용을 숙고해야 합니다. 하나님이 우리를 불쌍히 여겨 기쁜 날을 주신다는 사실을 기억하면, 궂은 날이 찾아왔을 때 하나님을 의지하기가 더욱 쉬워질 것입니다.

오스왈드 챔버스의 메시지

여러분이 영적으로 고조되었을 때 느꼈던 감정이 절대로 사라지지 않게 하세요. 그냥 벽난로 앞에 편하게 앉아 "정말로 놀라운 순간이었어!"라고 중얼거리지만 말고, 즉시 일어나 뭔가를 하세요. 만약 기도 모임 때 해야 할 일을 하나님이 알려 주시면, 곧바로 실천하세요! 여러분 자신의 목덜미를 움켜쥐고 서서히 모습을 드러내는 게으름을 쫓아버리세요.

하나님과 나만의 이야기

살다 보면 좋은 날도 있고 궂은 날도 있는 법입니다. 지금 주위를 둘러보며 하나님이 베풀어 주신 은혜에 감사하세요. 주님께 감사의 고백을 드리세요.

기쁜 날이 찾아오면 하나님께 영광을 돌리세요.
그러면 그분은 더 많은 것을 주신답니다. 잘 지켜보세요.

다이빙 선수처럼

Apr. 17

예수께서 사랑하시는 그 제자가 베드로에게 이르되 주님이시라 하니 시몬 베드로가 벗고 있다가 주님이라 하는 말을 듣고 겉옷을 두른 후에 바다로 뛰어 내리더라 (요 21:7)

수영장에 들어가는 모습을 보면 사람마다 제각각입니다. 어떤 사람은 먼저 수온을 체크하기 위해 발끝을 조심스럽게 담급니다. 그러고는 수심이 얕은 곳으로 걸어가 적응한 후에, 천천히 깊은 곳으로 나아갑니다. 반면에 어떤 사람은 다이빙대에 올라가 물을 사방으로 튀기며 요란하게 입수합니다. 예수님은 우리가 이 다이빙하는 사람처럼 뛰어들기를 원하십니다. 서서히 물과 친해지려고 하거나 수온을 재는 행동은 '믿음 없음'을 입증하는 것입니다. 예수님과 함께하는 성도는 전속력으로 물에 뛰어들어야 합니다. 이것이 완전히 주님께 맡기는 삶입니다! 전적으로 주님께 맡기고 물에 뛰어들었다가 잠시 숨을 쉬기 위해 머리를 내밀 때, 우리는 예수님의 깊은 사랑에 감사할 것입니다.

오스왈드 챔버스의 메시지

여러분의 의지를 신중하게 예수 그리스도께 드린 적이 있습니까? 이것은 감정이 아닌 의지의 문제입니다. 만약 여러분이 굽이치는 파도 속에서 예수님의 음성을 들었다면, 신념이나 일관성 따위는 바람에 날려 보내고, 주님과의 관계만 확실하게 유지하세요.

하나님과 나만의 이야기

뛰어내릴 수 있는 용기를 달라고 기도하기 전에, 여러분을 묶고 있는 것들로부터 자유할 수 있는 능력을 달라고 간구하세요. 다른 사람이 나를 어떻게 생각할까 염려하지 마세요. 뛰어내리기 전에 바닷물이 너무 차가울 거라고도 속단하지 마세요.

다이빙 선수처럼 뛰어내리세요!
거기에 주님이 계십니다.

Apr. 18 들을 준비가 되었나요?

> 여호와께서 그가 보려고 돌이켜 오는 것을 보신지라 하나님이 떨기나무 가운데서 그를 불러 이르시되 모세야 모세야 하시매 그가 이르되 내가 여기 있나이다 (출 3:4)

"하나님, 저 여기 있어요!" 우리는 높은 산 위에 서서 두 팔을 높이 쳐들고 머리카락을 휘날리며 이렇게 외치고 싶어 합니다. 그런데 사실 하나님은 모든 성도를 다 이런 식으로 부르지 않으십니다. 때로는 여러분의 귀에 이렇게 속삭이실 수도 있습니다. "저 여자 보이니? 지금 그녀에게는 칭찬이 필요하단다." "저 친구는 이번에 성적이 안 좋아 우울해 하는구나. 가서 격려해 줄 수 있니?" 하나님은 우리를 부르실 때 네온사인과 같은 번득이는 생각을 주실 수도, 노란 스티커 쪽지를 사용하실 수도 있습니다. 여기서 중요한 점은, 우리가 언제나 준비되어 있어야 한다는 것입니다. 따라서 산 위에서 바람을 맞을 때든 버스 뒷좌석에 앉아 있을 때든 항상 하나님의 음성을 들을 준비를 하세요. 명령을 받으면 즉시 실천해야 하니까요.

오스왈드 챔버스의 메시지

하나님을 위해 준비된 성도는 주님께서 맡기시는 일이 크든 작든 따지지 않습니다. 하나님이 계획하신 프로그램에서 우리가 어떤 일을 하든지 우리에게는 선택권이 없습니다. 예수님께서 성부 하나님의 음성을 들으셨듯이, 우리가 하나님의 음성을 듣고 일을 맡는다면, 정신을 바짝 차린 상태에서 하나님을 사랑하는 마음으로 일할 준비를 해야 합니다. 성부 하나님이 성자 예수님과 함께 일하신 것처럼, 예수님은 우리와 동역하기를 원하십니다.

하나님과 나만의 이야기

때로 우리의 자아가 우리를 어려움에 빠트립니다. 그럴 때마다 하나님께 자아를 억제할 수 있는 능력을 달라고 기도드리세요. 그래야 세미한 하나님의 음성이 들릴 때, 마치 천둥소리처럼 분명하게 들을 수 있답니다.

준비만 하지 말고 준비된 상태로
하나님의 음성을 기다리세요.

눈에 보이지 않는 함정

Apr. 19

그 소문이 요압에게 들리매 그가 여호와의 장막으로 도망하여 제단 뿔을 잡으니 이는 그가 다윗을 떠나 압살롬을 따르지 아니하였으나 아도니야를 따랐음이더라 (왕상 2:28)

다음을 상상해 보세요. 무시무시한 폭풍 가운데 운전을 하면서 가고 있습니다. 내려앉은 송전선들과 부러진 나뭇가지들이 길을 가로막고 있는데 다행히 아무 사고 없이 아주 잘 피했습니다. 마침내 폭풍이 걷혀 여러분은 기분전환을 위해 와이퍼의 작동을 멈추고 라디오를 켰습니다. 그런데 이게 웬일입니까? 그 순간 갑자기 차가 인도로 올라가더니 우체통을 들이받는 것이 아닙니까? 때로 우리의 삶도 이와 같습니다. 인생의 폭풍만이 우리에게 피해를 주는 것은 아닙니다. 우여곡절 끝에 폭풍을 겨우 넘겼는데, 잠시 한눈을 파는 사이에 사고가 나서 피해를 입는 경우도 있습니다. 여러분은 여기까지 오면서 지혜와 힘을 얻고 다양한 경험도 쌓았습니다. 하지만 다음 사항을 꼭 잊지 말아야 합니다. 작은 못 하나가 타이어에 펑크를 내는 법입니다.

오스왈드 챔버스의 메시지

여러분은 지금까지 격렬하면서도 거대한 시련을 잘 참으며 하나님을 신뢰해왔습니다. 이제 눈에 보이지 않는 함정에 주의하세요. 영적으로 깨어 있으라는 뜻입니다. 하나님을 의식하고 밝은 미래를 생각하며 살아가세요.

하나님과 나만의 이야기

계속해서 전진할 수 있는 능력을 달라고 하나님께 기도드리세요. 우리는 흔히 위기를 통과하면 쉴 수 있을 것이라고 생각합니다. 하지만 반드시 그런 것은 아닙니다. 비록 여러분이 거대한 눈사태를 잘 넘겼다 하더라도 조약돌에 걸려 넘어진다면, 오히려 피해를 입을 수 있습니다.

눈을 크게 뜨고 앞을 보세요.
절대로 뒤를 돌아보지 마세요. 목적지가 아직도 멀거든요.

Apr. 20

달랑 종이컵을 들고 있나요?

하나님의 약속은 얼마든지 그리스도 안에서 예가 되니 그런즉 그로 말미암아 우리가 아멘 하여 하나님께 영광을 돌리게 되느니라 (고후 1:20)

"주님, 제 잔을 채워주세요." 우리는 자주 작은 종이컵을 들고 하나님께 나아가 이렇게 말합니다. 그리고 하나님이 채워주시면, 주변을 둘러보며 불평합니다. "아니, 저 사람은 왜 나보다 많이 받았지? 어떻게 된 거야?" 명심하세요! 작은 종이컵 하나 달랑 집어 들고 하나님께 나아가 채워달라고 요청한 사람은 바로 '여러분'입니다. 그러니 이제부터는 하나님께 나아갈 때 큰 양동이를 들고 가세요! 그것도 모자라면 친구들과 함께 수영장을 통째로 가져가세요. 하나님은 여러분에게 필요한 것을 주시기 위해 언제나 거기에 서 계신답니다. 하지만 반드시 여러분이 받을 준비가 되어 있어야 합니다. 만일 여러분이 작은 컵 하나 들고 적게 받았다고 불평한다면, 더 받을 생각일랑 아예 접으세요.

오스왈드 챔버스의 메시지

우리가 영적인 일을 할 때 하나님께서 우리에게 하신 약속을 이루어 주실까요? 이 문제에 대한 대답은 우리가 성령님을 받았는가의 여부에 달려 있습니다.

하나님과 나만의 이야기

오늘은 하나님께 나아가기 전에 여러분 자신을 살펴보세요. 하나님께 뭔가를 받을 준비가 되었나요? 아마도 그전에 경건의 시간을 조금 더 가져야 할 필요가 있을지 모릅니다. 먼저 준비된 마음을 갖게 해 달라고 기도한 후, 그분이 원하시는 것이 무엇인지 알려 달라고 간구하세요.

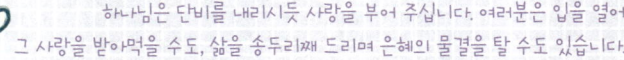

하나님은 단비를 내리시듯 사랑을 부어 주십니다. 여러분은 입을 열어 그 사랑을 받아먹을 수도, 삶을 송두리째 드리며 은혜의 물결을 탈 수도 있습니다.

문제 상자

Apr. 21

예수께서 이르시되 빌립아 내가 이렇게 오래 너희와 함께 있으되 네가 나를 알지 못하느냐 나를 본 자는 아버지를 보았거늘 어찌하여 아버지를 보이라 하느냐 (요 14:9)

지금 우리 앞에 여러 가지 '문제'가 들어 있는 큰 상자 하나가 있다고 가정해 봅시다. 그 상자는 너무 무거워서 우리는 큰 소리로 도움을 청하며 이렇게 외칩니다. "예수님, 이것 좀 받아 주세요. 도대체 어디 계세요?" 분명히 예수님은 "내가 언제나 너희와 함께 하겠다"라고 약속하셨습니다. 그런데 우리 대부분은 그분을 못 봅니다. 그 이유는 반드시 그분을 '찾아야' 한다고 믿기 때문입니다. 만일 우리가 꼭 어떤 장소로 가서 예수님을 찾아야 한다고 생각한다면, 이는 우리 스스로 예수님이 우리와 함께 하신다는 사실을 믿지 않는다고 그분께 고백하는 것이나 마찬가지입니다. 예수님은 어린아이처럼 믿으라고 가르치셨습니다. 예수님이 우리와 함께 하신다는 것을 믿을 때에야 비로소 주님은 손을 내밀어 우리의 문제를 받아 주실 것입니다. 아니면 적어도 문제의 한쪽 끝을 잡고 우리가 쉽게 해결하도록 도와주실 것입니다.

오스왈드 챔버스의 메시지

"너희는 마음에 근심하지 말라"(요 14:1). 이 말씀에 비추어 보면, 우리가 걱정할 때 예수님은 상처를 받으십니다. 지금 여러분의 상황이 이렇지 않은가요? 여러분은 믿음에 합당한 삶을 살고 있나요? 우리는 모든 것이 하나님으로부터 왔다고 믿을 만큼 그분과 절대적인 관계를 유지해야만 합니다. 하나님은 미래에 우리를 인도하시지 않습니다. 언제나 지금 인도하십니다. 주님이 '지금' 이곳에 계신다는 진리를 믿으세요. 그러면 지금 당장 자유를 누릴 수 있을 것입니다.

하나님과 나만의 이야기

하나님의 얼굴을 못 보게 하는 장벽은 우리 스스로가 쌓은 것입니다. 이제 하나님의 도움으로 그것을 모두 철거하세요.

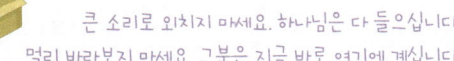

큰 소리로 외치지 마세요. 하나님은 다 들으십니다.
멀리 바라보지 마세요. 그분은 지금 바로 여기에 계십니다.

Apr. 22

홀로서기

> 우리가 다 수건을 벗은 얼굴로 거울을 보는 것 같이 주의 영광을 보매 그와 같은 형상으로 변화하여 영광에서 영광에 이르니 곧 주의 영으로 말미암음이니라 (고후 3:18)

크리스천에게 필요한 모든 능력은 주변의 친구가 아닌 하나님에게서 옵니다. 안 좋은 일은 언제든지 일어납니다. 큰 파도가 밀려오는데, 여러분이 친구들과 무리를 지어 마른 강바닥에 서 있다고 가정해 보세요. 아무리 옆에 있는 사람을 의지해도 함께 떠내려갈 것입니다. 그렇다고 누군가를 도와주지 말라는 것은 아닙니다. 우리에게 필요한 능력은 궁극적으로 인간이 아닌 하나님에게서 온다는 진리를 알려주고 싶을 따름입니다.

오스왈드 챔버스의 메시지

하나님의 종은 반드시 홀로 서는 연습을 자주 해야 합니다. 그래서 자신이 홀로 있다는 사실을 결코 느끼지 못하게 해야 합니다. 크리스천이 되면 누구나 첫 단계에서 실망을 경험합니다. 곁에서 힘이 되어 주던 사람들이 서서히 사라지고, 함께 일하던 사람들도 다 사라집니다. 크리스천은 이러한 상황에 빨리 적응하여 자신이 홀로 있다는 것을 절대로 느끼지 못하게 해야 합니다. 그리고 꺼져가는 빛이 아닌 영원히 타오르는 빛 위에 자신의 믿음을 세워야 합니다.

하나님과 나만의 이야기

하나님만 바라보세요. 그분을 향해 나아가며 능력을 달라고 요청하세요. 이 세상에서 가장 좋은 것이라고 여긴 것들도 언젠가는 거친 물살에 쓸려 내려갈 것입니다. 여러분의 힘으로 서세요. 하나님과 함께 말입니다.

여러분의 두 발로 굳게 서세요. 곧 파도가 밀려옵니다.
시선을 하나님에게서 떼는 순간 휩쓸려가고 맙니다.

사랑이 먼저예요

Apr. 23

우리는 하나님의 동역자들이요 너희는 하나님의 밭이요 하나님의 집이니라 (고전 3:9)

예배당을 짓는다고 가정해 봅시다. 석공, 목수, 건축가, 예술가, 철공(鐵工) 등이 필요하겠죠. 전 세계 사람들이 와서 보고 감탄할 만한 아름다운 건축물을 지어 봅시다. 그런데 사실 이러한 노력은 헛수고입니다. 왜냐하면 하나님이 아닌 인간의 노력이나 건물에 더 많은 관심이 쏠릴 가능성이 크기 때문입니다. 인간이 짓는 예배당이 하나님의 자리를 차지해서는 안 됩니다. 하나님께서 친히 그분의 교회를 세우실 것입니다. 당연히 모든 일꾼을 필요한 자리에 배치하시겠죠. 심지어 아무도 모르게 겸손한 마음으로 예배당을 청소하는 사람도 하나님의 교회를 세우는 성도입니다. 하나님을 제1순위에 놓을 때, 건축 공사는 완벽하게 이루어집니다. 하지만 건축 공사를 제1순위에 놓을 때, 하나님은 우리에게서 멀어지십니다.

오스왈드 챔버스의 메시지 하나님께 집중하겠다는 굳은 결의 없이 하나님의 일을 하는 사역자는 결국 지쳐 쓰러지게 됩니다. 일에 압도되는 꼴이죠. 이런 사람은 살면서 자유와 환희를 누리지 못합니다. 게다가 체력과 마음과 정신이 너무 큰 부담을 느끼다 보니 하나님의 축복이 그에게 머무르지 못합니다. 이와 반대로 하나님께 집중하며 일을 하는 사역자는 삶의 사소한 영역에 이르기까지 하나님의 통치를 느끼며 자유를 만끽합니다.

하나님과 나만의 이야기 하나님을 위해 일하려고 하지 말고 하나님을 사랑하세요. 잠시 하나님을 위해 일하는 것을 멈추고, 시간을 내어 기도하며 주님께 사랑을 고백하세요. 절대로 뭔가를 달라고 요구하지 마세요.

교회의 뾰족탑이 얼마나 높은가, 스테인드글라스가 얼마나 멋진가, 예배당이 얼마나 우아한가 하는 문제는 조금도 중요하지 않습니다.

Apr. 24

나만의 방식으로

그러나 귀신들이 너희에게 항복하는 것으로 기뻐하지 말고 너희 이름이 하늘에 기록된 것으로 기뻐하라 하시니라 (눅 10:20)

크리스천이 되면, 우리는 다른 사람들이 우리를 쳐다보고 있다는 사실을 깨닫게 됩니다. 그래서 어떤 옷을 입어야 하는지, 누구의 말에 귀를 기울여야 하는지, 무슨 책을 읽어야 하는지에 대해 신경을 쓰기 시작합니다. 그리고 때로 다른 성도가 우리처럼 옷을 입거나 생활하거나 예배하지 않으면, 약간 무시하는 경향을 보이기도 합니다. 삶을 온전히 하나님께 드릴 때 우리는 하나님이 원하시는 성도가 됩니다. 바로 이 모습을 우리가 다른 사람에게 보여 주어야 합니다. 하나님과 인격적인 관계를 맺고 성장하는 성도의 이미지를 제시해야 합니다. 당연히 여러분의 모습은 내 모습과 다르며, 내 모습 또한 다른 사람과 다릅니다. 하나님은 우리가 똑같은 유형이 되는 것을 원치 않습니다. 그분은 우리가 자신만의 방식으로 예수님의 제자가 되는 것을 허용하십니다.

오스왈드 챔버스의 메시지

하나님의 일을 하는 사역자가 "그리스도와 함께 하나님 안에서 감추어진"(골 3:3) 삶을 살지 못한다면, 다른 사람을 짜증나게 하는 독재자가 될 것입니다. 바꿔 말하면 성령님과 함께하는 제자가 되지 못할 것입니다. 그런데 많은 사람들이 독재자로 살아가며 다른 사람이나 공동체를 지배하려고 합니다. 하지만 예수님은 결코 이런 식으로 살라고 명령하지 않으셨습니다.

하나님과 나만의 이야기

오늘은 '여러분'이라는 엄청나면서도 독특한 선물을 주신 하나님께 감사드리세요. 여러분과 똑같은 인물은 이 세상 어디에도 없습니다. 만일 여러분이 하나님이 원하시는 존재가 된다면, 그분은 여러분의 개성으로 다른 사람을 진리로 이끄실 것입니다.

여러분의 개성을 소중히 여기세요. 하나님도 그것을 원하시며 개성을 활용할 수 있는 기회를 주실 것입니다. 모든 인간은 독특합니다.

이 핑계 저 핑계 대지 마세요!

Apr. 25

너는 말씀을 전파하라 때를 얻든지 못 얻든지 항상 힘쓰라 범사에 오래 참음과 가르침으로 경책하며 경계하며 권하라 (딤후 4:2)

충격적인 소식이 있는데 한번 들어보실래요? 그것은 바로 여러분이 하나님을 위해 일하고 있다는 느낌을 항상 가질 수는 없다는 사실입니다. 만약 자신의 하루 24시간을 100퍼센트 하나님께 드렸다고 자랑하는 성도가 있다면, 그는 자신을 속이고 있는 것입니다. 물론 하나님은 다 아시겠죠. 아마 어떤 날은 기껏해야 하루의 60퍼센트 정도를 하나님께 드렸을 것입니다. 그럼에도 불구하고 하나님은 우리가 드리는 60퍼센트를 받아 자신의 영광을 위해 사용하십니다. 정말로 놀랍지 않나요? 하나님과 올바른 관계를 맺고 있는가를 보여 주는 진정한 증거는, 하나님이 자신과 함께한다는 사실을 느끼든 못 느끼든 언제나 최선을 다하는 모습입니다.

오스왈드 챔버스의 메시지

성령님이 영감과 통찰력을 주실 때, 여러분은 "나는 이제 하나님을 위해 항상 이런 상태를 유지하고 싶어!"라고 말합니다. 그러나 그렇게 할 수 없습니다. 하나님은 여러분이 그런 상태에 빠지지 않게 하십니다. 그러한 특별한 순간은 전적으로 하나님이 주신 선물입니다. 여러분이 받고 싶다고 해서 받는 것이 아닙니다. 만일 여러분이 영감과 통찰력을 받았던 최고의 순간을 우상처럼 숭배하려 한다면, 하나님은 여러분의 삶에서 서서히 사라져 결코 돌아오지 않으실 것입니다. 여러분이 성실히 살아가며, 최고의 순간에 집착하지 않는 법을 배울 때까지 절대 찾아오지 않으실 것입니다.

하나님과 나만의 이야기

오늘은 결단할 수 있게 해 달라고 기도드리세요. 여러분이 결단의 필요성을 느끼든 못 느끼든 관계없습니다. 이 세상은 진흙 웅덩이와 같습니다. 그런데 그 위에 여러분의 이름이 적혀 있습니다. 즉, 여러분은 세상에서 빛을 발해야 한다는 뜻입니다.

언제나, 무슨 일을 하든 최선을 다하세요!
주님께서 보고 계시니까요!

Apr. 26
전통과 격식이 중요한가요?

> 여호와께서 이르시되 네 아들 네 사랑하는 독자 이삭을 데리고 모리아 땅으로 가서 내가 네게 일러 준 한 산 거기서 그를 번제로 드리라 (창 22:2)

만약 여러분이 구약시대 성도들이 드렸던 전통적인 예배를 꼭 드리고 싶다면, 예배당 뒤에 멋진 작은 가축우리를 마련하고, 예배 시간에 바칠 동물을 길러야 할 것입니다. 다행스럽게도 하나님은 더 놀라운 계획을 마련하셨습니다. 그분은 아브라함으로 하여금 끔찍한 시련을 통과하게 하시며 하나의 그림을 보여 주셨습니다. 그것은 그로부터 수천 년이 지난 후에야 완전히 이해될 수 있는 내용이었죠. 하나님은 이미 알고 계셨습니다. 고대 유대인의 전통과 신념이 아닌, 예수 그리스도를 통해 이루어질 인격적인(개인적인) 관계 속에서 인간이 하나님께 나아올 수 있는 방법을요. 따라서 오늘날 우리는 유대인의 전통과 격식에 따라 하나님께 나아가지 않고, '예수님의 사랑'이란 선물을 이해하며 주님과 교제합니다.

오스왈드 챔버스의 메시지

만일 여러분이 하나님을 의지하며 살아간다면, 하나님은 여러분으로 하여금 여러 장벽을 곧장 통과하게 하셔서 그분을 알 수 있는 내실(內室)로 인도하실 것입니다. 그렇지만 그곳에 가려면 언제나 사회적인 통념과 자신의 신념을 포기해야 합니다.

하나님과 나만의 이야기

전통적인 방식으로 예배를 드릴 때 사용되는 각종 도구들은 우리가 하나님께 더 가까이 나아가게 하는 데 아주 유용합니다. 그런데 오늘은 이러한 도구를 사용하지 않고 하나님께 나아갈 수 있도록 도와 달라고 하나님께 요청하세요. 일단 하나님께 가까이 나아가면, 이러한 도구들은 오히려 짐이 되기 때문입니다.

동물을 드리는 희생 제사는 더 이상 필요 없습니다. 여러분은 기도를 통해 하나님께 나아갈 수 있습니다. 쉬지 말고 기도드리세요.

요청하는 이유가 뭔가요?

Apr. 27

네가 너를 위하여 큰 일을 찾느냐 (렘 45:5)

"구하라 그리하면 받으리라." 예수님은 우리에게 이렇게 가르치셨습니다. "아주 좋아. 마침 잘 됐네. 새로운 스마트폰도 필요하고, 높은 점수도 받아야 하고, 실컷 자고 싶은데… 지금 하나님과의 친밀한 관계 속으로 들어가게 해 달라고 해야지!" 여러분, 잠깐만요! 다시 한 번 생각해 봅시다. 여러분이 무슨 동기로 이것들을 요청하고 있죠? 이 질문을 여러분 자신에게 던져보세요. 여러분은 자신이 원하는 것을 얻기 위해 하나님을 따릅니까, 아니면 하나님이 원하시는 일을 하기 위해 따릅니까? 이 두 질문은 완전히 다릅니다. 여러분이 달라고 요청하기 전에 하나님은 이미 아십니다. 따라서 하나님께 가까이 나아가면 가장 적절한 때에 필요한 것을 주십니다. 여러분을 향한 하나님의 궁극적인 계획은 완전한 기쁨과 평안입니다. 하지만 그것은 여러분이 예상치 못하는 방법으로 주어질 수 있습니다.

오스왈드 챔버스의 메시지

하나님은 언제나 궁극적 완성을 위해 일하시기 때문에 현재 우리의 모습을 완벽하게 만들어 주시지 않습니다. 그분은 지금 당장 여러분을 행복하고 풍요롭게 하는 데에는 별 관심이 없으십니다. 하나님은 항상 궁극적 완성을 위해 일하십니다. "우리와 같이 그들도 하나가 되게 하옵소서."

하나님과 나만의 이야기

하나님께 나아가 간구하세요. 그러면 기분이 훨씬 나아질 것입니다. 그렇지만 하나님은 여러분에게 꼭 필요한 것만 주신다는 점을 알고 기도드리세요. 여러분이 하나님께 더 가까이 나아가면, 전에 달라고 요구했던 것이 더 이상 필요치 않다는 사실을 깨달을 수도 있습니다.

여러분이 원하는 것을 하나님은 이미 알고 계십니다.
그러나 하나님의 방법으로 주십니다.

Apr. 28

포기하면 할수록

네가 가는 모든 곳에서는 내가 너에게 네 생명을 노략물 주듯 하리라 (렘 45:5)

자신이 받은 물질적 축복을 잔뜩 쌓아 놓고 "보세요! 하나님이 제게 이렇게 많은 복을 주셨어요!"라고 자랑하는 사람은, 언젠가 천국의 입구에서 퇴짜를 맞을지도 모릅니다. 살면서 많은 것을 포기하면 할수록, 우리가 중요하다고 여겼던 물건들이 그만큼 덜 필요하게 됩니다. 심지어 우리가 그렇게 자랑하고 싶어 하던 영적 축복까지도 말입니다. 삶을 하나님께 맡길 때 진정한 만족이 찾아옵니다. 이 세상에서 하나님을 의지하는 것보다 소중한 것은 없기 때문이죠.

오스왈드 챔버스의 메시지
여러분은 하나님과 하나가 될 준비가 되었습니까? 만약 그렇게 되면, 여러분이 위대한 일이라고 생각했던 것에 대해 더 이상 신경을 쓰지 않게 됩니다. 모든 것을 전적으로 포기할 준비가 되어 있나요? 모든 것을 하나님께 맡긴 성도는 "글쎄요, 그렇다면 이것은 어떻게 되죠?"라는 질문을 결코 하지 않습니다. 만사를 주님께 맡긴 크리스천은 하나님께 질문하는 것조차 사치로 여기며 절대로 하지 않습니다.

하나님과 나만의 이야기
여러분이 하나님께 뭔가를 요청하면 그분은 기다리게 하십니다. 그런데 이 과정을 이해하는 게 쉽지 않습니다. 잠시 시간을 달라고 하나님께 간청한 후에, 일이 어떻게 진행되는지 살펴보세요.

많은 것을 포기할수록 주님께 요구하는 것은 줄어듭니다. 이것이 이해가 안 되나요?
그래도 괜찮습니다. 천천히 진행하다 보면 이해가 될 테니까요.

2+2=?

Apr. 29

장래에 어떻게 될지는 아직 나타나지 아니하였으나 (요일 3:2)

제목에 있는 산수 문제를 풀어보세요. 문제가 너무 쉬워서 어이없어 할 사람도 있을지 모르겠네요. 산수 문제에도, 이야기에도, 교향곡에도 모두 끝이 있습니다. 그러나 우리 삶은 항상 그렇지 않습니다. 인간의 시야 너머에 불확실한 세계가 펼쳐져 있기 때문입니다. 그래서 어떤 사람은 두려워하고, 또 어떤 사람은 추측하려고 노력하면서 이쪽저쪽으로 방향을 틀어봅니다. 하지만 궁극적으로 미지의 세계가 어떻게 전개될지 아는 분은 오직 하나님뿐이십니다. 하나님을 전적으로 신뢰한다는 말은, 미래와 관련하여 인간이 할 수 있는 일이 아무것도 없다는 사실을 시인한다는 뜻입니다. 우리에게 필요한 기술이 있다면, 그것은 그분을 의지하며 나아가는 것입니다. 하나님과 함께하면 불확실한 미래가 오히려 깜짝 놀랄 만한 기대감을 불러일으킬 것입니다. 결론을 미리 알 수 없는 상황이 오히려 우리에게 축복입니다.

오스왈드 챔버스의 메시지

상식의 세계에서는 확실한 것을 추구합니다. 반대로 영적 세계는 불확실한 것이 특징인데, 이것이야말로 하나님의 은혜입니다. 하나님을 신뢰한다는 말은, 인간의 모든 영역이 불확실하다는 사실을 인정하는 것입니다. 실제로 우리는 오늘 무슨 일이 일어날지 아무도 모릅니다. 하지만 하나님과 바른 관계를 유지하고 있으면, 모든 것이 불확실한 상황에도 불구하고 삶이 기쁨과 기대와 활기로 가득 찰 것입니다.

하나님과 나만의 이야기

우리는 하나님께 무언가를 달라고 요청하며 너무 많은 시간을 보냅니다. 반면에 주신 것에 대해 감사하는 데는 충분한 시간을 할애하지 않습니다. 이처럼 모든 것이 불확실한 상황에서, 하나님이 우리와 함께하신다는 사실이 얼마나 고마운가요?

우리는 모든 것이 불확실한 세계에서 삽니다.
그러나 하나님이 함께 하시니 두렵지 않습니다.

Apr. 30

깜짝쇼!

사랑은 오래 참고 사랑은 온유하며 … (고전 13:4-9)

사랑은 일종의 '놀라움'입니다. 여러분이 계획할 수 없고, 어떤 과정이나 형식의 결과로 생기지도 않습니다. 심지어 사랑이 진행 중인데 그것을 모르고 있다가 나중에야 회상하며 "이런, 하나님이 그때 정말로 거기에 계셨구나!" 하며 감탄하기도 합니다. 사랑을 억지로 싹트게 하려면 실패합니다. 우리가 하나님을 사랑한다는 것을 입증하려고 아무리 노력해도 결국은 실패로 끝납니다. 하나님께서 성령님을 통해 우리에게 빛을 비춰 주시고, 이에 대한 반응으로 우리 자신을 그분께 완전히 드릴 때, 깜짝쇼를 즐기시는 주님은 그제야 우리가 그분을 사랑한다는 사실을 확인하십니다. 하나님이 나타나시면 인간은 놀라기 마련인데, 가끔 그분은 축제를 벌이는 중이나 고요하고 어두운 순간에 모습을 드러내십니다. 하지만 대부분의 경우에는 우리가 예상치 못한 순간에 오십니다.

오스왈드 챔버스의 메시지

사랑의 특징은 자발성입니다. 사랑의 근원은 하나님에게 있지 우리에게 있지 않습니다. 따라서 하나님의 사랑을 우리의 마음에서 찾으려는 시도는 터무니없는 행동입니다. 오직 성령님께서 우리의 마음에 하나님의 사랑을 부어주실 때 비로소 사랑이 우리에게 주어집니다.

하나님과 나만의 이야기

언제든지 놀랄 준비가 되어 있다고 하나님께 이야기하세요. 그렇지만 절대로 강요하지는 마세요. 주님을 마음속에 모시고 늘 그분의 임재를 느끼며 살게 해 달라고 간청하세요.

하나님은 기다리고 계십니다. 여러분이 준비가 안 된 상황에서도 말입니다.
주님은 언제든지 나타나셔서 여러분을 놀라게 하실 것입니다!

May

믿음 갖기, 세우기, 다지기

눈에 보이는 것만 의지하지 마세요

오직 믿음으로!

May. 01

이는 우리가 믿음으로 행하고 보는 것으로 행하지 아니함이로라 (고후 5:7)

허영심이 하나님의 일을 방해할 때가 종종 있습니다. 우리는 종종 내가 하나님의 종임을 사람들에게 알리고 싶어 합니다. 그러나 하나님은 우리가 더 낮은 곳에서 섬기기를 원하십니다. 우리가 아무리 더 많은 것, 특히 인간의 칭찬이나 특별한 기적 따위를 구해도, 그분은 그것들을 주시지 않습니다. 우리는 오직 믿음으로 살아야 합니다. 다시 말하면 '하나님'의 모든 명령에 믿음으로 순종해야 합니다.

오스왈드 챔버스의 메시지

많은 크리스천들이 가끔 손을 놓고 이렇게 중얼거립니다. "하나님이 지금 당장 내게 오지 않으시면 난 더 이상 이 일을 할 수가 없어." 그러나 이때 하나님은 결코 모습을 드러내지 않으십니다. 그러니 특별한 영감의 순간에 집착하지 마세요. 하나님은 우리에게 영감을 주시지만, 우리가 곁길로 빠질 위험이 없을 때에만 주십니다.

하나님과 나만의 이야기

눈에 보이는 것에 의지하지 말고 믿음으로 사세요. 한번 시도해 보세요. 점차 익숙해지면 좀 쉬워질 거예요. '결단'하고 '인내'할 수 있는 능력을 달라고 기도드리세요. 믿음으로 살려면 이 두 가지가 꼭 필요하니까요.

하나님께서 가라고 명하시면 가야 합니다.
오직 믿음으로 순종하세요.

May. 02

초조해하지 마세요!

이 묵시는 정한 때가 있나니 그 종말이 속히 이르겠고 결코 거짓되지 아니하리라 비록 더 딜지라도 기다리라 지체되지 않고 반드시 응하리라 (합 2:3)

'인내'라는 단어를 보면 어떤 이미지가 떠오르세요? 망망한 대해를 바라보면서 하염없이 하나님의 음성을 기다리고 있는 장면이 떠오르나요? 이런 상상은 하지 마세요. 인내는 단지 수동적으로 기다리는 차원이 아니기 때문입니다. 흔들리지 않는 인내심을 소유하려면 하나님을 분명히 보아야 합니다. 누구에게나 회의와 의문은 찾아오게 마련입니다. 그러나 크리스천은 구원의 길을 따라가며 더 확실하고 분명한 비전을 보아야 합니다. 언젠가 아무도 여러분을 믿음의 길에서 밀쳐 내지 못하며, 이 세상의 그 어떤 것도 여러분의 의지를 꺾지 못할 것입니다. 이러한 인내가 크리스천을 강하게 만듭니다.

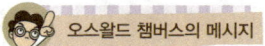 하나님을 보는 성도는 어떠한 대의명분이나 특별한 논쟁거리에 휘말리지 않고, 오직 하나님께 자신을 드립니다. 여러분은 언제나 하나님을 본 순간을 기억합니다. 왜냐하면 하나님을 보면 영감을 얻기 때문이죠. 하나님이 우리에게 힘을 공급하시면 삶에 활기가 넘치고 삶의 영역이 확장됩니다.

인내심을 달라고 기도드리세요. 하나님은 가끔 우리에게 불쾌한 상황을 허락하셔서 교훈을 주신답니다. 많이 참으면 참을수록 더 강해지니까요.

 아무리 힘든 상황이 닥쳐와도 하나님만 생각하세요.
그분이 지켜 주십니다. 그러니 참으세요.

넌 해결사가 아니잖아!

May. 03

모든 기도와 간구를 하되 항상 성령 안에서 기도하고 이를 위하여 깨어 구하기를 항상 힘쓰며 여러 성도를 위하여 구하라 (엡 6:18)

여러분이 누군가를 위해 기도하면 하나님이 들으십니다. 그것이 중보기도입니다. 하나님은 여러분의 삶에서 역사하시듯, 다른 사람의 삶에서도 역사하십니다. 그분은 언제나 우리에게 가장 좋은 것이 무엇인지를 아십니다. 때론 친구의 어려운 상황을 보며 동정심을 느끼기도 하고 돕고 싶은 마음이 들기도 할 것입니다. 그런데 중보기도의 대상자를 향한 하나님의 계획 속에 여러분이 포함되어 있지 않을 수도 있습니다. 따라서 하나님을 대신하여 누군가의 삶에 개입하려면, 반드시 그렇게 하는 것이 하나님의 뜻이라는 분명한 확신이 있어야 합니다. 절대로 이기적인 생각이나 감정에 치우쳐 자신을 하나님보다 더 우위에 두는 교만한 행동을 하지 마세요.

오스왈드 챔버스의 메시지 중보기도를 할 때에 자칫하면 함정에 빠질 수 있습니다. 우리의 중보기도에 대한 직접적인 응답으로 하나님은 그 대상자를 점차 옳은 방향으로 이끌고 나가시는데, 우리가 여전히 그를 불쌍히 여겨 직접적으로 간섭하면 문제가 생깁니다. 중보기도 대상자를 향한 하나님의 관심과 우리의 관심을 일치시키지 못하고 단지 그를 불쌍히 여긴다면, 하나님과의 관계는 완전히 사라지게 됩니다. 그 결과 그들에 대한 우리의 동정과 배려가 오히려 중보기도를 방해하게 됩니다.

하나님과 나만의 이야기 오늘은 떠오르는 누군가를 위해 기도드리세요. 성령님의 임재가 필요한 한 사람을 떠올려 보세요. 그리고 잠시 하나님의 뜻을 살피며 그분의 음성을 들어보세요. 만일 상대방을 도와주는 것이 하나님의 뜻이라면, 그분께서 여러분에게 알려 주실 것입니다. 만약 그렇지 않다면 그 문제를 하나님께 맡기세요. 그 이유는 여러분이 영적으로 약하기 때문이 아니라 성숙하기 때문입니다.

기도하고 귀를 기울이세요. 하나님의 능력을 인정하며 문제가 있으면 그분께 맡기세요. 여러분은 해결사가 아닙니다.

누구를 돕는다고요?

그러므로 형제들아 우리가 예수의 피를 힘입어 성소에 들어갈 담력을 얻었나니 (히 10:19)

"이 문제를 놓고 지금까지 기도해왔는데, 내 뜻과 하나님의 뜻이 일치하는 것 같아." 우리는 이렇게 말하곤 하는데, 이 말은 가장 위험한 말 중에 하나입니다. 우리는 자신의 이기적인 욕망을 가지고 하나님께 나아가 기도한 후, 하나님도 그렇게 생각하실 것이라고 믿으며 다른 사람에게 그 느낌을 전합니다. 그런데 우리가 자신만의 욕구를 하나님의 뜻과 일치시켜 누군가에게 말하는 것은 하나님과 중보기도 대상자 사이에 벽을 쌓는 행위입니다. 아울러 하나님과 우리 사이 역시 가로막힙니다. 비록 여러분의 생각이 옳은 것 같아도 하나님의 관점은 다를 수 있습니다. 하나님이 여러분의 생각에 반드시 동의하셔야 한다고 착각하지 마세요. 우리는 하나님이 원하시는 일만 하면 됩니다.

오스왈드 챔버스의 메시지 진정한 중보기도는 기도의 대상자를 향한 동정심을 버리고, 그를 향한 하나님의 관심과 우리의 관심을 일치시키는 것입니다.

하나님과 나만의 이야기 만일 하나님이 여러분을 통해 뭔가 하기를 원하신다면, 분명히 알려 주실 것입니다. 오늘은 기도 일정을 정하지 말고 그냥 기도드리세요. 다른 사람이 여러분 안에 있는 하나님의 사랑을 볼 수 있도록, 또 그들이 여러분의 주장이 아닌 하나님의 뜻에 이끌리도록 간절히 요청하세요.

기도 제목 목록이 있든 없든 하나님은 개의치 않으셔요. 그분은 여러분에게 가장 좋은 것이 무엇인지 이미 아십니다. 다른 사람을 확실히 돕고 싶다면 제대로 중보기도드리세요.

하나님 전문가는 없어요!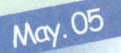

하나님의 집에서 심판을 시작할 때가 되었나니 만일 우리에게 먼저 하면 하나님의 복음을 순종하지 아니하는 자들의 그 마지막은 어떠하며 (벧전 4:17)

한번 생각해 보세요. 우리는 결코 하나님에 관한 모든 정보를 다 알 수 없습니다. 그분은 우리의 상상을 훨씬 초월하시기 때문이죠. 우리는 종종 다른 사람에게 하나님을 소개할 때, 내가 체험한 그분의 선하신 행적을 이야기합니다. 그런데 이러한 경험은 그들이 믿음의 강을 건널 때 도움이 되는 작은 징검다리에 불과합니다. 그러므로 어느 누구도 자신의 방법이 유일하다고 말할 자격이 없습니다. 만약 우리 자신이 빛이라고 주장하며 따라오라고 권유한다면, 다른 사람을 그릇된 길로 인도할 수 있습니다.

오스왈드 챔버스의 메시지

구원은 하나님의 계획이지 인간의 계획이 아니라는 사실을 꼭 명심해야 합니다. 하나님께 나아가는 것을 어렵게 느끼는 사람을 절대로 동정하지 마세요. 하나님은 이 일에 아무 책임이 없으십니다. 우리는 그들이 왜 그렇게 어려워하는지 이유를 찾아내려 하지 말고, 단지 그들에게 하나님의 진리를 제시하면 됩니다. 그러면 성령님이 그들의 문제점을 지적하여 깨닫게 하실 것입니다.

하나님과 나만의 이야기

여러분이 하나님의 대답을 얻기 위해 기도한다면, 먼저 질문할 수 있는 특권을 주신 하나님께 감사하세요. 그 이유는 질문하는 순간에 하나님의 임재를 체험하기 때문입니다. 하나님의 임재 안에서는 신앙생활을 오래 한 성도나 초신자나 아무 차이가 없습니다.

이 세상에 하나님 전문가는 없습니다.
따라서 늘 그분께 배워야 합니다.

May. 06

예수님의 멍에

> 그리스도께서 우리를 자유롭게 하려고 자유를 주셨으니 그러므로 굳건하게 서서 다시는 종의 멍에를 메지 말라 (갈 5:1)

크리스천의 '직업'은 예수님을 따르는 것입니다. 예수님은 "내가 곧 길이요"(요 14:6)라고 선언하셨습니다. 그러므로 진리이신 그분을 따라야 합니다. 예수님을 따르는 성도는 자유와 부담을 동시에 느낍니다. 그렇다고 해서 우리의 짐을 다른 사람에게 주어 대신 메고 가게 해서는 안 됩니다. 하나님은 우리에게 '하나님'을 따르는 제자를 삼으라고 명하셨지, '우리'를 따르는 제자를 삼으라고 하지 않으셨습니다.

오스왈드 챔버스의 메시지

항상 예수님의 기준에 따라 여러분의 삶을 평가하세요. 예수님의 멍에가 아닌 다른 멍에는 절대로 메지 마세요. 그리고 예수님이 주신 멍에가 아닌 다른 멍에를 다른 사람에게 강요하지도 마세요. 우리는 자신과 다르게 행동하는 사람을 보며 틀렸다고 단언하는데, 하나님은 이러한 우리의 사고방식을 고치시는 데 많은 시간을 할애하십니다.

하나님과 나만의 이야기

능력과 겸손한 마음을 주시도록 하나님께 기도드리세요. 하나님이 주신 사명을 수행하려면 능력이 필요하고, 성공했을 때 자만하지 않으려면 겸손이 필요하기 때문입니다. 능력과 겸손한 마음을 함께 달라고 요청하세요.

성경에 기록된 모든 내용은 우리를 예수님께 안내합니다.
그 목적 때문에 기록되었으니까요.

계획을 세우고 실천하세요

May. 07

너희 중의 누가 망대를 세우고자 할진대 자기의 가진 것이 준공하기까지에 족할는지 먼저 앉아 그 비용을 계산하지 아니하겠느냐 (눅 14:28)

예수님의 생애를 눈여겨보세요. 출생에서부터 십자가에 달리신 순간까지 말입니다. 그분은 가정에서 사랑을 받으며 성장하셨고, 지혜로 사람들을 가르치셨으며, 온유하게 병자를 고치셨고, 권력층에게 분노하셨으며, 배신당하고, 고문에 시달리시다 마침내 죽임을 당하셨습니다. 세상 사람들은 그분의 생애를 보며 패배자라고 결론짓고 비난합니다. 그렇지만 예수님은 성부 하나님을 기쁘시게 하는데 전 생애를 바치셨습니다. 이것이 그분의 삶을 의미 있게 만들었습니다. 이와 마찬가지로 우리 역시 하나님을 제1순위에 놓을 때 승리합니다. 하나님만이 우리의 건축 계획을 승인하시고, 그분의 승인이 있을 때에야 비로소 우리는 건축을 시작할 수 있습니다. 언젠가 건축 사업이 끝난 후에, 우리는 만족스런 얼굴로 과거를 회상하며 우리가 하나님께 순종했다는 사실을 깨달을 것입니다.

오스왈드 챔버스의 메시지

하나님의 건축 사업을 위해 주님께서 사용하시는 성도는 주님을 인격적으로, 열정적으로, 또 헌신적으로 사랑하는 사람들입니다. 즉, 이 세상의 다른 어떤 관계보다도 더 친밀하게 그분을 사랑하는 성도들입니다. 엄밀하게 말하면 우리는 하나님을 위해 아무것도 할 수 없습니다. '하나님의 사업'과 '하나님의 건축 계획'을 위해 예수님이 우리를 취하셨기 때문입니다. 따라서 어느 누구도 자신을 어떤 분야에 써 달라고 예수님께 요구할 권리가 없습니다.

하나님과 나만의 이야기

하나님의 설계도는 실행하기가 굉장히 어렵습니다. 그러므로 실수하지 않도록 지혜를 달라고 간구하세요. 건축 사업의 각 분야가 하나님의 계획에 맞게 진행되도록 도와달라고 요청하세요.

여러분을 위한 하나님의 설계도가 있음을 신뢰하세요.
그분이 직접 건축을 시작하십니다.

May. 08

활시위를 당길 때

네가 나의 인내의 말씀을 지켰은즉 내가 또한 너를 지켜 시험의 때를 면하게 하리니 이는 장차 온 세상에 임하여 땅에 거하는 자들을 시험할 때라 (계 3:10)

노련한 활잡이는 화살을 활시위에 걸고 힘껏 잡아당깁니다. 그들은 확신이 설 때까지 절대로 화살을 놓지 않습니다. 단순하게 보이는 이들의 행위는 우리에게 많은 교훈을 줍니다. 과녁을 정확하게 맞히려면 확신이 절대적으로 필요합니다. 이제 여러분은 화살이고 하나님이 활잡이라고 가정해 봅시다. 과녁이 어디인지 물어볼 필요가 없고, 활잡이의 실력이 어느 정도인지 따져 볼 필요도 없습니다. 하나님이 가장 잘 아시니까요. 하나님이 여러분을 잡아당기실 때 인내심을 발휘하고, 팽팽하게 되었을 때 아프다고 불평하지 마세요. 하나님은 절대로 실수하지 않으십니다. 기다리는 순간에 믿음이 찾아옵니다. 하나님의 손에서 놓이는 순간, 여러분은 그분이 원하시는 목적지를 향해 곧장 날아가고 있다는 확신을 갖게 될 것입니다.

오스왈드 챔버스의 메시지

하나님은 우리를 구원하시기 위해 예수 그리스도에게 모든 것을 거셨습니다. 이제 그 하나님은 우리가 그분을 전적으로 신뢰하는 데 우리의 전 생애를 걸도록 요구하십니다. 하나님은 지금도 우리를 훈련시키셔서 이처럼 능력 있는 삶을 살게 하십니다.

하나님과 나만의 이야기

여러분이 상상하는 것보다 훨씬 더 많은 것이 여러분을 기다리고 있습니다. 하나님은 적당한 때가 되면 그것을 보여 주십니다. 하나님의 계획을 기대하며 인내할 수 있게 해 달라고 기도드리세요. 그분의 계획은 여러분의 계획보다 훨씬 더 좋습니다.

믿음을 갖는 것은 준비되었다는 뜻입니다. 준비되었나요? 확실합니까?

신선한 자극제

May. 09

묵시가 없으면 백성이 방자히 행하거니와 율법을 지키는 자는 복이 있느니라 (잠 29:18)

이따금 우리는 신선한 자극을 받아야 정신을 차립니다. 크리스천에게도 하나님이 주시는 신선한 영적 자극제, 즉 분별력이 필요합니다. 둘론 우리 자신을 위해서가 아니라 세상 사람들을 살리기 위해서죠. 크리스천은 하나님의 이름으로 놀라운 일을 행할 수 있습니다. 그렇지만 하나님께서 우리에게 요구하시는 사항이 무엇인지 알아야 비로소 그 일이 의미를 지닙니다. 우리가 하나님의 성품과 능력을 정확하게 이해할 때 놀라운 일이 벌어집니다.

오스왈드 챔버스의 메시지

하나님을 놓친 사람은 무모한 시도를 하며 하나님의 통제 받기를 싫어합니다. 게다가 기도하지 않고, 사소한 일에서는 하나님의 뜻을 찾지도 않으며, 자신의 뜻대로 모든 일을 처리하기 시작합니다. 만일 하나님이 개입하실 것을 기대하지 않고, 자신이 주도권을 쥐고 일을 처리하며 자신의 능력만 믿고 살아가는 성도가 있다면, 그는 이미 내리막길을 걷고 있는 사람입니다. 지금 여러분의 태도는 어떻습니까? 언제나 하나님을 바라보며 살아갑니까? 주님께서 지금까지 행하신 일보다 더 큰일을 행하시리라 기대합니까?

하나님과 나만의 이야기

하나님께 불필요한 잡동사니를 없애도록 도와달라고 기도드리세요. 그래야만 그 공간을 비전으로 채울 수 있으니까요. 어쨌든 대부분의 잡동사니는 더 이상 필요가 없습니다. 내면을 조금만 정리해도 마음이 훨씬 가벼워진답니다.

입을 다물고 하나님의 음성이 들릴 때까지 갈망하세요.
눈을 감고 하나님이 보일 때까지 열망하세요.

May. 10

바른 성품

그러므로 너희가 더욱 힘써 너희 믿음에 덕을, 덕에 지식을 (벧후 1:5)

여러분은 지금 성품을 만들어 가는 중입니다. 다시 말하면 믿음과 선, 그리고 지식과 동정심 등을 갖춘 모습을 창조해 나가는 과정에 있습니다. 이외에도 여러 덕목이 더 필요하겠죠. 옛 사람은 과감하게 떨쳐 버리세요. 누군가에게 잘못한 일이 있으면 가서 사과하고 바로 잡으세요. 그리고 앞에 놓인 목표만 바라보며 나아가세요. 이것은 마치 높은 산을 등반하는 것과 같아 반드시 필요한 장비와 기술, 그리고 지식을 갖춘 상태에서 올라가야 합니다. 준비된 사람만이 정상에 다다를 수 있기 때문입니다.

 오스왈드 챔버스의 메시지

우리는 자기 스스로를 구원할 수 없고, 거룩하게 할 수도 없습니다. 이런 일은 오직 하나님만이 하십니다. 그런데 그분은 우리에게 좋은 습관이나 성품을 저절로 주지 않으십니다. 이러한 일은 우리가 직접 해야 하기 때문입니다.

 하나님과 나만의 이야기

오늘은 여러분에게 바른 성품을 갖추는 데 필요한 지식과 도구를 달라고 기도드리세요. 이것들을 어디서 찾아야 하는지 하나님께 물으면 친절하게 알려 주실 것입니다.

정상이 이제 코앞에 있습니다. 아래를 내려다보지 마세요.
힘들게 여기까지 왔잖아요. 멈추지 마세요!

더 사랑하세요!

May. 11

경건에 형제 우애를, 형제 우애에 사랑을 더하라 (벧후 1:7)

베드로 사도의 요청은 마치 사다리를 오르는 것처럼 느껴집니다. 우리는 덕목을 하나씩 더할 때마다 하나님께 더 가까이 나아갈 수 있습니다. 하나님은 아무 조건 없이 우리를 사랑하십니다. 우리가 허물이 많더라도 여전히 사랑하십니다. 그런데 여기에는 한 가지 조건이 있습니다. 우리도 하나님과 이웃을 사랑해야 합니다. 이제 다시 사다리를 올라가 봅시다. 올라가다 보면 곧 용서하지 못하고, 이웃에게 분노한 것들이 우리 앞을 가로막겠죠? 그런데 이러한 것들이 남아 있는 한, 우리는 더 이상 올라가지 못합니다.

오스왈드 챔버스의 메시지

하나님이 우리를 끝까지 사랑하셨다는 사실을 깨달으면, 우리는 세상으로 나아가 받은 사랑을 생각하며 이웃을 사랑하게 됩니다. 우리에게 베푸시는 하나님의 사랑은 한이 없습니다. 그러므로 크리스천은 이 사랑에 근거하여 타인을 사랑해야 합니다. 은혜 안에서 성장하면 화가 치미는 순간도 잘 참아낼 수 있습니다. 이제는 그분의 생명과 향기가 여러분을 통해 항상 넘쳐흐르게 하면 어떨까요?

하나님과 나만의 이야기

성경 본문에서 베드로 사도는 여러 가지 덕목을 더하라고 충고합니다. 만약 여러분이 이 목록에 몇 가지를 첨가하고 싶다면, 장애물이 되는 것은 하나씩 제거해야만 합니다. 혹시 여러분의 마음을 아프게 한 사람이 있다면 그들을 용서하고 여러분 자신도 용서하세요. 그리고 누구에게나 친절하게 대하고 그들을 위해 기도드리세요.

발걸음을 떼세요. 아픈가요? 다시 시도하세요.
그래도 아픈가요? 계속하면 점차 나아질 거예요!

May. 12

일단 하세요

이런 것이 너희에게 있어 흡족한즉 너희로 우리 주 예수 그리스도를 알기에 게으르지 않고 열매 없는 자가 되지 않게 하려니와 (벧후 1:8)

종교 행위를 하는 데 지나치게 몰두하다 보면, 하나님과 동행해야 한다는 것을 놓치기 쉽습니다. 그런데 우리가 지금까지 배운 내용을 동원하여 의식적으로 하나님과 동행하는 훈련을 하면 나중에는 실제로 하나님과 동행하게 됩니다. 훈련은 제2의 천성입니다. 크리스천은 궁극적으로 하나님의 임재 속에 머물러야 합니다. 분명하게 말하지만, 이러한 상태는 무수한 훈련을 통해 얻어집니다.

오스왈드 챔버스의 메시지

크리스천의 습관, 예를 들면 정해진 시간에 기도하는 습관, 성경을 읽는 습관 등이 우상이 될 수도 있습니다. 만일 여러분이 그 습관의 본래 목적을 잊고 습관 자체를 숭배하기 시작하면 분명히 하나님께서 그 습관을 뒤엎으실 것입니다. 그러므로 여러분은 습관을 습관으로 여기지 않는 상태까지 나아가야 하며, 지속적인 훈련을 통해 무의식적으로 행동할 수 있어야 합니다. 만일 여러분이 의식적으로 거룩하게 산다면, 그것은 내려놓지 못한 것이 아직 있고, 여러분이 하나님과 맺은 관계가 순수하지 못하다는 점을 입증합니다.

하나님과 나만의 이야기

기도드리세요. 어떤 내용이든 좋으니 하세요. 지금은 아무 상관이 없습니다. 단지 기도를 통해 하나님께 더 가까이 나아가는 법을 배우세요. 주님과 지속적으로 교제하면, 그분의 임재를 느끼게 될 테니까요.

하나님과 동행하는 훈련을 하세요.
훈련할 필요가 없을 때까지 기도를 하세요.

양심의 소리

May. 13

이것으로 말미암아 나도 하나님과 사람에 대하여 항상 양심에 거리낌이 없기를 힘쓰나이다
(행 24:16)

여러분에게 하나님의 존재를 알려 주는 것이 바로 양심입니다. 다른 사람의 경우도 마찬가지입니다. 그런데 문제는 그 양심의 소리를 따라 사느냐 하는 점입니다. 그러므로 우리는 양심을 통해 하나님의 음성을 듣는 법을 배워야만 합니다. 만일 우리가 좋아하는 음악을 듣듯이 양심의 귀를 열고 듣는다면, 하나님은 자신의 뜻을 정확하게 알려 주실 것입니다. 또한 하나님은 우리가 결정을 내릴 때에도 도와주셔서, 바른 길을 밝히 보여 주실 것입니다. 혹시 양심의 귀를 막으면 어떻게 될까요? 하나님의 음성을 듣는 데 어려움을 겪을 뿐만 아니라, 그분의 명령도 따르지 못할 것입니다.

오스왈드 챔버스의 메시지

양심이 하나님께 민감해지려면 우리의 내면이 하나님을 향해 열려 있어야 하는데, 우리는 이를 지속적으로 훈련하여 습관이 되게 해야 합니다. 만일 훈련하는 도중에 "왜 이런 일을 하면 안 되는 거야?"라는 의문이 생긴다면, 즉시 중단하세요. 양심이 말할 때에는 절대로 시비를 따지지 마세요. 모험을 한답시고 하나라도 시비를 거는 순간, 하나님과의 영적 교제는 불투명해집니다. 그러므로 어떤 내용이든 토 달지 말고, 영적 시력이 흐릿해지지 않도록 노력하세요.

하나님과 나만의 이야기

여러분은 하나님께 더 크게 말해 달라고 요구할 수 없습니다. 그 대신 잡음을 줄이고 귀를 기울이세요. 장애 요인을 제거하여 잘 듣게 해 달라고 하나님께 기도드리세요. 하나님의 음성을 제대로 듣지 못했다면, 그것은 여러분의 책임입니다.

귀를 기울이세요.
눈에 보이는 귀를 막고 영혼의 귀로 들으세요.

May. 14
마음에 안 들어도 사랑하세요

우리가 항상 예수의 죽음을 몸에 짊어짐은 예수의 생명이 또한 우리 몸에 나타나게 하려 함이라 (고후 4:10)

예수님을 따를 때 가장 힘든 것 중의 하나가 모든 사람을 사랑하는 것입니다. 그런데 괴상한 행동으로 화를 돋우는 사람들까지도 사랑해야 한다고 생각하면 정말로 머리가 아픕니다. 물론 예수님도 이것이 쉽다고 말씀하지 않으셨습니다. 하지만 여러분이 믿음의 길을 가기로 선택했다면 순종하세요. 예수님은 심지어 자신을 십자가에 못 박은 사람들까지도 사랑하셨습니다. 이제 여러분도 예수님과 동행하며 용서하고 사랑하세요. 그러면 주님이 여러분 안에서 역사하십니다.

오스왈드 챔버스의 메시지

귀찮은 일을 즐겁게 하려면, 예수님의 생명이 나를 통해 나타나기를 간절히 열망하면 됩니다. 이것이 유일한 방법입니다. 아무리 그 일이 싫더라도 "주님, 이 일을 하며 주님께 순종하게 되어 정말로 기쁩니다"라고 고백하세요. 그러면 즉시 예수님이 상황을 주관하셔서 나의 삶을 통해 그분을 영화롭게 하는 놀라운 일을 행하실 것입니다.

하나님과 나만의 이야기

상대방이 공격할 때 "눈에는 눈, 이에는 이"로 갚기란 정말 쉽습니다. 그렇지만 이 원칙을 깨고, "절대로 안 돼! 더 이상 미워하지 않고 모든 사람을 사랑해야 해!"라고 말하려면 용기가 필요합니다. 하나님께 용기를 구하세요!

누구든지 사랑하세요. 그래요! 예외가 없습니다.
그 사람도 해당되나요? 그 친구 말인가요? 물론이죠!

믿음의 경주

May. 15

너희 마음의 눈을 밝히사 그의 부르심의 소망이 무엇이며 성도 안에서 그 기업의 영광의 풍성함이 무엇이며 (엡 1:18)

예수님은 자신이 하나님과 하나라고 말씀하셨고, 우리 역시 하나님과 하나 되기를 원한다고 말씀하셨습니다. 여러분의 삶의 목표가 우주의 창조자이신 하나님과 하나가 되는 것임을 명심하세요. 이 사실을 깨달을 때, 삶은 일종의 경주가 됩니다. 그것은 다른 사람과 하는 경주가 아닌 바로 여러분 자신과의 경주입니다. 아마 달리다 보면 때로 걸려 넘어지거나 먼지를 뒤집어 쓸 때도 있겠죠. 혹시 이때 도움을 줄 사람이 있을까요? 조금 더 달리다 보면 알겠지만, 허들의 높이는 갈수록 올라갑니다. 하지만 여러분은 하나님과의 관계가 깊어질수록 가볍게 날듯이 달리게 될 것입니다.

오스왈드 챔버스의 메시지

더 이상 하나님께 보채지 마세요. 오히려 강인한 영적 체력과 담력으로 무장하여 어떤 상황에서도 견뎌낼 준비를 하세요. 하나님의 독생자가 우리의 육체를 통해 분명하게 드러나도록 우리는 계속해서 훈련해야 합니다.

하나님과 나만의 이야기

우리가 참가하고 있는 믿음의 경주에서 속도는 중요하지 않습니다. 대신 하나님과 동행하게 해 달라고 요청하세요. 하나님이 여러분과 함께하시기 때문에 다른 사람을 밀어낼 필요도, 무턱대고 참을 필요도 없습니다. 넘어질까 봐 걱정할 필요도 없답니다. 만약 넘어지면 하나님께서 일으켜 세우시기 때문입니다.

달리세요. 친구와 함께 달리세요.
하나님이 계시잖아요!

May. 16

궂은 날인가요?

신성한 성품에 참여하는 자가 되게 하려 (벧후 1:4)

"하나님, 왜 제게 이런 일을 허락하세요?" 여러분은 하루 일과가 끝나고 지쳐 탈진한 상태에서 이렇게 외치고 싶은 때가 있을 것입니다. 이때 '하나님이 내 안에 계시는데 어떻게 이런 궂은 날이 찾아올 수 있는지' 의아하게 생각할 수도 있겠죠! 그러나 고약한 일은 언제든 일어나게 마련입니다. 그때마다 하나님을 찾으세요. 그러면 하나님이 은혜를 주시고, 그 은혜가 여러분을 '통해' 다른 사람에게 흘러갈 것입니다.

오스왈드 챔버스의 메시지

상황이 어렵게 되면 무슨 문제가 생기나요? 상황이 언제나 좋아야만 하나요? 만일 우리가 자기연민에 빠져 불행의 늪에서 헤어나지 못한다면 이는 우리의 삶에서 하나님의 풍요로움을 쫓아낼 뿐 아니라, 다른 사람으로 하여금 하나님의 공급을 느끼지 못하게 방해하는 꼴이 됩니다. 만약 하나님의 위엄과 은혜와 능력이 지금 우리를 통해 나타나지 않는다면, 하나님은 그 책임을 우리에게 돌리십니다. "하나님이 능히 모든 은혜를 너희에게 넘치게 하시나니"(고후 9:8). 이제 하나님의 은혜를 다른 사람에게 아낌없이 나누어 주는 법을 배우세요.

하나님과 나만의 이야기

하나님의 존재를 느끼게 해 달라고 기도드리세요. 잠깐이라도 특별한 경험을 하게 해 달라고 요청하세요. 그래서 궂은 날이 찾아올 때, 마음의 '되감기 버튼'을 눌러 이때를 회상하며 용기를 얻을 수 있도록요.

하나님은 여러분의 일부입니다. 그분은 완벽하십니다.
따라서 궂은 날도 여러분에겐 좋은 날이 됩니다.

승천하신 예수님

May. 17

축복하실 때에 그들을 떠나 하늘로 올려지시니 (눅 24:51)

한번 생각해 보세요. 예수님이 변화산 이후에 겪으신 사건은 결코 우리에게 일어나지 않습니다. 변화산 전까지만 해도 우리는 예수님이 겪으신 연약함, 기쁨, 동정, 좌절, 유혹 등과 우리의 경험을 동일시할 수 있습니다. 하지만 변화산 이후에 예수님은 십자가에 초점을 맞추셨는데, 그분이 겪으신 십자가의 죽음, 부활, 승천은 결코 인간의 경험과 동일시될 수 없습니다. 그런데 여기서 우리는 소망을 발견합니다. 예수님께서 완전한 인간으로서 곧장 하나님의 보좌로 올라가시며, 우리도 그분을 따라 살 수 있도록 길을 열어 놓으셨다는 점입니다. 이것이 우리 모두에게 최고의 소망입니다.

오스왈드 챔버스의 메시지

만일 예수님이 변화산에서 곧바로 승천하셨다면 영웅적인 존재로만 우리의 기억에 남았을 것입니다. 하지만 예수님은 그 영광을 거절하시고 산에서 내려오셨고, 타락한 인간과 자신을 동일시하셨습니다.

하나님과 나만의 이야기

예수님이 승천하시기 전까지는 우리에게 소망이 없었습니다. 그렇지만 이제는 예수님이 하늘에 계시기 때문에 우리의 모든 소망을 그분께 둘 수 있습니다. 오직 예수님만 바라보세요.

하나님의 독생자이신 예수님은 우리를 위해 죽으셨고 부활하셨으며 승천하셨습니다. 이 모든 과정이 놀라운 선물입니다.

May. 18 '새'보다 수백만 배 소중해요!

공중의 새를 보라 심지도 않고 거두지도 않고 창고에 모아들이지도 아니하되 너희 하늘 아버지께서 기르시나니 너희는 이것들보다 귀하지 아니하냐 (마 6:26)

오늘의 성경 본문을 다시 읽고 새 외에 다른 피조물도 한번 생각해 보세요. 하나님의 계획은 완벽합니다. 수많은 별을 알맞게 배치하셨고 강물이 흐르게 하셨으며 다양한 나무가 자라게 하셨습니다. 이게 우주에 나타난 하나님의 섭리입니다. 우리 역시 자연의 일부입니다. 만약 그렇지 않다면, 하나님의 계획을 방해하는 존재가 되었을 것입니다. 사실 우리는 하나님의 손에 있는 진흙에 불과합니다. 그래서 하나님은 다른 사람이 우리를 으깨고 짓누르고 사정없이 때리게도 허락하십니다. 그래야 그분이 원하시는 형상으로 빚어져 다른 사람을 위해 쓰임을 받게 될 테니까요. 만약 그렇게 하지 않으신다 해도, 토기장이이신 하나님이 직접 우리를 다듬어 '그분'의 계획에 맞게 빚으실 것입니다.

오스왈드 챔버스의 메시지

우리는 착실하고 유용한 존재가 되기 위해 의도적으로 노력하는데, 이런 행위는 우리를 향한 하나님의 계획을 자주 망쳐놓습니다. 예수님은 영적으로 성장할 수 있는 유일한 방법을 알려 주셨는데, 그것은 바로 하나님께 집중하는 것입니다. 이제 만물의 근원이신 하나님께 관심을 쏟으세요. 하늘에 계신 우리 아버지는 여러분이 처한 상황을 다 아십니다. 따라서 그분께 집중하면, 들에 핀 백합화처럼 영적으로 성장합니다.

하나님과 나만의 이야기

만일 여러분이 하나님의 계획을 방해한다면, 그분의 완벽한 계획을 볼 수 없게 됩니다. 그러니 마음을 깨끗하게 닦아 그분의 계획을 구하고 보세요.

새와 꽃과 나무는 하나님의 보살핌을 받는 법을 압니다. 여러분은 어떤가요?

절대로 끊을 수 없어요

May. 19

누가 우리를 그리스도의 사랑에서 끊으리요 환난이나 곤고나 박해나 기근이나 적신이나 위험이나 칼이랴 (롬 8:35)

때로 우리는 하나님이 여러 문제나 좌절로부터 우리를 지켜주시지 않는다고 생각합니다. 그렇죠? 맞습니다! 그분은 결코 이러한 것들을 면제해 주지 않으십니다. 우리와 항상 함께하겠다고 말씀하셨지, 고통을 당하지 않게 하겠다고 약속하신 적은 한 번도 없으십니다. 그렇지만 여러분이 굶주림, 고통, 외로움, 배신, 배척을 당할 때, 하나님은 언제나 곁에 계십니다. 비록 여러분이 의식하지 못할지라도 늘 함께하십니다. 하나님의 사랑에서 여러분을 끊을 수 있는 것은 이 세상에 아무것도 없습니다.

오스왈드 챔버스의 메시지

하나님은 크리스천이라고 해서 고난을 면제해 주지 않으십니다. 대신 "그들이 환난 당할 때에 내가 그와 함께 하여"라고 말씀하십니다. 그런데 실제로 고난이 닥쳐와 우리를 사로잡는다 해도 전혀 문제가 되지 않습니다. 그 어떤 것도 하나님과의 관계에서 우리를 떼어 놓을 수 없기 때문입니다. 크리스천은 "이 모든 상황에서 넉넉히"이깁니다. 이 세상의 그 어떤 것도 예수 그리스도 안에서 우리가 누리는 하나님과의 교제에 영향을 미치지 못합니다.

하나님과 나만의 이야기

동행해 달라고 하나님께 요구하지 마세요. 이미 동행하고 계시니까요. 오히려 그분의 임재를 더욱 느끼게 해 달라고 기도드리세요. 기억하세요! 그분은 잠깐 나타나 모습만 드러냈다가 사라지시는 그런 분이 아닙니다.

여러분과 하나님 사이에는 그 어떤 것도 끼어들 수 없습니다.

May. 20

물러서지 마세요

너희의 인내로 너희 영혼을 얻으리라 (눅 21:19)

하나님은 여러분에 대한 계획을 가지고 계십니다. 신앙생활은 하나의 과정이며 또 여정입니다. 어쩌면 여러분은 완전히 부서진 후에 더 강한 존재로 다시 태어날지 모릅니다. 또 여러분의 내면을 철저히 비우고 하나님의 임재로 다시 채워야 할 수도 있습니다. 이렇게 하려면 시간이 필요합니다. 여기서 중요한 점은, 힘들 때에도 피하지 말아야 한다는 사실입니다. 그런데 많은 사람들이 이 점에서 실패합니다. 정말로 좋은 도자기를 만들려면, 진흙을 돌림판 위에서 여러 차례 내려쳐야만 합니다. 그렇게 하지 않으면 뜨거운 불의 열기를 절대로 감당하지 못하기 때문입니다.

오스왈드 챔버스의 메시지

우리는 그리스도의 마음을 닮기 위해 우리가 받은 새 생명, 즉 예수님의 새 생명을 밖으로 드러내야만 합니다. 그런데 많은 사람들이 크리스천의 삶의 초보 단계에서 머물기를 좋아합니다. 우리는 크리스천이 어떻게 탄생했는지 모르기 때문에 실패합니다. 그러므로 훈련 받지 못한 자신의 본성을 탓하는 대신에 사탄을 탓합니다. 만약 우리가 자신을 일깨워 새롭게 일어난다면 어떻게 될지 한번 상상해 보세요.

하나님과 나만의 이야기

여러분을 위해 쌓아둔 선물을 달라고 하나님께 기도드리세요. 받을 준비가 되었다고 고백하면서 굳게 서 계세요. 폭풍이 몰려와 여러분을 넘어지게 할지라도 절대로 물러서지 마세요.

두 발로 서서 단호한 태도를 취하세요.
잠깐이면 됩니다. 준비되셨나요?

하나님의 나라 먼저

May. 21

그런즉 너희는 먼저 그의 나라와 그의 의를 구하라 그리하면 이 모든 것을 너희에게 더하시리라 (마 6:33)

오늘 성경 본문을 읽으며 우리는 속으로 이렇게 중얼거립니다. "그러면 음식은 어떻게 해? 살려면 먹어야 하잖아! 옷도 입어야 하고! 다른 문제는 중요치 않다는 말이야?" 학교나 학원 친구들은 예수님의 말씀과 정반대로 살아갑니다. 무슨 옷을 입을까 하는 문제가 삶의 주된 관심사이며, 입는 옷으로 사람을 평가합니다. 누가 무엇을 소유하고 있는가, 운동을 얼마나 잘 하는가, 성적이 얼마나 좋은가 하는 것으로 사람을 평가합니다. 하지만 이런 기준은 잘못되었습니다. 예수님은 우리에게 하나님과의 관계를 제1순위에 두라고 명하셨습니다. 그러므로 먼저 이 문제를 해결하고 나머지를 정리하세요. 하나님과 바른 관계를 유지하는 것이 가장 중요합니다.

오스왈드 챔버스의 메시지

예수님의 관점에서 보면, 지나치게 염려하는 것은 전혀 이치에 맞지 않습니다. 예수님은 제자들에게 하나님과의 관계가 주된 관심사가 되어야 한다고 가르치셨습니다. 주님은 이렇게 말씀하십니다. "무엇을 먹을까 무엇을 마실까 하는 문제가 너희의 삶을 주관하게 해서는 안 된다. 대신에 전적으로 하나님께 집중하여라."

하나님과 나만의 이야기

여러분 자신을 점검하며 질문을 던져 보세요. "나의 삶에서 가장 중요한 것이 무엇일까?" 물론 여러분의 소유물이 다 나쁘다는 뜻은 아닙니다. 그렇지만 하나님은 제1순위를 원하십니다. 오늘 하나님께 기도하며 '지금부터' 하나님과의 관계를 넘버원으로 하고, 다른 것은 부차적인 것으로 하겠다고 다짐하세요.

하나님이 최우선입니다. 맞습니다.
이 문제를 바로잡는다면 나머지는 쉽게 풀립니다.

May. 22
하나가 되기 위한 첫 걸음

> 아버지여, 아버지께서 내 안에, 내가 아버지 안에 있는 것 같이 그들도 다 하나가 되어 우리 안에 있게 하사 세상으로 아버지께서 나를 보내신 것을 믿게 하옵소서 (요 17:21)

예수님이 드린 기도가 하나님께서 응답하시는 기도 중에서 가장 중요한 기도라는 사실에 동의하시나요? 자신의 제자들이 하나님과 하나가 되기를 원하신다고 예수님이 기도하셨을 때, 그분은 단지 자신의 주변에 있는 소수의 제자들만을 염두에 두고 하신 것이 아닙니다. 우리 모두를 생각하고 계셨습니다. 여러분은 예수님의 제자가 되기로 작정하고 여기까지 왔습니다. 그러므로 이제 여러분이 해야 할 가장 중요한 일은, 하나님과 하나가 되는 이 목표를 향해 앞으로 나아가는 것입니다. 여러분의 마음가짐에 따라 드러나는 행동과 예수님의 생명을 대하는 태도가 달라지겠죠? 우리가 겪는 어려움이 우리를 더 나은 인물로 만들기도 하고 못된 인물로 만들기도 합니다. 선택은 여러분의 몫입니다.

오스왈드 챔버스의 메시지

하나님의 목적은 우리가 드린 기도에 응답하는 것이 아니라, 우리의 기도를 통해 우리가 하나님의 마음을 깨닫는 것입니다. 요한복음 17장에 이런 내용이 기록되어 있습니다. 하나님이 반드시 응답하시는 기도가 있는데, 그것은 바로 예수님이 드린 기도입니다. "우리가 하나가 된 것 같이 그들도 하나가 되게 하려 함이니이다"(요 17:22). 여러분과 예수님의 관계가 이처럼 가깝습니까?

하나님과 나만의 이야기

어떤 친구는 하나님과 하나가 되는 것, 즉 크리스천의 궁극적인 목표와 별 상관이 없는 것처럼 보입니다. 그렇지만 여러분은 이 목표를 향해 첫걸음을 떼보세요. 무엇을 해야 할지, 어디로 가야 할지 한 번 보게 해 달라고 간구하세요. 그리고 보여 주시면, 묵묵히 따라가세요.

여러분이 바로 예수님이 드린 기도의 응답입니다.
하나님께 더 가까이 나아가세요. 그분과 하나가 되는 것이 목표입니다.

사소한 일

May. 23

목숨을 위하여 무엇을 먹을까 무엇을 마실까 몸을 위하여 무엇을 입을까 염려하지 말라 (마 6:25)

"줄무늬가 있는 셔츠와 격자무늬가 있는 바지를 함께 입어도 괜찮습니까?" 예수님이 성경에서 이런 말씀을 하고 계신가요? 아닙니다! 예수님은 옷맵시에 대해 전혀 언급하지 않으셨습니다. 그분이 음식, 음료, 옷에 대해 염려하지 말라고 가르치신 것은 일상의 사소한 문제에 대해 경고하고 있는 것입니다. 영적으로 풍성한 삶을 살지 못하게 방해하며 시간을 갉아먹는 문제에 대해 언급하고 있는 것입니다. 이것들보다 더 중요한 문제를 생각하세요. 물론 예수님도 여러분이 좋은 음식을 먹고 자신을 잘 관리하기를 원하십니다. 하지만 이처럼 사소한 문제에 에너지를 다 소모하면 정작 중요한 점을 놓치게 됩니다. 누가복음 10장 40절의 말씀을 기억하세요. 마르다는 부엌에서 분주하게 일하고 있었고, 마리아는 예수님의 말씀을 듣고 있었습니다. 이 모습을 보고 예수님이 이렇게 충고하셨습니다. "마르다야, 사소한 일에 너무 신경을 쓰지 마라. 이리 와서 앉아라."

오스왈드 챔버스의 메시지

예수님이 자신의 제자들에게 하신 위대한 말씀은 '버리라'는 명령입니다.

하나님과 나만의 이야기

지금 무엇에 사로잡혀 있나요? 어떤 사소한 일이 여러분의 관심을 빼앗아 바른 삶을 살지 못하게 하나요? 마음의 장애물을 다 제거하고 맑은 정신으로 하나님께 기도드리세요. 오늘은 기도하는 '내용'보다 기도하는 '자세'에 신경을 써 보세요.

사소한 일, 하찮은 일, 쓸모없는 일은 전부 다 잊으세요.

May. 24
바닥까지 내려갔나요?

> 내가 볼 때에 그의 발 앞에 엎드러져 죽은 자 같이 되매 그가 오른손을 내게 얹고 이르시되 두려워하지 말라 나는 처음이요 마지막이니 (계 1:17)

때때로 우리는 다시 일어서기 전에 어쩔 수 없이 바닥을 쳐야 하는 경우가 있습니다. 그렇지만 우리가 극심한 절망에 빠졌을 때, 다시 말하면 희망도 없고, 새롭게 시작할 가능성도 없고, 고대할 것도 없을 때, 바로 그때 하나님은 음성을 들려주십니다. 또 영적으로나 정서적으로 완전히 부서져 하는 일마다 풀리지 않을 때, 바로 그때 나타나주십니다. 그때 그분은 조용히 우리의 어깨를 감싸주시며 문제를 해결해 주십니다. 그렇다면 왜 하나님은 우리가 완전히 실패할 때까지 기다리시는 걸까요? 그것은 우리에게 여러 차례 바로 잡을 기회를 주셨지만, 우리가 그분을 계속 무시했기 때문입니다. 비록 우리가 문제를 일으켰을지라도, 사랑스런 하늘 아버지께서는 언제나 고통이 가장 심한 순간에 자신의 자녀에게 찾아오신답니다.

오스왈드 챔버스의 메시지

주님의 손이 우리 위에 놓일 때마다 우리는 이루 말할 수 없는 평안과 위로를 얻습니다. 일단 그분이 우리를 만져 주시면, 이 세상의 어떤 것도 우리를 두렵게 할 수 없습니다. 예수님은 승천하신 영광스런 모습으로 보잘것없는 제자들에게 오셔서 "두려워하지 말라"고 위로하셨습니다. 주님의 인자하심은 너무나 감미롭습니다. 여러분이 알고 있는 예수님도 이렇습니까?

하나님과 나만의 이야기

실패할 때마다 일으켜 주시고 바로 잡아주시는 하나님께 감사의 기도를 드리세요. 이제는 괴로울 때마다 위로해 주시는 하나님을 떠올리세요.

여러분이 바닥까지 내려가고 그 이하로 떨어진다 해도 하나님은 거기에도 계십니다. 그분은 그곳에서 여러분을 받을 준비를 하고 계십니다.

선택권을 양보하세요

May. 25

네 앞에 온 땅이 있지 아니하냐 나를 떠나가라 네가 좌하면 나는 우하고 네가 우하면 나는 좌하리라 (창 13:9)

상황이 정말로 안 좋을 때는 그 문제를 하나님께 맡기기가 쉽습니다. 최악의 상황에 빠졌을 때 하나님을 찾으면, 그분은 종종 우리를 구해 주십니다. 여기서 어려운 질문을 하나 드릴게요. 그렇다면 일이 진짜로 잘 풀릴 때, 그때는 어떻게 하죠? 여기에 함정이 있습니다. 여러분은 상황이 아주 좋을 때에도 하나님께 모두 맡겨야 합니다. 좋은 일이 찾아오고 문제가 잘 풀릴 때에도 선택권을 하나님께 맡기며 "저는 주님의 종입니다"라고 고백해야 합니다. 이게 바로 믿음입니다.

오스왈드 챔버스의 메시지

하나님은 때로 여러분이 시험 당하는 것을 허용하십니다. 그런데 만일 그때에 여러분이 믿음의 삶을 살고 있지 않다면, 자신의 유익을 추구하는 것이 당연하고 정당하다고 여겨질 것입니다. 그러나 믿음의 삶을 살고 있다면, 기쁘게 자신의 권리를 포기하고 선택권을 하나님께 넘기게 됩니다. 이것이 훈련인데, 이를 통해 하나님의 음성에 순종하게 되고, 그 결과 육체적인 것이 영적인 것으로 변화됩니다.

하나님과 나만의 이야기

부패한 것이 있거든 하나님께 맡기세요. 굉장히 멋진 것이 있어도 하나님께 맡기세요. 그분께서 여러분을 어디로 이끄시든 묵묵히 따라가겠다고 결단하며 기도드리세요.

좋은 것이든 나쁜 것이든 하나님은 모든 것을 동원하여 여러분을 유익하게 하십니다.

항상 기도하세요

쉬지 말고 기도하라 (살전 5:17)

살면서 여러분의 심장이 지금 뛰고 있는지 확인해 봐야겠다고 생각해 본 적이 있나요? 숨을 쉬는 것은요? 여러분은 아침에 일어나 "지금부터 숨을 쉬어야지!"라고 말하며 호흡을 시작합니까? 아닙니다! 이런 행동은 자연스럽게 일어납니다. 구태여 하려고 노력할 필요가 없죠. 기도 역시 마찬가지입니다. 우리는 대체로 무릎을 꿇고 양손을 모을 때만 기도한다고 여깁니다. 또한 식탁에 앉아 손을 모으고 하는 동작이 기도라고 생각합니다. 하지만 기도는 언제든 가능합니다. 예수님은 우리에게 기도하는 법을 가르쳐 주셨습니다. 예수님이 가르쳐 주신 대로 살면, 실제로 쉬지 않고 기도하며 살게 됩니다.

오스왈드 챔버스의 메시지

여러분은 하나님이 기도에 응답하지 않으시는 때가 가끔 있다고 여기나요? "구하는 이마다 얻을 것이요"(마 7:8). 예수님은 이렇게 말씀하셨습니다. 그런데 우리는 "글쎄요 ~ 하지만"이라는 단서를 붙이곤 합니다. 하나님은 가끔이 아닌 언제나 그것도 가장 좋은 방법으로 우리가 드리는 기도에 응답해 주십니다. 물론 항상 우리가 원하는 방식대로 즉시 응답해 주시지는 않습니다.

하나님과 나만의 이야기

오늘은 하나님을 의식하며 생활하세요. 공부하거나 말할 때도 그분을 생각하세요. 하루 종일 기도하는 마음으로 사세요. 그러면 하나님이 좀 더 가깝게 느껴질 거예요.

 삶이 기도이고 행동이 기도이며 생각 역시 기도입니다.
오늘 무엇을 달라고 기도했나요?

살리는 생명

May. 27

볼지어다 내가 내 아버지께서 약속하신 것을 너희에게 보내리니 너희는 위로부터 능력으로 입혀질 때까지 이 성에 머물라 하시니라 (눅 24:49)

예수님의 제자들은 놀라운 일이 일어나기를 기다려야만 했습니다. 그리고 '오순절 사건'을 통해 능력을 받고 세상으로 나아가 예수님의 이름으로 기적을 행했습니다. 그런데 우리는 기다릴 필요가 없습니다. 그 놀라운 일이 이미 일어났기 때문에 '지금 당장'이라도 세상을 향해 나아갈 수 있습니다. 성령님은 여러분을 과거나 미래가 아닌 '현재'와 연결시켜 주십니다. 만약 성령님의 감동을 느끼거든 그냥 지나치지 마세요.

오스왈드 챔버스의 메시지

성령님의 영향과 능력은 오순절 사건 전에 이미 있었지만 그때는 '그분'이 우리 안에 계시지 않았습니다. 우리 주님이 승천하셔서 영광을 받으신 직후에 성령님이 이 세상에 오셨고, 성령님은 그때부터 지금까지 계속해서 활동하고 계십니다. 여러분은 성령님이 지금 이곳에 계신다는 진리를 반드시 받아들여야 합니다.

하나님과 나만의 이야기

통풍이 안 된 방의 창문을 활짝 열어 놓듯이, 하나님께 여러분의 삶을 활짝 열 수 있도록 도와달라고 하나님께 기도드리세요. 그래서 성령님이 마음껏 들어오시게 하세요.

예수님은 처음이요 마지막이십니다.
그분께 이르는 통로는 지금 열려 있습니다. 어서 접속하세요.

May. 28

거리가 필요 없어요!

그 날에는 너희가 아무것도 내게 묻지 아니하리라 내가 진실로 진실로 너희에게 이르노니 너희가 무엇이든지 아버지께 구하는 것을 내 이름으로 주시리라 (요 16:23)

오늘 성경 본문에서 예수님은 질문할 필요가 없는 날에 대해 말씀하십니다. 예수님은 우리가 자신과 또 하나님과 하나가 되기를 원하십니다. 예수님이 우리에 대해 가지고 계신 가장 중요한 목표는 바로 이것입니다. 인간적 관점에서 보면, 하나님과 우리 사이의 거리는 끝이 없이 먼 것처럼 느껴지고, 그 거리 즉, 우리 사이에 놓인 공간은 우리가 고민한다거나 열심히 노력한다고 해서 결코 좁혀지는 것이 아닙니다. 오히려 이 세상을 살아가는 우리의 태도가 그 거리에 영향을 미칩니다. 예수님만 바라보고 의지하며 그분을 닮아갈 때, 우리는 하나님과의 거리가 사라지는 지점에 도달하게 됩니다. 이 지점에 도착하면, 우리는 필요한 것을 다 공급받고, 주님의 대답도 듣게 됩니다.

오스왈드 챔버스의 메시지 예수님의 부활 생명에 온전히 의지하면 하나님의 목적과 완벽하게 연결된 상태에 도달하게 됩니다. 여러분은 지금 이런 삶을 살고 있나요? 만약 그렇지 못하다면, 그 이유가 무엇일까요?

하나님과 나만의 이야기 머리가 아닌 가슴으로 기도드리세요. 그리고 마음 문을 열고 그분께 나아가며 계속해서 대화하세요. 친구처럼 다정하게 속삭이세요. 예수님은 바로 여러분 곁에 계시니까요.

하나님과의 거리를 좁히세요.
그분과 하나가 될 때까지요.

예수님과 하나 되는 삶

May. 29

그 날에 너희가 내 이름으로 구할 것이요 … 아버지께서 친히 너희를 사랑하심이라 (요 16:26-27)

여기서 말하는 요점은 그 날에 우리가 예수님과 하나가 되고, 우리의 기도가 예수님의 기도와 같아지기 때문에 하나님이 우리의 기도를 들으실 것이라는 내용입니다. 그러면 여러분은 "도대체 그 날이 언제인가요?"라고 물을 것입니다. 그 날은 하나님의 영원하신 달력에 표시되어 있거나 여러분의 미래 일정에 나타나 있지 않습니다. 아마 여러분과 내가 서로 다른 날일지도 모릅니다. 바로 그 날은 하나님과 우리 사이의 거리가 없어지는 지점에 도달하는 날입니다. 즉, 예수님과 온전히 하나가 되는 날입니다.

오스왈드 챔버스의 메시지

오늘 성경 본문에서 예수님은 "아버지께서 친히 너희를 사랑하심이라"고 말씀하십니다. 이 말은 크리스천의 삶에 외적 어려움이 닥쳐오지 않는다는 뜻이 아닙니다. 예수님이 성부 하나님의 마음과 생각을 아시듯이, 성령 세례를 통해 하나님의 의도와 계획을 우리에게 알려 주신다는 뜻입니다.

하나님과 나만의 이야기

하나님의 손길을 느끼게 해 달라고 기도드리세요. 하나님은 예수님을 통해 여러분의 기도를 들으십니다. 여러분과 하나님을 연결시켜 주시는 예수님을 생각하며, 그분의 존재를 느끼게 해 달라고 요청하세요. 예수님과 성령님은 늘 우리를 도와주신답니다.

귀를 기울이고 기도드리세요.
마음을 깨끗하게 하고 기도드리세요.

May. 30
오직 '믿음'의 잣대로

또 다른 사람이 이르되 주여 내가 주를 따르겠나이다마는 나로 먼저 내 가족을 작별하게 허락하소서 (눅 9:61)

"네, 주님을 따르겠습니다. 그런데 친구들이 비웃으면 어떻게 하죠? 가다가 길을 잃거나 돈을 몽땅 날리면 어떻게 되죠? 상처를 입으면요?" 우리는 주님을 따르겠다고 다짐했다가도 상식으로 이해되지 않는 행동을 요청 받으면 뒤로 물러서며 "예수님, 제가 보기에는 예수님의 생각이 좀 짧은 것 같네요!"라고 말대꾸합니다. 인간은 누구나 실패와 죽음을 두려워하니까요. 그렇지만 여러분을 부르신 분이 누구인지 잊지 마세요!

오스왈드 챔버스의 메시지

예수님의 명령을 '상식'이란 잣대로 평가하면 말도 안 되는 것처럼 느껴집니다. 하지만 '믿음'이란 잣대로 평가하면, 여러분은 그 말씀이 곧 하나님의 말씀이란 사실을 깨닫고 경외하게 됩니다. 전적으로 하나님만 의지하세요. 그리고 그분이 모험의 세계로 인도하시면 그대로 따라가세요. 대부분의 크리스천은 위기가 닥치면 이방인처럼 행동하지만 오직 여러분만은 하나님의 성품을 의지하며 믿음으로 행동하세요.

하나님과 나만의 이야기

여러분의 지식으로 판단하지 마세요. 오직 믿음으로 나아가야 합니다. 오늘 그분의 음성을 듣게 해 달라고, 또 아무 조건 없이 결단하며 따라가게 해 달라고 기도드리세요.

하나님이 지금 부르고 계십니다.
행동을 멈추고 귀를 기울여 들은 후 따라가세요.

하나님과의 관계에 신경쓰세요!

May. 31

그 후에 말씀하시기를 보시옵소서 내가 하나님의 뜻을 행하러 왔나이다 하셨으니 그 첫째 것을 폐하심은 둘째 것을 세우려 하심이라 (히 10:9)

예수님은 단 한 번도 하나님의 뜻에 이의를 제기하지 않으셨습니다. 전적으로 성부 하나님만 의지하셨습니다. 따라서 우리도 그렇게 해야 합니다. 물론 믿음의 길에는 함정이나 위험이 늘 있습니다. 하지만 우리는 승리합니다. 하나님이 이미 승리를 선언하셨기 때문입니다. 이제 하나님과의 관계에 신경을 쓰고, 그 관계가 더 깊어지도록 양분을 공급하세요. 하나님은 우리의 상황을 다 아십니다. 오로지 그분만 의지하세요.

오스왈드 챔버스의 메시지

인간은 필요를 느낄 때에만 순종합니다. 그러나 주님은 하나님의 뜻에 전적으로 순종하셨습니다. 오늘의 본문이 강조하는 요점은 이렇습니다. "우리는 반드시 뭔가를 해야 합니다. 지금 이방인들이 하나님을 모른 채 죽어 가기 때문에, 우리가 가서 복음을 전해야만 합니다." 하나님이 우리에게 개인적으로 요구하시는 사항이 충족되면, 새로운 길을 보여 주시고 우리로 하여금 그곳에 가서 그분의 일을 하게 하십니다. 이 점을 잊지 마세요.

하나님과 나만의 이야기

하나님을 의지하게 해 달라고 기도드리세요. 그런데 조심하세요. 시간이 더 걸릴지도 모르니까요. 준비됐나요?

우리가 하는 모든 행동, 현재의 우리 모습, 미래의 모습
이 모든 것이 다 하나님의 은혜입니다.

June

"다 내게로 오라"

스트레스에서 벗어나 주님 품에 안겨 쉬세요

너무 어려운 질문

Jun. 01

그가 내게 이르시되 인자야 이 뼈들이 능히 살 수 있겠느냐 하시기로 내가 대답하되 주 여호와여 주께서 아시나이다 (겔 37:3)

하나님에 대해 모르는 것이 없다고 주장하는 사람이 있다면, 그는 스스로를 속이고 있는 것입니다. 이 세상에는 대답하기 힘든 질문이 아주 많습니다. 하나님을 버리고 떠난 사람이 다시 회개하고 돌아올 수 있나요? 선한 사람에게 왜 안 좋은 일이 일어나나요? 이러한 질문들은 누구나 궁금해 하는 것입니다. 하지만 나중에 창조주 하나님을 만나 개별적으로 물어보기 전까지는 누구도 정답을 들을 수 없습니다. 기껏해야 다른 사람의 견해를 들을 수 있을 뿐이죠. "하나님은 네가 이렇게 하는 것을 원하셔." 이렇게 충고하는 사람을 조심하세요. 그들은 하나님의 이름을 거론하면서 누가 여러분의 적이고 친구인지를 알려 주고 인생을 어떻게 살아야 하는지 가르쳐 줍니다. 그런데 그들은 하나님을 '위해' 일하는 사람일 가능성이 많습니다. 하나님을 '위해' 일하는 것과 그분과 '함께' 일하는 것은 분명 다릅니다.

오스왈드 챔버스의 메시지

하나님의 은혜가 없었다면 여러분이 어떤 형편이었을지 성령님이 직접 보여 주신다면 어떻게 될까요? 실제로 하나님은 성령님을 통해 우리가 그것을 깨닫도록 하십니다.

하나님과 나만의 이야기

주님께 나아가 지금까지 궁금하게 여겼던 점들을 물어보세요. 물론 즉시 대답해 주지 않으실 수도 있고, 원치 않는 대답을 들려주실 수도 있습니다. 어쨌든 다른 사람에게 묻지 말고, 하나님께 여쭤 보세요.

하나님께 어려운 질문을 하면 우리가 이해하기 힘든 대답을 하시거나 더 어려운 질문을 우리에게 던지십니다. 누구에게 질문할지 잘 생각하고 하세요.

Jun. 02

가장 안전한 곳으로

여호와를 경외하는 자 누구냐 그가 택할 길을 그에게 가르치시리로다 (시 25:12)

어린아이는 아무 방향이나 뛰어가면서도 항상 아빠나 엄마가 자신을 바라보고 있을 것이라고 생각합니다. 어릴 적에 자전거를 타다 넘어져 무릎이 까졌던 때를 떠올려 보세요. 즉시 일어나 울며 부모님에게 달려가지 않았나요? 어떻게 보면 지금도 그럴 것입니다. 여러분이 고통 중에 있을 때 부모님은 언제나 곁에 계셔 주십니다. 우리가 하나님을 의식하는 것도 이와 같아야 합니다. 그분은 우리를 관찰하시고 위치를 파악하시며 우리가 두려워하거나 상처 입거나 절망에 빠졌을 때, 늘 그곳에 계십니다. 언제나 아버지의 품으로 달려가면, 그분은 안아주시고 다시 시작할 수 있는 용기를 주십니다. 이 사실을 잊지 마세요.

 오스왈드 챔버스의 메시지

우리가 하나님께 사로잡혀 있다면, 근심이나 걱정, 시련 등이 결코 우리를 주관하지 못합니다. 왜 주님께서 염려를 죄로 간주하시며 그토록 강조하셨는지 이제 이해가 되나요? 하나님이 늘 우리와 함께하시는데 어떻게 감히 주님을 불신할 수 있겠습니까? "하나님께 사로잡혔다"는 표현은, 적의 맹공격에 대비해 효과적인 방어벽을 쌓았다는 말과 동일합니다.

하나님과 나만의 이야기

하나님께 감사하세요. 어려움을 당할 때 늘 지켜주시는 분이잖아요. 하나님은 여러분이 어려움에 처할 때 구해 주시고 죄를 용서하시며 상황이 좋아질 때까지 오랫동안 붙들어 주신답니다.

사랑스런 하나님의 품보다 더 안전한 곳은 없습니다.
그분은 언제나 준비하고 계십니다. 두려워하지 말고 뛰어드세요. 그 품에 안기세요.

주님이 기다리셔요

Jun. 03

여호와의 친밀하심이 그를 경외하는 자들에게 있음이여 그의 언약을 그들에게 보이시리로다 (시 25:14)

좋은 친구는 상대방의 말에 귀를 기울입니다. 여러분에게도 속마음을 털어놓는 친구가 한둘은 있겠지요? 여러분은 그들에게 비밀을 털어놓고, 그들은 여러분을 판단하거나 문제를 해결하려고 시도하는 대신 묵묵히 들어줄 것입니다. 만약 그들이 진정한 친구라면 여러분의 꿈에 대해서도 귀를 기울일 것입니다. 아마 그 친구들은 여러분의 꿈을 다른 사람에게 이야기하지 않을 것입니다. 그들은 비웃을지도 모르니까요. 혹시 하나님이 여러분에 대해 가지고 있는 꿈이 무엇인지 들어보셨어요? 우리는 대체로 우리의 문제를 그분에게 내던지느라 너무 바쁜 나머지 그분에게 말할 기회조차 주지 않습니다. "뜻이 하늘에서 이루어진 것같이 땅에서도 이루어지이다"(마 6:10). 우리는 주기도문을 입버릇처럼 외우면서도 그 의미를 생각하지 않습니다. 물론 우리가 하나님을 기쁘시게 하기 위해 '거창한' 일을 하면 그분은 기뻐하십니다. 그렇지만 그분의 음성을 듣거나 은혜에 감사할 때에도 그에 못지않게 기뻐하십니다.

 오스왈드 챔버스의 메시지

만일 우리가 하나님의 뜻에 어긋나는 결정을 하면 그분은 분명히 막으시는데, 이때 우리는 반드시 주의해야 합니다. 의심이 생기면 즉시 행동을 멈추고 "왜 이렇게 하면 안 되지?"라고 따지되, 절대 자신을 합리화하지 마세요.

하나님의 음성이 들릴 때까지 기도드리세요. 신앙생활은 관계이며 교제입니다. 어떻게 해야 그분이 기뻐하실까요?

하나님과 대화하며 그분의 음성에 귀를 기울이세요.
그분은 속삭이고 싶으셔서 내내 여러분을 기다리셨답니다. 잠시 앉아 교제하세요.

Jun. 04

불필요한 염려는 버려요

> 그가 친히 말씀하시기를 내가 결코 너희를 버리지 아니하고 너희를 떠나지 아니하리라 하셨느니라 (히 13:5)

여러분은 대양을 볼 때 하나님의 창조 사역을 떠올리며 경이감을 느낍니까, 아니면 사람을 익사시키는 깊은 물을 생각합니까? 하늘을 볼 때 그곳을 수놓고 있는 구름을 봅니까, 아니면 비가 올 가능성을 생각합니까? 하나님은 우리를 떠나지 않고 언제나 함께하겠다고 말씀하십니다. 그런데 안 좋은 일이 일어날까 봐 불안해 하고, 장래 일을 알 수 없다고 걱정한다면, 무슨 유익이 있을까요? 이러한 걱정은 우리와 하나님 사이의 거리를 멀어지게 할 뿐입니다. 하나님은 지금도 우리에게 "애야, 나 여기 있어. 내가 네 손을 잡아 줄게"라고 말씀하십니다. 반면에 우리는 "제가 발을 헛디뎌 넘어지면 어쩌죠?"라고 말대꾸합니다. 여러분은 어떤가요? 오늘 여러분의 믿음을 한번 점검해 보세요.

오스왈드 챔버스의 메시지 여러분의 생각은 어느 쪽으로 기웁니까? 하나님의 말씀입니까, 아니면 두려워하는 대상입니까? "내가 결코 너희를 버리지 아니하고"(히 13:5-6). 우리가 변덕스럽고 완고하며 죄를 짓고 이기적으로 행동한다 해도, 하나님은 결코 우리를 버리지 않으십니다. 여러분은 이 진리를 진심으로 받아들이고 있나요?

하나님과 나만의 이야기 여러분의 주변을 한번 둘러보세요. 지금까지 보아 온 사물들을 새로운 시각으로 보려고 노력해 보세요. 이제 함께하시는 하나님의 영광을 본 그 눈으로 만물을 새롭게 보세요.

하나님은 지금 여기에 계십니다. 믿으세요.
염려는 에너지를 허비하는 것이며 죄입니다.

하나님이 말씀하셨기 때문에

Jun. 05

그러므로 우리가 담대히 말하되 주는 나를 돕는 이시니 내가 무서워하지 아니하겠노라 사람이 내게 어찌하리요 하노라 (히 13:6)

하나님은 "내가 여기 있다"라고 말씀하십니다. 만약 우리가 이 사실을 믿고 출발하면, 우리를 방해하는 모든 것은 큰 문제가 되지 않습니다. 그리고 하나님께서 우리에게 요구하시는 것이 무엇이든 우리는 다 할 수 있습니다. 혹시 실패할지 모른다는 생각조차도 우리의 마음에 영향을 미치지 못합니다. 우리가 하나님과 지속적으로 교제를 나누며 그분이 우리에게서 무엇을 원하시고 우리를 어떻게 사용하실지 안다면, 실수할까 봐 두려워할 필요가 전혀 없습니다. 하나님이 "내가 여기 있다"라고 말씀하시기 때문입니다. 이제 염려와 두려움은 완전히 사라졌습니다. 따라서 우리는 미소를 지으며 사자굴 속으로 당당히 걸어갈 수 있습니다. 그 이유는 하나님께서 "내가 여기 있다"라고 선언하시기 때문입니다.

오스왈드 챔버스의 메시지

주님께서 도우시기 때문에 우리는 어떤 상대도 무서워하지 않을 수 있습니다. 그러나 이 말이 두려움에 빠지려는 유혹조차 받지 않는다는 뜻은 아닙니다. 많은 성도들이 걱정거리가 생기면 믿음을 발휘하지 못할 뿐 아니라 하나님의 약속을 잊어버립니다. 우리 안에 있는 이러한 불안을 제거하려면 하나님의 약속에 귀를 기울여야 합니다.

하나님과 나만의 이야기

이제 여러분은 하나님이 무엇을 원하시는지 생각해 보아야 합니다. 이렇게 할 수 있는 유일한 방법은 하나님께 묻고 귀를 기울이는 것입니다. 반복해서 묻고 귀를 기울이세요. 혼신의 힘을 기울여 들으면 알려 주십니다.

여러분은 승리합니다. 왜냐고요?
아직도 그 이유를 모르시나요?

Jun. 06

능력을 끌어내세요

항상 복종하여 두렵고 떨림으로 너희 구원을 이루라 (빌 2:12)

믿음의 길을 갈 때, 간혹 쾌청한 날씨를 즐기다가도 거대한 장애물을 만날 때가 있습니다. 예를 들면, 산과 같은 방해물 말입니다. 이때 우리는 산을 빙 돌아서 갈 수 있고 뚫고 지나갈 수도 있고 넘어갈 수도 있습니다. 하지만 우리의 힘으로는 불가능합니다. 이때 불현듯 한 생각이 머리를 스칩니다. '내겐 내적 능력이 없어. 오직 하나님만이 이 문제를 해결하실 수 있어.' 그런데 중요한 점은, 하나님이 이미 여러분에게 내적 능력을 공급해 주셨다는 사실입니다. 그러므로 능력을 달라고 하나님께 요청할 필요가 없습니다. 게다가 선택할 수 있는 능력, 즉 의지까지 이미 주셨잖아요. 이제 여러분은 믿음과 연습, 관심과 집중, 그리고 사랑을 통해 하나님의 능력을 끌어내 장애물을 극복하기만 하면 됩니다.

오스왈드 챔버스의 메시지

여러분은 하나님이 여러분 안에 이루신 구원을 조심스럽게 또 집중하며 다시 이루어 내야만 합니다. 이 말은 여러분 자신의 구원을 "만들어 내라"는 말이 아닙니다. 주님께서 이루신 완벽하면서도 온전한 구속 위에 흔들리지 않는 믿음의 기초를 두고, 결연한 자세로 "삶을 통해 구원을 이루라"는 뜻입니다. 이렇게 할 때 여러분은 하나님의 뜻을 거스르지 않게 되며 하나님의 뜻이 바로 여러분의 뜻이 됩니다.

하나님과 나만의 이야기

하나님의 내적(內的) 능력은 이미 여러분에게 주어졌습니다. 여러분이 지금은 잘 느끼지 못하더라도 능력을 주신 하나님께 감사하세요. 곧 그 능력이 필요할 테니까요.

여러분은 이미 능력을 받았습니다.
주님 안에서라면 무엇이든지 할 수 있습니다.

모든 일의 한복판에 계시는 하나님

Jun. 07

너희가 내 이름으로 무엇을 구하든지 내가 행하리니 이는 아버지로 하여금 아들로 말미암아 영광을 받으시게 하려 함이라 (요. 14:13)

크리스천이라고 해서 하루 종일 무릎을 꿇고 기도만하거나 성경만 읽을 수는 없습니다. 하나님도 그것을 원하시지 않습니다. 우리가 그리스도를 따르는 제자가 되기로 결심했다고 해서 다른 행동을 다 접어야 할 필요는 없습니다. 여전히 영화관에 가고 스포츠도 즐기며 콘서트에 갈 수도 있습니다. 종교적인 행위를 하는 데 많은 시간을 보내야만 하나님 중심적인 삶을 살았다고 말할 수는 없습니다. 요점은 우리가 하는 모든 일의 중심에 하나님이 있느냐 없느냐 하는 점입니다. 하나님이 우리 삶에서 가장 큰 영향력을 미치게 해야 합니다. 중요한 결정을 내리든 사소한 결정을 내리든, 아니면 결정을 내리지 않는 순간에도, 심지어 우리의 생각에서도 말입니다. 하나님을 삶의 중심에 모시고 살아갈 때 우리는 그분이 원하시는 존재가 됩니다.

오스왈드 챔버스의 메시지

"너희가 내 이름으로 무엇을 구하든지 내가 행하리라." 예수님 안에 거하는 것이 곧 하나님의 뜻입니다. 제자들이 결정을 자유롭게 내리는 것처럼 보여도 그것들은 모두 하나님이 정하신 계획에 따라 일어난 것입니다. 이 말이 논리적으로 모순되고 불합리하게 들리나요? 그럴 수 있습니다. 그러나 성도에게는 영광스런 진리입니다.

하나님과 나만의 이야기

하나님을 위해 더 많은 일을 하지 못했다는 죄송한 마음으로 그분께 나아가지 마세요. 그 대신 여러분이 하는 모든 일의 한복판에 오셔서 자리를 잡아 달라고 기도드리세요.

아마 여러분은 기껏해야 10퍼센트를 하나님께 드릴 수 있을지 모릅니다. 하지만 그 10퍼센트만 완벽하게 드려도 문제는 풀립니다.

Jun. 08

승리를 위한 훈련

너희가 이것을 알고 행하면 복이 있으리라 (요 13:17)

여러분이 게임의 초반부에 나오는 난관을 잘 헤쳐 나가지 못하면, 후반부에 있는 상황은 해결할 방도가 없습니다. 우리의 삶도 이와 같습니다. 하나님은 여러분을 위한 계획을 가지고 계십니다. 그래서 여러분이 나아가면서 난관에 부딪힐 것을 아시고 미리 준비시키시며 훈련시키십니다. 후에 여러분이 승리하도록 만들기 위해서죠.

오스왈드 챔버스의 메시지

만일 여러분이 세상이란 항구에 묶인 밧줄을 풀지 않는다면, 하나님께서 폭풍을 보내 그 줄을 끊고 여러분을 바다로 보낼 것입니다. 하나님을 믿고 배를 띄우세요. 그분의 목적이라는 거대한 물결 위로 나아가세요. 그러면 여러분의 눈이 활짝 뜨일 것입니다. 만일 여러분이 예수님을 믿는다면 항상 배를 묶어둔 채 시간만 허비해서는 안 됩니다. 원대한 하나님의 세계로 들어가, 영적 분별력을 갖추고 여러분이 누구인지를 깨달으세요.

하나님과 나만의 이야기

고난을 주신 하나님께 감사하세요. 그리고 앞으로 나아가세요. 비록 힘들더라도 전진해 나아가세요. 후에 여러분은 과거를 돌아보며 이렇게 외칠 것입니다. "이제야 알겠어! 왜 내가 그때 그렇게 행동해야 했는지를."

이 여정을 잘 헤쳐나가세요!
지금 승리를 위해 훈련 중입니다.

절실한 마음으로!

Jun. 09

구하는 이마다 받을 것이요 찾는 이는 찾아낼 것이요 두드리는 이에게는 열릴 것이니라 (눅 11:10)

정말로 많은 사람이 고통을 겪으며 살아갑니다. 사람들은 인생의 여러 문제를 스스로 처리할 수 있다고 여기며 누군가에게 도움을 요청하지 않은 채 하루하루 힘들게 생활합니다. 하지만 예수님은 구하면 받을 거라고 말씀하셨습니다. 우리가 하나님에게서 무언가를 받을 수 있는 이유는 그분의 자녀이기 때문입니다. 길거리에 앉아 있는 거지는 오직 자신의 필요를 채우기 위해 구걸합니다. 우리도 이런 자세로 하나님을 찾아야 합니다. 그분이 무엇을 주실까 미리 계산하지 말고, 절실한 마음으로 하나님께 나아가야 합니다. 생존하는데 정말로 무언가가 필요해서 하나님께 요청한다면, 그것은 이기적인 요구가 아닙니다. 만약 우리 삶의 일부가 되어 달라고 우리가 하나님께 요청하면, 그분은 '그대로' 이루어 주십니다.

오스왈드 챔버스의 메시지

"구하는 이마다 받을 것이요." 이 말은 구하지 않으면 받지 못한다는 뜻이 아닙니다(마 5:45 참조). 다만 구하는 지경에 도달하기 전까지는 하나님으로부터 아무것도 '받지' 못한다는 뜻입니다. 여기서 '받는다'는 말은 이제 여러분이 하나님의 자녀로서 그분과 관계를 맺기 시작했다는 의미입니다. 그 시점부터 여러분은 이 모든 것을 하나님께서 주셨다는 사실을 영적으로 이해하며 지적으로 또 도덕적으로 감사하게 됩니다.

하나님과 나만의 이야기

크리스마스 때 받고 싶은 선물 목록을 들고 하나님께 나아가지 마세요. 아무것도 요청하지 말고, 단지 그분의 임재를 경험하게 해 달라고 기도드리세요.

여러분이 하나님의 자녀이기에 주님께 구하면 받습니다.
절실한 마음으로 해보세요.

Jun. 10 왜 기도하세요?

> 내가 또 너희에게 이르노니 구하라 그러면 너희에게 주실 것이요 찾으라 그러면 찾아낼 것이요 문을 두드리라 그러면 너희에게 열릴 것이니 (눅 11:9)

여러분은 왜 기도하나요? 완전히 망했거나 엉망이 되었기 때문인가요, 아니면 더 잘난 인물이 되어 세상 사람들에게 뽐내고 싶기 때문인가요? 여러분의 계획이 아무리 좋더라도 이러한 동기로 기도하면 하나님이 응답해 주지 않으십니다. 하나님은 우리가 그분을 더 알기 위해 문을 두드리기를 원하십니다. 이기적인 목적이 아닌 그분이 원하시는 목적을 위해서 말이죠. 하나님이 문 뒤에 준비해 놓으신 선물은 여러분이 이 세상에서 받을 수 있는 그 어떤 선물보다 좋습니다. 그렇지만 여러분이 올바른 동기를 가지고 찾거나 요구하지 않는다면 그 선물을 받지 못할 것입니다.

오스왈드 챔버스의 메시지

갈증을 느낍니까? 아니면 이미 받은 것으로 만족하기 때문에 하나님께 더 간청할 필요를 못 느껴 거드름을 피우며 무관심합니까? 체험은 시작이지 결코 끝이 아닙니다. 여러분의 믿음을 체험 위에 세우지 않도록 주의하세요. 여러분은 자신이 받은 하나님의 은혜를 다른 성도에게 전해 줄 능력이 없습니다. 그러나 그들로 하여금 여러분이 받은 은혜를 사모하게 할 수는 있습니다.

하나님과 나만의 이야기

여러분의 기도 제목 목록을 잠시 제쳐 두고, 왜 하나님께 기도하는지 생각해 보세요. 만일 하나님을 더 알고 싶은 것이라면 분명히 응답을 받을 것입니다. 그렇지만 여러분의 욕구를 채우기 위해 기도한다면, 한 번 더 고려해 보세요.

우리는 하나님으로부터 뭔가를 받고 싶어 합니다.
'그분이 우리를 받아주실까' 하는 문제는 생각조차 안합니다.

가까이 아주 가까이

Jun. 11

수고하고 무거운 짐 진 자들아 다 내게로 오라 내가 너희를 쉬게 하리라 (마 11:28)

"나는 누구인가?" "나는 지금 어디를 향해 가는가?" "인생을 어떻게 살아야 할까?" "도대체 인생이란 무엇인가?" 이러한 근원적인 질문에 대한 답은 예수님의 말씀 속에 있습니다. "내게로 오라. 소란 피우지 말고 고민하지도 말고 내게로 오라. 내가 여기 있다." 예수님은 '안식'을 주시기 위해 거기에 계십니다. 여기서 말하는 안식은 여러분의 손을 잡고 자장가를 불러주며 재우는 그런 종류가 아닙니다. 힘든 세상일로부터의 안식, 매일 여러분을 괴롭히는 스트레스로부터의 안식, 머릿속에 떠도는 온갖 잡생각으로부터의 안식을 의미합니다. 예수님이 이런 안식을 주시면, 여러분은 침대에서 벌떡 일어나 하루를 힘차게 살아갈 수 있습니다.

오스왈드 챔버스의 메시지

주님께서는 우리가 가장 예상치 못하는 순간에 "내게로 오라"고 속삭이십니다. 그러면 우리는 즉시 그분께로 이끌립니다. 예수님과 인격적으로 만나면 모든 것이 변합니다. 예수님께 나아가 주님의 말씀에 여러분 자신을 헌신할 만큼 '어리석은' 자가 되세요. 주님께 나아가려면, 여러분의 의지를 사용하여 모든 것을 단호하게 내려놓고 그분께 전적으로 맡겨야 합니다.

하나님과 나만의 이야기

오늘은 하나님의 세미한 음성을 듣게 해 달라고 기도드리세요. 그 음성을 따라가면 분명히 그분을 만날 수 있습니다. 그분은 반드시 거기에 계십니다.

"내게로 오라." 예수님은 이렇게 말씀하십니다.
염려하지 말고 가세요.

Jun. 12

모두 맡기세요

예수께서 이르시되 와서 보라 그러므로 그들이 가서 계신 데를 보고 그 날 함께 거하니 때가 열 시쯤 되었더라 (요 1:39)

우리는 종종 퇴보하는 느낌을 받습니다. 왜냐하면 하나님이 우리를 뒤로 밀어내 사람들로부터 제대로 인정을 받지 못하게 하시기 때문입니다. 그런데 실은 그렇지 않습니다. 만약 여러분이 "나는 가치가 없어"라고 말한다면, 그 이유는 가치 있는 존재가 되기를 스스로 원치 않든지 아니면 하나님의 사역을 신뢰하지 못하든지 둘 중 하나일 것입니다. 하나님은 계획을 가지고 일하십니다. 여러분이 믿음의 길을 가는 것은 일차적으로 여러분이 그렇게 하기로 선택했기 때문입니다. 따라서 자책하지 말고 전능하신 하나님께 모든 문제를 맡기세요. 그분은 여러분의 삶을 통해 놀라운 일을 하실 것입니다. 그런데 한 가지 조건이 있습니다. 여러분이 이 사실을 믿어야 합니다.

 오스왈드 챔버스의 메시지

"아, 나는 도저히 성도라고 할 수 없어"라고 말하며 사람들 앞에서 겸손한 척하는 크리스천이 더러 있는데, 사실 이런 발언은 하나님을 무의식적으로 모독하는 말이 될 수 있습니다. 왜 여러분을 성도라고 부르지 않습니까? 그 이유는 성도가 되는 것을 여러분이 원치 않든지 아니면 하나님이 여러분을 성도로 만들 능력이 없다고 믿든지 둘 중 하나입니다. 조건을 달지 마세요. 예수님이 여러분의 전부가 되게 하세요.

하나님과 나만의 이야기

오늘은 서서 기도드리세요. 그렇다고 지나치게 겸손한 척하지는 마세요. 마치 큰 잘못을 저지른 하나님의 종처럼 이렇게 고백하세요. "네, 하나님. 주님의 뜻에 따르겠습니다."

여러분이 예수님을 모시고 있다면, 하나님은 여러분을 볼 때 여러분 안에 계시는 예수님을 보십니다.

부르시면 바로 가세요

Jun. 13

예수께서 이르시되 나를 따라오라 내가 너희로 사람을 낚는 어부가 되게 하리라 하시니 (막 1:17)

아주 오래된 비밀인데, 여러분이 실천할 수 있을지 모르겠네요. 이제 말씀드릴게요. 예수님이 "내게로 오라"고 말씀하시면 그냥 가세요. 이게 전부입니다. 우주의 창조자이신 하나님은 계속해서 "내가 여기 있단다"라고 말씀하시는데, 우리는 마냥 그 자리에 서서 하나님을 바라보기만 합니다. 마치 내가 있는 곳까지 차를 보내주기를 원하는 양 말입니다. 예수님이 "오라"고 명령하시면 '여러분 자신'을 드리는 마음으로 가야 한다는 점을 잊지 마세요. 하나님은 바로 여러분 자신을 원하시고, 실제로 여러분의 모든 재능을 사용하십니다. 그래서 가장 적절한 장소에 배치하실 것입니다.

오스왈드 챔버스의 메시지

만일 여러분이 자신에 대한 권리를 하나님께 드린다면, 하나님은 여러분을 사용하셔서 거룩한 실험을 하실 것입니다. 그리고 그 실험은 언제나 성공할 것입니다. 성도의 한 가지 특징은 도덕적 독창성인데, 이는 예수 그리스도께 우리 자신을 헌신할 때 흘러나옵니다. 여러분의 경험으로부터 어떤 원칙을 끌어내려고 하지 마세요. 하나님이 여러분의 원천이셨듯이 다른 사람에게도 하나님이 원천이 되게 하세요.

하나님과 나만의 이야기

하나님이 여러분에게 주신 선물을 떠올리며 감사하세요. "이번에는 무슨 선물을 주실 거예요?"라고 묻기 전에, 이미 받은 선물을 떠올려 보세요. 하나님은 그 선물을 사용하고 싶어 하십니다. 하나님께 나아가는 완벽한 방법만 찾으려 하지 말고 받은 은혜를 활용하세요.

여러분은 지금 무엇을 기대합니까? 예수님이 거기에 계십니다. 그분께 나아가세요.

Jun. 14   예수님과 동거하는 삶

> 내 안에 거하라 나도 너희 안에 거하리라 가지가 포도나무에 붙어 있지 아니하면 스스로 열매를 맺을 수 없음 같이 너희도 내 안에 있지 아니하면 그러하리라 (요 15:4)

예수님은 우리와 그분이 하나 되기를 원하십니다. 예수님과 동거하는 삶은 처음에는 어렵습니다. 하지만 지속적인 훈련을 통해 결국 우리 삶의 일부가 되게 해야 합니다. 그런데 예수님과 동거하는 상태에 도달했다 하더라도, 언제나 자동적으로 그 상태를 유지하지는 못합니다. 왜냐하면 우리의 지속적인 노력이 필요하기 때문입니다. 만일 우리가 교회와 관련된 활동을 할 때에만 예수님과 동행한다고 생각하고, 학업이나 이성 교제의 문제는 별개의 영역으로 취급한다면, 우리는 이미 목표에서 벗어나 있습니다. 예수님은 성부 하나님과 하나가 되어 매 순간을 보내셨습니다. 예수님 안에 거한다는 말은, 하루하루를 최대한 충실하게 살아가는 것을 의미합니다.

오스왈드 챔버스의 메시지

여러분으로 하여금 주님 안에 거하지 못하게 하는 요인이 무엇인지 생각해 보세요. "네 주님, 잠깐만요. 지금 이 일을 꼭 해야 하는데요." "이번 주만 지나면 괜찮아질 거예요. 그때 거하겠습니다." 아닙니다. 당장 나아가고 '지금' 거하세요. 물론 처음에는 지속적인 노력이 필요합니다. 그러나 나중에는 훈련이 되어 무의식적으로 주님 안에 거하게 될 것입니다.

하나님과 나만의 이야기

모든 일을 할 때 하나님께서 함께 해 주시도록 요청하세요. 학교에서 수업을 들을 때, 시험을 치를 때, 주말 계획을 짤 때, 조용히 기도드리세요. 하나님의 임재를 언제든지 느낄 수 있도록 마음 문을 활짝 여는 연습을 하세요.

변명하지 마세요.
하나님은 어디나 계십니다.

성품 다듬기

Jun. 15

그러므로 너희가 더욱 힘써 너희 믿음에 덕을, 덕에 지식을 (벧후 1:5)

베드로는 성경 본문에서 누구나 이해할 수 있는 간단한 목록을 제시하며 어떻게 살아야 할지를 언급합니다. 그는 여기서 실제적인 문제를 다루는데, 마치 조리법을 제시하듯 크리스천의 삶에 대해 가르칩니다. 이 세상에서 좋은 성품이나 강인한 성격, 그리고 좋은 습관을 가지고 태어나는 사람은 아무도 없습니다. 그러므로 우리는 성경에 제시된 필요한 덕목을 선택하여 매일 우리의 삶에 첨가해야 합니다.

오스왈드 챔버스의 메시지

자연적으로나 초자연적으로 처음부터 성품을 지니고 태어나는 사람은 아무도 없습니다. 성품은 자신이 만들어야 합니다. 습관 역시 마찬가지입니다. 그러므로 우리는 하나님이 우리에게 주신 새로운 생명에 근거하여 습관을 형성해야만 합니다. 베드로 사도는 자신의 서신에서 덕목을 "더하라"(벧후 1:7)고 명했는데, 이렇게 하는 것은 정말 쉽지 않습니다. 우리는 하나님이 우리를 안락한 꽃 침대에 태워 천국으로 데려가는 것을 원치 않는다고 말합니다. 하지만 실제로는 은근히 원하는 것처럼 행동합니다! 이 세상에서 가장 보잘것없는 일을 하며 주님께 순종할 때, 전능하신 하나님의 놀라운 능력이 우리에게 주어집니다. 임무를 감당할 때 의무감 때문에 하지 말고, 오히려 하나님께서 환경을 주관하신다는 믿음을 가지고 하세요. 그러면 순종하는 즉시 하나님의 엄청난 은혜가 예수님의 구속을 통해 우리의 것이 됩니다.

하나님과 나만의 이야기

하나님께 말하면 그분이 꼭 들으신다는 사실을 기억하세요. 가장 힘든 때든 가장 좋은 때든 가리지 않고, 하나님은 언제나 들으십니다. 여러분이 등산을 하거나 집에서 숙제를 할 때에도 그분은 '변함없이' 동행하십니다.

여러분의 성품에 꼭 필요한 덕목들을 첨가하고
그것을 잘 혼합하여 지혜롭게 사세요.

Jun. 16 — 하나님이 빚으시는 점토

> 사람이 친구를 위하여 자기 목숨을 버리면 이보다 더 큰 사랑이 없나니 … 너희를 친구라 했노니 (요 15:13,15)

성경에서 예수님이 목숨을 '버리라'고 말할 때, 이는 육체적인 죽음을 의미하는 것이 아닙니다. 우리는 흔히 하나님을 위해 궁극적으로 자신을 희생하려면 그분의 뜻을 위해 죽어야 한다고 생각합니다. 그래서 자신이 과연 그렇게 할 수 있을까 고민하며 자격이 없다고 느낍니다. 그런데 예수님은 우리에게 죽으라고 요구하지 않으십니다. 대신 삶을 내려놓으라고 요청하십니다. 다시 말하면 우리의 삶을 하나님께 드리라고 명하십니다. 만약 이렇게 되면, 우리의 삶은 점토가 되고 그분이 원하시는 형태에 맞춰 빚어지겠죠. 그런데 어떤 경우에는 죽는 것이 더 쉽다고 느껴지는 순간이 올지도 모릅니다.

 오스왈드 챔버스의 메시지

예수님의 생애에서 화려한 순간이 딱 한 번 있었는데, 그것은 바로 변화산 사건 때입니다(막 9:1-13). 그러나 예수님은 자신의 영광을 버리고 사탄이 활동하는 골짜기로 내려가셨습니다. 그리고 33년 동안 성부 하나님의 뜻을 행하는 데 자신의 생명을 바치셨습니다. 만약 여러분이 예수님의 친구라면, 조심스러우면서도 신중하게 여러분의 삶을 주님께 드릴 수 있어야 합니다.

하나님과 나만의 이야기

신앙생활은 결코 쉽지 않습니다. 그러나 여러분이 해낼 거라고 확신하지 않으셨다면, 하나님은 여러분을 이 길로 이끌지 않으셨을 것입니다. 오늘은 기도할 때 이렇게 여러분 스스로 다짐하는 시간을 가져보세요. "제 삶은 하나님의 것입니다. 저를 원하시는 대로 빚어 주세요." 하나님이 여러분을 예상치 못한 방법으로 다루실 때 괴롭겠지만, 그 결과는 여러분의 예상을 훨씬 초월할 것입니다.

하나님은 여러분을 작품으로 만드실 것입니다.
언젠가 우리는 위대한 하나님의 걸작이 되어 그분의 전시실에 전시될 것입니다.

여러분의 몫이 아닙니다

Jun. 17

비판을 받지 아니하려거든 비판하지 말라 (마 7:1)

간혹 믿는 친구가 여러분의 비밀을 누설할 때가 있습니다. 더욱이 선생님과 부모님도 여러분에게 실수를 할 수 있습니다. 이처럼 여러분을 실망시킨 사람을 어떻게 평가 해야 할까요? 이상하게 들릴지 모르겠지만 방법은 없습니다. 우리는 다른 누군가를 판단해서는 안 됩니다. 그것이 우리의 몫은 아니니까요. 평가하시는 분은 여러분이 아니라 하나님이십니다. 하나님의 이름을 빙자하여 타인을 비판하는 행위는 더욱 나쁩니다. 이처럼 오만한 태도가 하나님과 우리와의 관계를 망치기 때문입니다. 주님은 우리의 허물을 아십니다. 따라서 우리가 다른 사람의 단점을 책망하기보다는 우리 자신의 결점을 보완하며 살기를 원하십니다.

오스왈드 챔버스의 메시지

만일 내가 여러분의 눈에서 티끌을 발견한다면, 그것은 내 눈 속에 들보가 있다는 의미입니다. 남을 판단할 때마다 우리는 자기 스스로를 정죄하는 것입니다. 다른 사람을 평가하려는 잣대를 버리세요. 누구나 남들이 알지 못하는 자신만의 사정이 있기 마련입니다.

하나님과 나만의 이야기

오늘은 기도하기 전에 남을 판단하려는 마음이 여러분에게 있는지 점검하세요. 만약 있다면, 그것을 없애 달라고 간구한 후에 필요한 것을 구하세요.

결코 다른 사람을 비난하지 마세요. 여러분이 모르고 있는 사실이 있을지 모릅니다. 하나님만이 모든 것을 아십니다.

Jun. 18

따지지 말고 제발 하세요!

오라 하시니 베드로가 배에서 내려 물 위로 걸어서 예수께로 가되 바람을 보고 무서워 빠져 가는지라 소리 질러 이르되 주여 나를 구원하소서 하니 (마 14:29-30)

베드로는 예수님을 바라볼 때 풍랑을 신경 쓰지 않았습니다. 예수님이 "오라"고 명령하시자 그분만 바라보며 걸어갔습니다. 그런데 주변을 둘러본 순간, 두려움이 찾아왔습니다. '물결이 높게 일고 폭풍이 불잖아. 내가 지금 여기서 뭐 하고 있지?' 이런 생각이 들자마자 그는 물 밑으로 가라앉기 시작했습니다. 때로 우리는 두 개의 삶을 사는 것처럼 느낄 때가 있습니다. 하나는 예수님께 집중하는 삶이고, 다른 하나는 우리 홀로 걷는 삶입니다. 우리는 '매사에' 예수님께 집중하지 못합니다. 예수님에게서 눈을 떼는 순간, 우리는 스스로 문제를 일으킵니다. 하지만 예수님은 언제나 거기에 계십니다. 풍랑이 우리를 넘어뜨리더라도 예수님은 우리를 들어 올려 다시 배에 태워주시고 새롭게 시작하게 하실 것입니다.

오스왈드 챔버스의 메시지

하나님이 말씀하실 때 단 1초라도 여러분이 따진다면 모든 것이 허사입니다. "글쎄, 정말로 하나님께서 말씀하신 것일까?"라고 말하며 의심하지 마세요. 하나님의 목소리가 언제 들릴지 모릅니다. 아주 세미한 음성으로 들리더라도 주저 없이 주님께 맡기세요. 주님께 자신을 온전히 맡길 때 비로소 그분의 목소리를 더 분명하게 들을 수 있습니다.

하나님과 나만의 이야기

하나님을 따르세요. 여러분을 불러 달라고 주님께 요청한 후 따라가세요. 논리에 맞지 않고 세상 사람이 비웃어도 개의치 마세요. 하나님은 상황을 주관하십니다. 오직 하나님만 바라보며 음성을 듣게 해 달라고 요구하세요.

예수님은 두 팔을 활짝 벌리고 여러분을 기다리십니다.
물에 빠질 것을 각오하고 첫걸음을 떼세요.

전적으로 헌신하세요!

Jun. 19

네가 나를 사랑하느냐 (요 21:16)

예수님이 주시는 교훈의 핵심은, 우리가 다른 사람을 변화시켜 우리의 사고방식을 따르게 만드는 것이 아닙니다. 우리가 그분의 제자가 되어 다른 사람을 섬기는 것입니다. 예수님께 헌신하며 그분의 양을 먹일 때에야 비로소 우리는 제자가 됩니다. 이런 태도로 우리를 필요로 하는 세상 사람들에게 나아가야 합니다. 만일 이기적인 마음으로 섬기거나 하나님께 더 가까이 나아가야 한다는 의무감 때문에 남을 섬긴다면, 어려운 환경이 닥칠 때 쓰러지고 맙니다. 하지만 예수님께 헌신하면, 섬기는 일이 힘들더라도 절대로 절망하지 않습니다.

오스왈드 챔버스의 메시지

예수님의 관심은 '우리가 주님을 위해 무슨 일을 하는가'가 아니라 '우리가 주님께 어떤 존재인가'입니다. 제자의 삶은 예수님을 향한 헌신에 기초를 두고 있습니다. 제자로서의 삶을 성공적으로 사는 비결은 예수님께 헌신하는 것이고, 그러한 삶의 특징은 자신을 내세우지 않는 겸손입니다. 이 겸손은 마치 땅에 떨어져 죽는 한 알의 밀알과 같아서 밀알이 자라나면서 전체적인 풍경을 바꾸어 놓습니다(요 12:24).

하나님과 나만의 이야기

자부심을 갖기 위해서나 어떤 유익을 위해서가 아니라, 오직 하나님 때문에 양을 치게 해 달라고 기도드리세요. 여러분이 하나님께 헌신했기 때문에 여러분 안에 계시는 하나님을 다른 사람에게 보여 주겠다는 마음으로 양을 먹이세요.

양을 먹이세요. 그 이유는 상대방의 관심을 사로잡기 위해서나 타인의 관심을 받기 위해서가 아닌 오직 여러분이 하나님의 소유이기 때문입니다.

Jun. 20

언제 중보하실 건가요?

> 욥이 그의 친구들을 위하여 기도할 때 여호와께서 욥의 곤경을 돌이키시고 여호와께서 욥에게 이전 모든 소유보다 갑절이나 주신지라 (욥 42:10)

하나님은 산타클로스가 아닙니다. 우리는 하나님과 바른 관계를 유지하며 매일 선을 행하면 천국에서 엄청난 상급을 받을 것이라고 생각합니다. 그런데 사실 우리는 그 선물을 벌써 받았습니다. 그분이 주신 선물은 인간이 받을 수 있는 선물 중 단연코 최고입니다. 이미 받은 것을 또 받겠다고 간청하며 시간을 허비하지 마세요. 받은 은혜로 만족하세요. 이제는 예수님께 감사의 고백을 할 때입니다. 자기중심적인 기도는 시간 낭비입니다. 하나님의 은혜를 모르는 사람들을 위해 중보기도하는 것이 기도를 사용하는 가장 좋은 방법입니다.

오스왈드 챔버스의 메시지 아직까지 결실을 얻지 못했거나 하나님의 말씀에 대한 통찰력을 얻지 못했다면, 여러분의 친구를 위해 중보기도드리세요. 다시 말하면 그들의 내면을 변화시키는 사역을 시작하세요.

하나님과 나만의 이야기 천국에 들어가려면 반드시 놀라운 기적을 행해야 한다고 착각하고 있는 사람이나, 천국이 어떤 곳인지 모르는 사람이나, 가장 가까운 친구 중에서 왜 여러분이 기도하는지 그 이유를 모를 것 같은 사람을 위해 기도드리세요. 그 친구에게도 예수님이 필요합니다.

여러분의 기도도 중요하지만 다른 사람들의 필요를 주님께 구하세요.

더없이 소중한 일

Jun. 21

너희는 택하신 족속이요 왕 같은 제사장들이요 (벧전 2:9)

여러분이 완벽하지 않다는 사실을 믿나요? 아울러 그럼에도 불구하고 하나님이 여러분을 사랑하신다는 사실 또한 믿나요? 그러기에 자신을 더 나은 존재로 만들어 달라고 요청하지 않고, 오히려 친구와 가족을 위해 기도할 수 있나요? 우리는 착각에 빠져 살아갑니다. 하나님과 바른 관계를 유지하지 못하면 우리의 기도가 쓸모없다고 말입니다. 여러분은 하나님의 자녀이고 예수님 안에 있습니다. 따라서 예수님이 돌보십니다. 이것이 은혜입니다. 이제 여러분은 예수님 안에 있기에 자신보다 친구와 가족을 위해 기도하며 더 많은 시간을 보낼 수 있습니다. 이제 제발 다른 사람, 또 다른 사람, 그리고 다른 사람을 위해 기도드리세요.

오스왈드 챔버스의 메시지

자기 자신만을 생각하는 병적 사고방식에서 우리를 해방시키기 위해 하나님이 얼마나 오래 참으셔야 할까요? 우리는 자신에 대해 반드시 죽어야 합니다. 그래서 하나님이 우리의 실상에 대해 무슨 말씀을 하신다 해도 더 이상 놀라지 않는 상태가 되어야 합니다. 우리가 의로운 사람이 되는 유일한 장소는 바로 예수 그리스도 안입니다.

하나님과 나만의 이야기

하나님께서 여러분이 완벽한 존재가 되기를 원하신다고 착각하지 마세요. 아마도 그 착각을 버리려면 오랜 시간이 걸릴 것입니다. 하나님은 이미 여러분을 잘 알고 계십니다.

하나님은 여러분을 사랑하십니다.
여러분을 제외한 다른 사람을 위해 기도드리세요.

Jun. 22

재판관의 판결이 정답입니다

너희가 비판하는 그 비판으로 너희가 비판을 받을 것이요 너희가 헤아리는 그 헤아림으로 너희가 헤아림을 받을 것이니라 (마 7:2)

인간은 누구나 우월감을 느끼고 싶어 합니다. 그래서 다른 사람의 위선이나 결점, 그리고 적절치 못한 행동을 책망합니다. 그러나 책망한 사람 역시 똑같은 잣대로 평가를 받게 되어 있습니다. 예수님의 말씀에 의하면, 우리가 다른 사람을 평가하는 것처럼 하나님께서도 우리를 평가하신다고 합니다. 만일 이러한 예수님의 경고를 들으면서도 두렵지 않다고 말하는 사람이 있다면, 그는 스스로를 속이는 사람입니다. 하나님은 그러한 사람의 콧대를 꺾으십니다.

오스왈드 챔버스의 메시지
예수님은 말씀하십니다. "비판을 받지 아니하려거든 비판하지 말라." 만일 여러분이 남을 비판하면, 여러분도 똑같은 비판을 받게 됩니다. 누가 감히 하나님 앞에서 "하나님, 제가 남을 판단한 것처럼 저를 판단해 주십시오"라고 요구할 수 있을까요? 우리는 지금까지 많은 친구들을 비판해 왔습니다. 만약 하나님이 우리를 이런 식으로 평가한다면, 우리는 분명히 지옥에 있을 것입니다.

하나님과 나만의 이야기
여러분이 자신의 업적을 나열하는 모습을 하나님이 보고 싶어 하실까요? 아마 그렇지 않을 것입니다. 하나님은 여러분이 숨기고 싶어 하는 결점까지 다 알고 계십니다. 그저 하나님이 여러분을 사랑하신다는 진리를 믿으며 나아가세요. 타인에게서 발견된 결점을 여러분 자신이 가지고 있다 해도 말입니다.

여러분은 자신보다 못한 사람을 책망하며 우월감을 느낄 수 있습니다. 그런데 언젠가는 여러분도 똑같은 잘못을 지적받게 됩니다.

죄를 인정하세요!

Jun. 23

간고를 많이 겪었으며 질고를 아는 자라 (사 53:3)

삶이 엉망이 되는 경우가 자주 있는데, 이때 어떤 사람은 다른 사람을 탓하거나 주변 환경에 대해 분노하고, 심지어 하나님을 원망하기도 합니다. 그렇지만 대부분의 경우에 문제의 직접적인 원인은 전적으로 자신에게 있습니다. 우리는 마땅히 가야 할 길을 잘 알면서도 너무 자주 엉뚱한 결정을 내려 탈선합니다. 하나님은 자신의 자녀가 믿음의 길에서 떠나 돌아오지 않는 모습을 볼 때, 가장 마음 아파하십니다.

오스왈드 챔버스의 메시지

우리의 삶에서 하나님과 죄, 둘 중의 하나는 반드시 죽어야 합니다. 신약성경은 이렇게 가르칩니다. 만약 죄가 우리를 지배하면, 우리 안에 있는 하나님의 생명이 죽고, 하나님이 우리를 지배하시면, 우리 안에 있는 죄가 죽는다고 말입니다.

하나님과 나만의 이야기

여러분은 친구나 가족, 그리고 세상과 문화를 비난할 수 있습니다. 또는 하나님을 버리고 떠날 수도 있습니다. 하지만 하나님은 언제나 두 팔을 벌리고 여러분이 돌아오기만을 기다리고 계신답니다. 이렇게 따뜻한 하나님이 계시니 감사하세요.

죄가 무엇인지 알고 싶으세요?
하나님을 알면서도 등을 돌리는 것이 바로 죄입니다.

Jun. 24

어둠을 버리고 빛으로

내가 날마다 너희와 함께 성전에 있을 때에 내게 손을 대지 아니했도다 그러나 이제는 너희 때요 어둠의 권세로다 하시더라 (눅 22:53)

만화나 시트콤을 보면 한쪽 어깨에는 천사가, 다른 한쪽 어깨에는 악마가 앉아 있는 등장인물이 종종 등장합니다. 비록 저급한 묘사이긴 하지만, 이것은 놀라울 정도로 진리를 분명하게 보여주고 있습니다. 인간에게는 누구나 선과 악을 행할 수 있는 능력이 동시에 존재합니다. 그런데 우리는 이 사실을 부인하고 "나는 착한 사람인데"라고 주장하며 착한 사람인 양 행동합니다. 하지만 우리의 어깨 위에 악마가 있다는 점을 부인하는 행위는 마치 공을 물속으로 밀어 넣는 것과 같습니다. 아무리 강하게 밀어 넣어도 공은 즉시 떠오릅니다. 우리 안에 있는 실체가 무엇인지를 인정해야 우리는 하나님이 원하시는 종이 될 수 있습니다.

오스왈드 챔버스의 메시지 인간의 마음속에는 악독과 자기중심적인 태도가 자리를 잡고 있습니다. 그런데 만약 여러분이 이 사실을 받아들이지 않는다면, 죄가 여러분의 삶을 공격할 때 죄와 타협할 것입니다. 죄가 실제로 존재한다는 사실을 부인하는 태도를 항상 경계하세요.

하나님과 나만의 이야기 하나님은 다른 사람이 알지 못하는 여러분만의 비밀을 다 아십니다. 세상 사람들의 눈을 속일 수는 있어도 하나님의 눈은 절대로 속이지 못합니다. 정직하게 여러분 자신을 대할 수 있는 용기와 진리를 받아들일 수 있는 능력을 달라고 기도드리세요.

여러분은 빛과 어두움이 무엇인지 이해합니다.
하나님의 도우심을 받을 때 빛은 언제나 승리합니다.

잘 견딘 옹기

Jun. 25

> 무슨 말을 하리요 아버지여 나를 구원하여 이 때를 면하게 하여 주옵소서 그러나 내가 이를 위하여 이 때에 왔나이다 아버지여, 아버지의 이름을 영광스럽게 하옵소서 (요 12:27–29)

옹기장이가 작업하는 광경을 본 적 있으세요? 그는 돌림판 위에 점토를 놓은 후 때리고 내던지는 과정을 반복합니다. 이때 옹기장이는 거품이 생기는지를 관찰합니다. 만약 거품이 생기면 때리는 작업을 다시 진행합니다. 빚을 준비가 아직 안 되었기 때문입니다. 가마가 달구어졌을 때에 거품이 생기면 옹기가 깨지거든요. 인생도 이와 같습니다. 우리는 옹기장이의 돌림판 위에 놓인 점토처럼 여러 시련과 고난을 겪습니다. 하지만 이러한 고난은 새롭게 빚어지도록 우리를 준비시킵니다. 때리는 과정을 잘 견딘 옹기는 뜨거운 불에 넣어도 깨지지 않습니다. 불을 통과한 후에 우리는 멋진 작품으로 다시 태어날 것입니다.

오스왈드 챔버스의 메시지

여러분은 언제나 '슬픔'이라는 연단의 불을 통과하여 자아를 회복한 사람을 알아볼 수 있습니다. 만일 여러분이 어려움에 처해 있을 때 그를 찾아가면, 분명히 여러분을 위해 충분한 시간을 내어 줄 것입니다. 하나님은 그런 사람을 영적 자양분으로 사용하시기 때문입니다.

하나님과 나만의 이야기

때로 고통과 슬픔이 여러분을 힘들게 할지라도 하나님께 감사하세요. 그래야 믿음이 성장할 수 있습니다. 인간은 기껏해야 지금 닥친 일 때문에 고민하지간, 하나님은 모든 상황을 다 알고 계십니다. 고통 속에서 하나님께 감사하면, 그분은 여러분이 하나님의 계획을 신뢰하고 있다는 점을 확인하십니다. 힘들면 능력과 용기를 달라고 하나님께 요청하세요.

쾅, 쾅, 쾅 문이 요란하게 닫히고 있나요?
이 모든 상황이 여러분의 유익을 도모하고 있습니다.

Jun. 26

지금은 안 되나요?

우리가 하나님과 함께 일하는 자로서 너희를 권하노니 하나님의 은혜를 헛되이 받지 말라
(고후 6:1)

우리는 흔히 교회를 하나님께 나아가는 직접적인 통로로 생각합니다. 물론 교회는 우리의 마음을 하나님께 쏟아 놓을 수 있는 아주 훌륭한 장소입니다. 그러나 하나님께 기도할 수 있는 '유일한' 장소는 결코 아닙니다. 가끔 우리는 힘든 날에 괴로워하며 "오늘 집에 가서 이 문제를 놓고 기도해야지"라고 다짐합니다. 그런데 '지금' 기도하면 안 되나요? 하나님의 은혜는 '언제나' 흘러넘칩니다. 특별한 경우에만 하나님과 대화하려고 기다리지 마세요. 지금 기도드리세요. 은혜가 지금도 흐르고 있는데, 왜 주저합니까?

 오스왈드 챔버스의 메시지 은혜는 하나님의 넘치는 자비입니다. 그러기에 여러분은 언제든지 하나님의 은총을 받을 수 있습니다. "많이 견디는 것과 환난과 궁핍과 고난"(고후 6:4)이 있을 때, 인내를 요구하는 시험이 찾아옵니다. 여러분은 이 시험이 찾아올 때마다 인내하지 못함으로 은혜를 놓치고 있지는 않나요? 하나님의 은혜는 '지금' 받는 것입니다.

 지금 눈을 감고 기도드리세요. 아직도 이 책을 읽고 있나요? 어서 책을 덮고 기도드리세요.

여러분의 두 팔을 벌려 쏟아지는 하나님의 은혜를 느껴 보세요.
지금 기도를 통해 은혜 속에 푹 잠기세요.

영원한 동행

Jun. 27

너는 그들 때문에 두려워하지 말라 내가 너와 함께 하여 너를 구원하리라 나 여호와의 말이니라 하시고 (렘 1:8)

우리는 지금 '생명'이라 불리는 길을 따라 여행을 하고 있습니다. 우리 중 아무도 이 길을 가 본 적이 없기에 언제나 모든 것이 새롭습니다. 물론 좋은 일만 생기지는 않습니다. 하지만 하나님은 항상 우리를 지켜 주겠다고 약속하셨습니다. 우리가 염려하기 시작하면 앞으로 나아갈 수 없습니다. 이런 태도는 하나님이 원하지 않으십니다. 하나님이 영원히 동행하신다는 사실을 여러분이 깨닫기만 하면, 어떤 장애물도 능히 극복할 수 있습니다.

오스왈드 챔버스의 메시지

우리는 공정한 대우를 받는가에 대해 신경을 쓰지 말아야 합니다. 공정한 대우를 받으려고 노력하는 성도는 하나님을 향한 헌신에서 빗나간 사람입니다. 이 세상에서 결코 정당한 대접을 받으려고 기대하지 마세요. 예수님께 헌신한 성도는 정당한 상황이든 부당한 상황이든 개의치 않습니다. 예수님은 우리에게 말씀하십니다. "내가 네게 하라고 명한 일을 꾸준히 하라. 그러면 내가 네 생명을 지켜 주리라."

하나님과 나만의 이야기

지금 여러분이 어느 영적 단계에 와 있든지 그동안 동행해 주신 하나님께 감사드리세요. 만약 힘든 환경에 처해 있다면, 앞으로 닥칠 일을 잠깐 보여 주어 힘을 얻게 해 달라고 기도드리세요. 만일 평안한 환경에 처해 있다면, 잠시 휴식을 취하며 그동안 여러분이 흘린 눈물의 양을 계산해 보세요.

예수님이 유일하신 길입니다. 전적으로 그분만 의지하세요.

Jun. 28 하나님의 손길

내가 이미 얻었다 함도 아니요 온전히 이루었다 함도 아니라 오직 내가 그리스도 예수께 잡힌 바 된 그것을 잡으려고 달려가노라 (빌 3:12)

하나님이 여러분을 원하셨기 때문에 여러분은 지금 이 자리에 있습니다. 여러분은 하나님의 부르심에 응했습니다. "저를 좀 봐 주세요. 저는 특별하답니다. 하나님을 따르기로 선택했거든요." 혹시 세상 사람들을 향해 이렇게 자랑하는 사람이 있다면, 그는 분명히 믿음의 길을 가다가 실족하여 넘어질 것입니다. 하나님이 부르시면 우리는 따라갑니다. 이 땅에 거하며 방황하는 수많은 사람 중에서 하나님이 '여러분'을 선택하셨습니다. 여러분이 다른 사람보다 잘나서가 아니라, 여러분을 향한 그분의 목적이 있기 때문이죠. 갈증에 허덕이는 세상 사람들에게 여러분이 발견한 시원한 생수를 소개해 주세요.

오스왈드 챔버스의 메시지

여러분이 전파해야 할 내용은 하나님이 결정하시지, 여러분의 타고난 기질이 결정하는 것이 아닙니다. 여러분의 영혼을 끊임없이 하나님과 연결된 상태에 있게 하고, 복음을 전하기 위해 부름 받았다는 사실을 늘 기억하세요. 모든 크리스천은 반드시 증인이 되어야 합니다. 그렇지만 복음을 전하려면, 여러분을 괴롭게 할 정도로 꽉 붙드시는 하나님의 손길을 느껴야만 합니다.

하나님과 나만의 이야기

하나님이 인도하셨기 때문에 여러분은 지금 믿음의 길을 가고 있습니다. 따라서 신앙생활을 하며 필요한 것이 있으면 요청하세요. 길을 더 환하게 해 달라거나 쉬고 싶다거나 멋진 장면을 보여 달라거나 뭐든 요구하세요. 그렇지만 여러분의 선택이 아닌 하나님의 선택에 의해 지금 신앙생활을 하고 있다는 사실을 꼭 기억하세요.

하인이든 지도자이든 다 똑같습니다.
여러분은 하나님의 소유물입니다.

쓸데없는 짐 정리

Jun. 29

또 만일 네 오른손이 너로 실족하게 하거든 찍어 내버리라 네 백체 중 하나가 없어지고 온 몸이 지옥에 던져지지 않는 것이 유익하니라 (마 5:30)

믿음의 길에 들어선 여러분은 이제 새로운 피조물이 되었습니다. 언젠가 과거의 생활로 돌아가고 싶은 마음이 생길지 모르지만, 옛 사람은 이미 사라졌습니다. 여러분이 믿음 안에서 성장하여 하나님과 하나가 되면, 과거의 잔해를 보며 "이 짐은 지고 다니기에 너무 무거워"라고 말하며 길가에 내팽개치고 싶은 생각이 들 것입니다. 그렇다면 몽땅 버리세요. 짐을 다 버리고 여행하다 보면, 왜 쓸데없는 짐들을 그렇게 오래 지고 다녔는지 의아하게 여길 때가 옵니다.

오스왈드 챔버스의 메시지 처음에는 예수님께서 성령님을 통해 여러분이 하는 많은 행동을 막으실 것입니다. 그 행동이 다른 사람에게는 완벽하게 어울릴지 몰라도 여러분에게는 적합하지 않기 때문입니다. 그러므로 여러분의 기준으로 다른 사람의 행위를 함부로 비난하지 않도록 조심하세요.

하나님과 나만의 이야기 여러분의 짐을 잘 처리하게 도와달라고 기도드리세요. 아마 여러분이 짐을 지고 있다는 사실을 느끼지 못할 정도로 딱 들러붙어 있는 짐도 있을 것입니다. 짐을 잘 점검하세요. 하나님이 보실 수 있도록 그 짐을 들고 가세요. 짐을 던져야 할 적절한 때가 되면 하나님이 알려 주십니다.

 짐 없이 가볍게 가세요. 혹시 짐 때문에 넘어진다면 내던지세요. 더 이상 필요 없으니까요. 짐은 어디까지나 짐입니다.

Jun. 30

매듭 풀기

> 너를 고발하는 자와 함께 길에 있을 때에 급히 사화하라 그 고발하는 자가 너를 재판관에게 내어 주고 재판관이 옥리에게 내어 주어 옥에 가둘까 염려하라 (마 5:25)

"그 사람이 먼저 시비를 걸었는데요. 정말이에요!"라고 외치고 싶은 적은 없었나요? 그러나 하나님의 관점에서 보면 어떻게 문제를 해결하느냐가 더 중요합니다. 여러분과 싸운 사람을 바라보세요. 여러분이 그들을 등에 업고 식사하며 잠자고 일상생활을 한다고 상상해 보세요. 그렇게 하고 여러분이 얼마나 오래 버틸 수 있을까요? 여러분이 매듭을 풀지 않으면 여러분의 일상은 이렇게 진행됩니다. 만일 상대방을 용서하지 않고 계속 짊어지고 다닌다면, 결국 그 무게에 눌려 주저앉게 될 거예요.

오스왈드 챔버스의 메시지 주님의 관점에서 보면, 내가 사기를 당했는지 안 당했는지는 중요하지 않습니다. 중요한 점은 내가 사기를 치지 않았다는 것입니다. 여러분은 자신의 권리만 주장합니까, 아니면 주님 보시기에 빚진 것을 갚으려고 노력합니까?

하나님과 나만의 이야기 어떤 식으로든 하나님께서 직접 관여해 달라고 요청하세요. 여러분을 미워하는 사람이 자신의 잘못을 깨닫고 와서 용서를 빌게 해 달라고 기도하지 마세요. 오히려 '여러분'의 눈가리개를 제거함으로써 현 상황에서 '여러분'이 해야 할 일을 깨닫게 도와 달라고 요청하세요. 그리고 알려 주시면 실천하세요.

매듭을 푸세요.
그리고 자유롭게 주님과 함께 전진하세요.

July

제자가 되기 위한
아름다운 훈련

제자의 길은 어렵지만 주님이 함께하세요

먼저 손을 내미세요

Jul. 01

진실로 네게 이르노니 네가 한 푼이라도 남김이 없이 다 갚기 전에는 결코 거기서 나오지 못하리라 (마 5:26)

예수님이 원하시는 크리스천이 되려면 세상 사람과 정반대로 살아야 합니다. 세상 사람들은 "네가 성공하려면 앞사람을 밟고 올라서라"고 가르치는데, 예수님은 "네 이웃을 네 자신과 같이 사랑하라"고 가르치십니다. 예수님의 가르침은 이 세상에서 통하지 않을 것 같아 보입니다. 그러나 크리스천은 마땅히 세상적인 사고를 다 버리고 하나님 중심으로 생각해야 합니다. 그리고 깨어진 관계를 치료하기 위해 노력해야 하며 자신이 저지른 실수에 대해 대가를 지불할 준비를 해야 합니다. 물론 하나님은 용서해 주십니다. 아마 지금이 이 여정에서 가장 힘든 순간일 것입니다. 만일 하나님께서 우리를 변화시키신다면, 우리는 기꺼이 바뀔 준비를 해야만 합니다. 우리가 지고 다니는 짐도 다 버려야 하겠죠. 그래야 주님께서 다시 채워 주실 테니까요.

오스왈드 챔버스의 메시지

여러분이 하나님께 여러분의 기질을 고쳐 주시도록 간절히 요청하는 순간, 하나님의 재창조 역사가 시작됩니다. 바꿔 말하면 여러분이 하나님의 목적을 깨닫는 순간, 그분은 우주의 모든 방법을 다 동원해서라도 여러분이 바른 길로 돌아오도록 도와주실 것입니다. 여기서 말하는 하나님의 목적이란, 여러분이 하나님과 또 이웃과 바른 관계를 맺는 것입니다. 지금 결정하세요. "제가 지금 그 사람과 화해하겠습니다."

하나님과 나만의 이야기

어느 부분에서 문제가 꼬였는지 여러분은 알고 있습니다. 그런데 하나님도 여러분의 문제를 알고 계십니다. 과거의 문제를 해결하고 싶다고 하나님께 기도드리세요. 혹시 상대방의 마음이 아직까지 닫혀 있을지라도 여러분이 먼저 손을 내밀어야 합니다. 그래야 여러분의 마음에 생긴 크고 작은 구멍을 하나님께서 사랑으로 채워 주실 수 있습니다.

잘못된 부분은 고치고 뒤틀린 관계는 개선하며 어질러진 것은 잘 정돈하세요.
그리고 계속 나아가세요.

Jul. 02 — 서커스 무대처럼

무릇 내게 오는 자가 자기 부모와 처자와 형제와 자매와 더욱이 자기 목숨까지 미워하지 아니하면 능히 내 제자가 되지 못하고 (눅 14:26)

여러분이 처한 환경에서 관심의 초점이 누구에게 있는지 잊지 마세요. 어떻게 보면 신앙생활은 세 장면을 동시에 진행하는 서커스와 동일합니다. 위쪽에는 줄타기 곡예사가 줄을 따라 부드럽게 나아가고, 공중 그네 위에서는 곡예사가 중력을 무시하듯 묘기를 부립니다. 좌측에는 한 단원이 사자의 입에 머리를 집어넣고 있고, 우측에는 잘 훈련된 말이 뒷발로 서 있습니다. 그리고 트랙 주위에는 코끼리들이 어슬렁거리는데, 이들은 체인으로 트럭과 연결되어 있습니다. 때때로 우리의 믿음과 신앙, 그리고 영성이 마치 서커스 무대의 여러 곳에서 동시에 진행되는 아찔한 연기 같습니다. 그래서 때로는 엄청난 혼란에 빠져 예수님이 아니라 상황을 바라보고 흔들리곤 합니다. 하지만 결국 우리는 이러한 과정을 거쳐 주님을 더욱 사랑하게 될 것입니다.

오스왈드 챔버스의 메시지

주님을 향한 열정을 성령님께서 우리의 마음에 부어주시지 않으면 아무도 주님을 뜨겁게 사랑할 수 없습니다. 주님을 사모하고 존경하며 숭배할 수는 있지만 사랑하지는 못합니다. 그 성령님은 하나님의 사랑을 우리의 마음에 부어주십니다. 성령님은 예수님을 영화롭게 할 수 있는 기회를 포착하실 때마다, 여러분을 사로잡아 예수님께 헌신하고 싶은 마음으로 활활 타오르게 만듭니다.

하나님과 나만의 이야기

시력 검사표를 응시하듯이 집중하여 주님을 바라보게 해 달라고 기도드리세요. 세상의 유혹을 다 뿌리치고 예수님만 바라보세요. 때로는 교회 활동이 예수님을 놓치게 하는 경우가 있으니 조심하세요.

유혹을 다 물리치고 예수님께 집중하세요. 그러면 예수님도 여러분을 주목하실 것입니다.

숨기지 마세요

Jul. 03

그 때에 내가 말하되 화로다 나여 망하게 되었도다 나는 입술이 부정한 사람이요 나는 입술이 부정한 백성 중에 거주하면서 만군의 여호와이신 왕을 뵈었음이로다 하였더라 (사 6:5)

우리는 모두 친구에게조차도 털어 놓고 싶지 않은 은밀한 비밀을 가지고 있습니다. 그리고 실제로 그 문제에 대해 절대로 언급을 하지 않습니다. 하지만 하나님 앞에서는 아무것도 숨길 수 없습니다. 우리가 하나님의 임재를 느끼는 순간, '그때'가 바로 잘못을 고백해야 할 때입니다. 문제를 하나님 앞에 내려놓아야 하는 순간입니다. 인간이 죄책감을 느끼며 하나님을 온전히 사랑하는 것은 불가능합니다. 따라서 아무리 괴롭더라도 기꺼이 과거의 실수를 자백해야만 합니다. 그렇지만 동시에 이 세상의 어떤 것도 우리를 하나님의 사랑에서 끊을 수 없다는 진리 역시 철저히 인정해야 합니다.

오스왈드 챔버스의 메시지

우리는 하나님 앞에 설 때 막연한 죄의식을 갖지 않습니다. 오히려 특정한 죄를 분명히 되새깁니다. 하나님은 성령님을 통해 우리의 마음속에 확고하게 자리 잡은 죄성을 깨닫게 하십니다. 우리가 하나님의 임재를 의식적으로 느낄 때마다 그분은 언제나 이런 식으로 다루십니다.

하나님과 나만의 이야기

우리가 두려워하는 이유는, 하나님께 알리고 싶지 않은 것을 그분이 알까 봐 염려하기 때문입니다. 그런데 하나님은 이미 다 아십니다. 그분은 여러분이 솔직하게 털어 놓고 고백하기를 기다리십니다. 만약 여러분이 고백하면, 하나님은 자상한 부모님처럼 잘못을 교정해 주시고 더욱 사랑해 주실 것입니다.

숨기지 마세요. 두려워하지 마세요. 하나님은 이미 다 아십니다.
그분은 여러분이 잘못했다고 고백하기만을 기다리십니다.

Jul. 04

불평하지 마세요

분을 그치고 노를 버리며 불평하지 말라 오히려 악을 만들 뿐이라 (시 37:8)

"사소한 일에 신경 쓰지 마세요." 우리는 지금까지 이런 말을 수차례 들어 왔습니다. 시편의 말씀은 이렇게 되어 있습니다. "분을 그치고 노를 버리며 불평하지 말라"(시 37:8). 이러한 조언은 이론적으로 보면 아무 문제가 없어 보이나 실제 삶에서 적용하기란 무척 어렵습니다. 여러분도 알다시피 살다 보면 좋은 일과 안 좋은 일이 끊임없이 반복됩니다. 여건이 좋으면 불평하지 않지만 일이 꼬이기 시작하면 그때부터 불평하기 시작합니다. 우리는 흔히 좋은 때는 하나님이 우리를 사랑하시고, 힘든 때는 우리를 무시하신다고 착각합니다. 여러분이 처한 환경과 불평하지 않는 능력은 아무 상관이 없습니다. 오히려 그 능력은 전적으로 하나님과의 관계에 달려 있습니다. 비록 작은 믿음이라도 한번 발휘해 보세요. 만일 여러분이 초조해 하고 사소한 문제로 다툰다면, 어려운 시기에 배울 수 있는 소중한 교훈을 놓치게 됩니다. 절대로 불평하지 마세요.

 오스왈드 챔버스의 메시지

만약 시편에 나오는 "불평하지 말라"는 명령이 우리의 삶에 적용되지 않는다면, 다른 어떤 영역에서도 적용되지 않을 것입니다. 성경의 이 명령은 평안한 상황이든 난처한 상황이든 언제든지 적용되어야 합니다. 그리고 이 명령이 여러분에게 적용되지 않는다면, 다른 사람의 경우에도 마찬가지일 것입니다. 주님 안에서 평안을 누리는 것은 외적 환경과 아무 관련이 없습니다. 오직 여러분과 하나님의 관계에 달려 있습니다.

하나님과 나만의 이야기

지금부터는 불평하지 않겠다고 하나님께 말하세요. 하나님을 신뢰한다고 고백하세요. 하나님은 계획을 가지고 계십니다. 그 계획에 의하면 좋은 시기도 있고 나쁜 시기도 있습니다. 그러니 초조해 하지 마세요.

불평하지 않는 것도 능력입니다.
이 능력을 구하고, 사용하세요.

청사진 그리기

Jul. 05

네 길을 여호와께 맡기라 그를 의지하면 그가 이루시고 (시 37:5)

혹시 여러분의 미래에 대한 청사진을 그려본 적 있나요? 아마도 특정한 시기에 있게 될 자리와 미래 모습 등을 그려 보았을 것입니다. 그러다가 불현듯 현실과의 괴리를 느끼며 공허감에 사로잡히기도 했겠죠. 그러나 하나님은 우리의 계획 속에서 실제적으로 활동하시는 분입니다. 주일에만 하나님을 생각하지 말고, 매일 하나님과 동행하는 청사진을 그려 보세요.

오스왈드 챔버스의 메시지

우리는 하나님이 정해 주시지 않은 환경에 처할 때에야 비로소 하나님을 고려하지 않고 계획을 세웠다는 점을 깨닫게 됩니다. 하나님을 핵심 요소로 삼지 않은 것이죠. 이러한 실수에 빠질 가능성을 아예 차단하려면 계획을 세울 때마다 하나님을 가장 중요한 요소로 선정하면 됩니다.

하나님과 나만의 이야기

오늘은 여러분의 미래에 관해 하나님과 대화를 나누세요. 그리고 여러분의 계획안에 하나님이 들어서실 영역이 있는지 살펴보세요. 만약 그분의 공간이 없다면 다시 점검해 보세요.

하나님을 고려하지 않고 계획을 세우면 여지없이 무너지고 하나님과 함께하면 승리합니다. 어때요, 쉽지 않아요?

Jul. 06
텅 빈 캔버스

뜨거운 사막이 변하여 못이 될 것이며 메마른 땅이 변하여 원천이 될 것이며 승냥이의 눕던 곳에 풀과 갈대와 부들이 날 것이며 (사 35:7)

텅 빈 캔버스를 응시하는 화가의 예리한 '눈'을 볼 수 있다면 얼마나 놀라울까요? 일반인이 볼 때는 그저 백지에 불과하지만, 화가는 마음의 눈을 통해 그 속에서 완성된 예술 작품을 봅니다. 하나님 역시 예술가의 눈으로 우리를 보시며 가능성을 찾아내십니다. 우리는 스스로 명작이 될 수 없습니다. 하나님만이 하실 수 있으시며 그 과정에는 고통과 시련도 포함됩니다. 하지만 이런 시기를 통과해야만 우리는 하나님이 원하시는 작품으로 새롭게 태어날 수 있습니다.

오스왈드 챔버스의 메시지

하나님께서 우리에게 비전을 주시면, 우리는 즉시 나가서 뭔가를 하려고 합니다. 하지만 그 비전은 아직 우리 안에서 실제로 이루어지지 않았습니다. 그 이유는 우리가 하나님의 비전에 합당한 그릇으로 만들어지기 위해 빚어지는 과정을 거쳐야 하기 때문입니다. 이 과정을 거쳐 그분이 신뢰할 만한 단계에 도달하면, 그분은 그 비전이 이루어지게 하십니다. 사실 비전을 주신 하나님은 우리를 비전에 적합한 인물로 만드시기 위해 지금껏 일해 오셨습니다.

하나님과 나만의 이야기

힘든 시기가 다가오면, 예술가이신 하나님의 작업이 아직 끝나지 않았다는 사실을 기억하세요. 좋은 시기가 찾아오면, 여러분이 겪었던 힘들었던 과정을 회상하며 어려운 시기가 다시 올 수 있다는 점을 잊지 마세요. 예술가이신 하나님의 눈으로 여러분을 점검하세요.

여러분은 캔버스입니다. 하나님이 캔버스에 걸작을 그려가십니다.
하나님을 신뢰하세요.

제자로 산다는 것은

Jul. 07

좁은 문으로 들어가라 멸망으로 인도하는 문은 크고 그 길이 넓어 그리로 들어가는 자가 많고 생명으로 인도하는 문은 좁고 길이 협착하여 찾는 자가 적음이라 (마 7:13-14)

불신자로 사는 것보다 신자로 사는 것이 더 어렵습니다. 그런데 신자와 불신자는 엄연히 다릅니다. 위기가 닥칠 때, 불신자는 피해 숨지만, 신자는 굳게 서서 폭풍과 정면으로 맞섭니다. 바로 이때 우리는 하나님이 우리 안에 놀라운 능력을 부어주셨다는 사실을 깨닫습니다. 그래서 크리스천은 강하고 용감합니다. 예수님의 제자로서 살아가려면 엄청난 훈련과 믿음, 그리고 용기가 필요합니다. 혹시 여러분이 이러한 요소를 갖추지 못했다면, 아마 지금 이 자리에 없을 것입니다.

오스왈드 챔버스의 메시지

크리스천의 삶은 영광스러우면서도 어렵습니다. 그러나 그 어려움은 우리를 주눅 들게 하거나 무기력하게 만들지 못합니다. 오히려 극복할 수 있도록 동기를 부여합니다. 여러분은 예수님이 주신 놀라운 구원에 대해 감사하며 최고이신 주님께 여러분의 최선을 드리고 있나요?

하나님과 나만의 이야기

오늘은 똑바로 서서 기도해 보세요. 비록 힘들어도 주님을 따르겠다고 고백하세요. 이 세상에 어떤 어려움이 닥친다 해도 결코 피하지 않겠다고 담대하게 선포하세요.

비록 제자의 길은 어렵지만 하나님이 함께하십니다.
만약 그분이 계시지 않는다면 여러분도 존재하지 않겠죠.

Jul. 08

결단하세요!

너희가 섬길 자를 오늘 택하라 오직 나와 내 집은 여호와를 섬기겠노라 (수 24:15)

결단은 여러분이 내려야 합니다. 여러분은 이미 믿음의 길을 가기로 결정했기 때문에, 하나님이 여러분을 위해 뭔가 해 주시기를 기대하며 표류해서는 안 됩니다. 예수님이 말씀하신 대로 살겠노라고 이미 결정했으니까요. 이 문제는 여러분과 하나님, 오직 둘만이 아는 비밀이며 다른 사람의 의견은 중요하지 않습니다. 예수님이 "내게 오라"고 명하시면, 우리는 "알겠습니다"라고 답합니다. 이것이 전부입니다. 분명하고 확고하며 변치 않는 태도로 결정하면 됩니다. 절대로 '우연한' 결정이 아니고, 여러분이 '계획하고' 내리는 결단입니다.

오스왈드 챔버스의 메시지

하나님은 지금까지 우리에게 결단을 촉구하는 중대한 제안을 여러 차례 하셨습니다. 따라서 우리에게 필요한 태도는, 하나님이 과거에 우리를 만져주셨을 때에 우리가 어떻게 행동했는지를 기억하는 것입니다. 여러분이 예수님을 처음 만났을 때, 진리를 깨달았을 때, 어떻게 행동했는지를 떠올려 보세요. 그때는 모든 것을 주님께 맡기기가 쉬웠을 겁니다. 이제 성령님께서 여러분에게 새로운 제안을 하실 때, 그때를 기억하며 결단하세요.

하나님과 나만의 이야기

마음을 가라앉히고 홀로 기도드리세요. 여러분의 결심을 다시 한 번 말해 보세요. 하나님께 말하듯이 자신에게도 여러 차례 말하세요. 지금부터는 하나님의 음성에 귀를 기울이고 성경 말씀을 배우며 행동하겠다고 약속하세요.

하나님은 '지금 당장'을 중시하십니다. 여러분과 하나님밖에 없습니다.
이미 결심하셨죠? '결단' 외에는 다른 대안이 없습니다.

솔직하게 인정하세요

Jul. 09

여호수아가 백성에게 이르되 … 그는 거룩하신 하나님이시요 질투하시는 하나님이시니…
(수 24:19)

만약 우리가 하나님의 완벽한 종이 될 수 있다면, 그분을 따르기가 훨씬 쉽겠죠. 그런데 우리는 완벽하지 못합니다. 우리는 하나님께 우리를 사용해 달라고 요청하지만, 마음 한 구석은 이렇게 중얼거립니다. "그러면 이건 어떻게 해?" "나는 실제로 자격이 없는데." 어떻게 보면 이렇게 느끼는 것이 당연합니다. 그렇지만 우리는 충분히 도구로 사용될 수 있습니다. 왜냐하면 적절한 때에 적절한 장소에서 쓰일 수 있도록 준비되고 있기 때문입니다. 자신이 무가치하다고 느끼는 사람이야말로 가장 가치 있는 존재입니다. 하나님께 드릴 것이 없다고 생각하는 성도야말로 하나님의 은혜가 강물처럼 임할 때 풍성하게 채워질 것입니다.

오스왈드 챔버스의 메시지

혹시 하나님 외에 다른 대상을 조금이라도 의지하고 있나요? 하나님께서 여러분에게 특별한 제안을 하실 때 여러분 자신을 의지하고 있지는 않나요? 이러한 질문을 던지며 자신을 점검하는 것이 성찰의 의미입니다. "저는 거룩한 삶을 살 수 없어요." 분명히 맞는 말입니다. 그러나 여러분은 예수님께 자신을 내어드릴 수는 있습니다.

하나님과 나만의 이야기

지금 모습 그대로 하나님께 나아가세요. 어떠한 약속이나 제안도 하지 마세요. 그냥 자신을 점검하며 엉망인 상태를 솔직하게 인정하세요. 하나님은 우리의 현재 모습을 원하십니다.

우리는 자격이 없어요. 그러면 어쩌죠?
여러분은 하나님의 소유물입니다. 그렇다면 자격은 충분합니다.

Jul. 10 영적 자극

서로 돌아보아 사랑과 선행을 격려하며 모이기를 폐하는 어떤 사람들의 습관과 같이 하지 말고 오직 권하여 그 날이 가까움을 볼수록 더욱 그리하자 (히 10:24-25)

"아, 정말로 멋진 비전이야! 언제라도 흔들리는 해먹 위에 누워 쉴 수 있고, 좋아하는 성경 구절도 마음껏 연구하고, 하나님과 일대일로 교제도 한다니, 상상만 해도 좋은 걸!" 지금 무슨 공상을 하고 있는 건가요? 신앙생활은 절대로 이렇게 진행되지 않습니다. 여러분 혼자 하는 것도 아닙니다. 여러분은 다른 성도와 함께 목표를 향해 나아갑니다. 가끔 불법, 증오, 불평등과 맞서 싸울 때도 있을 것입니다. 여러분은 하나님의 가족입니다. 따라서 하나님의 자녀로서 기꺼이 영적 자극을 받아들여야 하고, 기쁘게 자신을 드려야 하며 형제자매를 격려하고 하나님의 뜻을 함께 이루어가야 합니다.

오스왈드 챔버스의 메시지

영적 활동을 활발하게 하는 하나님의 사람이 우리를 일깨우기 위해 다가와 옆구리를 친다면, 이것을 기분 좋게 여길 사람은 아무도 없을 것입니다. '적극적으로 일하는 것'과 '영적 활동'은 분명히 다른데, 많은 성도들이 적극적으로 일하는 것을 영적 활동으로 착각합니다.

하나님과 나만의 이야기

하나님께서 원하시는 것이 무엇인지 알려 달라고 여쭤보세요. 그러나 여러분이 가만히 서서 대답만 기다린다면 결코 주어지지 않을 것입니다. 신앙생활은 마치 길을 따라 걷는 것과 같습니다. 따라서 그 길을 가는 중에 힘들어 하는 친구가 있으면 당연히 가서 도와주어야 합니다. 서로 도와주고 동역하며 하나님의 뜻을 이루어야 합니다.

♥ ♥ ♥ 우리는 하나님 안에서 한 가족입니다.
그러니 서로 돕고 격려해야 합니다.

예수님 닮아가기
Jul. 11

> 내가 그리스도와 그 부활의 권능과 그 고난에 참여함을 알고자 하여 그의 죽으심을 본받아
> (빌 3:10)

"예수님이라면 어떻게 하실까?" 그런데 이 질문은 자칫하면 오해를 불러일으킬 수 있습니다. 이보다 더 좋은 표어는 "예수님을 닮자"입니다. 크리스천의 삶에 있어서 가장 중요한 목표는 예수님처럼 사는 것입니다. 바꿔 말하면 폭풍을 잔잔케 하시고 제자들의 발을 씻어 주신 예수님을 닮는 것입니다. 만일 우리가 예수님처럼 살면, 세상 사람들이 우리를 통해 예수님을 볼 것입니다. 이제 우리의 말과 행동이 더욱 예수님을 닮길 원합니다.

오스왈드 챔버스의 메시지

성도는 자신의 뜻을 이루기 위해 일하는 법이 없고, 언제나 예수님을 알아가려는 마음으로 살아가야 합니다. 성령님은 우리가 삶의 각 영역에서 예수 그리스도를 깨닫게 되기를 원하시며 또 그렇게 만드시기로 작정하셨습니다. 따라서 우리가 그 수준에 도달할 때까지 반복해서 똑같은 상황으로 이끄십니다.

하나님과 나만의 이야기

도대체 예수님은 어떤 모습을 지니셨을까요? 지금 여러분의 삶에서, 여러분이 처한 환경에서 예수님은 어떤 모습이실까요? 하나님께 물어보고 예수님의 그 이미지대로 닮아가겠다고 다짐하세요.

세상의 영웅이나 위인이 아니라 오직 예수님만 닮으세요.

Jul. 12 — 진정한 교회

> 우리가 다 하나님의 아들을 믿는 것과 아는 일에 하나가 되어 온전한 사람을 이루어 그리스도의 장성한 분량이 충만한 데까지 이르리니 (엡 4:13)

크리스천의 목표가 세상 사람들로 하여금 하나님과 관계를 맺도록 하는 것이라면, 우리는 이 일을 하며 서로 도와야 할 필요가 있습니다. 이러한 목적을 위해 하나님께서 교회를 세우셨기 때문입니다. 그러나 '교회'를 그저 주일 아침에 모여 일정한 순서에 따라 진행되는 예배 시간으로 착각해서는 안 됩니다. 완전히 다른 관점에서 접근해야 합니다. 물론 우리는 정기적으로 모여 예배를 드립니다. 하지만 교회는 '우리' 그 자체입니다. 즉, 이 세상에서 함께 모여 생활하는 크리스천 공동체입니다. 우리가 힘을 모아 하나님의 사랑으로 세상을 치유한다면, 그게 바로 진정한 '교회'의 모습입니다.

오스왈드 챔버스의 메시지 — 우리가 이 세상에 존재하는 목적은, 우리의 영적인 삶을 개발하거나 영적 휴가를 즐기는 데 있지 않습니다. 오히려 예수님의 가르침을 실천하여 그리스도의 몸을 세우는 데 있습니다.

하나님과 나만의 이야기 — 오늘은 친구와 함께 기도드리세요. 두 사람을 묶고 있는 끈이 더 강해지도록 기도하고, 기도 모임 공동체가 더 확산될 수 있게 해 달라고 구하세요. 함께 기도하면 주님의 임재를 더 느낄 수 있습니다.

교회는 단지 건물이 아닙니다. 여러분이 바로 교회입니다.

하나님만 바라 봐요

Jul. 13

웃시야 왕이 죽던 해에 내가 본즉 주께서 높이 들린 보좌에 앉으셨는데 그의 옷자락은 성전에 가득하였고 (사 6:1)

하나님은 약간 '익살스런' 방법을 통해 우리가 그분께 더 가까이 나아오도록 유도하십니다. 여기서 말하는 '익살스런'이란 말은, '재미있는'보다는 '별난'에 가깝습니다. 그렇기 때문에 우리는 하나님의 뜻밖의 행위에 미처 대비하지 못합니다. 하나님은 우리 삶에서 가장 중요한 자리를 요구하시며 각종 사건을 동원하여 우리를 그분께 더 가까이 끌어당기십니다. 만약 친구를 최우선으로 여기는 성도가 있다면, 하나님은 그에게서 친구를 데려가심으로써 그분께 관심을 갖도록 만드십니다. 하나님은 우리 삶에서 언제나 제1순위를 차지하셔야 하기 때문에, 우리 삶에 변화를 주어서라도 그분이 원하는 상태로 만드십니다. 설령 우리가 그 변화를 원치 않는다 하더라도 말입니다. 하나님을 넘버원으로 하면, 그 결과는 언제나 전보다 더 좋아질 수밖에 없습니다.

오스왈드 챔버스의 메시지

'우리가 하나님을 보는가 못 보는가' 하는 문제는 전적으로 우리 성품의 상태에 달려 있습니다. 우리의 성품 속에 하나님의 속성과 연결되는 요소가 있을 때, 우리는 "제가 주님을 보았습니다"라고 고백할 수 있습니다. 따라서 우리가 주님을 보려면, 외부 사건을 통한 외과 수술과 내적인 정화 작업을 동시에 거쳐야 합니다.

하나님과 나만의 이야기

하나님을 제1순위에 둔다고 해서 항상 좋은 일만 생기지는 않습니다. 하나님은 좋은 일과 좋지 않은 일, 모든 일이 합력하여 우리에게 유익하게 하십니다. 그러므로 여러분의 삶에서 하나님이 넘버원이 되게 하세요.

첫째도 하나님, 둘째도 하나님, 셋째도 하나님입니다.
무슨 뜻인지 아시지요? 넷째도 역시 하나님입니다.

Jul. 14
하고 싶지 않더라도

나는 너희에게 이르노니 악한 자를 대적하지 말라 누구든지 네 오른편 뺨을 치거든 왼편도 돌려 대며 (마 5:39)

예수님은 가르치실 때, 사람들이 오랫동안 당연하다고 여겼던 생각을 완전히 뒤집어 새로운 관점에서 보게 하셨습니다. 약한 자가 강하게 되고, 낮은 자가 높아질 것이라고 단언하셨습니다. 우리는 세상 사람들이 우리에게 요구하는 반응과 성경이 우리에게 요구하는 반응이 상반되는 경우를 종종 경험합니다. 그러므로 악조건에서도 기뻐할 수 있습니다. 이는 성경 말씀을 실천할 수 있는 좋은 기회가 주어졌기 때문이지요. 이렇게 하기가 어렵다고요? 당연합니다. 하지만 예수님의 방식대로 순종했을 때, 우리의 마음이 얼마나 흥분될지 상상해 보세요.

오스왈드 챔버스의 메시지

예수님은 산상수훈을 통해 "네 의무를 행하라"고 가르치지 않으시고 "네 의무가 아닌 것을 하라"고 명하십니다. 5리를 더 동행하고 왼뺨을 돌려대는 것은 여러분의 의무가 아닙니다. 그러나 예수님은 "만일 너희가 내 제자라면 언제든지 이렇게 해야 한다"고 선언하십니다. 그러므로 예수님의 제자에게는 다음과 같은 변명이 통하지 않습니다. "이제 더 이상 못 참아. 지금까지 너무 많은 오해를 받아왔어. 억울해!" 우리가 자신의 권리를 주장할 때마다 예수님은 상처를 받으십니다. 반면에 우리가 대신 얻어맞으면, 예수님은 상처를 받지 않으십니다.

하나님과 나만의 이야기

오늘은 시련과 고난을 주신 하나님께 감사하세요. 다른 사람이 예상치 못한 일을 한 적이 있다면 말해 보세요. 혹시 지금 어려운 시기를 잘 견디고 있다면 기뻐하세요. 예수님이 지금 가장 좋은 방법을 여러분에게 알려 주고 계십니다.

낮은 자가 높아지고 약한 자가 강해집니다.
예수님이 주님이시기 때문입니다.

주님의 요구 사항

Jul. 15

> 헬라인이나 야만인이나 지혜 있는 자나 어리석은 자에게 다 내가 빚진 자라 (롬 1:14)

모든 선한 것은 하나님에게서 나옵니다. 우리가 지금 이런 모습을 갖추게 된 것도 실은 하나님의 창조의 결과입니다. 사도 바울은 자신이 예수님께 영원히 빚진 자라고 생각했습니다. 그를 제자와 사도로 삼으신 분이 여 주님이시기 때문입니다. 여러분의 경우는 어떻습니까? 여러분을 현재의 모습으로 만드신, 우주의 창조자이신 하나님께 여러분은 어떻게 반응하고 있습니까? 이 질문에 대한 답은 여러분이 보내심을 받은 장소에서 하나님을 위해 사는 것입니다. 여러분이 지금까지 받은 사랑을 다른 사람에게 보여 주세요. 그래서 여러분을 보고, 여러분의 말을 듣고, 여러분을 생각하는 사람마다 예수님의 사랑을 알 수 있게 하세요.

오스왈드 챔버스의 메시지

바울은 고백합니다. "나는 예수님의 복음 때문에 이 세상에 사는 모든 사람에게 빚진 자가 되었습니다. 나는 오직 주님의 완전한 종이 될 때 비로소 자유를 누립니다." 영적 영역을 누리는 단계에 도달한 성도는 바울처럼 고백하게 됩니다. 이제 자신을 위해 기도하지 말고 예수님의 종으로서 다른 사람을 위해 사세요. 일상생활에서 '찢겨진 빵과 부어지는 포도주'가 된다는 말의 의미가 바로 이것입니다.

하나님과 나만의 이야기

오늘은 여러분이 받은 재능을 하나님께 다시 돌려드리며 그분께 감사하세요. 무슨 재능을 받았든지 하나님의 목적을 위해 사용할 특별한 방법을 찾아보세요.

성령님은 한 분이시고 주님도 한 분이십니다.
모든 선한 것이 한 곳에서 나옵니다. 주님께 감사하세요.

Jul. 16 우주를 주관하시는 분

너희가 악한 자라도 좋은 것으로 자식에게 줄 줄 알거든 하물며 하늘에 계신 너희 아버지께서 구하는 자에게 좋은 것으로 주시지 않겠느냐 (마 7:11)

만사를 주관하시는 하나님이 여러분을 사랑하십니다. 오늘은 이 진리만 기억하세요. 정말입니다. 이 사실을 이해하고 받아들이세요. 그러면 인생의 온갖 문제들이 풀립니다. 여러분의 삶이 어떻게 진행될지 모른다 해도 괜찮습니다. 하나님이 주관하시며 여러분을 사랑하시니까요. 혹시 최근에 삶이 완전히 무너져 내렸나요? 염려하지 마세요. 하나님이 주관하십니다. 뭔가 필요한 것이 있나요? 무언가를 찾고 있나요? 친구가 어려움에 빠져 있나요? 여러분을 사랑하시는 하나님은 우주를 다스리십니다.

 오스왈드 챔버스의 메시지

예수님은 이렇게 말씀하십니다. "하나님이 매정한 친구처럼 보일 때가 있더라도 그분을 믿어라." "하나님이 이상한 아버지처럼 느껴지는 순간에도 그분을 의뢰하라." "하나님이 가끔 불의한 재판관처럼 보일 때가 있더라도 그분을 의지하라." 모든 일의 배후에 하나님이 계신다는 사실을 언제나 인식하세요. 하나님의 뜻과 무관한 사건은 절대로 발생하지 않습니다. 그러므로 하나님을 전적으로 신뢰하며 평안을 누리세요.

 **하나님과 나만의 이야기**

하나님을 믿는다고 큰 소리로 고백하세요. 사랑을 베풀어 주셔서 고맙다고 말하세요. 그러면 만사가 순조롭게 풀립니다.

 하나님이 세상 만물을 주관하시고 그분은 여러분을 사랑하십니다. 이 외에 더 필요한 것이 있을까요?

설교자인가요, 말씀인가요?

Jul. 17

내 말과 내 전도함이 설득력 있는 지혜의 말로 하지 아니하고 (고전 2:4)

사도 바울은 뛰어난 웅변가가 아니었습니다. 그러나 그가 전한 메시지는 강력했습니다. 우리는 반드시 기억해야 합니다. 우리가 하나님께 더 가까이 나아가도록 이끄는 것은 하나님의 말씀이지, 복음을 전하는 설교자가 아니라는 점을 말입니다. 만일 복음을 전할 때 우리의 말이 사람들로 하여금 하나님께 더 가까이 나아가도록 돕는다고 생각한다면, 이는 큰 착각입니다. 마찬가지로 자신이 설교자를 좋아한다는 이유 하나 때문에 설교에 귀를 기울인다면, 하나님께 더 가까이 나아가지 못합니다. 하나님의 말씀이 스스로 역사할 때에는 방해하지 말아야 합니다.

오스왈드 챔버스의 메시지

예수님이 이루신 구속(救贖)의 능력은 복음이 선포될 때 나타납니다. 결코 설교자의 인격에 달려 있지 않습니다. 따라서 복음을 전하는 자가 진정으로 금식하려면, 식사를 중단할 것이 아니라, 웅변술이나 인위적인 언변, 그리고 감동을 불러일으키려는 꾸며낸 말투 등을 중단해야 합니다. 아울러 하나님의 복음을 전하는 데 방해하는 모든 요소를 물리쳐야 합니다. 설교자는 하나님의 대리자로서 말씀을 전해야 합니다.

하나님과 나만의 이야기

모든 것이 성경에서 시작됩니다. 음악, 예배, 그리고 설교가 모두 성경에서 시작됩니다. 성경을 읽으세요. 그리고 여러분의 마음을 하나님께서 어느 방향으로 이끄시는지 잘 살피세요.

여러분의 말이 아니라 하나님의 말씀입니다. 그러니 말은 줄이고 성경 말씀에 귀를 기울이세요.

Jul. 18 — 강요는 아니지만

> 대답하되 주여 누구시니이까 이르시되 나는 네가 박해하는 예수라 너는 일어나 시내로 들어가라 네가 행할 것을 네게 이를 자가 있느니라 하시니 (행 9:5-6)

인간은 정말로 흥미로운 존재입니다. 무엇이든지 설명하려고 시도하며 무엇인가를 이해할 수 없으면 불안해 하기 때문입니다. 그런데 예수님은 우리에게 조건이나 이해를 따지지 말고 실천하라고 말씀하십니다. "그냥 시키는 대로 하라." 그분은 때로 아무 설명 없이 찾아오셔서 "가라"고 명령하십니다. 그러면 우리는 '가야' 합니다. 물론 우리가 "오늘은 너무 바빠서 안 돼요"라고 응답해도 괜찮습니다. 그래도 하나님은 강요하시지 않습니다. 다만 언젠가 반드시 우리는 뒤를 돌아보며 "하나님의 명령을 따랐어야 했는데"라고 중얼거리며 후회하게 될 것입니다.

 오스왈드 챔버스의 메시지

만약 내가 예수님과 얼굴을 맞대고 서서 "저는 순종하지 않겠습니다"라고 말해도, 예수님은 절대로 강요하지 않으십니다. 이것은 하나님의 은혜에 신경을 쓰지 않겠다는 태도입니다. 만일 이때 여러분이 빛으로 나아온다면 여러분의 모습이 얼마나 혐오스러울까요?

하나님과 나만의 이야기

하나님의 음성에 귀를 기울이세요. 여러분을 위한 계획의 작은 부분을 보여 주실 것입니다. 그때 더 많이 보여 달라고 요청하지 마세요. 오직 보여 주시는 것에 주목하세요.

받아들이세요. 따지지 마세요.
설명하려고 시도하지도 말고 수용하세요. 그리고 실천하세요.

선택의 기회

Jul. 19

너희가 나를 선생이라 또는 주라 하니 너희 말이 옳도다 내가 그러하다 (요. 13:13)

예수님은 우리에게 선택권을 주시며 자신을 믿으라고 요청하십니다. 이러한 예수님의 모습이 정말로 멋지지 않나요? 만일 예수님이 "너희는 꼭 나를 믿어야 해. 그리고 반드시 하나님의 아들로 대접해야 해"라고 명령하셨다면, 예수님과 우리의 관계는 완전히 달라졌을 것입니다. 예수님은 하나님의 독생자이십니다. 그런데도 우리 스스로 결정하기를 원하십니다. 예수님이 어떤 분이신지 아주 희미하게 알기만 해도, 우리는 그분에 대해 놓칠 뻔했던 사실을 떠올리며 감탄할 것입니다. 아울러 하나님의 사랑을 받을 만한 자격이 없다고 느끼기 시작하겠죠. 이 단계에 도달한 성도는 선택권을 주신 하나님의 은혜에 더욱 감사하게 될 것입니다.

오스왈드 챔버스의 메시지

주님은 절대로 순종을 강요하지 않으십니다. 그런데 우리가 주님을 만나면, 즉시 순종하게 되어 있습니다. 이렇게 되면 우리는 그분을 주님으로 모시며, 아침부터 저녁까지 그분을 높이며 지낼 것입니다. 크리스천이 은혜 가운데서 성장하고 있다는 증거는 주님께 순종하는 태도를 통해 나타납니다. 우리는 수렁 속에 빠져 있는 '순종'이란 단어를 반드시 구해내야 합니다.

하나님과 나만의 이야기

여러분이 하나님을 믿든 안 믿든 선택할 수 있는 기회를 주신 주님께 감사하세요. 아직 믿지 못한다 하더라도 감사하세요. 만일 확실하게 믿는다면, 믿을 수 있게 해 주셔서 감사하다고 고백하세요.

결정하세요. 진지하게 선택하세요.
일단 옳은 결정을 내리면 진리가 얼마나 확실한지 알게 됩니다.

Jul. 20

하나님의 임재

> 오직 여호와를 앙망하는 자는 새 힘을 얻으리니 독수리가 날개치며 올라감 같을 것이요 달음박질하여도 곤비하지 아니하겠고 걸어가도 피곤하지 아니하리로다 (사 40:31)

우리는 극적인 체험을 하기 위해 스릴 넘치는 활동을 즐깁니다. 그러나 아무리 번지점프를 하고, 스케이트보드를 타며 묘기를 부리고, 심지어 비행기에서 뛰어내린다 해도, 그때 느끼는 스릴감은 하나님의 임재를 온전히 체험할 때 느끼는 황홀감을 능가하지 못합니다. 하나님은 다양하게 역사하십니다. 하나님의 임재는 정신적으로, 정서적으로, 영적으로, 우리가 상상할 수 없는 다양한 방법으로 나타납니다. 그분의 임재를 느끼면, 우리는 그동안 깨닫지 못했던 진리를 발견하게 됩니다. 즉, 하나님이 내내 우리와 함께 계셨다는 진리를 새롭게 느끼게 됩니다.

오스왈드 챔버스의 메시지

하나님의 임재는 장소에 구애받지 않습니다. 오직 언제나 주님 앞에서 살겠다는 우리의 결단에 달려 있습니다. 그런데 문제는 우리가 하나님의 임재를 믿지 않으려는 데 있습니다. 시편 기자는 이렇게 고백합니다. "그러므로 우리는 … 두려워하지 아니하리로다"(시 46:2-3). 하나님의 임재에 대한 막연한 의식이 아니라, 하나님의 실존에 대한 확고한 믿음을 가지고 있을 때, 우리도 시편 기자와 같은 태도로 "어쩜, 이럴 수가! 주님께서 항상 여기에 계셨잖아!"라고 고백할 수 있게 됩니다.

하나님과 나만의 이야기

문을 닫고 조용히 앉아 집중하지 못하게 하는 요소들을 다 제거하세요. 아주 진지한 마음으로 하나님과 대화하세요. 오늘은 무언가를 달라고 요구하지 말고 하나님의 임재를 느껴보세요.

준비하시고 나아가세요.
하나님의 임재를 느끼면 다른 모든 문제들은 작아집니다.

알면 알수록 모르는 것

Jul. 21

심령이 가난한 자는 복이 있나니 천국이 그들의 것임이요 (마 5:3)

지금 우리가 하고 있는 여정은 마치 두 대의 에스컬레이터를 타고 있는 상황과 비슷합니다. 하나는 올라가고 다른 하나는 내려갑니다. 우리는 예수님이 가르쳐 주신 이야기와 교훈을 배우며 위로 올라갑니다. 예수님의 출생과 세례, 행하신 기적들을 배우면서 예수님을 친구이자 선생으로 만납니다. 그러다가 이후에는 예수님이 단순한 친구 수준에 머무르지 않으시고, 그 이상의 의미를 지닌 분이심을 감지하며 점차 이해되지 않는 영역으로 들어섭니다. 이때 우리는 에스컬레이터를 타고 내려가는 듯한 느낌을 받습니다. 그렇지만 예수님이 우리의 구세주라는 사실을 진정으로 깨달을 때, 그분의 가르침은 우리에게 축복으로 다가옵니다.

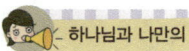
오스왈드 챔버스의 메시지

예수님을 '선생님'으로 간주하지 않도록 조심하세요. 만약 예수님이 일개 교사에 불과하다면, 그분은 우리가 도달할 수 없는 기준을 설정해 놓고 약을 올리는 일을 하는 것뿐입니다. 인간이 절대로 될 수 없는 상태를 제시하며 그렇게 되라고 요구한다면, 무슨 소용이 있을까요? 예컨대 마음이 청결해야 한다거나 의무 그 이상의 것을 해야 한다거나 하나님께 전적으로 헌신해야 한다는 명령 말입니다. 그러나 우리가 예수님을 구세주로 영접할 때, 예수님의 가르침은 의미 있게 다가옵니다. 성령님을 통해 거듭난 성도는 예수 그리스도께서 단지 '가르치기' 위해 오신 것이 아니라, 우리가 '그분이 가르치신 대로 살 수 있도록' 만들기 위해 오셨다는 진리를 깨닫습니다.

하나님과 나만의 이야기

여러분의 이해력을 조금 더 높여 달라고 하나님께 요청하세요. 여러분이 하나님께 드릴 수 있는 것이 여러분 자신밖에 없다는 사실을 깨달을 때, '바로 그때' 하나님은 여러분을 사용하십니다.

많이 알면 알수록 모르는 사실이 더 많다는 점을 깨닫게 됩니다. 여러분이 이 단계에 도달하면, 하나님이 더 많이 가르쳐 주십니다.

Jul. 22 새로운 자아

하나님의 뜻은 이것이니 너희의 거룩함이라 (살전 4:3)

드디어 여러분의 여정은 죽음과 생명의 문제를 다루는 단계에 도달했고, 오늘은 죽음의 문제에 대해 다룰 예정입니다. 여기에서 죽음은 여러분의 옛 자아가 죽는다는 뜻입니다. 새로운 삶을 시작하기 위해서예요. 이제는 하나님보다 더 중시했던 이전의 모든 것을 다 청산해야 합니다. 그래서 오직 새로운 자아만이 남아야 합니다. 하나님만을 기쁘시게 하려는 새로운 자아 말입니다.

오스왈드 챔버스의 메시지
하나님은 우리를 거룩하게 하실 때, 살리는 쪽도 다루시지만 죽어야 하는 쪽도 다루십니다. 성화(聖化)가 이루어지려면 언제나 고상한 전투를 치러야 하는데, 이는 예수 그리스도의 요구에 대항하는 악한 세력과의 내적 투쟁을 의미합니다. 성화의 의미가 무엇인지를 성령님이 우리에게 알려 주시면 이 싸움이 시작됩니다.

하나님과 나만의 이야기
하나님께 기도하며 성화의 의미가 무엇인지 물어보세요. 그러면 하나님은 아무 말 없이 거울을 보여 주실 것입니다. 여러분의 변화된 모습을 마음에 그리며 기도드리세요. 그러면 여러분의 옛 사람은 점차 사라지고, 새사람이 서서히 드러나게 될 테니까요.

여러분은 새로운 존재입니다.
과거를 질질 끌고 다니지 말고 싹둑 잘라 버리세요.

거룩한 삶

Jul. 23

너희는 하나님으로부터 나서 그리스도 예수 안에 있고 예수는 하나님으로부터 나와서 우리에게 지혜와 의로움과 거룩함과 구원함이 되셨으니 (고전 1:30)

크리스천은 역할극을 하며 예수님의 흉내를 내는 사람이 아닙니다. 만약 우리가 진정으로 거룩하게 되려면 배우처럼 연기하려고 해서는 안 됩니다. 하나님을 향해 기꺼이 "주님, 제가 이제 준비되었습니다"라고 말하는 순간, 우리는 거룩하게 됩니다. 그러면 놀라운 일이 일어나는데, 예수님의 가장 좋은 품성들, 즉 그분의 사랑, 믿음, 동정, 온유, 정의, 인내, 거룩함, '이 모든 것'이 우리의 일부가 됩니다. 우리는 단지 예수님을 모방하는 단계에 그치지 않고, 예수님이 우리의 일부가 되시기를 원해야 합니다. 예수님의 품성이 우리의 일부가 되면, 우리는 그분과 동행하는 자로서 부끄럽지 않은 삶을 살게 됩니다. 다시 말하면 우주의 창조자이신 하나님과 동행하는 거룩한 삶을 살아가게 됩니다.

오스왈드 챔버스의 메시지 성화는 '예수님의 놀라운 생명'을 얻는 것입니다. 이 생명은 하나님의 선물인데 믿음을 통해 우리에게 전달됩니다. 예수님의 생명이 하나님의 말씀을 통해 나타났듯이, 성화가 여러분의 삶을 통해 실제로 드러나도록 허락하겠습니까?

하나님과 나만의 이야기 마음 문을 열어 정직하게 여러분 자신을 점검한 후, 이제 준비되었다고 하나님께 고백하세요. 그러면 예수님이 여러분의 일부가 되며, 그분의 놀라운 품성 역시 여러분의 일부가 될 것입니다.

예수님의 인내, 그분의 온유한 마음과 동정심, 이 모든 것이 다 여러분의 소유가 됩니다.

Jul. 24 — 근원을 바꿈

> 내가 너희에게 이르노니 너희 의가 서기관과 바리새인보다 더 낫지 못하면 결코 천국에 들어가지 못하리라 (마 5:20)

바리새인들은 종교적 지도자였는데, 이들은 거룩해지기보다 거룩하게 보이려고 하는데 더 많은 시간을 보냈습니다. 만약 여러분이 의무감 때문에 누군가에게 생일 선물을 주려고 한다면, 과연 그 선물이 의미가 있을까요? 하나님께 대한 우리의 행위도 마찬가지입니다. 선한 행동을 하는 것보다 선한 사람이 되는 것이 더 중요합니다.

오스왈드 챔버스의 메시지

율법을 지킴으로써 자신을 정결케 할 수 있는 사람은 아무도 없습니다. 예수님은 규정과 규례를 주시기 위해 우리에게 오시지 않았습니다. 그분의 가르침은 진리인데, 오직 성령에 의해서만 해석될 수 있습니다. 주님의 구원은 우리의 유전 형질까지도 바꿉니다. 구원이 정말로 놀라운 이유가 바로 이 점 때문입니다. 예수님은 인간의 본성이 아닌 본성의 근원을 바꾸어 주십니다.

하나님과 나만의 이야기

여러분은 배워야 할 것이 아직 많습니다. 오늘 하나님께 기도하며 고쳐야 할 점이 무엇인지 알려 달라고 요청하세요. 여러분은 이미 예수님을 마음에 모신 상태입니다. 따라서 예수님으로부터 무엇을 공급받아야 할지 깨닫게 해 달라고 간구하세요.

바른 동기를 가지고 옳은 일을 하세요.
선한 동기를 가진 의로운 사람이 되세요.

팔복 다이너마이트

Jul. 25

심령이 가난한 자는 복이 있나니 천국이 그들의 것임이요 … 의를 위하여 박해를 받은 자는 복이 있나니 천국이 그들의 것임이라 (마 5:3-10)

마태복음 5장 3-10절 말씀을 찾아 읽어 보세요. 팔복은 우리에게 아주 익숙한 말씀이라 아마 100번도 넘게 들어 보았을 것입니다. 하지만 본문은 눈에 보이는 것보다 더 많은 의미를 담고 있습니다. 예수님의 다른 교훈과 마찬가지로, 팔복의 메시지도 우리를 강타합니다. 쉽게 말하면 '팔복'이 폭발하는 셈이죠! 제일 바쁘고 힘든 상황에서 우리가 이 말씀을 적용할 수 있을까요? 상식으로는 도저히 이해할 수 없는 내용인데, 과연 실천할 수 있을까요? 팔복은 결코 사소한 내용이 아닙니다. 우리가 전력을 다해 순종해야 할 과제입니다.

오스왈드 챔버스의 메시지 예수님의 가르침은 처음에는 상당히 불편하게 느껴집니다. 그러므로 성령님께서 그 말씀을 우리의 상황에 적용하게 하실 때, 우리는 예수님의 교훈에 합당한 언행을 서서히 실천해 나가야만 합니다. 산상수훈은 규칙이나 법규가 아닙니다. 성령님께서 우리의 삶을 인도하실 때 나타나는 현상을 진술한 것입니다.

하나님과 나만의 이야기 오늘은 두 가지를 위해 기도하세요. 여러분이 가장 힘든 순간에 오늘 배운 내용이 생각나게 해달라고 기도드리세요. 그리고 그 상황에서 벗어날 수 있는 능력을 달라고 하나님께 요청하세요.

팔복은 다이너마이트와 같아서 '쾅' 하고 터집니다.
전심으로 주님께 순종해 보세요.

Jul. 26

마음속의 쓰레기

마음에서 나오는 것은… (마 15:19)

내면을 잘 들여다보면, 자신을 불편하게 만드는 악한 요소들을 발견하게 됩니다. 분명 누군가에게 들키고 싶지 않은 내용도 많을 것입니다. 우리는 마음에 있는 악한 요소를 모른 척하면 사라질 것이라고 착각할 뿐만 아니라 자신의 가치관과 다른 가치관을 가진 사람을 비방하면 그것은 비방이 아니라고도 착각합니다. 그런데 우리 안에 악한 요소만 존재하는 것은 아닙니다. 선하고 순수하며 정의로운 요소도 분명 존재합니다. 따라서 예수님께 도움을 구하면 우리 안에 있는 선한 요소가 악한 요소를 물리칠 수 있습니다.

오스왈드 챔버스의 메시지

우리는 자신의 무지를 신뢰하며 그것을 '순진'이라고, 순진을 신뢰하며 그것을 '청결'이라고 부릅니다. 오늘 성경 본문에 나오는 예수님의 거친 표현들을 듣는 순간, 우리는 몸을 움츠리며 이렇게 불평할 것입니다. "저는 제 마음속에 이처럼 끔찍한 요소들이 있는지 전혀 모르겠는데요." 우리는 예수님이 내 안에 있는 요소들을 드러내는 것을 굉장히 싫어합니다. 그래서 예수님을 인간의 마음에 관한 한 최고의 권위자로 여기든지, 아니면 조금도 신경 쓸 필요가 없는 인물로 여기든지, 둘 중 하나를 선택해야 합니다.

하나님과 나만의 이야기

오늘 하나님을 초청하세요. 그분이 여러분의 마음을 들추시는 것을 두려워하지 마세요. 하나님과 함께 할 때, 여러분은 그분이 원하시는 크리스천이 됩니다.

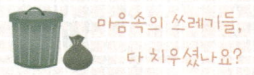

마음속의 쓰레기들, 다 치우셨나요?

순종 테스트

Jul. 27

> 사람이 하나님의 뜻을 행하려 하면 이 교훈이 하나님께로부터 왔는지 내가 스스로 말함인지 알리라 (요 7:17)

과학을 통해 우주를 연구하려면 망원경이 필요합니다. 반면에 하나님의 관점에서 우주를 연구하려면 하나님의 말씀이 필요합니다. 그런데 만일 여러분이 성경에서 배운 내용을 실천하지 않는다면, 성경에서 얻은 진리는 아무 쓸모가 없습니다. 여러분이 우주와 여러분의 존재 목적에 대해 더 깊이 이해하려면, 하나님이 요구하시는 삶을 살아야 합니다.

오스왈드 챔버스의 메시지

우리는 하나님의 말씀을 듣는 순간, 그 말씀으로 인해 시험을 받습니다. 이를테면 일종의 '순종 테스트'입니다. 우리는 하나님의 말씀에 순종하지 않으면서 영적으로는 성장하고 싶어 합니다. 그러나 단 한 순간도 주님을 속일 수 없습니다. 성령님은 자신을 변명하려는 인간의 마음을 들추어내시고, 우리가 전에 생각하지 못했던 것에 대해 민감하게 하십니다.

하나님과 나만의 이야기

"하나님, 제가 어디로 가기를 원하세요?" 오늘은 이렇게 물어보세요. 그런데 이 질문을 할 때 조심해야 합니다. 하나님께서 실제로 여러분에게 "가라"고 명령하실지 모릅니다. 아마 여러분이 질문하는 순간, 즉시 가라고 명령하실지도 모릅니다. 그러니 준비하세요.

과학은 호기심에서 시작되고 신앙은 믿음에서 시작됩니다.
과학은 우주를 이해하게 하지만 믿음은 여러분을 우주 너머의 세계로 안내합니다.

Jul. 28 과정이 결과입니다

예수께서 즉시 제자들을 재촉하사 자기가 무리를 보내는 동안에 배 타고 앞서 건너편 벳새다로 가게 하시고… (막 6:45-52)

"이제 제가 하나님을 사랑하니까 매일 예수님의 가르침을 따라 살면 하나님이 저를 성공하게 해 주실 거죠?" 죄송합니다만 그렇지 않습니다. 우리는 종종 착각에 빠집니다. 신앙생활을 통해 하나님이 우리를 어떤 목적지로 이끄신다고 말입니다. 그런데 하나님의 입장에서 보면 우리가 믿음의 길을 가는 이 자체가 '성공'이며 이 '과정'이 '결과'입니다. 하나님은 우리를 부자가 되게 하시거나, 세상 사람들이 성공이라 부르는 최종 목표에 도달하게 하지 않으십니다. 사실은 그와 정반대입니다. 예수님은 바다 위를 걸으셔서 폭풍우가 휘몰아치는 바다 한가운데 계셨습니다. 우리도 예수님처럼 폭풍우를 향해 나아가야 합니다. 하지만 그 한복판에서 우리만 외롭게 서 있지 않을 것입니다. 예수님께서 두 팔을 활짝 벌리고 맞아 주실 것이기 때문입니다.

오스왈드 챔버스의 메시지 하나님의 훈련은 지금 받는 것이지 나중이 아닙니다. 그분의 목적 역시 지금 이 순간을 위한 것이지 미래를 위한 것이 아닙니다. 우리는 순종 이후의 일에 관해서는 생각할 필요가 없습니다. 순종 이후의 일에 대해 생각하다 보면 잘못되기 때문입니다. 우리가 '훈련'과 '준비'라고 부르는 것을 하나님은 '목적'이라 칭하십니다.

하나님과 나만의 이야기 "지금 제가 어디를 향해 가는 거죠?" 하나님과 대화하는 것은 좋지만, 절대로 이렇게 묻지는 마세요. 만약 여러분이 목적지에만 관심을 가지면, 창밖에 펼쳐지는 멋진 광경을 놓치게 됩니다. 그 대신 다음과 같이 하나님께 물어보세요. "이 믿음의 길을 가며 제가 할 수 있는 게 뭐가 있을까요?"

"내가 목적이이다." 예수님은 이렇게 말씀하시지 않고 "내가 길이다"라고 선언하셨습니다. 예수님은 '여정' 자체이십니다.

하늘을 보세요!

Jul. 29

볼지어다 그가 구름을 타고 오시리라 각 사람의 눈이 그를 보겠고 그를 찌른 자들도 볼 것이요 땅에 있는 모든 족속이 그로 말미암아 애곡하리니 그러하리라 아멘 (계 1:7)

누군가가 와서 "천둥소리는 천사가 볼링공을 던질 때 나는 소리에 불과해"라고 말해 준 적이 있나요? 그렇다면 이 말은 어떻게 생각하세요? "구름은 하나님의 신발에 묻은 먼지야." 성경에서 구름은 대체로 하나님의 임재와 관련됩니다. 하나님은 구름과 함께 다가오셔서 뒤에서 은은한 빛을 발하십니다. 주님은 자신이 거기에 계신다는 사실을 우리에게 알려 주시며 믿으라고 요청하십니다. 믿음은 단순합니다. 크리스천과 하나님의 관계 역시 단순해야 합니다.

오스왈드 챔버스의 메시지

하나님은 '슬픔'과 '사별(死別)', 그리고 '고통'이라는 구름을 동반하고 우리를 찾아오십니다. 이 사실을 깨달았다면 정말로 귀한 계시를 받은 성도입니다. 하나님이 우리에게 구름을 보내시는 목적은 우리의 믿음을 단순하게 하여, 그 결과 우리와 주님의 관계가 정확히 어린 자녀와 아버지의 관계가 되게 하는 것입니다.

하나님과 나만의 이야기

지금 여러분 앞에 놓여 있는 구름을 잘 응시하세요. 아니면 구름 속에 있었던 과거의 기억을 떠올려 보세요. 여러분이 하나님의 임재를 느끼든 못 느끼든, 언제나 함께하시는 하나님께 감사하세요. 하나님은 여러분의 하늘 아버지이십니다.

어두운 구름 뒤편에 하나님이 계십니다. 여름철에 떠있는 구름 속에도 주님은 계십니다. 언제, 어디서나 항상 함께하십니다.

Jul. 30 — 결점 투성이

> 예수는 그의 몸을 그들에게 의탁하지 아니하셨으니 … 그가 친히 사람의 속에 있는 것을 아셨음이니라 (요 2:24-25)

예수님은 인간이 어떤 존재인지 다 아셨습니다. 우리가 얼마나 결점이 많고 불완전한 존재인지 말입니다. 그런데 예수님을 따르는 대부분의 크리스천은 자신이 마치 예수님인 양, 다른 사람의 결점과 실수를 지적할 권리가 있다고 여기며 살아갑니다. 이런 성도는 바른 길에서 벗어나 있습니다. 예수님은 우리에게 결점과 잘못이 있음에도 불구하고 우리를 판단하거나 고소하지 않으셨습니다. 그분은 우리가 언제나 잘못을 저지를 수 있다는 사실을 아셨고, 우리가 이 진리를 깨닫게 하기 위해 기꺼이 사랑으로 십자가를 지셨습니다.

 오스왈드 챔버스의 메시지

살면서 인간에 대해 환멸을 느껴 본 사람은 더 이상 잘못된 판단을 하지 않습니다. 반면에 환멸을 체험하지 못한 사람, 다시 말하면 허상에 속아 사는 사람은 냉소적인 성격을 갖게 되어 다른 사람을 굉장히 심하게 비난합니다.

하나님과 나만의 이야기

하나님이 결점투성이인 여러분을 몹시 사랑한다는 사실을 잊지 마세요. 그리고 하나님이 여러분을 사랑하듯 여러분도 세상 사람들을 사랑하시기를 원하세요.

여러분의 눈을 들어 보세요.
더럽다고 회피하지 마세요.

깨달을 때까지

Jul. 31

인내를 온전히 이루라 이는 너희로 온전하고 구비하여 조금도 부족함이 없게 하려 함이라
(약 1:4)

부모가 어린 자녀와 함께 쇼핑센터에서 쇼핑하는 장면을 본 적이 있나요? 아이는 장난감과 아이스크림을 보며 자기도 모르게 소리를 지르고 뛰어갑니다. 이때마다 부모는 아이를 끌어당기며 "제발 가만히 좀 있어라" 하고 타이릅니다. 하나님도 종종 이렇게 하십니다. 우리는 계속 한눈팔며 가고 싶은 곳으로 뛰어가려 하고, 하나님은 "가만히 좀 있어라" 하고 타이르시며 다시 원위치로 돌려놓으십니다. 그런 다음 우리가 하나님 곁을 떠나지 않으리라는 사실을 확신하시면, 그제야 비로소 교훈을 주십니다. "길 양쪽을 잘 보아라." "만지지 마라." "귀를 기울여 들어라." 우리는 이러한 교훈을 들으며 하나씩 배워갑니다.

오스왈드 챔버스의 메시지 하나님은 세부적인 것 하나까지 놓치지 않고 세밀하게 점검하십니다. 하나님은 무수한 방법을 동원하여 반복해서 우리를 동일한 자리에 데려다 놓으십니다. 우리가 그 자리에서 교훈을 깨달을 때까지 말입니다. 우리를 온전한 상태로 만드시기 위해서 말입니다.

하나님과 나만의 이야기 오늘은 하나님의 음성을 들으세요. "주님, 이제 제가 듣겠습니다." 오직 이 말만 하고 침묵을 지키세요. 온 마음을 다해 들으세요.

하나님은 계속 반복하십니다.
여러분은 하나님의 의도를 이해할 때까지 앞으로 나아갈 수 없습니다.

August

사막에서 생수를
마시는 경험

거듭나면 영원히 목마르지 않아요

더 기다리라구요?

Aug. 01

예수께서 열두 제자에게 명하기를 마치시고 이에 그들의 여러 동네에서 가르치시며 전도하시려고 거기를 떠나 가시니라 (마 11:1)

하나님은 여러분에게 언제 어디로 가야 할지를 다 알려 주십니다. 그런데 막상 그곳에 가면 무엇을 해야 할지를 알려 주시지 않는 경우가 있습니다. 이때는 말씀해 주실 때까지 기다려야 합니다. 기다리는 것 역시 섬김의 일부니까요. 만약 여러분이 "하나님, 저는 주님의 종입니다"라고 고백한다면, 그분은 여러분을 꼭 필요한 장소에 배치하실 것입니다. 그러고 나서 여러분을 바로 사용하실 수도 있고, 아니면 기다리게 하실 수도 있습니다. 기다리게 하셨다고 해서 팔짱을 낀 채 가만히 있으면 안 됩니다. 언제든지 새로운 상황이 열리면 시작할 준비를 해야 하니까요. 비록 그때가 언제인지는 모르지만 항상 준비되어 있어야 합니다.

오스왈드 챔버스의 메시지

하나님을 기다리며 그분이 일하실 때까지 기다리세요. 그러나 한치 앞이 보이지 않는다고 화난 상태에서 기다리지 마세요. 기다림이란 가만히 손을 접고 앉아 있는 것이 아니라 하나님의 음성을 듣는 법을 배우는 것입니다. 이 기다림의 상태에서 우리는 주님의 역사를 보게 됩니다.

하나님과 나만의 이야기

언제, 어디로 가야 할지를 하나님께 물어보세요. 그러나 즉시 대답을 안 하신다고 해서 화내지 마세요. 준비하고 계세요. 주님께서 "가라"고 명하시면, 반드시 가야 하니까요.

START 모든 상황이 준비되었습니다. 여러분도 준비되었나요?

Aug. 02

구해 주세요!

이것을 너희에게 이르는 것은 너희로 내 안에서 평안을 누리게 하려 함이라 세상에서는 너희가 환난을 당하나 담대하라 내가 세상을 이기었노라 (요 16:33)

많은 사람들이 기독교에 대해 오해합니다. 그들은 하나님만 믿으면 그분이 온갖 문제를 다 해결해 줄 것이라고 기대합니다. 그러나 이것은 큰 착각입니다. 크리스천이 된다고 해서 어려움이 피해 가는 것은 아닙니다. 하나님은 '고난 중에서' 우리를 구해 주십니다. 고난을 받지 않게 하시는 것과 고난 중에서 구원을 베푸시는 것은 분명히 다릅니다. 만일 여러분이 시련을 겪지 않는다면 하나님의 놀라운 축복을 체험하지 못하고, 어둠에 처하지 않는다면 빛의 소중함을 느끼지 못할 것입니다. 하나님은 여러분이 하는 일마다 꼬일 때에도 여전히 여러분 곁에서 소망과 능력, 그리고 인내와 사랑을 베풀어 주시고, 수렁과 진창에 빠졌을 때에도 다시 굳건히 설 수 있도록 도와주십니다.

오스왈드 챔버스의 메시지

여러분이 하나님의 자녀라면 분명히 어려움이 닥쳐옵니다. 그러나 예수님은 놀라지 말라고 충고하며 이렇게 명령하십니다. "세상에서는 너희가 환난을 당하나 담대하라. 내가 세상을 이기었노라"(요 16:33).

하나님과 나만의 이야기

오늘은 기도하기 전에 잠깐 여러분 자신을 점검해 보세요. 하나님께 뭔가를 달라고 기도하고 싶은가요? 어려운 환경에서 구해 달라고 요청할 생각인가요? 그것보다 하나님의 임재를 느끼게 해 달라고 간구하세요. 그분의 든든한 팔을 여러분의 어깨에 얹어 달라고 기도하세요.

여러분의 삶이 힘들 때든 편안한 때든, 하나님은 언제나 거기에 계십니다. 여러분은 결코 혼자가 아닙니다.

하나님의 뜻과 우리의 뜻

Aug. 03

예수께서 열두 제자를 데리시고 이르시되 보라 우리가 예루살렘으로 올라가노니 선지자들을 통하여 기록된 모든 것이 인자에게 응하리라 (눅 18:31)

예수님은 이미 아셨습니다. 자신이 예루살렘에 가면 이 세상에서의 삶이 끝나리라는 사실을 말입니다. 그리고 자신이 이 땅에 오신 목적도 거기서 성취될 것을 말입니다. 주님은 30년 동안 이 일을 준비하셨고, 마지막 3년을 공생애로 보내셨습니다. 하나님은 우리 각자를 위한 계획을 가지고 계신데, 그 계획은 우리의 뜻이 아닌 우리를 향한 하나님의 뜻을 이루시기 위함입니다. 우리를 향한 하나님의 뜻과 우리의 뜻이 때로 같을 수도 있지만, 대부분의 경우에는 서로 다릅니다. 우리는 처음에 아무 생각 없이 '이 길이 하나님의 뜻인가?'라고 생각하며 진행합니다. 그러다가 삶의 방향이 결정되는 중대한 시점에 직면하면 하나님이 원하시는 방향으로 진로를 정합니다. 하지만 중간에 실망할 때도 더러 있습니다. 그렇더라도 계속 걸어야 합니다. 믿음을 지키며 쉬지 말고 걸어야 합니다.

오스왈드 챔버스의 메시지

우리는 자주 그리스도를 위해 이런저런 일을 해보겠다고 이야기합니다. 하지만 신약성경에서는 '인간'의 결심보다 강권하시는 '하나님'의 뜻을 더욱 강조합니다. "너희가 나를 택한 것이 아니요 내가 너희를 택하여 세웠나니"(요 15:16). 오해하지 마세요. 우리가 '의식적으로' 하나님께 사로잡혀 그분의 목적에 동의한 상황이 아닙니다. 오히려 우리의 의식적인 노력이 전혀 없는 상태에서, 우리가 하나님의 목적에 사로잡힌 상황입니다.

하나님과 나만의 이야기

오늘은 하나님께 기도하며 여러분이 바른 길을 가고 있는지 여쭤보세요. 만약 잘못된 길을 가고 있다면 주님께서 바른 길을 알려 주실 거예요.

신앙생활은 여행입니다.
계속해서 걷고 목표에 초점을 갖추며 기도드리세요.

Aug. 04

저는 아무것도 아닌걸요

예수께서 열두 제자를 데리시고 이르시되 보라 우리가 예루살렘으로 올라가노니 선지자들을 통하여 기록된 모든 것이 인자에게 응하리라 (눅 18:31)

여러분이 믿음의 길을 간다면 길가에 버리고 싶은 것들이 생길 것입니다. 예를 들어, 자존심 같은 것들이죠. 혹시 내게 있는 놀라운 능력을 하나님을 위해 사용할 것이라고 여기나요? 물론 좋은 생각입니다. 하지만 그럴 필요가 없습니다. 믿음의 길을 갈 때 필요한 것이 있다면 그것은 오직 '여러분 자신'입니다. 이게 전부입니다. 다른 준비물은 전혀 필요 없습니다. 그 이유는 하나님이 언제나 거기에 계셔서 필요한 것이 있으면 공급하시기 때문입니다. 만약 여러분이 "나는 무가치한 존재이고, 하나님께 드릴 것이 없어"라고 토로한다면, 여러분은 가장 이상적인 상태에 도달한 상황입니다. 하나님이 그 상태를 요구하시기 때문입니다. 여러분의 생각이나 다른 것들은 오히려 여러분의 진로를 방해할 뿐입니다.

오스왈드 챔버스의 메시지

하나님은 부족한 우리를 과감하게 믿어 주셨습니다! 그런데 우리는 이렇게 항변합니다. "하나님이 저를 선택하신 것은 지혜롭지 못한 처사였어요. 왜냐하면 저는 아무것도 가진 것이 없고 무가치한 사람이니까요." 그러나 바로 이 점 때문에 주님은 여러분을 선택하셨습니다. 만약 여러분에게 뭔가 과시할 만한 요소가 있다면, 하나님은 여러분을 선택하실 수 없습니다. 여러분이 자신의 유익을 위해 일할 것을 뻔히 아시기 때문이죠. 그러나 여러분이 주님만 믿고 모든 것을 포기한다면, 하나님은 여러분을 택하셔서 미리 정해 두신 뜻을 온전히 성취하실 것입니다.

하나님과 나만의 이야기

사랑하는 사람과 함께 여행한다면 훨씬 재미있겠죠? 하나님은 여행할 때 함께할 수 있는 최고의 동반자이십니다. 지금 요청하세요. 그분은 언제든지 준비하고 계십니다.

비록 갈 길은 멀지만 외롭지 않습니다.
하나님은 여러분을 홀로 놔두지 않으십니다. 영원토록 말입니다.

앞으로 어떻게 될까요?

Aug. 05

제자들이 이것을 하나도 깨닫지 못했으니 그 말씀이 감취었으므로 그들이 그 이르신 바를 알지 못하였더라 (눅 18:34)

오늘날의 기준으로 보면 예수님은 어느 모로 보나 실패자입니다. 최악의 사람들을 제자로 택했고, 그들 중 하나는 예수님을 배신했으니까요. 또한 고향 사람들로부터 배척을 받았고, 결국에는 심하게 매질을 당한 후 십자가에서 죽임을 당했으니까요. 그러나 하나님의 관점에서 보면 예수님의 생애는 대성공입니다. 우리는 믿음의 길을 갈 때 앞으로 어떤 상황이 전개될지 궁금해 하며, 자신이 알고 있는 기준에 따라 판단하고 질문합니다. 그러나 일단 우리가 그분과 교제하기 시작하면, 더 이상 질문할 필요를 느끼지 않게 됩니다.

오스왈드 챔버스의 메시지

하나님의 부르심은 때로 우리를 당황케 합니다. 하나님의 부르심을 '외적으로' 분명하게 설명할 방도는 없습니다. 왜냐하면 그것은 '내적으로' 의미를 지니기 때문입니다. 부름을 받은 성도는 주님께서 추구하시는 목적이 분명히 있다는 사실을 믿습니다. 이 세상에서 우연히 발생하는 일은 아무것도 없습니다. 만사가 전적으로 하나님의 계획 속에서 일어납니다. 하나님은 모든 환경을 조정하여 자신의 목적을 이루십니다.

하나님과 나만의 이야기

여러분이 처음으로 예수님을 영접했던 때를 돌이켜 보세요. 아마 하나님의 손길을 분명히 느낄 것입니다. 포근하게 감싸주시던 하나님의 사랑을 생각하며 감사하세요.

이미 목표 지점에 도달했나요? 더 이상 질문하지 말고 계속 나아가세요.
앞을 보며 귀를 기울이세요.

Aug. 06

누가 듣고 계세요?

그 날에 너희가 내 이름으로 구할 것이요 내가 너희를 위하여 아버지께 구하겠다 하는 말이 아니니 (요 16:26)

도대체 기도하는 이유가 뭐죠? 하나님이 우리의 상황을 다 아시고 계획을 가지고 계시며 우리가 간구하기 전에 문제를 다 알고 계시는데, 기도할 필요가 있나요? 만일 여러분이 오직 응답을 받기 위해 기도한다면 이는 동기가 잘못되었습니다. 또한 기도를 했는데도 응답을 받지 못했다고 생각하는 사람은 화를 내며 좌절하기 일쑤입니다. 자신이 원하는 시간에 자신이 원하는 방식으로 응답을 받지 못했기 때문입니다. 그러나 기도의 목적은 하나님과의 교제입니다. 예수님은 우리가 성부 하나님과 하나가 되기를 원한다고 말씀하셨습니다. 그런데 여러분이 하나님과 대화를 나누거나 그분의 음성에 귀를 기울이지 않는다면, 당연히 하나님과 하나가 될 수 없을 것입니다. 기도는 대화입니다. 결코 독백이 아닙니다.

오스왈드 챔버스의 메시지

우리는 흔히 십자가를 반드시 통과해야 하는 어떤 수단으로 간주합니다. 따라서 십자가 속으로 들어가야 한다는 일념으로 '통과해' 지나갑니다. 그런데 크리스천에게 있어서 십자가의 의미는 오직 하나입니다. 예수 그리스도와 완벽하면서도 철저하게, 그리고 절대적으로 하나가 되는 것입니다. 이러한 연합은 기도를 통해 가장 효과적으로 이루어집니다.

하나님과 나만의 이야기

오늘은 하나님께서 언제, 어떤 방법으로 응답해 주실지는 생각하지 마세요. 그저 친구에게 말하듯이 하나님과 대화하세요.

하나님은 모든 기도에 응답하십니다.
그러나 "No"라고 말씀하실 때가 있는데, 이런 경우에는 조심하세요.

아빠와 함께

Aug. 07

예수께서 이르시되 어찌하여 나를 찾으셨나이까 내가 내 아버지 집에 있어야 될 줄을 알지 못하셨나이까 하시니 (눅 2:49)

아이가 집에 있으면 집안의 분위기가 달라집니다. 부모는 언제나 아이의 위치를 확인하고, 아이 또한 부모가 어디에 있는지를 압니다. 신앙생활도 마찬가지입니다. 크리스천은 영원히 하나님 아버지의 집에 머물러야 합니다. 여러분은 지금 어디에 살고 있나요?

 오스왈드 챔버스의 메시지

성경 본문의 말씀을 여러분에게 적용해 보세요. 여러분은 하나님의 자녀로서 살아가나요? 다시 말하면 끊임없이 주님과 대화하며, 모든 것이 주님으로부터 온다는 사실을 믿고 있나요? 주님의 은혜가 여러분을 통해 가정과 친구들에게 전달되나요? 지금 여러분이 겪고 있는 일이 왜 닥쳤는지 궁금한 적이 있나요? 그 일은 '여러분'이 통과해 지나가야만 하는 일이기 때문이 아닙니다. 오직 여러분을 거룩하게 하시려는 하나님의 거룩하신 섭리 가운데, 예수님과 깊은 관계를 맺게 하시려고 하나님이 허락하셨기 때문입니다. 그러므로 주님과 전적으로 연합하여 모든 것을 그분께 맡기세요.

어린아이의 심정으로 하나님께 나아가세요. 조건이나 기대도 버리세요. 큰 소리로 불러보세요. "하나님 아버지! 아빠!"

언제든지 하나님과 교제하고 그분의 존재를 느끼세요.
쉬지 말고 기도드리세요.

Aug. 08 저는 주님의 종입니다

천사가 대답하여 이르되 성령이 네게 임하시고 지극히 높으신 이의 능력이 너를 덮으시리니 이러므로 나실 바 거룩한 이는 하나님의 아들이라 일컬어지리라 (눅 1:35)

어느 날, 천사가 평범한 처녀 마리아에게 나타나 "놀라지 말라. 하나님이 너를 선택하셨다"라고 선포했습니다. 우주의 창조자이신 하나님께서 마리아를 통해 육신을 입고 이 세상에 오셨습니다. 그것은 그녀의 순종이 있었기에 가능한 일이었습니다. 우리도 마리아와 별 차이가 없습니다. 예수님이 지금 '우리' 안에 계시며 이 세상에 존재하시기 때문입니다. 우리가 알고 있듯이, 예수님은 이 세상에 계시면서 끊임없이 하나님과 교통하셨습니다. 그러므로 이제 예수님이 성령님을 통해 우리 안에 계신다면, 우리도 예수님처럼 하나님과 교통해야 합니다. 예수님은 자신이 이 땅에서 하셨던 일들을 이제는 우리를 통해 계속해서 행하십니다. 그분은 지금 우리와 함께하십니다.

오스왈드 챔버스의 메시지

하나님의 목적은 그리스도의 남은 고난을 그의 몸 된 교회를 위하여 내 육체에 채우는 것입니다(골 1:24). 여기서 '채운다'는 말은 언제나 해야 할 일이 있다는 뜻입니다.

하나님과 나만의 이야기

마리아는 예수님이 태어나실 때 중요한 역할을 했습니다. 아마도 그녀는 성령님에 의해 임신한 사실을 알고 굉장한 충격을 받았을 것입니다. 그러나 우리가 알다시피 그녀는 조금도 주저하지 않고 "저는 주님의 여종입니다"라고 고백했습니다. 우리 역시 이런 태도를 보여야 합니다. 오늘은 기도할 때 마리아가 사용한 표현을 인용해 보세요. 여러분이 주님을 위해 할 수 있는 일이 무엇인지 여쭤보세요.

예수님은 항상 우리와 함께하겠다고 약속하셨습니다.

연합

Aug. 09

> 돌을 옮겨 놓으니 예수께서 눈을 들어 우러러 보시고 이르시되 아버지여 내 말을 들으신 것을 감사하나이다 (요 11:41)

예수님은 제자들에게 "나를 따르라" "나와 함께 머물라" "아버지와 나는 하나이다"라고 말씀하셨습니다. 예수님은 여러분과 하나 되기를 원하십니다. 사실 이미 예수님과 여러분은 하나입니다. 예수님이 여러분 안에 거하신다면, 하나님께서도 여러분 안에 거하는 셈입니다. 이렇게 되면 여러분과 예수님, 여러분과 하나님 그리고 여러분과 성령님이 모두 하나가 됩니다. 이해가 되시나요? 이제 우리 안에서 성부 하나님, 성자 예수님, 성령님이 하나가 되셨습니다. 예수님과 하나님, 그리고 성령님은 하나이신데, 이제 여러분이 거기에 가세하여 다시 하나가 되었습니다. 이것이 바로 '연합'입니다. 여러분이 기꺼이 삼위일체 하나님과 연합된 상태로 살기를 원한다면, 반드시 거기에 합당한 삶을 살아야 합니다. 그 이유는 우리의 일상이 우리 안에 거하시는 하나님과 함께 이루어지기 때문입니다. 얼마나 놀라운 특권입니까?

오스왈드 챔버스의 메시지

여러분 안에 거하시는 예수님께서 여러분을 통해 자신을 드러내실 기회를 얻고 계신가요? 여러분의 삶을 통해 예수님을 드러나고 있나요?

하나님과 나만의 이야기

여러분의 마음과 영혼과 뜻을 다해 삼위일체 하나님께 기도드리세요. 하나님과 여러분의 연합이 더 강해지고 확고해져서 점차로 분명하게 드러나도록 간구하세요.

하나님과 연합되어 하나가 되세요.
그러면 상상을 초월하는 놀라운 일이 생깁니다.

Aug. 10

보상 없는 고난

> 그러므로 하나님의 뜻대로 고난을 받는 자들은 또한 선을 행하는 가운데에 그 영혼을 미쁘신 창조주께 의탁할지어다 (벧전 4:19)

"주님께서 원하신다면 이 길을 가겠습니다." 우리는 이렇게 말해야 합니다. 주님께서 고난의 길을 가라고 명하실 때, 그대로 받아들이세요. 그러나 일부러 고난의 길을 선택할 필요는 없습니다. 하나님께서 요구하신 경우가 아니라면 그 고난 뒤에는 아무런 보상이 따르지 않을 것입니다. 종종 다른 사람의 관심을 끌기 위해 고난을 자청하는 사람들도 있습니다. 그러나 그 고난도 하나님이 원하신 경우가 아니라면, 단지 시간과 재능을 낭비한 꼴에 지나지 않을 것입니다.

오스왈드 챔버스의 메시지

일부러 고난을 택한다면 이는 뭔가 잘못된 것입니다. 그러나 고통이 따르더라도 그것이 하나님의 뜻이기 때문에 선택한다면, 이는 앞의 경우와는 다른 차원의 문제입니다. 건강한 성도는 고난을 선택하지 않습니다. 단지 예수님처럼 하나님의 뜻을 따를 뿐입니다. 그 길이 고난의 길이든 아니든 상관 없습니다.

하나님과 나만의 이야기

오늘은 "주님께서 저를 어디로 보내시든지 가겠습니다"라고 기도드리세요. 그리고 하나님의 음성을 기다리세요. 하나님이 고난을 통해 여러분을 단련하기를 원하신다면, 여러분은 반드시 그 과정을 거쳐야 합니다. 아마 고난을 받는 이유는 나중에 알려 주시겠죠.

힘든 길을 택하세요.
하지만 하나님께서 그 길을 가라고 할 때에만 그렇게 하세요.

홀로 서야 할 때!

Aug. 11

> 엘리사가 보고 소리 지르되 내 아버지여 내 아버지여 이스라엘의 병거와 그 마병이여 하더니 다시 보이지 아니하는지라 이에 엘리사가 자기의 옷을 잡아 둘로 찢고 (왕하 2:12)

우리는 홀로 있을 때가 거의 없습니다. 참으로 놀라운 사실이죠. 이는 하나님이 우리에게 조언자와 교사, 그리고 친구들을 보내주시기 때문입니다. 이들은 하나님이 보내주신 선물로 우리가 넘어질 때마다 세워주고 격려해 줍니다. 그렇지만 언젠가는 우리 홀로 여행해야 할 때가 반드시 옵니다. 그때는 함께해 준 이들의 사랑을 기억하며 하나님이 함께하신다는 믿음을 가지고, 홀로 담대하게 모험을 해야 합니다. 가끔은 갈림길에서 홀로 선택해야 하고, 스스로 길을 개척해야 하는 때도 있겠죠. 하지만 하나님은 언제나 여러분 곁에 계십니다.

오스왈드 챔버스의 메시지

하나님께서 여러분에게 엘리야 선지자와 같은 믿음의 사람을 보내주셨다면, 그를 의지하는 것은 당연합니다. 그런데 기억하세요. 그 사람이 여러분 곁을 떠날 때가 반드시 온다는 것을요. 여러분의 안내자요 인도자였던 그를 하나님이 데려가실 때, 하나님은 여러분에게 홀로 서야 한다고 명하십니다.

하나님과 나만의 이야기

홀로 있는 것처럼 느낄 때에도 여러분은 결코 혼자가 아닙니다. 하나님이 함께 계시기 때문이죠. 주변에 아무도 없다고 느끼는 순간에도, 하나님은 여러분을 돌보시며 지키십니다. 오늘은 두려움 없이 주님을 온전히 따라갈 수 있게 도와 달라고 요청하세요.

홀로 가세요. 때로 이렇게 해야만 합니다.
그 길이 좁아 여러분 혼자만 겨우 통과할 수 있기 때문입니다.

Aug. 12

믿음이 작은 자들아

예수께서 이르시되 어찌하여 무서워하느냐 믿음이 작은 자들아 하시고 곧 일어나사 바람과 바다를 꾸짖으시니 아주 잔잔하게 되거늘 (마 8:26)

하나님을 따르기로 결단하지 못한 사람은 상황이 아주 안 좋게 될 때에만 기도합니다. 그들은 하나님에 대해 거의 신경을 쓰고 있지 않다가 삶이 무너져 내리면 그제야 비로소 하나님 앞에 무릎을 꿇습니다. 그러나 여러분은 다릅니다. 이미 하나님을 따르기로 결단했기 때문이죠. 여러분은 하나님을 신뢰하는 성도입니다. 바로 이 신뢰가 여러분으로 하여금 한계점을 극복하게 합니다. 불신자는 한계점에 도달하면 여지없이 무너지지만, 성도는 결코 그렇지 않습니다. 여러분에게는 믿음이 있으니까요! 불신자들은 자신이 믿고 있던 기반이 무너질 때 여러분을 바라보며 놀랄 것입니다. 왜냐하면 여러분은 언제나 굳건한 반석 위에 서 있기 때문입니다.

오스왈드 챔버스의 메시지

"믿음이 작은 자들아!" 주님의 이 책망을 들은 제자들이 얼마나 큰 심적 고통을 느꼈을까요. 아마 그들은 "이번에도 틀렸구나!" 하며 탄식했을 것입니다. 우리 역시 이런 상황은 아닌가요? 무슨 일이 닥치더라도 절대적으로 주님을 신뢰했더라면 예수님의 마음을 기쁘게 해 드릴 수 있었을 텐데, 정작 이 기회를 놓치고 나서 나중에야 깨닫고 후회하는 경우가 얼마나 많은가요?

하나님과 나만의 이야기

"하나님, 이제 저는 주님의 것입니다." 아마 여러분은 이렇게 기도한 적이 있을 것입니다. 오늘 한 번 더 확신에 찬 목소리로 고백해 볼까요? 여러분은 어떤 상황에 처한다 해도 능히 극복할 수 있습니다. 그 비결은 여러분이 하나님의 것이라는 간단한 사실에 있습니다.

"저는 주님의 것입니다"
믿음으로 고백하며 담대하게 전진하세요.

성령의 불을 끄는 사람

Aug. 13

성령을 소멸하지 말며 (살전 5:19)

친구 중에 뭐든지 하기 싫어하는 친구가 있나요? "이봐, 우리 같이 하는 게 어때?" "그래, 그렇게 해 보자." "정말로 멋진 생각이야." 다들 이렇게 외치며 좋아하는데, 한쪽 구석에서 이런 목소리가 들립니다. "아니야, 하지 않는 편이 더 좋아. 문제가 생기면 어떻게 해? 나는 하기 싫어." 그런데 여러분도 성령님께 이 친구처럼 반응하곤 합니다. 즉, 성령의 불을 끄는 행동을 하는 거죠. 하나님의 임재를 과거에 한 번 체험한 것만으로 만족해서는 안됩니다. 끊임없이 체험해야 합니다. 혹시 여러분이 하나님의 임재를 느끼지 못한다면 그것은 성령님이 여러분을 찾아오시지 않기 때문이 아니라, 그분의 요청에 여러분이 반응하지 않았기 때문입니다.

오스왈드 챔버스의 메시지

과거에 빛 가운데서 지냈던 시절만을 그리워하면서 현재의 빛 속에서 머무는 것을 거부하지 마세요. 성령님께서 저지하실 때마다 멈추어 서서 잘못된 것을 바로잡으세요. 그렇게 하지 않으면 자신도 모르는 사이에 성령님을 소멸하고 그분을 근심하게 할 것입니다.

하나님과 나만의 이야기

하나님께 여러분의 현재 모습을 보게 해 달라고 기도드리세요. 성령님은 결코 강압적으로 일하시지 않지만 언제나 여러분 곁에 계십니다. 따라서 기꺼이 귀를 기울여 들으려는 자세를 가진 성도만이 그 음성을 들을 수 있습니다.

절대로 잊지 마세요.
늘 새로운 마음으로 집중하여 기도드리세요.

Aug. 14 — 사랑의 매

또 아들들에게 권하는 것 같이 너희에게 권면하신 말씀도 잊었도다 일렀으되 내 아들아 주의 징계하심을 경히 여기지 말며 그에게 꾸지람을 받을 때에 낙심하지 말라 (히 12:5)

신앙생활을 하다 보면 언젠가 완벽한 존재가 될 것이라고 착각하지 마세요. 때로는 실수도 하고 정말로 어리석은 일을 저지르기도 하니까요. 아마 하나님이 오셔서 우리의 관심을 사로잡기 위해 철썩 때리셔야 할 경우도 있을 것입니다. 혹시 하나님이 때리실 때, 화내지 마세요. "하나님은 나를 미워하시나 봐. 하나님, 왜 제게 이러시는 거예요?" 절대로 이렇게 불평하지 말고, 편하게 생각하세요. 만일 하나님께서 여러분의 현재 행동을 고치고 싶으시면 알려 주실 것입니다. 그러니 잘못된 점을 고치면서 계속 전진하세요. 이제 약간의 어려움은 충분히 소화해 낼 정도로 성숙했잖아요. 명심하세요. 징계와 책망 역시 이 여정의 일부랍니다.

오스왈드 챔버스의 메시지

성령님이 이렇게 말씀하실 때 무시하지 마세요. "더 이상 이 점을 못 본 척 하지 마라. 너는 지금 있어야 할 위치에 있지 않구나. 지금까지는 네게 이 사실을 보여 줄 수 없었지만 이제 보여 준다." 주님께서 이렇게 징계하시면 순순히 받아들여 다시 하나님과 바른 관계를 맺도록 하세요.

하나님과 나만의 이야기

하나님의 징계를 받아들이기란 쉽지 않지만 감사하며 따르세요. 만약 성령님의 제지를 받아들이지 않고 그대로 진행했다면 지금 어떻게 되었을지 한번 상상해 보세요.

조심하세요. 대부분의 사람들이 혼돈 가운데 살아갑니다. 그러나 여러분은 그러면 안 됩니다. 하나님이 다 보시거든요.

사막의 생수

Aug. 15

내가 네게 거듭나야 하겠다 하는 말을 놀랍게 여기지 말라 (요 3:7)

사막에서 물 한 모금 마시지 못하고 땀을 뻘뻘 흘리며 계속해서 걷는다고 상상해 보세요. 정말 끔찍하죠? 예수님은 거듭나는 문제에 대해 언급하시며 "이리 와서 물 한 모금 마시시오"라고 초청하십니다. 하지만 우리는 그 초청을 무시하고 계속 걷기만 합니다. 우리는 반드시 초청을 받아들여 생수를 마심으로써 힘을 얻고 뜨거운 사막에서 더 이상 방황하지 말아야 합니다. 그런데 이러한 결단을 하기가 쉬울까요? 결코 그렇지 않습니다.

오스왈드 챔버스의 메시지

"사람이 늙으면 어떻게 다시 태어날 수 있나요?" 니고데모가 물었던 이 질문에 대한 정답은 무엇일까요? 인간은 '자아가 죽음으로써' 새롭게 태어납니다. 다시 말하면 자신의 낡은 신념과 자신의 미덕에 대해 완전하게 죽고, 자신에게 없던 예수님의 생명을 기꺼이 영접할 때에 우리는 거듭납니다. 이처럼 새롭게 태어난 성도는 의식적으로 회개하고 무의식적으로는 거룩한 삶을 영위합니다.

하나님과 나만의 이야기

하나님께 생수를 마시게 해 달라고 간청하세요. 하나님도 여러분이 사막에서 방황하고 있다는 사실을 알고 계시니까요. 생수를 마시면 여러분은 더 이상 갈증을 느낄 필요가 없습니다.

땀 흘리며 괴로워하지 마셔요. 그럴 필요가 없어요.
정말입니다. 생수를 한 모금만 마셔도 됩니다.

Aug. 16

누가 제 이름을 부르네요!

문지기는 그를 위하여 문을 열고 양은 그의 음성을 듣나니 그가 자기 양의 이름을 각각 불러 인도하여 내느니라 (요 10:3)

홍수가 났을 때 피신하여 교회의 지붕 위에 앉아 있던 한 목사님의 이야기를 들은 적이 있습니다. 인명 구조 보트가 두 번이나 그를 찾아왔지만, 그는 "괜찮습니다. 하나님이 저를 구해 주실 거예요. 가서 다른 사람이나 구조하세요"라고 답했습니다. 후에 헬리콥터가 왔을 때에도 그는 돌려보내며 "하나님이 직접 저를 구조하실 거예요. 가서 다른 사람을 구조하세요"라고 외쳤습니다. 마침내 물이 더욱 차올라 그 목사님은 익사했습니다. 익사하기 직전에 그는 하나님께 "왜 저를 구해 주지 않으세요?"라고 따졌습니다. 그러자 하나님의 음성이 들렸습니다. "무슨 소리냐! 내가 보트를 두 번이나 보내고 헬리콥터까지 보내지 않았니?" 때로 우리는 하나님이 부르실 때, 이렇게 중얼거리며 귀를 기울이지 않습니다. 하나님의 음성이 들리면 우리는 언제나 "주님, 제가 여기 있습니다"라고 응답해야 합니다. 만약 다른 말로 토를 달면 그것은 믿음이 없다는 뜻이고, 하나님을 신뢰하지 못한다는 증거입니다.

오스왈드 챔버스의 메시지

여러분은 예수님과 개인적인(인격적인) 관계를 유지하고 있나요? 예수님의 제자에게서 나타나는 한 가지 증표는 주님과 친밀한 관계를 맺는 것입니다. 바꿔 말하면 이 세상의 어떤 것도 흔들지 못하는, 예수 그리스도에 대한 확고한 지식을 소유하는 것입니다.

하나님과 나만의 이야기

하나님은 여러분을 정말로 사랑하시기 때문에 여러분을 오래 참으며 계속 부르십니다. 하나님이 가지고 계신 계획은 여러분의 상상을 초월합니다. 먼저 감사한 후에 귀를 기울여 들으세요.

하나님의 음성이 들리면 바로 응답하세요.
이번에는 확실하게 준비하세요.

둘 중 하나만

Aug. 17

네게 아직도 한 가지 부족한 것이 있으니 네게 있는 것을 다 팔아 가난한 자들에게 나눠 주라 그리하면 하늘에서 네게 보화가 있으리라 그리고 와서 나를 따르라 (눅 18:22)

이해는 되지만 받아들이기는 어려운 성경 말씀이 있습니다. 그래서 무엇을 요구하시는지 알면서도 순종하지 않을 때가 종종 있습니다. 말씀대로 순종하면 괴롭기 때문이죠. 그랬다가는 따돌림을 당할 수도 있으니까요. 그런데 하나님은 우리의 마음을 다 아시고, 또한 결국 순종하리란 사실까지도 잘 알고 계십니다. 언제 순종하느냐 하는 문제는 전적으로 여러분의 몫입니다. 하나님은 강요하지 않으시고, 단지 "네가 따라야 할 교훈이 여기에 있다. 취하든지 버리든지 둘 중 하나를 택해라" 하시며 기회를 주십니다. 여러분은 어떻게 하시겠습니까?

오스왈드 챔버스의 메시지

혹시 예수님이 여러분에게 받아들이기 힘든 명령을 하신 적이 있나요? 주님은 말씀이 마음에 뿌려지면 반드시 열매 맺는다는 것을 알고 계십니다. 그런데 심각한 문제는, 그 말씀이 삶에서 열매 맺지 못하도록 방해하는 사람이 더러 있다는 점입니다. 오늘 성경 본문에 등장하는 부자 청년의 경우처럼, 어느 특정한 영역에서 예수님께 헌신하도록 요청을 받는다면 여러분은 어떤 반응을 보일까요? 주님은 결코 우리에게 강요하지 않으십니다.

하나님과 나만의 이야기

하나님은 이미 아십니다. 예수님의 가르침이 때로 받아들이기 힘들다는 사실을 말입니다. 그러므로 능력과 인내심을 달라고 요청하세요. 그래야 진리를 받아들일 수 있을 테니까요.

예수님의 교훈이 여기에 있습니다. 지금 배울 수도 있고 나중에 배울 수도 있습니다. 그런데 일찍 하면 할수록 좋습니다.

Aug. 18

너만을 원한단다

> 그 사람이 큰 부자이므로 이 말씀을 듣고 심히 근심하더라 (눅 18:23)

여러분의 스펙이 하나님을 감동시킬 것이라고 착각하지 마세요. 모든 것을 완벽하게 준비했다 하더라도, 그것 때문에 하나님의 관심을 받지는 않으니까요. 마찬가지로 여러분의 지성을 다 동원한들 그것이 하나님께 얼마나 도움이 되겠나요? 하나님은 여러분의 소유물이나 지성을 원하지 않으십니다. 오직 '여러분 자신'을 원하십니다. 하나님은 여러분이 텅 빈 캔버스와 같은 자세로 나아오기를 원하십니다. 절대로 선입견을 가지고 나아가지 마세요. 성경에서 예수님은 떠나가는 부자 관원을 붙잡지 않으셨습니다. 예수님은 여러분도 동일하게 대하실 것입니다. 그러나 여러분이 주님의 말씀을 깨닫고 돌아와 "저는 주님의 소유물입니다. 저를 사용해 주세요"라고 고백하면, 기쁘게 여기실 것입니다.

오스왈드 챔버스의 메시지

자신이 보잘것없는 인간이라는 생각이 너무 지나쳐 교만해지는 사람이 있을 수 있습니다. 이런 사람은 결국 예수님의 제자가 되지 못합니다. 반면에 자신이 대단한 존재라는 의식이 너무 커서 예수님의 제자가 되지 못하는 사례도 있습니다. 여러분은 자신이 아무것도 아니라는 의식까지 기꺼이 버릴 수 있나요? 이렇게 하지 못하면 실망이 찾아옵니다.

하나님과 나만의 이야기

하나님은 여러분에 대한 놀라운 계획을 가지고 계십니다. 따라서 어떤 예측도 하지 말고, 그 계획의 극히 일부만이라도 보여 달라고 요청하세요. 여러분 자신을 비운 후에, 그 공간을 채워 달라고 하나님께 기도드리세요.

여러분이 하나님께 나아갈 때, 더 필요한 것은 아무것도 없습니다.
'여러분'을 제외한 모든 것은 하나님은 이미 가지고 계시니까요.

나를 가장 잘 아시는 분

Aug. 19

수고하고 무거운 짐 진 자들아 다 내게로 오라 (마 11:28)

진눈깨비가 내리는 폭풍우 속에서 차를 운전한다고 가정해 보세요. 앞 유리창에 떨어지는 빗방울은 이내 얼어붙고 도로는 위험해서 더 이상 갈 수 없는 상황입니다. 그런데 마침 바로 앞에 '24시간 영업'이라고 적힌 네온사인이 걸린 가게가 보여 거기에 차를 세웁니다. 그러자 친절한 점원이 나와 뜨거운 차를 건네주고 가게 안에서는 여러분이 좋아하는 음악이 흘러나옵니다. 문득 창밖을 보니 '예수님'이라고 적힌 네온사인이 밝은 빛을 뿜어냅니다. 이제 여러분은 안전합니다! 안전하고 포근한 환경과 감미로운 음악, 이 모든 것이 예수님 안에 거하는 평온한 분위기를 상징합니다. 크리스천은 모든 감각을 총동원하여 기꺼이 예수님과 연합해야 합니다. 도덕적으로, 영적으로, 지적으로, 정서적으로, 그리고 전심으로 예수님과 하나가 되어야 할 필요가 있습니다. 만일 여러분이 예수님께 드리기를 주저하거나 자신을 위해 남겨 놓은 것이 있다면, 그것은 전부 버려지고 말 것입니다.

오스왈드 챔버스의 메시지

여러분이 그리스도 안에 거하는 것을 방해하는 요소가 있다면 절대로 방치하지 마세요. 곁길로 빠지지 않도록 주의하면서 친구나 환경이 여러분의 삶을 훼방하지 못하도록 주의하세요. 주님과 연합하는 것을 방해하거나 여러분과 예수님 사이를 떼어놓으려는 세력이 있거든 경계하세요. 영적으로 하나님과 바른 관계를 유지하는 것보다 더 중요한 것은 없기 때문입니다.

하나님과 나만의 이야기

예수님의 사랑으로 여러분을 감싸 달라고 기도드리세요. 여러분의 모든 필요를 채워준 안전하고 포근한 그 식당처럼, 따스하게 감싸 달라고요. 예수님 '안에' 거하게 해 달라고 간구하세요.

예수님 안에 거하세요. 주님은 못하실 일이 없습니다.
언제나 여러분의 손을 잡아 주실 것입니다.

의심이 든다면

내가 너희를 쉬게 하리라 (마 11:28)

이 여정에서 여기까지 잘 왔다면, 하나님의 존재에 대한 의문 따위는 완전히 사라졌을 것입니다. "하나님이 내 기도에 응답하실까?", "예수님이 정말로 살아계실까?" 하는 질문도 더 이상 던지지 않을 것입니다. 그런데 정말 진심으로 이것들을 믿고 있나요? 우리는 기도할 때, 하나님의 응답에 대해 조금도 의심하지 말아야 합니다. 가끔은 우리가 원하는 대답을 듣지 못할 때도 있겠지만, 반드시 응답하신다는 사실을 믿어야 합니다. 지금쯤이면 여러분의 믿음이 어느 정도 확고해져야 합니다. 콘크리트가 굳어지듯 하나님의 존재에 대한 의문이 사라져야 합니다. 하나님이 어디에서, 무엇을, 왜, 어떻게 하셨는가에 대한 질문은 당연히 지속될 수 있습니다. 하지만 그분의 존재 여부를 묻는 초보 단계의 질문은 더 이상 하지 않아야 합니다.

오스왈드 챔버스의 메시지

온전한 삶은 어린아이처럼 사는 것입니다. 하나님의 자녀는 그분의 뜻을 의식하지 못합니다. 그들 자신이 곧 하나님의 뜻이기 때문입니다. 하나님의 뜻에서 조금이라도 벗어나면, 우리는 "무엇이 주님의 뜻입니까?"라고 묻기 시작합니다. 하나님의 자녀는 그분이 기도에 응답하신다는 사실을 확인하기 위해 기도하는 법이 없습니다. 이는 그분이 언제나 기도에 응답하신다는 진리를 확신하며 평안을 누리기 때문입니다.

하나님과 나만의 이야기

하나님이 내 기도에 응답하실 수도 있고, 하지 않으실 수도 있다는 생각 자체를 버리세요. 절대로 의심하지 마세요. 우리의 기도를 듣고 응답하시는 하나님께 감사하세요.

기도드리세요. 의심하지 마세요.
간구하세요. 확신을 가지고 하세요.

무대 뒤에 있는 사람들

Aug. 21

심령이 가난한 자는 복이 있나니 천국이 그들의 것임이요 (마 5:3)

우리는 영화배우가 상을 받기 위해 무대에 오르는 장면을 종종 봅니다. 이들의 뒤에는 그를 도와주는 여러 사람, 즉 코디네이터, 조명 담당 기사, 무대 장치 담당자, 감독, 프로듀서, 작가 등이 존재합니다. 이들 모두가 협력함으로써 한 명의 스타가 탄생됩니다. 이 세상은 협력자로 가득합니다. 세상 사람들은 무대 한복판에 서서 조명을 받는 영웅에게 기립 박수를 보내지만, 예수님은 환호하는 청중에게 인사 한 번 해 볼 가능성이 없는 사람, 무대 중앙에 설 기회조차 갖지 못할 사람이 하나님의 특별한 복을 받을 것이라고 선언하셨습니다. 무대 뒤에 있는 자들이 진정으로 복을 받은 사람들입니다. 여러분에게 큰 영향을 끼친 사람들을 떠올려 보세요. 아마 그들은 자신이 여러분에게 영향을 끼쳤을 것이라고 생각조차 하지 못할 것입니다. 이들이야말로 정말로 복을 받은 사람입니다.

오스왈드 챔버스의 메시지

예수님이 다스리시는 왕국에서는 평범한 것들이 순수한 아름다움을 지닙니다. 우리가 복을 받는 이유는 단 하나 가난하기 때문입니다. 자신에게 의지도 없고 고상한 기질도 없다는 것을 깨달을 때에야 비로소 예수님은 "네가 복이 있도다"라고 선언하십니다. 왜냐하면 이 가난한 마음으로 인해 하나님의 나라에 들어가기 때문입니다. 다시 한 번 강조하지만 내가 하나님 나라에 들어가는 것은 선하기 때문이 아니라, 가난한 마음을 가지고 있기 때문입니다.

하나님과 나만의 이야기

하나님이 여러분 주변에 배치하여 영향을 미치게 하신 '평범한' 성도들을 생각하며 감사하세요. 하나님의 시각에서 보면 그들은 비범한 사람들이며 수백만의 사람들에게 영향을 미칩니다.

세상 사람들의 관심을 받으려고 노력하지 마세요.
진정한 세계는 무대 뒤에 있습니다.

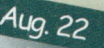

이제 끝났어, 그러나!

나는 너희로 회개하게 하기 위하여 물로 세례를 베풀거니와 … 그는 성령과 불로 너희에게 세례를 베푸실 것이요 (마 3:11)

우리는 내용도 없고 공허하게 보이는 시기에 예수님을 만납니다. 묵상을 돕는 책들은 다양한 생각과 아이디어를 제공하며 묵상하게 하는데, 정작 예수님을 만나는 장소는 바로 텅 빈 공간, 즉 공허한 순간입니다. 우리의 삶은 좋은 일과 나쁜 일이 서로 엮여 있습니다. 완전히 실패하여 "내 인생은 이제 끝났어!"라고 외치는 순간에 예수님이 찾아오십니다. 더 이상 기대할 것이 없고 자랑할 것도 없는 공허한 시기에 우리는 예수님을 만납니다.

 우리는 '정말로' 한계점에 도달했기 때문에 아무것도 할 수 없습니다. '그러나' 예수님은 바로 거기서 아무도 할 수 없는 일을 시작하십니다. 여러분은 예수님이 오실 때 맞이할 준비가 되었나요? 좋은 것이든 나쁜 것이든 주님이 오시는 길을 막는 것이 있으면 예수님은 오실 수 없습니다. 주님께서 오시면 우리의 잘못을 전부 빛 가운데로 끌어내실 텐데, 마음의 준비가 되었나요? 주님은 우리 삶의 어두운 구석에 오십니다. 예수님은 우리가 더럽다고 여기는 영역에 오셔서 일하십니다. 반면에 우리가 깨끗하다고 생각하는 영역에서는 역사하지 않으십니다.

하나님을 위해 백지가 되세요. 혹시 자신을 변호할 마음이 조금이라도 있다면, 여러분은 아직 백지상태가 아닙니다. 하나님께 모든 것을 맡기세요.

백지상태로, 하얀 캔버스로 새롭게 시작하세요.

기도의 골방

Aug. 23

> 너는 기도할 때에 네 골방에 들어가 문을 닫고 은밀한 중에 계신 네 아버지께 기도하라 은밀한 중에 보시는 네 아버지께서 갚으시리라 (마 6:6)

혹시 자주 가서 기도드리는 특별한 공간이 있나요? 조용한 방, 교회, 큰 나무 밑, 다락방 같은 곳이요. 이러한 장소는 기도하기에 매우 적합합니다. 기도는 여러분과 전능하신 하나님이 나누는 대화이기에 주의를 산만하게 하는 요소가 없어야 합니다. 따라서 어떤 형태로든 기도 골방을 갖는 것은 아주 유익합니다. 하지만 정신적 골방 역시 필요합니다. 우리는 바쁜 세상에서 때로 세상을 향한 문을 닫고 기도에 집중하며, 우리가 하는 말 하나하나에 초점을 맞추는 훈련을 해야만 합니다. 이런 훈련을 지속적으로 하면 어디서나 기도의 골방을 찾을 수 있답니다. 만원 버스, 강의실, 심지어 팬들이 열광하는 경기장 안에서도 골방 기도가 가능합니다.

오스왈드 챔버스의 메시지

예수님은 "은밀한 중에 계신 네 아버지에 대해 꿈을 꾸라"고 하지 않으시고 "은밀한 중에 계신 네 아버지께 기도하라"고 명령하셨습니다. 기도는 의지를 동반하는 노력입니다. 은밀한 장소에 들어가 문을 닫은 후에 가장 하기 힘든 일이 바로 기도입니다. 왜냐하면 마음을 가다듬기가 쉽지 않기 때문이죠. 기도를 가로막는 가장 큰 장애물은 잡념입니다. 혼자 기도할 때 떠도는 생각들을 다잡아야 하는데, 이 작업은 매우 치열한 전투와 같습니다. 그렇지만 크리스천은 기필코 마음을 단련하여 의도적으로 기도에 전념할 수 있어야 합니다.

하나님과 나만의 이야기

여러분은 혼자 있을 때 무엇을 하나요? 오늘은 오직 하나님과 함께하는 시간을 가져보세요. 기도하지 못하게 하는 막는 모든 방해물을 치우고 하나님께만 집중하세요.

기도드리세요. 기도가 정답입니다.
'지금' 하세요.

Aug. 24

바른 관계

너희 중에 누가 아들이 떡을 달라 하는데 돌을 주며 (마 7:9)

하나님은 여러분의 삶을 잘 알고 계십니다. 여러분은 친구들과 바른 관계를 유지하고 있나요? 바른 길을 가고 있나요? 혹시 엉뚱한 대상에 빠져서 빗나간 상태는 아닌가요? 예수님의 말씀에 따르면, 하나님은 자신의 뜻에 따라 우리에게 선물을 주신다고 합니다. 우리가 요구한다고 해서 무조건 주시는 것이 아닙니다.

오스왈드 챔버스의 메시지

우리는 하나님께 자신을 드릴 생각은 않고 오히려 따지면서 도전하는 행위를 헌신이라고 착각합니다. 그리고 어디서 잘못되었는지 살펴볼 생각도 안 합니다. 혹시 다른 사람에게 빚진 돈을 갚지 않으면서, 내가 원하는 물건을 사기 위해 하나님께 돈을 달라고 요청하지는 않나요? 친구들의 실수를 용서하지 않을 뿐 아니라 그들에게 불친절하게 대하고 있지는 않나요? 하나님의 자녀로서 가족과 친구들 사이에서 바르게 살아가요?

하나님과 나만의 이야기

오늘은 기도하기 전에 먼저 잘못된 관계를 바로잡으세요. 깨어진 관계를 회복시키기 위해 편지를 쓰고 이메일을 보내고 전화를 하세요. 먼저 잘못된 것을 바로잡은 후에 기도드리세요.

도넛을 무료로 먹을 수 있다고 합니다.
그러나 서로 밀치고 싸우다 보면 아무도 먹지 못합니다.

자기 희생

Aug. 25

> 이제부터는 너희를 종이라 하지 아니하리니 종은 주인이 하는 것을 알지 못함이라 너희를 친구라 하였노니 내가 내 아버지께 들은 것을 다 너희에게 알게 하였음이라 (요 15:15)

자신의 권리와 욕구를 희생하며 금연에 성공한 사람을 만나 본 적 있나요? 다이어트에 성공한 사람은요? 하나님은 우리에게도 이런 자세를 요구하십니다. 하나님은 우리 삶의 옳지 않은 부분을 마땅히 포기할 것을 요구하십니다. 이때 우리는 다른 어떤 보상이나 이유 때문이 아니라, 순종할 때 따라오는 기쁨을 누리기 위해 기꺼이 희생해야 합니다. 우리가 잘못된 것을 포기해야 하는 이유는 주님께서 원하시기 때문입니다.

오스왈드 챔버스의 메시지 주님은 자기희생적 삶의 도본이 되십니다. 예수님은 기쁘게 자신을 희생하셨습니다. 여러분은 어떻습니까? 예수 그리스도께 완전히 순복하여 자신을 드렸습니까? 만약 예수님이 여러분 삶의 목표가 아니라면 자기희생은 아무 의미가 없습니다. 그러나 예수님을 바라보며 자신을 희생한다면, 서서히 그러면서도 분명히 주님께서 빛으시는 역사가 드러날 것입니다.

하나님과 나만의 이야기 우선순위 목록에서 제일 중요한 일이 무엇인지 분명히 알게 해 달라고 기도드리세요. 그리고 나서 불필요한 일은 목록에서 과감하게 지우세요. 비록 지금은 마음이 아프더라도 이 과정이 분명히 여러분에게 유익할 것입니다.

포기하는 것과 항복하는 것은 다릅니다.
포기함으로 중요한 공간을 만드세요. 지금 준비하시고 시작하세요.

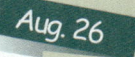

더없는 행복

평안을 너희에게 끼치노니 곧 나의 평안을 너희에게 주노라 (요 14:27)

"행복한 사람은 너무 어리석어서 염려해야 할 것이 무엇인지를 모른다"라는 말이 있습니다. 행복을 느끼거나 스트레스를 덜 받는 사람 중에 간혹 세상일에 전혀 관심이 없는 사람들이 있습니다. 그러나 예수님이 말씀하시는 평안은 이런 차원이 아닙니다. 믿음의 길을 가다 보면 평안보다는 오히려 혼란과 혼동을 느낄 때가 더 많습니다. 믿음의 여정은 도전과 유혹으로 가득 차 있기 때문입니다. 편안한 길과 좋은 날씨만 있는 것이 아닙니다. 우리는 하나님이 정해 주신 시간과 자리에 있을 때, 평안을 누릴 수 있습니다. 이 평안은 주님께서 세상만사를 주관하신다고 믿는, 완벽하면서도 철저한 신뢰에서 나옵니다.

오스왈드 챔버스의 메시지

긴급한 상황에 직면해 있을 때도 예수님을 바라보며 평안할 수 있나요? 만일 그렇다면 주님은 여러분 안에서, 또 여러분을 통해서 평안을 주고 계십니다. 그러나 만약 염려함으로 문제를 해결하려 한다면, 그것은 예수님을 무시하는 것이고 여러분은 이에 합당한 보응을 받게 될 것입니다. 우리가 두려움에 빠지는 이유는 예수님을 고려하지 않기 때문입니다. 예수 그리스도와 함께 하면 혼란이 사라집니다. 오직 예수님 안에 거하는 문제에만 관심을 가지세요. 모든 어려움을 주님께 내려놓으세요.

하나님과 나만의 이야기

마음을 차분하게 하세요. 조용한 가운데 평화의 왕이신 주님께 평화를 구하세요. 그렇다고 해서 여러분의 문제가 사라진다는 뜻은 아닙니다. 문제를 직면하기가 전보다 훨씬 쉬워진다는 의미입니다.

언제나 주님 안에서 평안을 누리세요.

무조건 실천하기

Aug. 27

> 예수께서 이르시되 아직 잠시 동안 빛이 너희 중에 있으니 빛이 있을 동안에 다녀 어둠에 붙잡히지 않게 하라 어둠에 다니는 자는 그 가는 곳을 알지 못하느니라 (요 12:35)

지금 읽고 있는 이 책은 보여 주기 위한 것이 아닙니다. 장식용으로 선반에 놓으라고 만들어진 책도 아닙니다. 목과 귀에 걸린 십자가도 장식용으로 쓰이면 아무 의미가 없습니다. 여러분은 지금까지 이 책을 읽고 묵상했기 때문에 이에 대한 책임감을 느껴야 합니다. 이 모든 것, 다시 말하면 여러분이 그동안 배운 내용, 성경의 가르침, 깨달은 영적 진리를 반드시 실천해야 합니다. 진짜 성도는 겉만 번지르르하지 않습니다. 순간순간 말씀대로 살기 위해 최선을 다합니다.

오스왈드 챔버스의 메시지

만일 여러분이 빛에 순종하지 않으면 그 빛은 곧 어둠으로 변하게 됩니다. 성화의 문제나 하나님께서 빛을 통해 알려 주신 진리를 실천하지 않으면, 여러분의 영적 생명은 곧 말라비틀어지기 시작합니다. 삶의 모든 영역에서 진리의 말씀을 따라 사세요. 그렇지 않으면 여러분이 받은 빛은 저주가 됩니다.

하나님과 나만의 이야기

오늘은 신문기자들이 자주 하는 질문을 하나님께 던져 보세요. 즉 누가, 무엇을, 언제, 어디서, 어떻게 해야 하는지 물어보세요. ('왜'에 관한 질문은 나중에 하기로 해요.) 하나님께서 답을 알려 주시면, 즉시 준비하고 실천하세요.

지금 여러분은 배우는 중입니다.
배운 것을 실천하세요. 믿기만 해서는 안 됩니다.

Aug. 28 — 왜 기도하죠?

> 예수께서 한 곳에서 기도하시고 마치시매 제자 중 하나가 여짜오되 주여 요한이 자기 제자들에게 기도를 가르친 것과 같이 우리에게도 가르쳐 주옵소서 (눅 11:1)

"기도한다고 상황이 바뀌는 것도 아닌데 왜 기도합니까?" 간혹 여러분은 이런 질문을 받았을 것입니다. 아무리 기도해도 바뀌지 않는 것이 몇 개 있죠. 푸른 찻잔은 아무리 기도해도 노란색으로 바뀌지 않습니다. 언제나 푸른색입니다. 때로는 기도하는 목적이 '나'를 바꾸는 것일 수도 있습니다. 내가 기도하면, 하나님은 나를 변화시키셔서 스스로 환경을 바꾸게 하십니다. 우리는 노숙자를 위해 기도할 수도 있고, 필요한 물자와 능력을 달라고도 기도할 수 있습니다. 그리고 밖으로 나가 노숙자에게 담요와 음식을 직접 제공할 수도 있습니다. 기도의 능력은 상상을 초월합니다. 기도는 하나님과 나누는 대화입니다. 기도를 통해 하나님과 연합하세요.

오스왈드 챔버스의 메시지 지금의 있는 그대로 하나님께 나아가 도무지 해결할 수 없는 문제를 털어놓으세요. 혹시 자기만족에 빠져 있다면, 하나님께 기도할 필요성을 전혀 느끼지 못할 것입니다.

하나님과 나만의 이야기 오늘은 시간을 내어 마음에 떠오르는 온갖 문제에 대해 집중해서 기도해 보세요. 어떤 문제가 떠오르나요? 걱정되는 일이 있나요? 하고 싶은 일이 너무 많은가요? 기도할 내용이 많으면 많을수록 주님께 더 가까이 나아가세요.

기도하는 이유가 뭡니까? 세상을 변화시키기 위해선가요? 아니면 변화시킬 능력을 받기 위함인가요? 어쨌든 기도드리세요.

믿음의 시험

Aug. 29

예수께서 이르시되 내 말이 네가 믿으면 하나님의 영광을 보리라 하지 아니하였느냐 하시니 (요 11:40)

믿음의 세계와 상식의 세계는 다릅니다. 믿음과 상식을 접목시킨다는 것은 불가능합니다. 믿음은 상식을 필요로 하지 않으니까요. 그렇다고 해서 크리스천이 세상 속에 숨어 지내야 한다는 뜻은 아닙니다. 오히려 정반대죠. 물을 담을 수 있는 빛나는 꽃병을 만들려면 당연히 불을 통과해야 합니다. 믿음도 이처럼 시험을 통해 강해집니다. 세상 사람들이 던지는 물건으로 인해 여러분의 연약한 꽃병이 깨질까 걱정하지 마세요. 정확하게 맞아 산산조각이 난다 해도, 하나님이 다시 빚어 더 튼튼하게 만들어 주실 것입니다.

 오스왈드 챔버스의 메시지

믿음은 반드시 시험을 거쳐야 합니다. 지금 여러분의 믿음은 어떤 장애물을 넘어야 하나요? 그 시험을 통해 바른 믿음으로 입증될 수도, 소멸될 수도 있습니다. 예수님은 이렇게 말씀하셨습니다. "누구든지 나로 말미암아 실족하지 아니하는 자는 복이 있도다"(마 11:6). 믿음에서 가장 중요한 요소는 예수님에 대한 확신입니다. 그러면 여러분에게 닥쳐오는 역경이 오히려 믿음을 자라게 합니다. 믿음이란 하나님을 절대적으로 신뢰하는 것이며 주님께서 결코 우리를 버리지 않으시리라는 진리를 붙드는 것입니다.

 **하나님과 나만의 이야기**

믿음이란 우리의 기도를 하나님이 들으신다는 진리를 확신하는 것입니다. 상식으로 기도하지 말고 믿음으로 하세요.

오직 믿음으로만 하나님께 나아가세요!
오직 믿음으로만 기도하세요.

누구를 위한 일이죠?

그러나 귀신들이 너희에게 항복하는 것으로 기뻐하지 말고 너희 이름이 하늘에 기록된 것으로 기뻐하라 (눅 10:10-20)

기회만 있으면 '크리스천'이라는 글자가 반짝이는 모자를 쓰고 활동하기를 좋아하는 사람들이 있습니다. 그들은 힘든 일도 피하지 않고 땀을 흘리며 열심을 다합니다. 그런데 여기서 중요한 사항은 '우리'가 그 역할을 감당한다는 점이 아니라, '하나님'의 사역이 이루어지고 있다는 사실입니다. 모자에 쓰여진 글씨가 번쩍인다고 다가 아닙니다. 크리스천은 하나님 안에 거할 때 진정한 가치를 지닙니다.

오스왈드 챔버스의 메시지 만일 여러분이 유용성으로 사람을 평가한다면, 예수 그리스도는 이 세상에 살았던 사람 중 가장 큰 실패자일 것입니다. 성도는 하나님의 인도와 지시를 따르지, 유용한 인물이 되기 위해 노력하지 않습니다. '우리'가 하나님을 위해 하는 일이 아니라, '하나님'께서 우리를 통해 하시는 일이 중요합니다. 주님께서 관심 있게 보시는 유일한 기준이 있는데, 그것은 바로 하나님과의 관계입니다.

하나님과 나만의 이야기 겸손히 하나님께 머리를 숙이고 매 순간이 하나님과 그분의 사역을 위한 시간이 되게 해 달라고 기도드리세요. 결코 여러분과 여러분의 사역을 위한 시간이 되지 않게 하세요.

여러분은 아무도 알아주지 않아도 선한 일을 할 수 있나요?

기쁨의 비가 내릴 때

Aug. 31

내가 이것을 너희에게 이름은 내 기쁨이 너희 안에 있어 너희 기쁨을 충만하게 하려 함이라 (요 15:11)

하나님과의 관계를 방해하는 요소들이 있는데, 그것들은 여러분이 마땅히 '누려야 할' 기쁨을 누리지 못하게 합니다. 여러분의 환경, 재능, 지위 등을 물질적 관점에서만 바라보지 마세요. 그렇게 바라보는 사람은 기쁨의 비가 내리는 날에 우산을 펴는 사람과 같아서, 결코 기쁨을 누리지 못합니다.

오스왈드 챔버스의 메시지

예수님은 성부 하나님께 전적으로 자신을 희생하고 포기하며 기쁨을 누리셨습니다. 다시 말하면 하나님께서 맡기신 일을 수행하며 기쁨을 느끼셨습니다. 하나님과 올바른 관계를 유지하며 그 안에서 기쁨을 찾으세요. 그러면 여러분 안에서 생수의 강이 흐를 것입니다. 이기적인 삶을 살지 말고, "그리스도와 함께 하나님 안에 감추어진 삶"을 사세요. 하나님과 바른 관계를 맺은 성도는 어디를 가든지 숨을 쉬는 것처럼 자연스럽게 살아갑니다.

하나님과 나만의 이야기

비를 맞으며 기도해 본 적이 있나요? 그때 모든 것을 포기하고 하나님과 대화하며 느꼈던 기쁨을 떠올려 보세요. 다른 사람의 시선은 신경 쓰지 마세요. 오직 하나님만이 주실 수 있는 기쁨을 달라고 하나님께 간구하세요.

타인의 시선을 의식하지 말고 완전히 주님께 집중하세요.

September

믿음의 여정을
위한 짐 꾸리기

불필요한 짐은 다 내려놓고 주의 음성만 따르세요

거룩한 존재

Sep. 01

기록되었으되 내가 거룩하니 너희도 거룩할지어다 하셨느니라 (벧전 1:16)

여러분의 삶을 구성하는 '모든' 영역의 크고 작은 요소들은 오직 한 가지의 목적을 가지고 있습니다. 그것이 무엇인지 알고 싶나요? 크리스천에게 있어서 삶의 유일한 목표는 하나님을 더욱 닮아가며 거룩해지는 것입니다. 이 목표에 도달하는데 방해가 되는 것은 모두 장애물입니다. 어떤 장애물은 제거하기가 쉽지만, 어떤 것은 시간이 오래 걸립니다. 크리스천은 온갖 방해물을 제거하고 하나님의 품 안으로 자유롭게 걸어갈 수 있어야 합니다.

오스왈드 챔버스의 메시지

하나님이 인류에 대해 가지고 계신 분명한 한 가지 목적이 있는데, 그것은 바로 '거룩'입니다. 쉽게 말하면 성도로 만드는 작업이죠. 하나님은 인간에게 복을 주시는 '축복 기계'가 아니십니다. 그분이 우리를 구원하시기 위해 오신 이유는 동정심 때문이 아니라, 우리를 원래 거룩한 존재로 창조하셨기 때문입니다. 속죄란, 하나님께서 예수 그리스도의 죽음을 통해 우리와 하나님의 관계를 원래대로, 즉 완벽한 연합의 관계로 회복시키는 것을 의미합니다. 하나님과 우리 사이에 어떤 그림자도 없이 말입니다.

하나님과 나만의 이야기

장애물 중에는 눈에 잘 띄는 것도 있지만 그렇지 않은 것도 있습니다. 그러므로 하나님께 기도하여 갈 길을 환하게 비추어 달라고 요청하세요. 바로 앞뿐만 아니라 멀리까지 내다보세요. 이제 목적지를 바라보며 힘차게 전진하세요.

거룩함과 멀어지게 하는 요소들을 하나씩 버리는 연습을 하세요.
그래야 주님께서 기뻐하십니다.

Sep. 02

거룩한 낭비

나를 믿는 자는 성경에 이름과 같이 그 배에서 생수의 강이 흘러나오리라 하시니 (요 7:38)

우리가 사는 이 세상을 거대한 아이스크림 매장이라고 상상해 봅시다. 하나님은 이미 우리에게 자신이 만드신 가장 달콤하고 멋진 아이스크림을 주셨습니다. 그런데 여기서 문제는 '나만 먹을 것인가', 아니면 '다른 사람과 나누어 먹을 것인가'입니다. 여러분은 남이 "다 먹기 전에 내 것을 약간 남겨 놓아야지"라고 결심할 수도 있고, '남에게는 조금만 주고 남은 건 다른 아이스크림과 함께 섞어 더 맛있게 먹어야지'라고 생각할 수도 있습니다. 그런데 하나님은 받은 것을 아낌없이 나누어 주라고 명령하셨습니다. 따지지 말고 그냥 주세요. 이 일은 거룩한 낭비입니다. 하나님을 위해 가지고 있는 것을 몽땅 쓰세요. 하나님의 눈에는 결코 낭비가 아니랍니다.

오스왈드 챔버스의 메시지

베다니에 사는 마리아가 옥합을 깨뜨려 예수님의 머리에 향유를 부은 행위는 누가 봐도 별 의미가 없었습니다. 그래서 제자들은 이를 낭비라고 비난했습니다. 하지만 예수님은 터무니없는 낭비처럼 보이는 그녀의 헌신을 칭찬하시며 "어디서든지 복음이 전파되는 곳에는 이 여자가 행한 일도 말하여 그를 기억하리라"(막 14:9)고 선포하셨습니다. 주님은 우리가 마리아처럼 행동할 때 기뻐하십니다. 즉, 인간적 계산에 얽매이지 않고 전적으로 우리 자신을 그분께 드릴 때 기뻐하십니다. 하나님은 세상 사람들을 구원하시기 위해 독생자를 내어주셨습니다. 여러분도 주님을 위해 생명을 쏟아부을 준비가 되어 있나요?

하나님과 나만의 이야기

하나님이 여러분에게 주신 모든 축복에 대해 누리며 감사하세요. 그리고 받은 복을 다른 사람들과 아낌없이 나누세요.

받은 복을 나누세요. 그러면 하나님이 더 주십니다. 그것도 더 풍성하게 주십니다.

축복 나누기

Sep. 03

베들레헴 성문 곁 우물물을 길어 가지고 다윗에게로 왔으나 다윗이 마시기를 기뻐하지 아니하고 그 물을 여호와께 부어 드리며 (삼하 23:16)

한번 상상해 보세요. 8월의 어느 뜨거운 여름날, 아빠가 시원한 물이 담긴 풍선 하나를 여러분에게 건네주었습니다. 여러분은 그 풍선을 터뜨려 자신을 시원하게 하거나 친구를 불러 함께 터뜨리고 놀 수도 있습니다. 우리가 받은 하나님의 사랑도 마찬가지입니다. 여러분이 간직하고 있다면 여러분만 누릴 수 있습니다. 하지만 다른 사람과 나누면 여러분과 그들의 삶을 동시에 변화시킬 수 있습니다. 만약 다른 사람도 이런 식으로 행동한다면, 하나님의 나라가 성장하겠죠!

오스왈드 챔버스의 메시지

여러분에게 있어서 '베들레헴의 우물물'은 무엇인가요? 사랑, 우정, 아니면 영적 축복인가요? 여러분은 자신의 영혼에 해를 끼쳐가며 그것들을 자신만을 위해 사용하고 있진 않나요? 만약 그렇다면, 그것을 하나님께 부어 드릴 수 없습니다. 즉, 자신만의 욕구를 충족시키기 위해 뭔가를 갈망한다면 결코 그것을 하나님께 드리지 못합니다. 하나님께서 주시는 축복으로 자신의 욕망을 채우려 하면, 오히려 그 축복이 여러분을 부패하게 합니다. 주님이 주신 축복을 하나님께 반드시 다시 부어드리세요.

하나님과 나만의 이야기

주변을 살펴본 후 자신을 돌아보세요. 하나님이 여러분에게 주신 축복을 하나씩 세어보세요. 하나님께 감사하며 오늘 이 놀라운 축복 중에서 하나를 친구와 나눠보세요.

주님이 주신 소중한 것을 나눌 때 어떤 일이 일어나는지 기대하세요.

Sep. 04 추종자인가요 제자인가요?

세상 중에서 내게 주신 사람들에게 내가 아버지의 이름을 나타내었나이다 그들은 아버지의 것이었는데 내게 주셨으며 그들은 아버지의 말씀을 지키었나이다 (요. 17:6)

하나님의 '추종자'와 하나님의 '제자'는 다릅니다. 어떤 사람은 자기에게 편한 대로 용어를 선택해 사용하지만 확실히 다릅니다. 제자는 "하나님, 저는 주님의 종입니다. 필요한 곳에 보내주세요"라고 고백하는 반면, 추종자는 이런 말을 덧붙이고 싶어 합니다. "별 무리가 없으면 그렇게 하죠." "제게 해가 되지 않는다면 그렇게 하죠." 아무 조건 없이 "저는 주님의 종입니다"라고 고백하는 사람, 언제 어디서든지 하나님이 보내시는 곳으로 기꺼이 갈 수 있는 사람, 이들이 바로 제자입니다. 물론 이렇게 하기란 어렵습니다. 때로는 피해를 입고 시간을 빼앗기기도 하며 심지어 목숨을 잃는 경우도 있으니까요. 추종자가 아닌 제자가 되세요. 여러분은 하나님이 "가라"고 명하실 때 아무 조건 없이 갈 준비가 되어 있나요?

오스왈드 챔버스의 메시지

"나는 내 것이 아니라"는 진리를 깨달은 사람은 영적으로 높은 수준에 도달한 성도입니다. 이들은 확고한 결단을 통해 신중하게 자신을 비우고, 자신을 예수님께 맡깁니다. 성령님은 예수님의 속성을 설명해 주시며 주님과 우리가 하나가 되게 하십니다. 주님은 결코 자신이 행하신 기적에 근거하여 제자를 파송하지 않으셨습니다. 오히려 부활하신 후, 제자들이 성령님의 능력을 통해 예수님이 누구인지를 진정으로 깨달았을 때 "가라"고 명하셨습니다.

하나님과 나만의 이야기

오늘은 기도 제목이 적힌 목록을 뒷주머니에 넣고 하나님께 나아가 아무것도 구하지 마세요. 그냥 여러분 자신을 드리세요. 여러분이 주님께 드릴 수 있는 가장 소중한 선물은 바로 여러분 자신입니다.

"하나님, 저는 주님의 종입니다."
만약에 이렇게 고백했다면 그대로 살아가세요!

함께 깨어 있기

Sep. 05

제자들에게 오사 그 자는 것을 보시고 베드로에게 말씀하시되 너희가 나와 함께 한 시간도 이렇게 깨어 있을 수 없더냐 (마 26:40)

예수님이 "나와 '함께' 깨어 있자"라고 제안하십니다. 결코 "나를 '위해' 깨어 있어라"고 요청하지 않으셨습니다. 이 두 표현은 확연히 다릅니다. 신앙생활을 처음 시작했을 때, 우리는 마치 자동차를 고치는 아빠 옆에서 도구를 들고 있는 아이와 같았습니다. 단순히 보고 배웠지요. 비록 내용을 이해하지는 못했지만 말입니다. 제자들은 예수님과 '함께' 깨어 있지 못했습니다. 극도로 피곤한 상태에서 궁금한 점을 해결하지 못하고 잠들어 버렸습니다. 그러나 후에 성령님을 체험한 후에는 예수님의 메시지를 세상 사람들에게 전했습니다. 우리도 예수님과의 관계에 있어서 언젠가는 반드시 '함께 깨어 있는' 수준에 도달해야 합니다.

오스왈드 챔버스의 메시지

우리는 삶의 여러 상황에 성경 말씀을 적용하며 주님과 함께 깨어 있어야 하는데, 실제로 그렇게 살지 못합니다. 주님께서는 우리만의 '겟세마네' 경험을 통해 그분과 하나가 되자고 제안하십니다. 그런데 우리는 가지 않으려고 핑계를 댑니다. 어떻게 우리가 이해할 수 없는 분과 함께 깨어 있을 수 있을까요? 주님께서 왜 고통을 당하셨는지 이해하지도 못하는 상황에서, 겟세마네 동산에서 그분과 함께 깨어 있는 일이 과연 가능할까요? 우리는 어떻게 그분과 함께 깨어 있어야 할지 모릅니다. 단지 예수님이 우리와 함께 깨어 계신다는 생각에만 익숙해져 있습니다.

하나님과 나만의 이야기

하나님은 여러분의 감정을 알고 계십니다. 여러분이 무엇을 두려워하고 걱정하는지도 훤히 알고 계십니다. 이 모든 감정을 하나님께 쏟아 놓으세요. 그리고 다 비운 후에, 그 자리를 하나님의 사랑으로 채워달라고 간청하세요.

예수님과 함께 깨어 있으세요.
결심하셨어요? 기대하세요. 지금부터 시작입니다.

Sep. 06 생수의 근원

나를 믿는 자는 성경에 이름과 같이 그 배에서 생수의 강이 흘러나오리라 하시니 (요 7:38)

하나님이 생수의 근원이십니다. 우리의 삶이 생수가 될 때, 우리는 산을 따라 흐르며 많은 이들의 삶을 대하게 됩니다. 어떤 때는 힘이 없어 졸졸 흐르기도 하고, 또 어떤 경우에는 강한 물살로 모든 장애물을 휩쓸고 내려가기도 합니다. 강물은 장애물을 개의치 않습니다. 돌아가기도 하고 뚫고 지나가기도 하며 넘어가기도 하죠. 하여튼 멈추는 법이 없습니다. 하나님은 우리의 삶을 통해 다른 사람들을 만져 주십니다. 우리의 삶이 얼마나 많은 사람에게 영향을 미칠지 우리는 절대로 헤아릴 수 없습니다.

 오스왈드 챔버스의 메시지

강은 그 근원이 알지 못하는 곳으로 흘러가기 마련입니다. 예수님은 우리가 그분의 충만함을 받으면 우리에게서 생수의 강이 흘러나와 땅 끝에 거하는 사람에 이르기까지 축복을 전해줄 거라고 말씀하셨습니다. 이것은 오직 믿는 자를 통해 일하시는 하나님의 역사입니다.

하나님과 나만의 이야기

'누가, 어디에서 무엇을 해야 할까' 하는 문제에만 관심을 갖고 하나님께 매달리지 마세요. 하나님께 계속 나아갈 수 있는 힘을 달라고 간구하세요. 지쳤을 때 포기하지 않도록 도와 달라고 요청하세요. 주님이 어디로 보내시든지 인내심을 가지고 견디게 해 달라고 기도드리세요.

하나님이 생수의 근원이시고 여러분은 강입니다.
강물의 흐름을 느끼며 가세요.

생수의 강

Sep. 07

내가 주는 물을 마시는 자는 영원히 목마르지 아니하리니 내가 주는 물은 그 속에서 영생하도록 솟아나는 샘물이 되리라 (요 4:14)

여러분이 흐르는 강물이라고 가정해 보세요. 여러분은 사람들에게 물을 제공합니다. 농작물을 자라게도 하고 사람들을 배에 실어 목적지로 보내기도 합니다. 여러분이 강이라면 하나님과 예수님은 어떻게 되실까요? 하나님은 강의 근원이시고, 예수님은 샘이십니다. 물은 샘에서 나와 강으로 흘러 들어가는데, 강은 곧 우리입니다. 우리는 예수님이 행하신 영광스럽고 기이한 일을 듣고 세상 사람에게 전해 줍니다. 물론 그들은 샘에 관해 모를 수도 있습니다. 중요한 것은 우리는 샘이 아니라는 점입니다. 단지 샘에서 나오는 생수를 받아 갈증을 느끼는 사람에게 전해 줄 뿐입니다.

오스왈드 챔버스의 메시지

생수의 근원을 절대로 놓치지 마세요. 예수 그리스도에 대한 여러분의 믿음과 그분과의 관계를 확실하게 지키세요. 그러면 결코 마르지 않고, 다른 사람에게 생수를 공급할 수 있을 것입니다. 우리로부터 생수의 강이 흐른다는 표현이 생뚱맞게 들리나요? "내게는 강이 보이지 않네요." 여러분은 이렇게 말할지도 모릅니다. 그러나 결코 인간적 관점에서 사람을 평가하지 마세요. 하나님의 사역을 보면 알겠지만, 그분은 언제나 남의 눈에 띄지 않고 알려지지 않고 무시당하는 사람, 그러면서도 변함없이 주님을 의지하는 성도를 통해 자신의 일을 성취하십니다.

하나님과 나만의 이야기

여러분이 생수의 강이 될 자격이 없다고 속단하지 마세요. 만일 여러분이 감당할 능력이 없다고 하나님이 판단하셨다면, 아마 선택하지도 않으셨을 것입니다.

무슨 일이 있어도 강물은 흐릅니다.
지금도 흐르고, 하나님 이외에 누구도 막을 수 없습니다.

Sep. 08

장애물

하나님 아는 것을 대적하여 높아진 것을 다 무너뜨리고 (고후 10:5)

하나님은 생수의 근원, 예수님은 샘, 그리고 우리는 강입니다. 그런데 강이 흐르다가 장애물을 만나면 어떻게 될까요? 우리가 하나님의 능력을 공급받을 때, 무엇이 우리를 가로막을 수 있을까요? 방해물은 언제나 있기 마련입니다. 죄, 증오, 인종 차별, 무지, 무관심 이러한 것들이 우리 앞을 가로막습니다. 하지만 우리는 하나님의 도움으로 장애물을 거뜬히 넘을 수 있습니다. 장애물이 우리를 막아 잠시 저지할 수는 있을지라도 그것은 어디까지나 일시적입니다. 인간이 만든 장애물은 하나님을 막지 못하고, 여기에 타협이란 있을 수가 없습니다.

오스왈드 챔버스의 메시지

우리의 싸움은 육에 속한 삶을 영에 속한 삶으로 바꾸는 것입니다. 이 싸움은 결코 쉽지 않으며, 하나님께서도 쉽지 않도록 만드셨습니다. 이 싸움은 오직 도덕적 선택을 통해 이길 수 있습니다.

하나님과 나만의 이야기

능력과 인내심을 달라고 기도드리세요. 여러분에게 더 큰 능력이 필요한 이유는 이 세상에 배치된 각종 장애물을 무사히 통과해야 하기 때문이고, 인내심이 필요한 이유는 앞으로 나아가라는 명령이 떨어질 때까지 기다려야 하기 때문입니다. 그래서 능력과 인내심 모두 중요합니다.

강물은 때로 모든 것을 파괴합니다.
어떤 장애물도 그 흐름을 막지 못합니다.

하나님의 시간

Sep. 09

모든 생각을 사로잡아 그리스도에게 복종하게 하니 (고후 10:5)

하나님은 우리가 가는 길에 장애물을 설치하여 우리를 새롭게 빚으시거나 새로운 길을 창조하십니다. 어떤 변화는 너무 미미하여 우리가 눈치채지 못할 수도 있습니다. 마치 물방울이 서서히 바위를 깎아 내듯이 말입니다. 그런데 우리는 거센 파도가 바위를 때리듯이 요란한 소리를 내는 멋진 장관을 연출하고 싶어 합니다. 그러나 이러한 순간적인 광경은 곧 사라지며 피해를 불러일으킬 수도 있습니다. 우리에게는 인내심이 필요합니다. 다시 말하면 하나님의 시간을 기다릴 수 있어야 합니다.

오스왈드 챔버스의 메시지

우리는 하나님, 세상, 죄, 사탄에 대해 예수님이 가지셨던 관점과 똑같은 관점을 가져야 합니다. 이 말은 우리가 마음을 새롭게 함으로써 변화를 받아야 할 책임을 반드시 느껴야 한다는 뜻입니다.

하나님과 나만의 이야기

인내심을 달라고 기도드리세요. 그리고 즉각적인 결과를 보고 싶어 안달하는 여러분의 이기적인 마음도 없애 달라고 요청하세요. 왜냐하면 하나님은 이런 태도를 원치 않기 때문입니다.

여러분은 강입니다. 그러므로 계속 흘러가세요.
여러분이 변화되어야 할 시기가 되면 하나님이 알려 주실 테니까요.

Sep. 10 훈련의 중요성

나다나엘이 이르되 어떻게 나를 아시나이까 예수께서 대답하여 이르시되 빌립이 너를 부르기 전에 네가 무화과나무 아래에 있을 때에 보았노라 (요 1:48)

여러분이 비행기를 타고 있는데 갑자기 조종사가 심장마비에 걸렸다고 가정해 봅시다. 이 경우에 비행 지식이 전혀 없으면 그 누구도 비행기를 제어할 수 없을 것입니다. 신앙생활도 마찬가지입니다. 항상 준비되어 있어야 합니다. 그런데 만일 여러분이 뭐가 필요한 때에만 하나님을 찾아왔다면 제대로 준비되어 있을 리가 없을 것입니다. 하나님과의 관계는 매일 새롭게 빚어지고 형성되고 훈련되어야만 합니다.

오스왈드 챔버스의 메시지 평소에 하나님과 개인적인 관계를 갖고 바른 예배를 드리세요. 그러면 그분이 여러분을 자유롭게 하실 때 준비되어 있을 것입니다. 하나님은 오직 그분만이 아시는 여러분의 은밀한 삶을 보시고 여러분이 완벽하게 준비되었는지를 판단하십니다. 평소에 하나님을 예배하는 성도는 위기가 찾아올 때 그분의 신뢰를 받습니다.

하나님과 나만의 이야기 하나님과 동행하는 삶을 살려면 어떻게 해야 할까요? 매일 기도와 성경 말씀 묵상을 훈련해 나가세요. 하나님께 그 어느 것보다 이 훈련을 중요시 여기고 계속적으로 지켜 나가게 해 달라고 기도드리세요.

배우지 않으면 할 수 없습니다. 관심을 쏟으세요. 준비하세요. 때가 곧 옵니다.

지금 있는 곳에서

Sep. 11

내가 주와 또는 선생이 되어 너희 발을 씻었으니 너희도 서로 발을 씻어 주는 것이 옳으니라 (요 13:14)

우리는 하나님의 종이 되겠다고 고백할 때, 종종 높은 산 위에 서서 칼을 치켜들고 있는 모습을 상상합니다. 게다가 옆에는 번개가 번쩍이고 뒤에는 수많은 천사들이 호위하고 있습니다. 그런데 실제로 종이 된다는 것은 어떤 의미일까요? 예수님은 수건을 허리에 두르시고 제자들의 발을 씻어 주셨습니다. 자신이 있는 그곳에서 말이죠. 우리 주변에는 항상 해야 할 일이 있기 마련입니다. 지금 여러분이 있는 곳에서 종으로 섬기세요.

오스왈드 챔버스의 메시지

주어진 환경에서 사역한다는 말은 우리가 상황을 선택한다는 의미가 아닙니다. 오히려 하나님의 택함을 받은 자로서 그분께서 어떤 상황을 주시든지 맡겨진 일을 감당한다는 의미입니다. 예수님은 일상의 일 중에서 가장 비천하고 보잘것없는 일을 하셨습니다. 이는 우리가 가장 평범한 일을 예수님의 방식대로 할 때, 하나님의 능력을 사용해야 한다는 점을 보여 줍니다.

하나님과 나만의 이야기

여러분 주변을 둘러보며 해야 할 일을 하나씩 살펴보세요. 그리고 어떤 일부터 시작해야 좋을지 알려 달라고 하나님께 물어보세요. 삶 속에서 우선순위가 중요하니까요.

종의 마음으로 다른 사람들을 섬기세요.

Sep. 12 왜 이럴죠?

> 예수께서 대답하여 이르시되 너희는 너희가 구하는 것을 알지 못하는도다 내가 마시려는 잔을 너희가 마실 수 있느냐 그들이 말하되 할 수 있나이다 (마 20:22)

복음서는 예수님의 제자들이 주님의 말씀을 여러 차례 이해하지 못했다고 기록하고 있습니다. 우리 역시 그렇습니다. 우리는 자주 혼란, 역경, 좌절, 당황, 미혹의 문제에 빠집니다. 이러한 문제는 내 생각대로 쉽게 해결되는 것이 아닙니다. 하나님은 가끔 우리가 전혀 알지 못하는 곳으로 이끄시는데, 이때 믿음이 요구됩니다. 언젠가 그분께서 길을 밝히 보여 주실 것을 반드시 믿고 나아가야 합니다. 지금은 이해하지 못하더라도 그 시기가 지난 후에 깨닫게 됩니다.

오스왈드 챔버스의 메시지

혼돈이 찾아올 때, '혼돈에 빠지지 말아야지'라는 생각만으로는 거기에서 벗어날 수 없습니다. 영적 혼돈은 하나님께서 이해할 수 없는 곳으로 여러분을 잠시 데려가시는 상황으로 이는 옳고 그름의 문제가 아닙니다. 이 과정을 통해 여러분은 하나님께서 원하시는 바가 무엇인지 깨달을 수 있습니다.

하나님과 나만의 이야기

오늘은 이렇게 기도드리세요. "하나님, 제가 왜 지금 이 과정을 겪어야 하는지 모르겠습니다. 그렇지만 때가 되면 주님께서 그 이유를 알려 주시리라 믿습니다. 그때까지 믿음을 갖고 기다리겠습니다."

지금 혼란스런 상황인가요? 믿음으로 나아가면 언젠가는 깨닫게 될 거예요.

여러분의 의지까지 맡기셨나요?

Sep. 13

아버지께서 내게 하라고 주신 일을 내가 이루어 아버지를 이 세상에서 영화롭게 하였사오니 (요 17:4)

우리는 때때로 포기해야만 합니다. 그렇다고 해서 크리스천이 되는 것이나 예수님을 따르는 것을 포기하라는 것이 절대 아닙니다. "예수님, 저 혼자서는 이 일을 할 수 없어요"라고 고백해야 한다는 말입니다. 우리는 자신을 하나님께 완전히 맡겨야 합니다. 이렇게 해야 하는 이유는 그분이 그것을 요구하시기 때문입니다. 우리 이전에 살았던 수많은 성도들이 그랬고, 우리 이후에도 그렇게 할 것입니다. 그런데 하나님께 순복하기가 결코 쉽지 않습니다. 하지만 일단 전심으로 하나님께 맡긴 성도는 우주의 창조자이신 하나님과 끊임없는 교제를 누리게 됩니다.

오스왈드 챔버스의 메시지

순복이란, 외적인 삶이 아닌 우리의 의지를 완전히 맡기는 행위를 말합니다. 이 과정이 끝나면 더 이상 할 것이 없습니다. 우리는 살면서 몇 번의 위기를 겪는데, 이중에서 최고의 위기는 우리의 의지를 하나님께 맡기는 결단의 순간입니다. 그런데 하나님은 우리에게 순복하라고 강요하는 법이 없고 절대로 간청하지도 않으십니다. 우리가 기꺼이 순복할 때까지 인내하며 기다리실 뿐입니다.

하나님과 나만의 이야기

하나님은 여러분에게 다른 것을 요구하지 않으십니다. 오직 여러분 자신을 원하십니다. 그런데 나 자신을 주님께 드리는 일이 쉽지 않습니다. 일단 드린 후에 후회하지 않고 기쁘게 사는 것은 더욱 어렵습니다. 오늘은 하나님 아버지께 기도하며 여러분의 일부분이라도 드려보세요. 그럼, 이제 지금부터 시작입니다.

여러분의 의지를 하나님께 맡기세요.
그러면 더 좋은 선물을 받습니다.

Sep. 14 — 혼란스럽나요?

> 뱀이 그 간계로 하와를 미혹한 것 같이 너희 마음이 그리스도를 향하는 진실함과 깨끗함에서 떠나 부패할까 두려워하노라 (고후 11:3)

지적인 문제가 생기면 논리적으로 생각해서 해결할 수 있습니다. 그러나 영적인 문제는 다릅니다. 생각을 하면 할수록 더 혼란에 빠집니다. 따라서 하나님께서 무언가 말씀하실 때, 현실적으로 따지지 말고 반드시 순종해야 합니다. 그러면 모든 것이 분명하게 보일 것입니다. 물론 논리적인 이해도 따라오게 될 것입니다. 아무리 작은 것이라도 성령님의 인도하심에서 벗어난 것을 허락하지 마세요. 그것은 영적 혼돈을 일으키는 데 충분한 원인이 됩니다.

오스왈드 챔버스의 메시지

영적 혼란은 오직 순종에 의해서만 해결됩니다. 이는 순종하는 즉시 분별력을 갖게 되기 때문입니다. 그런데 분별력을 소유하면 우리는 부끄러움을 느끼게 됩니다. 그 이유는 혼란에 빠진 것이 우리 마음의 상태 때문이라는 것을 깨닫기 때문이죠. 오직 순종함으로 우리 자신을 완전히 하나님께 드릴 때, 우리는 그것을 통해 하나님의 뜻을 분별하며 단순한 삶을 살 수 있습니다.

하나님과 나만의 이야기

하나님께서 여러분에게 요구하시는 것이 무엇인지 알려 달라고 간구하세요. 그분은 이미 여러분에게 간접적으로 보여 주기 시작하셨는지도 모릅니다. 이럴 경우에는 마음 문을 열고 느껴보세요.

혼란스러운가요? 귀를 기울이며 순종하세요.
출구를 찾을 수 있을 테니까요.

영적 '자기' 점검

Sep. 15

이에 숨은 부끄러움의 일을 버리고 (고후 4:2)

자신의 내면을 진지하게 살피는 자기 점검이 필요합니다. 여러분은 이 여정을 시작할 때에 거짓말, 속임, 질투, 불신, 몰인정, 잔인함, 방종 등을 다 버리겠다고 하나님께 약속한 적이 있을 것입니다. 지금도 그 약속을 잘 지키고 있나요? 물론 이러한 요소는 누구에게나 있습니다. 그러나 여러분은 이것에 얽매이면 안 됩니다. 이런 것들이 아직까지 남아 있는지 여러분의 생활을 잘 살펴보세요. 여러분이 원하는 것을 얻기 위해 하나님이 싫어하시는 이런 악한 요소를 이용하지 마세요. 앞으로 가야 할 길에는 함정과 위험이 도처에 널려 있습니다. 만약 여러분이 여전히 자신만을 위해 산다면, 힘든 상황에 도달할 때 과거로 돌아가고 싶은 유혹을 받게 될 것입니다. 바른 길에서 이탈하지 마세요. 하나님과 동행하면 정직과 성실, 신뢰와 친절, 그리고 동정과 인내가 여러분을 지켜 줄 것입니다.

오스왈드 챔버스의 메시지

언제나 "최상의 하나님께 나의 최선을 드려야 한다"는 의식을 갖고 사세요. 만일 여러분이 세상 사람과 똑같이 행동한다면, 최고이신 하나님을 영화롭게 하지 못하는 것입니다. 하나님의 관점으로 사는 것이 어려워서 과거의 삶으로 돌아간 사람이 많습니다. 그러나 그것을 넘어서야만 위대한 영적 변화를 체험할 수 있습니다.

하나님과 나만의 이야기

진실하고 정직하게 살 수 있도록 도와 달라고 기도드리세요. 여러분이 전에 하나님께 했던 약속을 기억해 보세요. 여러분이 추구하겠다고 한 여러 미덕이 지금 삶을 지배하고 있나요? 만약 부족한 점이 있다면 주님께 도움을 청하세요.

진심으로 정직하게 사세요. 여러분의 내면을 살펴보세요.
정직한 마음이 아직도 있나요?

Sep. 16

은밀한 대화

> 너는 기도할 때에 네 골방에 들어가 문을 닫고 은밀한 중에 계신 네 아버지께 기도하라 은밀한 중에 보시는 네 아버지께서 갚으시리라 (마 6:6)

기도는 대화입니다. 우리가 기도하는 이유와 목적은 딱 한 가지인데, 그것은 하나님께 더 가까이 나아가는 것입니다. 그렇습니다! 기도는 전 세계 사람들의 소원을 적어 우주 공간에 있는 웨이터에게 전해 주는 것도, 남에게 보여 주기 위한 쇼도 아닙니다. 혹시 쇼핑센터에서 친구와 진지한 대화를 나누어 본 경험이 있으세요? 사람들의 시끄러운 소리, 건물 전체에 울려 퍼지는 듣기 싫은 음악, 스피커를 통해 흘러나오는 안내 방송이 대화를 방해하지 않던가요? 시끄럽게 외치는 소리가 머리를 혼란스럽게 하는 상황에서 과연 진지한 대화가 가능할까요? 신앙생활에서도 고요한 시간이 필요합니다. 주의를 산만하게 하는 요인을 제거하고 창조주이신 하나님과 대화를 나누는 시간을 만드세요.

 **오스왈드 챔버스의 메시지** 신앙생활에서 가장 기본적인 원칙은 여러분의 시선이 인간이 아닌 하나님을 향해야 한다는 점입니다. 아무도 모르게 골방으로 들어가 문을 닫고 은밀한 중에 보시는 하나님과 대화하세요. 다른 마음을 품지 말고, 오직 하늘에 계신 아버지를 더 알고 싶다는 생각으로 기도드리세요. 은밀하게 기도하는 시간을 갖지 않고 예수님의 제자로 산다는 것은 어불성설(語不成說)입니다.

 하나님과 나만의 이야기 여러분의 삶은 오직 여러분과 하나님만이 아십니다. 하나님과 대화를 나누세요. 살면서 느끼는 모든 생각을 털어놓으세요. 걱정, 불안, 기쁨, 꿈에 관해 솔직하게 고백하세요.

 고요한 시간에 하나님께 나아가세요. 귀를 기울여 주실 거예요. 하나님과 고요한 데이트가 반드시 필요해요!

시험을 당하는 것은 죄인가요?

Sep. 17

사람이 감당할 시험 밖에는 너희가 당한 것이 없나니 (고전 10:13)

시험을 당하는 것은 죄가 아닙니다. 시험은 우리를 선한 길에서 벗어나게 하여 악의 구렁텅이로 빠뜨리지 않습니다. 오히려 우리로 하여금 내면을 점검하게 하여 잃어버린 것이 무엇인지를 깨닫게 합니다. 인간은 누구나 시험을 당할 수밖에 없는데, 때로 시험은 우리에게 지름길을 제공합니다. 만약 우리가 원하는 궁극적인 목표가 하나님과 하나 됨으로써 얻는 진정한 만족이라면, 시험이 제공하는 지름길을 통해 더 빨리 목표에 도달할 수 있습니다. 하나님 역시 우리와 하나가 되기를 원하시는데, 그렇게 되는 방법을 우리보다 더 잘 알고 계십니다. 당연히 주님은 좋은 시험과 나쁜 시험이 있다는 것을 아시며, 우리가 그 시험을 건너뛰게 하지 않으십니다. 그렇지만 시험을 받으며 힘들어 하는 자녀의 어깨 위에 믿음직한 그분의 손을 얹어 주신답니다.

오스왈드 챔버스의 메시지

'시험'이라는 단어가 오늘날 안 좋은 의미로 사용되는데, 시험은 그 자체로 죄가 아니며 인간이라면 누구나 직면하는 것입니다. 오히려 시험을 받지 않는 것이 부끄러운 일이며 모욕이라고 말할 수 있습니다. 그런데 많은 사람들이 받을 필요가 없는 시험을 당하며 괴로워합니다. 그 이유는 하나님께서 우리를 더 높은 수준으로 끌어올려 다른 종류의 시험을 받게 하시려는 것을 거절했기 때문입니다.

하나님과 나만의 이야기

하나님께 시험을 당할 때에 나쁜 생각을 하지 않고, 그 시험을 통해 말씀하시는 것이 무엇인지 집중하게 해 달라고 기도드리세요. 좌절하지 않고 믿고 나아가면 하나님께서 더 성숙한 신앙인으로 빚어주실 것입니다.

시험을 당해 괴로워하고 있나요?
괜찮습니다. 때때로 시험은 지름길이 됩니다.

Sep. 18 — 시험 통과하기

> 우리에게 있는 대제사장은 우리의 연약함을 동정하지 못하실 이가 아니요 모든 일에 우리와 똑같이 시험을 받으신 이로되 죄는 없으시니라 (히 4:15)

하나님과 하나가 되는 것이 크리스천의 궁극적인 목표이고, 우리는 그리스도와 연합함으로써 이 목표에 도달하려고 노력합니다. 그렇다면 우리가 직면하는 시험과 이 목표가 어떻게 연결될까요? 예수님이 당하신 시험은 우리가 당하는 시험과 유사합니다. 따라서 우리가 그리스도와 하나가 되면, 그분은 우리가 당하는 시험을 다 이해해 주시겠죠. 사탄은 예수님께 자신만을 위해 살라고 유혹했습니다. 예수님이 받으신 시험 중에 여러분이 상상하기 어려운 것도 있습니다. 하지만 우리가 계속해서 믿음의 길을 가며 주님께 더 가까이 나아가면, 예수님의 시험을 통해 많은 깨달음과 힘을 공급받을 수 있을 것입니다.

 오스왈드 챔버스의 메시지

예수님은 세례를 받으신 후에 세상 죄를 지고 가야 하는 소명을 받으셨습니다. 그리고 그 즉시 성령님에게 이끌려 광야로 들어가 사탄에게 시험을 받으셨습니다. 그러나 주님은 지치지 않으셨고 죄를 범치 않으셨으며 시험을 통과하셨습니다.

하나님과 나만의 이야기

여러분의 삶에서 하나님이 차지하는 위치가 어떻게 되는지 점검해 보세요. 여러분 자신의 생각이나 의지를 하나님보다 앞세우지는 않았는지 살펴보세요. 혹시 이러한 경향이 있다면, 그 문제를 놓고 기도드리세요.

우리는 인간이고 하나님은 우주의 창조자이십니다.
그렇다면 명령하시는 분은 누구일까요?

예수님을 따르라고요?

Sep. 19

너희는 나의 모든 시험 중에 항상 나와 함께 한 자들인즉 (눅 22:28)

예수님은 무질서한 상황이 연출될 때마다 "이봐, 나를 따르면 너희 친구와 가족이 너희를 미워하고 심지어 죽일지도 모르는데, 괜찮겠어?"라는 질문으로 따라오는 무리를 솎아 내셨습니다. 우리가 예수님을 따를 때 직면하는 여러 도전은 오히려 그분께 더 가까이 나아가도록 도와주는 것이 되기도 합니다. 그런데 어떤 경우에는 이를 위해 굉장히 가까운 친구와 헤어져야 할 수도 있습니다. 여러분은 이러한 상황에서도 기꺼이 예수님을 따를 수 있나요?

오스왈드 챔버스의 메시지

우리는 여러 상황으로부터 자신을 보호해야 한다는 생각을 갖고 있는데, 절대로 그렇게 해서는 안 됩니다! 상황을 주관하시는 분은 하나님이십니다. 따라서 어떠한 환경이 주어지든 주님과 끊임없이 함께하며 그 상황을 직면해야 합니다. 어떤 상황에서도 예수님께 충성을 다하세요.

하나님과 나만의 이야기

인내심을 달라고 기도드리세요. 아마도 앞으로 굉장히 필요할 테니까요. 신앙생활이 힘들어질 때 특히 인내심이 요구됩니다. 주님께 인내심을 충분히 달라고 요청하세요. 주님께서 넘치게 주십니다.

지금까지 이 책과 함께하는 여정, 잘 따라오고 있나요? 정말인가요?
좋아요! 그렇다면 계속 진행하세요.

Sep. 20

은혜로

그러므로 하늘에 계신 너희 아버지의 온전하심과 같이 너희도 온전하라 (마 5:48)

예수님은 하나님의 목적을 성취하심으로써 완벽한 존재가 되셨습니다. 하지만 우리는 완벽한 존재가 되려고 노력하다가 많은 실수를 저지릅니다. 신앙생활을 하며 다양한 사람을 만나기도 하고, 갖가지 환경에 적응하려고 노력합니다. 그런데 우리가 하나님을 닮아가려고 이렇게 노력하다 보면, 하나님께서 지혜를 주셔서 다른 사람과 조화를 이루며 사는 법을 가르쳐 주십니다.

오스왈드 챔버스의 메시지 하나님의 은혜로 인해 초자연적인 것이 우리 안에서 자연스럽게 됩니다. 이것이 크리스천의 삶의 비결입니다. 이러한 경험은 하나님과 친밀하게 교제하는 시간이 아니라, 일상에서 분명하게 나타납니다. 따라서 우리는 혼란스러운 상황에 처할 때, 그 소용돌이 한복판에서 평정을 찾을 수 있는 놀라운 능력이 우리에게 있다는 사실을 발견하게 됩니다.

하나님과 나만의 이야기 주님께서 주시는 은혜로 말미암아 여러분은 최악의 상황도 능히 견뎌낼 수 있습니다. 여러분의 마음을 따뜻하게 해 달라고 하나님께 간청하세요. 큰 힘을 얻을 테니까요.

하나님의 시각에서 보면 완벽한 사람은 아무도 없어요.
그러나 우리가 하나님과 하나가 되면 완벽해집니다.

태어난 목적

Sep. 21

이제 여호와께서 말씀하시나니 그는 태에서부터 나를 그의 종으로 지으신 이시요 (사 49:5)

우리는 하나님의 종임을 잊지 말아야 합니다. '바로 이 목적' 때문에 우리가 태어났으니까요. 우리가 "저는 하나님의 종입니다"라고 고백하는 순간, 이 세상에 있는 집은 초라하게 느껴지고 하늘의 집은 더욱 부각될 것입니다. 그리고 전 세계는 여러분의 잠재적인 활동 무대가 될 것입니다.

오스왈드 챔버스의 메시지 우리는 예수 그리스도의 구원 사역을 통해 하나님의 목적을 완벽하게 성취할 수 있는 존재로 빚어졌습니다. 이 사실을 깨달은 사람만이 예수님의 요구가 왜 그렇게 엄격하고 혹독한지 이해할 수 있습니다. 예수님은 자신의 종에게, 즉 성도들에게 절대적인 의를 요구하십니다. 왜냐하면 그분이 하나님의 성품을 그들에게 넣어 주셨기 때문입니다. 여러분을 향한 하나님의 목적을 잊지 않도록 조심하세요.

하나님과 나만의 이야기 오늘은 전 세계를 위해 기도드리세요. 여러분이 하나님의 종이라면, 전 세계 사람들, 특히 가난한 사람들과 아픈 사람들에 대한 마음을 여러분에게 부어 주실 것입니다. 그러면 여러분의 마음이 훨씬 넓어지겠죠?

우리는 단 한 가지 목적을 위해 창조되었습니다.
그 목적은 바로 '하나님의 종'이 되는 것입니다.

Sep. 22

주인이 누구인가요?

너희가 나를 선생이라 또는 주라 하니 너희 말이 옳도다 내가 그러하다 (요 13:13)

주인을 모시고 있는 것과 지배를 받으며 사는 것은 엄연히 다릅니다. 주인을 모시고 있다는 말은, 여러분보다 여러분 자신에 대해 더 잘 알고 있는 사람이 있다는 뜻이며 친구보다 더 가까운 사람, 즉 여러분의 영혼을 들여다보며 필요한 것을 제공해 줄 수 있는 사람이 있다는 의미입니다. 여러분의 주인은 여러분을 조롱하기를 기뻐하거나 여러분의 능력을 비웃으며 낄낄거리는 사람이 아닙니다. 오히려 여러분을 대신하여 기꺼이 목숨을 바치며, 여러분으로 하여금 목적을 성취하도록 돕는 사람입니다. 그런데 만약 여러분이 일어서서 세상 사람들을 향해 "아무도 내게 명령하지 못한다. 내가 나 자신의 주인이다"라고 외친다면, 여러분은 이미 패한 사람입니다. 여러분의 주인은 하나님이시기 때문입니다.

오스왈드 챔버스의 메시지

주님은 절대로 순종을 강요하지 않으십니다. 그래서 때로 우리는 하나님이 강제로라도 그분이 원하시는 일을 하게 하시면 좋겠다고 생각합니다. 그러나 그분은 그렇게 하지 않으십니다. 또 어떤 경우에는 그분이 우리를 홀로 놔두면 좋겠다고 상상합니다. 그때도 주님은 그렇게 하지 않으십니다. 주님은 우리가 무의식중에도 그분을 주인으로 모시는 그런 관계를 맺고 싶어 하십니다. 다시 말하면 우리가 그분의 소유물이기 때문에 순종할 수밖에 없는 관계를 원하십니다.

하나님과 나만의 이야기

"하나님, 저는 주님의 종입니다." 오늘 다시 한 번 고백하세요. 어떤 장애물이 나타나도 능히 극복할 수 있음을, 아무리 큰 손해를 입어도 주님께서 천 배나 갚아 주실 것을 믿고 선언하세요. 여러분이 주님과 대화하는 모습을 보면서 친구들이 비웃어도 개의치 말고 믿음을 가지고 나아가세요.

나의 주인은 하나님이십니다!

인생의 목표 세우기

Sep. 23

예수께서 열두 제자를 데리시고 이르시되 보라 우리가 예루살렘으로 올라가노니 선지자들을 통하여 기록된 모든 것이 인자에게 응하리라 (눅 18:31)

선교사님을 찾아가 인생의 목적이 무엇이냐고 물어보세요. 그러면 그들은 처음도 하나님, 마지막도 하나님, 언제나 하나님이라고 답할 것입니다. 밖으로 나가 굶주린 사람을 먹이고 노숙자에게 숙소를 제공하고 부지런히 사람들을 회심시키는 일이 목표가 아닙니다. 목표는 하나님을 제1순위에 놓는 것입니다. 하나님을 인생의 목표로 삼을 때, 노숙자는 거처를 얻고 주린 자는 양식을 얻으며 추위 때문에 떠는 자는 포근함을 느끼고 외로운 자는 친구를 얻으며 방황하는 자는 길을 찾게 됩니다.

오스왈드 챔버스의 메시지

이 세상의 어떤 것도 예루살렘으로 향하는 예수님의 발걸음을 막지 못했습니다. 예수님은 자신을 핍박하는 마을을 서둘러 떠나지 않으셨고, 자신을 환영하는 마을에 더 오래 머무르지도 않으셨습니다. 사람들이 감사하든 배은망덕하든 예루살렘을 향해 가시려는 주님의 목적은 조금도 변함이 없었습니다.

하나님과 나만의 이야기

지금 여러분은 믿음의 길을 가고 있습니다. 여러분에게 필요한 것이 무엇인지 살펴보고 하나님께 요청하세요. 인내, 능력, 용기, 친절, 정의, 충성, 믿음, 그리고 사랑이 필요하겠죠? 이 모든 것을 달라고 요구하세요. 괜찮습니다. 하나님은 다 가지고 계시니까요.

여러분의 인생의 목표를 적어보세요.
기도드린 후 진지하게 적어보세요.

Sep. 24

짐을 다 싸셨나요?

> 그러므로 예물을 제단에 드리려다가 거기서 네 형제에게 원망들을 만한 일이 있는 것이 생각나거든 예물을 제단 앞에 두고 먼저 가서… (마 5:23-24)

우리는 "필요한 짐을 다 챙겼으니 이제 떠날 준비가 되었어요!"라고 자신 있게 말합니다. 그런데 싼 짐을 샅샅이 점검해 보면, 여행에 도움이 안 되는 잡동사니가 엄청 많습니다. 섣불리 믿음의 여정을 떠나기 전에 하나님 앞에서 잠시 묵상하는 시간을 가져 보세요. 아마 하나님께서 "이게 꼭 필요해?"라고 물으실 지도 모릅니다. 믿음의 여정을 시작하기 전에 불필요한 짐을 모두 하나님께 맡기세요. 하나님은 여러분이 필요 없는 짐을 다 내려놓기를 기다리고 계신답니다.

오스왈드 챔버스의 메시지 여러분은 뭔가 거창한 것을 포기해야 한다고 생각하나요? 아닙니다. 하나님은 먼저 아주 사소한 문제를 정리하라고 하십니다. 그것의 배후에는 '완고함'이 떡 버티고 있기 때문입니다. 만약 예수님의 제자가 되기를 원한다면, 이 완고한 태도를 버려야 합니다.

하나님과 나만의 이야기 우리는 결코 하나님을 속일 수 없습니다. 오늘은 여러분 안에 감추고 싶은 비밀이 있는지 점검해 보세요. 만약 있다면 하나님께 솔직하게 털어놓고 마음의 짐을 가볍게 하세요.

믿음의 여정을 떠나기 위해 짐을 다 싸셨나요?
그 짐이 정말 필요한 것인지 하나님 앞에서 다시 한번 점검해 보세요.

정말 불가능한가요?

Sep. 25

또 누구든지 너로 억지로 오 리를 가게 하거든 그 사람과 십 리를 동행하고 (마 5:41)

하나님이 여러분에게 요구하시는 일은 그분의 도움이 없이는 도저히 할 수 없는 일입니다. 하나님은 불가능한 일을 요청하시기 때문입니다. 그러나 하나님을 의지해 최선을 다하면 불가능도 가능해집니다. 모든 것을 감당할 수 있는 능력을 하나님이 주셨기 때문입니다.

오스왈드 챔버스의 메시지 주님의 제자가 되겠다는 끈질긴 노력으로는 제자가 될 수 없습니다. 우리 스스로 제자가 되겠다고 나설 수 없습니다. 주님께서 제자를 만드시는 과정은 초자연적입니다. 하나님은 우리가 자연스럽게, 쉽게 할 수 있는 일들을 하라고 부탁하지 않으십니다. 오직 주님의 은혜로만 완벽하게 할 수 있는 일들만 하라고 부탁하십니다. 그 일을 하려고 할 때 십자가는 언제나 따라올 것입니다.

하나님과 나만의 이야기 여러분에게 정말로 필요한 것이 무엇인지 깨달을 때까지는 하나님께 뭔가를 달라고 요구하지 마세요. 아마 하나님께 달라고 요청할 필요가 없을지도 모릅니다. 왜냐하면 필요한 것이 있으면 그분이 주시기 때문입니다.

여러분: "저는 할 수 없어요."   하나님: "아니, 너는 할 수 있단다."
여러분: "어떻게 아세요?"   하나님: "내가 그렇게 말했기 때문이야."

Sep. 26

정말 해결했나요?

예물을 제단 앞에 두고 먼저 가서 형제와 화목하고 그 후에 와서 예물을 드리라 (마 5:24)

여러분은 벌써 마음이 들떠 어서 출발하고 싶을지 모릅니다. 혹시 지금 하나님의 출발 신호를 기다리고 있나요? 그런데 출발에 앞서 해결해야 할 문제가 있습니다. 누구에게나 고칠 점이 있게 마련이죠. 예를 들면, 사과하지 않은 것, 감사하지 못한 것, 마음속에 숨겨진 분노 등이 여기에 해당합니다. 출발하기 전에 이 문제들을 꼭 해결하세요. 문을 박차고 나가며 "누군가 나 대신 해 줄 거에요!"라고 말해서는 안 됩니다. 인생을 이런 식으로 살면 안 돼요. 잘못된 부분이 있으면 고치세요. 그러고 나서 다시 출발선에 서세요.

오스왈드 챔버스의 메시지 — 화해하는 절차가 성경에 분명히 제시되어 있습니다. 첫째로, 기꺼이 자신을 희생하려는 용기가 있어야 합니다. 둘째로, 성령님께서 마음에 찔림을 주시면 멈추어야 합니다. 셋째로, 하나님의 말씀에 순종하며 실천해야 합니다. 다시 말하면 여러분은 잘못을 범한 사람에게 찾아가 '완벽하게 화해'해야 합니다.

하나님과 나만의 이야기 — 하나님께 조금만 더 기다려 달라고 부탁하세요. 여러분은 준비되었다고 생각하겠지만, 출발하기 전에 잘못된 점을 바로 잡을 필요가 있습니다. 문제가 있어도 괜찮아요. 고치면 되니까요.

문제가 있으면 해결하세요. 여러분의 문제니까요.
누군가에게 떠넘기지 마세요. 이 여행은 여러분의 여행입니다.

하지만 주님…

Sep. 27

길 가실 때에 어떤 사람이 여짜오되 어디로 가시든지 나는 따르리이다 (눅 9:57)

하나님께 "제가 따르겠습니다"라고 고백하면 그 순간부터 해야 할 일이 적힌 목록을 하나 받게 됩니다. 그런데 우리는 이 목록을 자세히 본 후에 "좋아요. 하지만 주님…"이라고 대답하며 그 일을 할 수 없는 이유를 대기 시작합니다. 심지어 "하나님, 어떤 명령이라도 따르겠습니다"라고 고백한 사람도 "하나님 제발 이 일만은…"이라고 말하며 꽁무니를 뺍니다. 오늘 성경 본문을 보면 예수님은 이런 사람을 혹독하게 다루십니다(눅 9:57-62). 우리가 즈저할 때 들려주시는 예수님의 말씀은, 우리가 듣고 싶어 하지 않는, 그러나 우리에게 꼭 '필요한' 말씀입니다. 마음을 찌르는 예수님의 말씀을 지나쳐 버리는 사람은 믿음의 여정을 지속할 능력을 잃고 맙니다. 당연히 여정을 마칠 수도 없겠죠.

오스왈드 챔버스의 메시지

누가복음 9장 58절에 나오는 주님의 대답은 충동에 의한 것이 아니라, 사람 속에 있는 생각을 다 아시고 하신 말씀입니다. 만약 성령님이 여러분의 마음에 어떤 성경 말씀을 떠오르게 하시고 그 말씀이 여러분의 마음을 아프게 한다면, 이는 주님께서 완전히 제거하고 싶은 악한 요소가 여러분 안에 숨겨 있다고 분명히 말할 수 있습니다.

하나님과 나만의 이야기

"어떤 명령이라도 따르겠습니다"라고 하나님께 말하세요. 그러나 확신이 없으면 하지 마세요. 하나님께서는 엄중하게 응답하실 테니까요. 뿐만 아니라 지금 쉽게 받아들이기 위해 달콤한 것을 달라고 요구하지 마세요. 대신 꼭 필요한 것이 무엇인지 알려 달라고 하세요.

여쭤보고 귀를 기울이세요.
새롭게 깨달았다면 출발하세요.

Sep. 28
소유물로 평가하지 마세요

네게 아직도 한 가지 부족한 것이 있으니 가서 네게 있는 것을 다 팔아 가난한 자들에게 주라 그리하면 하늘에서 보화가 네게 있으리라 그리고 와서 나를 따르라 (막 10:21)

우리는 대체로 소유물로 사람을 평가합니다. 그래서 옷이나 신발의 메이커가 무엇인지를 따집니다. "내가 무엇을 하여야 합니까?"라고 한 부자 청년이 예수님께 물었을 때, 그는 좋은 평가를 받고 싶었습니다. 그런데 예수님은 그의 외면이 아닌 내면을 보고 평가하셨습니다. 예수님은 우리가 마음을 비우고 편견을 없앤 상태로 그분을 따르기를 원하십니다. 그래야 그분의 사랑으로 그 빈 공간이 채워지니까요.

오스왈드 챔버스의 메시지

"네게 있는 것을 다 팔아…." 우리는 모든 소유물을 다 버려야만 하는데, 이는 구원을 받기 위함이 아니라 예수님을 따르기 위함입니다. "와서 나를 따르라." 주님께서 가시는 길이 바로 구원을 얻는 길입니다.

하나님과 나만의 이야기

지금까지 외모나 소유물로 사람을 평가해왔다면 회개하세요. 하나님은 절대로 우리의 외모나 소유물을 중요하게 생각하지 않으십니다. 하나님은 언제나 우리의 중심을 보시는 분이십니다.

여러분을 위해서가 아니라 하나님을 위해 사세요.
이것이 하나님의 명령입니다.

부르심

Sep. 29

내가 복음을 전할지라도 자랑할 것이 없음은 내가 부득불 할 일임이라 만일 복음을 전하지 아니하면 내게 화가 있을 것이로다 (고전 9:16)

하나님의 부르심은 예상치 않은 순간에 올 때도 있고, 서서히 깨닫게 되는 경우도 있습니다. 그러나 확실한 것은 하나님이 우리를 부르시면 아무도 막지 못한다는 것입니다. 하나님의 계획은 반드시 성취됩니다. 여러분이 멀리 돌아도 하나님은 반드시 그분이 원하시는 자리로 다시 돌아오게 하십니다.

오스왈드 챔버스의 메시지

하나님의 부르심을 무시해왔거나 망각해 왔다면 어떤 영역에서 하나님의 부르심보다 여러분 자신의 생각이나 특별한 능력을 앞세웠는지 살펴보세요. 사도 바울은 "만일 복음을 전하지 아니하면 내게 화가 있을 것"(고전 9:16)이라고 선언했습니다. 그는 하나님의 부르심을 깨닫고 있었고, 이 세상의 어떤 것도 그를 막지 못했습니다.

하나님과 나만의 이야기

여러분의 과거를 돌아보며 큰 변화가 있었던 시기를 떠올려 보세요. 지금은 그 일이 일어난 이유를 확실히 알지 못하지만, 앞으로 언젠가 분명히 깨닫게 될 것입니다.

하나님의 계획은 아무도 바꾸지 못합니다.
주님만 꽉 붙잡고 이 여정을 즐기세요.

Sep. 30 — 조각가 하나님

> 나는 이제 너희를 위하여 받는 괴로움을 기뻐하고 그리스도의 남은 고난을 그의 몸된 교회를 위하여 내 육체에 채우노라 (골 1:24)

우리는 다듬어지지 않은 돌덩이이고 하나님은 조각가이십니다. 하나님은 그분의 거룩한 손으로 우리를 위대한 작품으로 만드십니다. 그때 칼과 끌이 우리를 아프게 하더라도 기꺼이 참아야 합니다. 그 이유는 우리가 주님의 소유물이고 그분을 사랑하며 그분이 우리를 향한 계획을 가지고 계시기 때문입니다. 그런데 하나님이 여러분이 가장 싫어하는 사람을 통해 여러분을 다듬으시면 어떻게 하죠? 그때도 그 사람이나 다듬으시는 하나님의 손길을 사랑할 수 있나요? 대개 우리는 이런 상황에서 불평을 합니다. 하지만 우리를 다듬는 존재가 하나님이든 가장 싫어하는 사람이든 그 손길을 사랑하지 않으면 절대로 하나님의 걸작이 될 수 없습니다.

오스왈드 챔버스의 메시지

포도주가 되려면 반드시 으깨져야 합니다. 으깨질 때 비로소 포도주가 되기 때문입니다. 성도가 된다는 말은, 하나님의 임재를 경험하고 그분을 섬기는 과정에서 내 자아가 하나님의 섭리에 의해 완전히 으깨지는 것을 의미합니다. 하나님의 손에 의해 찢겨진 빵이 되려면 먼저 주님의 손에 의해 빚어져야 합니다. 하나님과 바른 관계를 유지하며 그분께 자신을 맡기세요. 그러면 주님이 여러분을 멋진 빵과 포도주로 만드셔서 유익하게 하십니다.

하나님과 나만의 이야기

하나님이 모든 것을 다 보고 계신다는 사실을 생각하며 감사하세요. 우리는 바로 코앞에 있는 것만을 보지만 그분은 전체적인 상황을 다 아십니다. 하나님을 신뢰하세요. 그분은 여러분의 미래를 알고 계십니다.

누가 조각칼을 들고 있든지 고통은 있게 마련입니다.
하지만 견딜 만한 가치가 있답니다.

October

내 삶의 주인공은 정말 나일까?

언제나 여러분의 이름이 아닌
주님의 이름이 남게 하세요

산에서 내려오세요

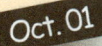

엿새 후에 예수께서 베드로와 야고보와 요한을 데리시고 따로 높은 산에 올라가셨더니 그들 앞에서 변형되사 (막 9:2)

여러분은 산꼭대기에 섰던 경험이 있을 것입니다. 여기서 말하는 산은 눈에 보이는 산이 아니라 영적 체험을 말하는 것입니다. 예를 들어, "어마어마하게 큰 어떤 존재 앞에 서 있는 느낌이었어!"라고 말했던 때 말입니다. 우리는 선교 여행이나 수련회의 마지막 날 밤에 이런 체험을 하곤 합니다. 그런데 한편으로 이러한 체험은 여러분이 집으로 돌아가야 한다는 사실을 암시합니다. 즉, 산에서 내려와야 한다는 뜻이죠. 여러분은 거기서 영원히 머무르며 그 황홀했던 순간을 간직하고 싶겠지만, 반드시 내려와야 합니다. 하나님은 여러분이 산꼭대기에서 사는 것을 원치 않으십니다. 골짜기에서 할 일이 있기 때문입니다.

오스왈드 챔버스의 메시지

산 정상에서 얻은 소중한 경험은 우리에게 뭔가를 가르치기 위함이 아니라, 우리를 어떤 존재로 만들기 위함입니다. 영적으로 산 정상에 섰던 순간은 하나님이 우리에게 주시는 매우 드문 기회이며 그분의 목적을 이루기 위한 수단입니다.

하나님과 나만의 이야기

여러분이 받은 은혜를 날마다 사람들과 나누며 살게 해 달라고 기도드리세요. 나누지 않으면 모두 사라지고 마니까요.

산꼭대기에 계속 머무르면 안 됩니다. 반드시 아래로 내려와야 합니다. 그리고 다른 사람들에게 산꼭대기로 올라가는 길을 알려야 합니다.

단조로운 일상에서도

> 귀신이 그를 죽이려고 불과 물에 자주 던졌나이다 그러나 무엇을 하실 수 있거든 우리를 불쌍히 여기사 도와 주옵소서 (막 9:22)

산꼭대기에서 영적으로 놀라운 경험을 하면 이후에 골짜기(현실)로 내려와 사는 것이 어렵게 느껴지기도 합니다. 어떤 의미에선 단조롭고 비천하게 느껴지기 때문입니다. 또한 우리를 좌절시킬 뿐 아니라 믿음 또한 약화시키기 때문입니다. 그러나 하나님은 이러한 체험을 통해 우리에게 필요한 교훈을 주십니다. 우리는 산꼭대기에서 골짜기로 내려와 살아야만 합니다. 그렇다고 해서 항상 그곳에서 살아야 하는 것은 아닙니다.

오스왈드 챔버스의 메시지 우리는 이 낮은 세상에서 살아가는 동안, 우리의 진정한 가치를 발견하고 우리의 충성심을 보여줄 수 있습니다. 대부분의 사람들은 타고난 이기심 때문에 영웅적인 대접을 받을 때에만 뭔가를 합니다. 그런데 하나님은 우리가 단조로운 일상에서도 하나님과 인격적 관계를 맺으며 살기를 원하십니다. 베드로는 변화산 꼭대기에 머무는 것이 좋다고 생각했습니다(막 9:5). 하지만 예수님은 제자들을 데리고 산에서 내려오셨습니다.

하나님과 나만의 이야기 여러분에게는 자신이 생각하는 것보다 더 많은 능력과 인내가 필요합니다. 필요한 것이 있으면 주저하지 말고 하나님께 기도로 요청하세요.

산꼭대기에는 빛이 있지만 골짜기는 어둡습니다. 산 정상에서 살기는 쉽지만 여러분은 골짜기에서 살아가야 합니다. 그러므로 빛을 잘 간직하세요.

그분의 임재 안에서

Oct. 03

이르시되 기도 외에 다른 것으로는 이런 종류가 나갈 수 없느니라 하시니라 (막 9:29)

크리스천이라는 이유로 조롱을 당하더라도 여러분은 하나님의 임재 안에서 안전할 것입니다. 그런데 이러한 임재는 반드시 예수님께 관심을 집중해야 느낄 수 있습니다. 여러분과 예수님 사이를 가로막고 있는 물리적, 정신적, 정서적 장애물을 다 제거하세요. 산꼭대기에서 내려와 거친 현실에 들어서면 마치 밝은 곳에서 어두운 극장 안으로 들어가는 것 같이 느껴지기 때문입니다.

하나님과 나만의 이야기 크리스천은 반드시 독수리가 날개를 치며 올라감 같이 올라가야 합니다(사 40:31). 그러나 동시에 내려오는 법도 꼭 알아야 합니다. 성도의 능력은 산에서 내려와 골짜기에서 생활할 때 비로소 드러납니다. 바울은 이렇게 고백합니다. "내게 능력 주시는 자 안에서 내가 모든 것을 할 수 있느니라"(빌 4:13). 그런데 여기서 바울이 언급한 '모든 것'은 대체로 치욕적인 환경을 의미합니다. 물론 우리는 "싫어요, 저는 하나님과 함께 산꼭대기에 있는 것이 훨씬 좋아요"라고 말하며 비천하게 사는 삶을 거부할 수 있습니다. 여러분은 예수 그리스도의 빛 가운데서 현실을 직시하며 살아갑니까, 아니면 두려움을 느끼며 살아갑니까?

하나님과 나만의 이야기 오늘은 시간을 내어 예수님에 대해 아는 지식을 총동원하여 예수님을 묵상하세요. 골짜기에서 들려오는 소리가 여러분을 압도하려 할 때마다 예수님의 모습을 마음에 새기며 그분의 임재를 느끼게 해 달라고 기도드리세요.

예수님은 분명히 살아 계십니다. 만약 그렇지 않으면, 여러분은 지금 존재할 수 없고, 앞으로도 존재할 수 없을 것입니다.

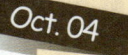

현재의 내 모습

성도라 부르심을 받은 자들… (고전 1:2)

믿음의 길에서 이탈하지 마세요. 절대로 방심하면 안 됩니다. 날마다 여러분의 영적 상태를 잘 살피세요. 여러분은 비전을 통해 미래상을 보았지만 현재는 그 모습이 아닐 뿐만 아니라 그 비슷하게도 살아갈 수 없습니다. 아직 준비되지 않았거든요. 비전이 성취될 때까지 한참을 더 가야할 테지만, 하나님은 일상의 평범한 일이나 상황을 통해 여러분을 빚어 가십니다. 그러니 믿음을 지키며 뒤돌아보지 말고 나아가세요.

오스왈드 챔버스의 메시지

비전이 이뤄질 것인지 안 이뤄질 것인지는 하나님이 아닌 우리에게 달려 있습니다. 만일 산꼭대기에서 안주하는 것을 더 좋아하고 받은 비전을 추억으로만 여기는 사람이 있다면, 그는 쓸모없는 사람이 되고 맙니다. 우리는 하나님에 대한 의식적인 회상이나 황홀한 기쁨에만 사로잡히지 말고, 우리가 보았던 비전에 의지하여 사는 법을 배워야 합니다. 모든 훈련은 이 관점에서 시작됩니다. 주님의 뜻을 우리에게 알려 주신 하나님께 감사하세요.

하나님과 나만의 이야기

주님께서 비전을 보여 주셨다면 감사하세요. 혹시 아직까지 비전을 받지 못했다면 주님께 간청하세요. 그래야 힘을 낼 수 있으니까요.

여러분은 아직 하나님이 원하시는 상태가 되지 못했지만
하나님이 여러분과 함께 이루실 것입니다.

가장 심오한 계시

Oct. 05

그러므로 한 사람으로 말미암아 죄가 세상에 들어오고 죄로 말미암아 사망이 들어왔나니 이와 같이 모든 사람이 죄를 지었으므로 사망이 모든 사람에게 이르렀느니라 (롬 5:12)

오늘은 죄에 관해 생각해 봅시다. 싫든 좋든 모든 인간은 죄인입니다. 죄는 하나님과 심각하게 분리되어 있는 상황을 말하는데, 이러한 '분리'는 자신의 의를 추구하는 멋진 모습으로 나타나기도 하고 부도덕하게 추한 모습으로 나타나기도 합니다. 어쨌든 이 두 경우 모두 하나님과 분리된 상태이며, 이 두 부류에 속한 사람들은 공공연히 "내가 나 자신의 신이다"라고 주장합니다. 이 세상에서 가장 심오한 계시는, 하나님이 인간을 정죄하지 않으신다는 사실을 이해할 때 주어집니다. 그런데 문제는 예수 그리스도가 우리의 죄를 위해 죽으셨다는 진리를 알면서도 예수님을 배척한다는 데 있습니다. 우리가 하나님의 은혜를 받아들이지 '않기로' 의도적으로 결정할 때, 우리는 죄 속에 거하게 됩니다.

오스왈드 챔버스의 메시지

죄의 속성은 부도덕이나 악행이 아니라, "내가 곧 나 자신의 신이라"라고 주장하는 자기실현의 욕구를 말합니다. 이러한 속성은 도덕적 행동이나 비도덕적 행동을 통해 나타나는데, 언제나 자신의 권리를 주장한다는 공통점을 가지고 있습니다. 예수님은 정직하고 바르게 사는 사람도, 악하고 불의한 사람도 만나셨지만, 그들의 도덕적인 면에 대해서는 전혀 관심을 보이지 않으셨습니다. 오히려 우리가 보지 못하는 마음에 주목하셨습니다. 하나님은 우리가 죄의 형질을 물려받았다고 해서 그것 때문에 정죄하지 않으십니다. 단, 예수 그리스도께서 우리를 죄로부터 구원하기 위해 오셨다는 사실을 알면서도 거절하는 행태에 대해서는 엄중한 책임을 물으십니다.

하나님과 나만의 이야기

여러분과 하나님 사이를 멀어지게 하는 장애물이 있다면, 하나님은 여러분에게 기회를 주셔서 그것을 정리하게 하실 것입니다. 만약 정리하지 못한다면, 그것 때문에 다시 죄를 짓게 될 테니까요.

죄는 못된 행실이나 부도덕한 생각만이 아니라
하나님과의 '분리'입니다.

새로운 창조

그를 내 속에 나타내시기를 기뻐하셨을 때에… (갈 1:15-16)

하나님은 최고의 창조자이시기에 갖가지 방법으로 우리를 빚으실 수 있습니다. 다양한 재료를 사용하여 각 부분을 만드시고, 한 땀 한 땀 실로 꿰매 이어붙인 누비이불 같이 육체를 조립하실 수도 있습니다. 새로운 피조물이 되는 것은 성령님의 역사인데, 이는 우리가 사모할 때 이루어집니다. 모든 노력이 실패하고, 모든 것이 완전히 부서지고, 하나님께 드릴 것이 아무것도 없다고 느껴질 때, 바로 '그때' 성령님이 오셔서 우리의 영에 기운을 불어 넣어 주시며 새로운 피조물로 창조하여 다시 일으켜 주십니다. 그러나 다른 사람의 눈에 거룩하게 보이기 위해 애쓰는 사람은 이런 재창조를 경험하지 못합니다. 그들은 단지 옛 사람의 성질을 그대로 유지한 채 겉만 번지르르하게 보일 뿐입니다.

오스왈드 챔버스의 메시지 그리스도의 구속(救贖)을 통해 하나님은 우리 안에 새로운 본성을 주시고, 그것으로 인해 우리는 완전히 다른 삶을 살게 됩니다. 이것이 바로 구속의 기적입니다. 우리가 인간의 한계를 느끼며 절박하게 도움을 요청할 때, 예수님은 "너희에게 복이 있나니"라고 선언하십니다. 그러나 절박하게 도움을 요청하지 않으면, 예수 그리스도의 성품을 우리 안에 심어 주실 수 없습니다.

하나님과 나만의 이야기 성령님께 내면의 텅 빈 공간을 채워달라고 요청하세요. 여러분은 우주의 창조자이신 하나님이 만드신 최고의 작품입니다. 완전히 새로운 피조물입니다.

우리의 육체는 낡아지지만 마음은 더욱 새로워질 수 있습니다.
성령님이 내 안에 계시면…

분리되지 마세요

Oct. 07

하나님이 죄를 알지도 못하신 이를 우리를 대신하여 죄로 삼으신 것은 우리로 하여금 그 안에서 하나님의 의가 되게 하려 하심이라 (고후 5:21)

죄 문제, 즉 하나님과 분리된 상태를 해결하시기 위해 하나님은 생명의 길을 보여 주셔야만 했습니다. 그래서 자신의 아들이 인간의 죄를 담당하여 십자가에서 죽게 허락하셨습니다. 예수님이 부활하시자 세상 사람들은 그분이 말한 모든 내용이 진리임을 깨달았습니다. 이제 우리는 더 이상 하나님과 분리된 상태가 아닙니다. 우리가 의도적으로 떨어져 나가지만 않는다면 말입니다.

오스왈드 챔버스의 메시지

죄는 명백하게 하나님으로부터 독립하려는 성향을 말합니다. 예수 그리스도는 하나님이 원래 계획하셨던 모습으로 인류를 회복시키셨습니다. 즉, 누구든지 예수님이 십자가 위에서 이루신 일에 근거하여 하나님과 연합하게 하셨습니다.

하나님과 나만의 이야기

예수님께 감사해 본 적이 있으세요? 주님께서 하신 일을 생각하면 마땅히 감사해야 하지 않을까요? 여러분은 주님께서 흉악한 십자가에 못 박히셨기에 영생을 얻게 되었습니다.

우리는 한때 길을 잃었지만 주님께서 회복시켜 주셨습니다.
예수님, 감사합니다.

내게로 오라

수고하고 무거운 짐 진 자들아 다 내게로 오라 내가 너희를 쉬게 하리라 (마 11:28)

"내게로 오라." 겨우 두 단어에 불과한 이 문장을 기억하세요. 이 문장에는 '만약', '오직', '~할 때'와 같은 단어가 없습니다. 즉, 이 말은 어떤 문제든지 예수님께 아뢰라는 뜻입니다. 우리는 완전히 실패했을 때에만 예수님께 나아가 도움을 요청해야 한다고 착각할 때가 있습니다. 그러나 예수님은 이렇게 말씀하시지 않았습니다. 이제 큰 문제든 작은 문제든 따지지 말고 주님께 털어놓으세요. 그분께 나아가는 데 꼭 지켜야 할 지시사항이나 규칙, 격식 따위는 없습니다. "오라" 하시는 예수님의 간단한 초청을 받아들이기만 하면 됩니다.

오스왈드 챔버스의 메시지

여러분은 하나님께 나아가 원하는 것을 달라고 요청한 후에 얼마나 자주 빈손으로 되돌아옵니까? 그런데 사실 여러분이 기도하는 동안 하나님은 내내 손을 내밀고 서 계셨습니다. 여러분의 손을 잡아주시려고요. 또한 여러분이 그 손을 잡도록 말입니다.

하나님과 나만의 이야기

아무리 사소한 문제라도 주님께 고백하세요. "내게로 오라"는 주님의 말씀은 마음에 있는 것이 무엇이든 주님께 털어놓으라는 뜻입니다. 오늘 진지하게 한번 시도해 보세요.

내게로 오라! '만약' '그런데' 이런 말을 덧붙이지 말고 그냥 오라!
내가 지금 기다리고 있으니 서둘러 오라!

오직 예수님뿐입니다

Oct. 09

오직 너희 자신을 죽은 자 가운데서 다시 살아난 자 같이 하나님께 드리며 너희 지체를 의의 무기로 하나님께 드리라 (롬 6:13)

우리는 이 세상의 잘못된 문제를 바로잡을 수 없습니다. 악한 것을 선하게, 부정한 것을 거룩하게 할 수 없습니다. 이 모든 일은 오직 하나님만이 하십니다. 예수님이 우리를 위해 하신 일을 깨닫기만 해도, 우리는 그분의 사역이 우리가 하는 모든 일에 영향을 미쳐야 한다는 점을 깨달으며 책임감을 느낍니다. 여러분은 이처럼 거룩한 지식을 일상생활에 적용하며 살아갑니까? 이것이 바로 순종입니다. 혹시 여러분 주변에 자신이 하나님의 뜻을 알고 있고, 앞으로 어떤 일이든지 해도 좋다는 승인을 하나님으로부터 한꺼번에 받았다고 주장하는 사람이 있다면 조심하세요. 순종은 일회성 행사가 아닙니다. 끊임없이 반복해서 나타내야 합니다.

오스왈드 챔버스의 메시지

만일 우리의 믿음을 경험 위에 세운다면 우리는 가장 비성경적인 삶을 살게 될 것입니다. 즉, 하나님으로부터 분리된 삶을 살며 오직 자신의 거룩함에만 신경을 쓰게 될 것입니다. 십자가를 경험하지 않은 경건을 주의하세요. 그러면 하나님에게는 쓸모없고 인간에게는 피해만 줍니다. 여러분의 경험을 예수님의 관점에서 평가하세요. 우리는 오직 그리스도의 십자가에 근거한 속죄의 토대 위에 믿음을 세울 때, 하나님을 기쁘시게 할 수 있습니다.

하나님과 나만의 이야기

오늘 결정해야 할 있이 있나요? 그 문제를 놓고 기도드리세요. 아무리 작은 문제라도 하찮게 여기지 마세요. 사소한 결정이 엄청난 결과를 가져오기도 합니다.

결정을 내리지 못했나요? 하나님께 물어보세요.
이미 결정하셨나요? 그래도 하나님께 여쭤보세요.

Oct. 10 — 자물쇠로 잠긴 문

> 그 때에 예수께서 대답하여 이르시되 천지의 주재이신 아버지여 이것을 지혜롭고 슬기 있는 자들에게는 숨기시고 어린아이들에게는 나타내심을 감사하나이다 (마 11:25)

여러분의 영적 삶을 긴 복도를 따라 나 있는 여러 개의 방이라고 가정해 보세요. 그런데 방문이 모두 잠겨 있어 여러분의 힘으로는 도저히 열 수 없는 상황입니다. 마지막 방에 도착하면 영적 깨달음을 얻는다는 사실을 알고 있는데 말입니다. 그래서 여러분은 각 방의 자물쇠를 집어 들고 하나하나 밀고 당겨 봅니다. 하지만 도저히 열리지 않습니다. 바로 그때 여러분이 "하나님이 원하시는 대로 살아야지" 하고 결심하고 말씀대로 순종하기 시작하자 문이 하나씩 열리기 시작합니다. 하나님이 열어 주신 거죠! 우리가 순종하기만 하면 하나님은 언제든지 닫힌 문을 열어 주십니다.

오스왈드 챔버스의 메시지

만일 여러분이 진리의 말씀에 순종하면, 그 즉시 새로운 진리를 만나게 될 것입니다. 그러나 순종하지 않으면, 진리를 알 수 없습니다. 오늘의 성경 본문에 나오는 "지혜롭고 슬기 있는 자"가 되지 않도록 주의하세요.

하나님과 나만의 이야기

여러분은 전에 "하나님, 저는 주님의 종입니다"라고 고백한 적이 있습니다. 다시 한 번 하나님께 약속하세요. 어떠한 불만이나 질문을 제기하지 않고 이 약속을 충실히 지키겠다고 다짐하세요. 그러면 하나님께서 문을 열어 주십니다.

도저히 문이 열리지 않나요?
하나님은 문을 열 준비를 하고 계십니다. 오직 순종하세요.

어떻게 하라는 말인가요?

나사로가 병들었다 함을 들으시고 그 계시던 곳에 이틀을 더 유하시고 (요 11:6)

우리는 무릎을 꿇고 기도한 후에 영광스런 빛이 나타나기를 그대합니다. 그렇지만 대부분의 경우 하나님의 침묵만을 경험할 뿐입니다. 하지만 침묵도 하나님의 응답입니다. 하나님의 엄청난 복을 받고 싶다면 기다려야 합니다. 만사가 인간의 일정이 아닌 하나님의 시간표에 맞춰 진행되기 때문입니다. 하나님의 침묵은 그분이 여러분을 믿고 있다는 증거이기도 합니다. 어쨌든 중요한 점은 하나님이 우리의 기도를 들으신다는 사실입니다. 그러므로 하나님이 기도를 듣지 않으셨다고 착각하며 좌절하거나 분노하지 마세요. 침묵하시는 하나님께 오히려 감사하세요!

 기도할 때마다 하나님께서 응답하신다는 생각을 떨쳐 버리지 못하면, 결코 '침묵'이란 은혜는 누리지 못합니다. 만일 여러분이 '기도'가 하나님을 영화롭게 하는 것임을 깨닫는다면, 하나님은 친밀한 관계임을 보여 주는 첫 번째 징표, 즉 침묵을 선물로 주실 것입니다.

오늘은 이렇게 한번 해 보세요. 조용한 장소로 가서 입을 다물고 앉으세요. 하나님의 침묵을 느끼며 귀를 기울이세요. 그러나 뭔가를 기대하지는 마세요. 그냥 그분의 침묵을 느끼며 묵상하세요.

쉿! 귀를 기울이세요. 무슨 소리가 들리나요?
안 들린다고요? 하나님의 침묵에 감사하세요!

Oct. 12 하나님과 보조를 맞춰요

에녹이 하나님과 동행하더니 하나님이 그를 데려가시므로 세상에 있지 아니하였더라 (창 5:24)

우리의 진정한 모습이 드러나는 때는 위대하고 놀라운 순간이 아니라 그저 평범한 순간입니다. 여러분은 늘 똑같은 일상에서 하나님과의 연합을 얼마나 자주 경험하고 있나요? 하나님과 보조를 맞추기란 쉽지 않습니다. 왜냐하면 언제나 방향을 바꾸시고, 속도를 늦추셨다가 다시 높이시며, 종종 예상치 못한 곳으로 진행하시니까요. 그러므로 우리는 사소한 때든 중요한 때든 반드시 주의를 기울여야만 합니다. 일단 우리가 하나님과 보조를 맞추기 시작하면 어느새 상상하지도 못한 일이 가능케 됩니다.

 오스왈드 챔버스의 메시지

성령님은 사물을 보는 우리의 관점을 바꾸어 주십니다. 그러면 전에는 불가능하게 보였던 일이 점차 가능하게 보입니다. 하나님과 보조를 맞춘다는 말은 하나님과 하나가 되는 상황을 의미합니다. 그런데 이 상태가 되려면 오랜 시간이 걸립니다. 하지만 지금 힘들다고 포기하지 말고 계속 노력하세요. 머지않아 새로운 비전과 목적을 갖게 될 테니까요.

 하나님과 나만의 이야기

하루가 평범하다고 느껴지세요? 여러분의 관심을 하나님께 집중해 보세요. 하루가 단조롭게 느껴지는 이유는 지금 이 순간이 산꼭대기가 아닌 평지와 같은 '일상'이기 때문입니다. 산 정상에서 느꼈던 생각과 감정을 이 순간에 적용해 보세요. 그러면 우주의 창조자이신 하나님과 보조를 맞출 수 있을 것입니다.

달리세요. 붙잡으세요. 그리고 계속 나아가세요.
하나님이 여러분에게 두 번째 기회를 주실 것입니다.

풍선처럼

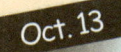
Oct. 13

모세가 장성한 후에 한번은 자기 형제들에게 나가서 그들이 고되게 노동하는 것을 보더니 어떤 애굽 사람이 한 히브리 사람 곧 자기 형제를 치는 것을 본지라 (출 2:11)

풍선을 가지고 놀면 얼마나 재미있는지, 아마 여기에 이의를 제기할 사람은 아무도 없을 것입니다. 우리는 풍선과 같습니다. 하나님이 우리에게 약간의 기운을 불어넣어 주십니다. 몸을 움직이고 활동할 수 있을 정도로 말입니다. 그 후 공기가 빠지면 우리는 좌절합니다. 잠시 후, 하나님이 다시 많은 기운을 불어넣어 주시고, 우리는 그분의 임재를 느끼며 더욱 커지고 부풀어 오릅니다. 그러다가 다시 수축됩니다. 이번에도 하나님이 기운을 불어넣어 주십니다. 그러면 우리는 한껏 부풀어 올라 주변 사람들에게 기쁨을 선사합니다.

오스왈드 챔버스의 메시지

막상 하나님의 비전을 받으면 모세가 광야에서 40년을 보낸 것과 같은 힘든 시기가 찾아옵니다. 이때 우리는 하나님이 자신을 무시하는 듯한 인상을 받고 완전히 좌절하는데, 이때 주님이 다시 찾아오셔서 소명을 상기시키십니다. 우리는 상황을 너무 부분적으로만 봅니다. 그래서 "이것이 주님께서 내게 원하시는 것이구나!"라고 감탄하며 비전을 발견하지만, 아직 하나님과 보조를 맞추지는 못합니다. 좌절을 경험했더라도 상심하지 마세요. 오히려 개인적으로 크게 성장할 것입니다.

하나님과 나만의 이야기

지금 마치 바람이 빠져 납작하게 되어 버린 풍선처럼 좌절한 상태인가요? 걱정하지 마세요. 곧 하나님께서 다시 기운을 불어넣어 주실 것입니다. 그저 하나님이 거룩한 입김을 불어넣어 주실 때까지 기다릴 수 있는 인내심을 달라고 기도드리세요.

숨을 들이쉬었다가 다시 내쉬세요.
여러분은 곧 하나님의 영으로 충만하게 될 것입니다.

Oct. 14 — 하인 정신

하늘과 땅의 모든 권세를 내게 주셨으니 그러므로 너희는 가서 모든 민족을 제자로 삼아…
(마 28:18-20)

우리는 예수님이 가라고 명하셨기 때문에 가야 합니다. 우리가 가야 할 필요성을 느껴서가 아니라, 명령하셨기 때문입니다. 그렇다고 해서 반드시 집을 떠나 지구의 반대편까지 비행기를 타고 날아가야 한다는 뜻은 아닙니다. 여기서 '가라'는 말은 살아야 한다는 의미이며, 예수님의 제자로서 살아야 한다는 뜻입니다. 어디로 가느냐 하는 문제는 우리의 소관이 아닙니다. 그것은 하나님이 결정하실 일입니다. 우리가 "하나님, 저는 주님의 종입니다"라고 고백하면, 하나님은 우리를 필요한 장소로 파송하십니다. 그러면 우리는 예수님이 가르쳐 주신 대로 살기만 하면 됩니다. "내가 너희 안에 있고 너희는 내 안에 있다." 예수님은 이렇게 말씀하십니다. 이 정신으로 살면 아무 문제가 없습니다.

오스왈드 챔버스의 메시지

"그러므로 너희는 가서." 여기서 '가라'라는 말은 살라는 뜻입니다. 사도행전 1장 8절은 어떻게 가야 하는지를 설명합니다. 예수님은 "예루살렘과 유대와 사마리아로 가라" 하지 않으시고, "이 모든 곳에서 내 증인이 되라"고 명하셨습니다. 우리를 파송하시는 일을 주님께서 친히 담당하십니다. "너희가 내 안에 거하고 내 말이 너희 안에 거하면"(요 15:7). 우리는 일상에서 이렇게 살아야 합니다. 어느 곳에 배치되느냐 하는 문제는 중요하지 않습니다. 하나님께서 친히 계획하여 우리를 보내시기 때문입니다.

하나님과 나만의 이야기

하나님은 지금 여러분을 기다리고 계십니다. 예수 그리스도를 따르는 제자로서 살겠다고 다짐하고 진심으로 고백하세요. 그러면 여러분이 상상할 수 없는 놀라운 도전을 하게 하십니다.

가세요. 사세요. 주님께서 어디로 보내시든
예수님의 '제자'로 사세요!

영원토록

그는 우리 죄를 위한 화목 제물이니 우리만 위할 뿐 아니요 온 세상의 죄를 위하심이라 (요일 2:2)

하나님의 종이 될 만한 가치가 있는 이유는 그분의 말과 메시지가 영원히 살아 있기 때문입니다. 예수님의 가르침은 절대로 낡아지지 않고, 어느 한 나라나 문화, 그리고 개인에 국한되지 않습니다. 그분의 행동과 교훈, 그리고 보여 주신 모범은 과거에도 적절했고 지금도 그렇고 앞으로도 영원히 그럴 것입니다. 이 책은 물론이고 여러분과 내가 죽어 티끌이 된 후에도 영원토록 말입니다.

오스왈드 챔버스의 메시지

선교 메시지의 핵심은 예수 그리스도의 속죄입니다. 그리스도의 사역 중에서 다른 사역은 다 유한합니다. 예컨대 치유 사역, 구원 및 성화 사역이 그렇습니다. 그러나 "세상 죄를 지고 가는 하나님의 어린양"으로서 예수님이 이루신 속죄 사역은 무한합니다. 선교사는 우리의 죄를 위해 대신 죽으신 예수님의 속죄가 얼마나 중요한지를 선포해야 합니다. 선교사는 이 진리에 완전히 사로잡힌 사람입니다.

하나님과 나만의 이야기

오늘은 예수님의 말씀을 묵상하며 완전히 그 속에 잠겨 보세요. 지금 주변에 성경이 없다면 여러분이 알고 있는 말씀을 떠올리며 묵상해 보세요. 그리고 성경 구절 하나하나의 의미보다 성경이 지금까지 얼마나 오랫동안 힘든 시기를 지나며 보존되어 왔고, 또 얼마나 오래 지속될 것인지 생각해 보세요. 이 사실 하나만 보아도 하나님의 사역이 얼마나 놀라운지 짐작할 수 있을 것입니다.

예수 그리스도는 어제나 오늘이나 영원토록 변치 않으십니다.
지금도 살아 계십니다.

진짜 일꾼인가요?

그러므로 추수하는 주인에게 청하여 추수할 일꾼들을 보내 주소서 하라 하시니라 (마 9:38)

여러분이 선교 팀의 일원이 되어 여행을 떠난다고 가정해 보세요. 15~30명 정도 되는 인원이 비행기나 버스를 타고 목적지에 가서 계획된 사역을 수행하겠죠? 그런데 명심하세요. 가장 중요한 것은 여러분이 하는 일이 아니라, 그 일을 통해 여러분이 하나님께 더욱 가까이 나아가는 것입니다. 이것이 바로 선교 여행의 목적입니다. 따라서 이 목적을 위해 시간을 사용해야 합니다. 인간이 아무리 대단하다 해도 하나님의 사역에 절대적으로 필요한 사람은 아무도 없습니다. 여러분은 하나님을 섬기는 선교사입니다. 그러므로 그분께서 여러분을 가장 필요한 곳에 파송하십니다. 그러면 그곳에 가서 예수님의 제자가 되세요.

여러분 주변의 사람들이 영적으로 무르익어 추수를 기다리는데 여러분은 자신의 일에 너무 심취해 있는 상태는 아닌가요? 그 결과 한 영혼도 구원하지 못하고, 다양한 활동과 프로그램에 매달린 채 아까운 주님의 시간을 허비하며 에너지만 소모하고 있지는 않은가요? 여러분의 아버지와 형제가 위기에 처해 있다고 가정해 봅시다. 여러분은 추수하는 일꾼으로서 예수 그리스도를 위해 그들을 돕습니까? 아니면 "하지만 저는 다른 특별한 일이 있는데요!"라고 말하며 꽁무니를 뺍니까? 기억하세요. 크리스천에게는 특별히 해야 할 다른 일이 없습니다. 주님은 특별한 일을 하라고 우리를 부르지 않으셨습니다. 오히려 주님께 나아오라고 부르십니다. 그러므로 추수하는 주인이신 주님께 기도드리세요. 그러면 그분이 여러분의 상황을 조정하셔서 일꾼으로 파송하실 것입니다.

오늘은 선교사님들을 위해 기도드리세요. 하나님께서 그들의 사역을 인도해 주시도록 간구하세요.

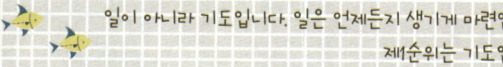

일이 아니라 기도입니다. 일은 언제든지 생기게 마련입니다.
제순위는 기도입니다.

기도 자체가 기적입니다

내가 진실로 진실로 너희에게 이르노니 나를 믿는 자는 내가 하는 일을 그도 할 것이요 또한 그보다 큰 일도 하리니 이는 내가 아버지께로 감이라 (요 14:12)

기적을 베풀어 달라고 기도한다면, 여러분은 기도 자체가 기적이라는 사실을 모르고 있는 것입니다. 우리가 예수님의 이름으로 기도하면 우리는 곧장 하나님과 연결됩니다. '이것이' 진정한 의미에서의 기적입니다. 그리고 기도란, 예수님과 연합되었음을 시인하는 행위입니다. 예수님께서 친히 말씀하셨습니다. 그분이 이 세상에서 하신 일보다 우리가 더 큰 일을 할 것이라고 말입니다. 왜냐하면 우리는 하나님께 도움을 청할 수 있기 때문이죠. 이게 바로 기적 아닌가요? 지금은 아니지만 여러분이 앞으로 주님께 쓸모 있는 존재가 될 거라고 믿는다면, 착각입니다. 하나님은 언제든지 자신이 원하는 대로 여러분을 사용하십니다. 어디로 파송될지 궁금하다면 기도드리세요.

오스왈드 챔버스의 메시지

기도는 우리가 반드시 치러야 할 영적 전투인데, 우리가 처한 상황과는 전혀 무관합니다. 하나님이 여러분의 환경을 어떻게 조종하시든지 여러분이 해야 할 의무는 기도입니다. '나는 지금 있는 이곳에서 아무 쓸모없어.' 절대로 이런 생각을 품지 마세요. 그 이유는 하나님이 분명한 의도를 가지고 여러분을 그곳에 배치하셨기 때문입니다. 하나님이 여러분을 어떤 상황에 처하게 하시든지 기도하세요.

하나님과 나만의 이야기

다른 장소로 보내 달라고 하나님께 요청하지 마세요. 지금 여러분의 모습으로, 지금 있는 처소에서, 쓰임 받게 해 달라고 기도드리세요.

지금 있는 곳에서 기도드리세요.
그리고 지금 주님께 쓰임 받으세요.

Oct. 18 — 사랑하는 법

이는 그들이 주의 이름을 위하여 나가서 이방인에게 아무 것도 받지 아니함이라 (요삼 1:7)

여러분은 우주의 창조자이신 하나님을 얼마나 사랑하세요? 예수님은 가장 큰 계명이 마음과 뜻을 다해 하나님을 사랑하는 것이라고 가르치셨습니다. 그렇다면 어떻게 해야 하나님을 사랑할 수 있을까요? 바로 하나님의 소원을 우리의 소원으로 삼을 때, 모든 일에서 하나님을 인정할 때, 우리는 하나님을 사랑하게 됩니다. 이것이 '전부'입니다. 거룩하고 신령한 일이라고 여겨지는 것을 꼭 해야 하는 것은 아닙니다. 하나님께서 자신의 사역을 위해 특별히 쓰실 만큼 거룩한 사람은 이 세상에 아무도 없습니다. 하나님의 사역은 지극히 평범한, 그러면서도 그분께서 자신의 삶을 통해 역사하신다고 강하게 확신하는 성도들에 의해 이루어집니다.

오스왈드 챔버스의 메시지

선교사로서 헌신하려면 예수 그리스도 외에는 이 세상의 어느 것에도 애착을 갖지 말아야 합니다. 그렇다고 해서 외적으로 처해 있는 환경과 분리되어서는 안 됩니다. 예수님은 외적인 면에서 놀라울 정도로 일상적인 일을 잘 처리하셨습니다. 그러나 내적으로는 세상과 거리를 두며 오직 하나님만을 바라보셨죠. 선교사는 전적으로, 또 지속적으로 자신의 영혼을 예수님께 집중해야 합니다. 주님은 하나님 나라를 확장시키기 위해 지극히 평범한 사람을 사용하십니다.

하나님과 나만의 이야기

하나님의 임재를 보여 달라고 하면 아마 보여 주지 않으실 것입니다. 하지만 그분의 명령에 순종하면 그분의 임재를 확실하게 느끼며 더 이상 실수하지 않게 될 것입니다.

유명 메이커의 신발이나 옷, 최신 전자제품을 얻기 위해 나아가지 말고 오직 하나님을 더 알기 위해 나아가세요.

하나님 나라는 어디에?

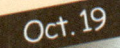

내 나라는 이 세상에 속한 것이 아니니라 (요 18:36)

화창한 여름날, 온 가족이 함께 드라이브를 즐기기 위해 아빠가 운전하시는 차를 타고 나갔는데 아주 좋은 노래가 라디오를 통해 흘러나오기 시작합니다. 탁 트인 고속도로 위, 부드러운 바람이 얼굴을 매만집니다. 상상만으로도 좋지 않나요? 그렇다면 이제 이렇게 완벽한 분위기 속에서 생활하는 모습을 상상해 보세요. 하나님의 나라가 바로 이렇습니다. 하나님의 왕국을 미래에 완성될 장소로만 생각하지 마세요. 그 왕국은 지금 이곳, 여러분 안에 존재합니다. 여러분이 바른 생각으로 말씀을 따라 살아갈 때, 여러분의 마음과 정신과 영혼 속에 세워집니다.

오스왈드 챔버스의 메시지

하나님이 우리의 환경을 앞으로 어떻게 인도하실지, 국내외적으로 어떤 어려움이나 긴박한 상황이 우리에게 닥쳐올지, 우리는 도무지 예측할 수 없습니다. 만일 여러분이 하나님의 구속(救贖)에 대해 깊이 묵상하지 않고 지나친 활동으로 시간을 낭비한다면, 스트레스를 받는 순간 "뚝" 하고 부러질 것입니다. 그렇지만 하나님께 뿌리를 내리고 기초를 둔 성도는 무슨 일이 일어나도 요동하지 않을 것입니다.

하나님과 나만의 이야기

하나님이 안 보인다고 해서 허둥대며 찾지 마세요. 그분은 여러분 안에 또 주변에 계십니다. 여러분이 하나님 왕국의 구성원이 될 자격이 없다는 생각일랑 완전히 버리세요. 이미 천국의 일부를 누리고 있다고 생각하며 기뻐하세요.

여러분 안에 이미 하나님의 나라가 있습니다.

유리병 안에 무엇이 들었나요?

하나님의 뜻은 이것이니 너희의 거룩함이라 (살전 4:3)

여러분 자신을 투명한 유리병이라고 가정해 보세요. 그 병은 돌멩이로 가득 차 있습니다. 이제 그 안에 고운 모래를 붓습니다. 그러면 그것들이 천천히 돌멩이 사이로 들어갈 것입니다. 하나님은 시원하고 깨끗한 물로 우리를 채우고 싶어 하십니다. 그렇다면 문제는 우리가 얼마나 많은 공간을 기꺼이 양보하느냐 하는 점이겠죠. 아마 돌멩이를 다 끄집어내면 상당한 공간을 만들 수 있을 것입니다. 아니, 모래까지 다 빼내면 대부분의 공간을 생수로 채울 수 있겠죠. 돌멩이와 모래는 쏟아 내면 되지만, 옆면이나 바닥에 달라붙은 모래는 쉽게 빠지지 않습니다. 이럴 때에는 병 안을 세게 문지르고 물로 여러 차례 헹구어야 하나님이 주시는 생수를 마음껏 받을 수 있습니다.

오스왈드 챔버스의 메시지

거룩은 우리를 예수 그리스도와 하나 되게 하고, 예수님 안에서 우리를 하나님과 하나 되게 합니다. 이는 오직 그리스도의 속죄를 통해 가능합니다. 절대로 '결과'와 '원인'을 혼동하지 마세요. 우리 안에서 나타나는 결과는 순종과 섬김과 기도입니다. 그런데 이것들은 속죄로 인해 우리 안에 형성되는 결과에 불과합니다.

하나님과 나만의 이야기

생수를 가득 부어 달라고 하나님께 기도드리세요. 그러나 아직까지도 여러분 마음에 돌멩이와 모래 같은 것들이 있으면, 약간의 작업이 더 필요하겠죠?

여러분의 마음에 공간을 만드세요.
그리고 그 공간을 생수이신 예수님으로 채우세요.

제자로 산다는 것은

Oct. 21

사랑하는 자들아 너희는 너희의 지극히 거룩한 믿음 위에 자신을 세우며 성령으로 기도하며 (유 1:20)

예수님을 따르는 것보다 물 위를 걷는 편이 더 쉽다고 느껴지세요? 사실 하나님의 종으로서, 또 예수님의 제자로서 하루하루를 살아가는 것은 정말로 어렵습니다. 시련이 닥쳤을 때에 하나님의 은혜가 필요하지 않다고 생각하는 사람들이 간혹 있습니다. 인간은 원래 상황이 극도로 안 좋아지면 최선을 다하게 되어 있으니까요. 그러나 하나님은 우리가 혼자 힘으로 사는 것을 절대로 원치 않으십니다. 우리는 하나님의 종으로 열심히 살아갈 때 그분의 은혜를 경험할 수 있습니다.

 **오스왈드 챔버스의 메시지**

성도로서 하루 24시간을 살아가려면 하나님의 은혜가 꼭 필요합니다. 예수님의 제자로서 무시당하며 주목받지 못한 채, 단조롭고 평범한 일을 하려면 하나님의 은혜가 절실히 요구됩니다. 우리는 평소 주님을 위해 특별한 일을 해야 한다고 생각하는데 그럴 필요가 없습니다. 크리스천은 일상에서 구별된 존재가 되어야 하고, 시장 바닥에서도 거룩한 존재로 살아야 하며, 보통 사람들 사이에서 예외적인 존재가 되어야 합니다. 그런데 이러한 삶은 5분 내에 배울 수 없습니다.

하나님과 나만의 이야기

만일 여러분이 평범한 하루를 보내고 있다면 하나님께 감사드리세요. 그리고 주님께서 여러분을 위해 준비해 놓으신 그 길을 믿음으로 달려가겠다고 다짐하세요.

 오히려 특별한 존재가 되는 것은 쉽고, 평범하게 사는 것은 어렵습니다.
하나님은 평범한 삶을 원하십니다.

갑옷을 벗으세요

성령이 친히 우리의 영과 더불어 우리가 하나님의 자녀인 것을 증언하시나니 (롬 8:16)

우리는 종종 밖으로 나가 다른 사람에게 하나님을 소개합니다. 좋습니다! 바로 그 목적 때문에 하나님이 우리를 부르셨습니다. 그런데 하나님이 우리에게 직접 말씀하실 때는 어떻게 하죠? 하나님이 언제, 어떻게, 그리고 무슨 말씀을 하실지 다 안다고 생각하면 하나님의 음성을 들을 수 없습니다. 하나님이 어떤 분이시고 어떻게 행동하실 거라고 추측하는 것은 마치 갑옷과 같아서 하나님이 뚫지 못하십니다. 이러한 관점에서 보면 인간의 생각은 결코 만만한 상대가 아닙니다. 어서 그 생각을 내려놓고 하나님을 향해 문을 활짝 열어 놓으세요. 그러면 주님께서 필요한 사항을 알려 주십니다.

오스왈드 챔버스의 메시지 우리는 하나님께서 우리에게 시키시는 일을 수행하기 전에 먼저 확실한 증거를 원합니다. 그러나 자기 자신을 완전히 주께 내려놓기 전까지는 하나님의 증거를 받을 수 없습니다. 그러나 자신을 다 내려놓으면 하나님은 자신을 증거하기 시작하십니다. 여러분의 논리와 주장을 다 내려놓으세요.

하나님과 나만의 이야기 여러분 안에 하나님이 계십니다. 그런데 여러분 안에 하나님의 영이 단단한 갑옷에 갇혀 있습니다. 그분이 자유롭게 활동하도록 해 주세요. 그러면 여러분의 영이 그분의 음성을 들을 수 있을 것입니다.

하나님은 지금 말씀하십니다. 듣고 있나요?
여러분의 귀로 아니면 영혼으로 듣고 있나요?

오늘의 특별 메뉴

Oct. 23

그런즉 누구든지 그리스도 안에 있으면 새로운 피조물이라 이전 것은 지나갔으니 보라 새 것이 되었도다 (고후 5:17)

'오늘의 특별 메뉴'라고 적힌 알림판이 있는 레스토랑에서 식사한 적이 있나요? 알림판에 있는 글자를 매일 지우고 새로 쓰지만, 그래도 늘 지운 흔적이 약간씩은 남아 있습니다. 그런데 하나님은 이렇게 지우지 않으시고 완전히 새롭게 창조하십니다. 한 번도 사용하지 않은 깨끗한 상태로 말입니다. 이제 여러분의 과거와 이전의 걱정거리는 더 이상 존재하지 않습니다. 예수님을 따르기로 결정하는 순간, 여러분은 새로운 피조물이 됩니다.

오스왈드 챔버스의 메시지

거듭나면 성령님이 우리 안에서 새로운 창조를 시작하시기에, 이전 삶의 흔적은 사라집니다. 이렇게 되면 과거의 어두움은 사라지고 모든 것이 하나님께 속한 상태가 됩니다. 그러면 어떻게 해야 사리사욕을 추구하지 않으며 다른 사람의 조롱을 잘 견뎌낼 수 있을까요? 또 어떻게 해야 성내지 않고 악한 것을 생각하지 않으며 언제나 사랑을 실천할 수 있을까요? 한 가지 방법이 있습니다. 그것은 단순하고 완벽하게 하나님을 신뢰하며, 과거의 자아가 더 이상 남아 있지 않게 하는 것입니다. 이렇게 하나님을 신뢰하는 성도는 '축복'이 아니라 '하나님'을 사모합니다. 혹시 지금 여러분이 누리는 축복을 하나님이 다 거두어 가신다 해도, 그것에 영향을 받지 않고 주님을 신뢰할 수 있나요? 하나님께서 역사하신다는 진리를 진심으로 깨달은 성도는 절대로 상황을 보며 골치를 앓지 않습니다.

하나님과 나만의 이야기

현재 직면한 문제 때문에 걱정하지 마세요. 또한 여러분의 잘못 때문에 하나님이 여러분을 버리실 거라고도 생각하지도 마세요. 다시 한 번 기회를 달라고 하나님께 요청한 후 새롭게 시작하세요.

여기서 시작하세요.
완전히 새로 시작하는 게임이니까요.

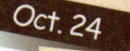

일단 올라가세요

항상 우리를 그리스도 안에서 이기게 하시고 우리로 말미암아 각처에서 그리스도를 아는 냄새를 나타내시는 하나님께 감사하노라 (고후 2:14)

우리가 최선을 다해 가장 높은 곳까지 올라가면, 하나님은 언제나 더 높은 곳에 계십니다. 매일매일 노력하며 조금씩 산을 올라가지만 목적지는 항상 그 위에 있습니다. 그래도 괜찮아요! 하나님은 올라가는 것 자체를 중요하게 여기시니까요. 우리 삶에서 하나님이 승리하실 때마다 우리는 더 높이 올라갑니다. 하지만 그분은 늘 우리보다 높은 곳에 계십니다. 하나님은 우리가 앞으로 나아갈 때 곁에서 지켜 주십니다. 미끄러지거나 넘어지면 붙잡아 주시고, 휴식이 필요하면 용기와 능력을 공급해 주십니다. 명심하세요. 정상에 도달하는 것보다 올라가는 것 자체가 중요합니다.

 오스왈드 챔버스의 메시지

우리가 이 세상에 존재하는 목적은 오직 하나인데, 그것은 우리 삶이 그리스도께 완전히 사로잡혀 그분께 순종하는 것입니다. 바울은 이렇게 선언합니다. "나는 이미 승리자의 대열에 있고 어떤 어려움이 닥쳐도 두렵지 않습니다. 왜냐하면 언제나 승리하기 때문입니다." 여러분도 실제로 이런 관점으로 살아갑니까? 바울은 노골적으로 예수님을 반대하던 자신을 사로잡은 하나님의 은혜를 생각하며 은밀한 기쁨을 느꼈고, 이 소식을 전하는 데 목숨을 바쳤습니다. 그는 자신이 예수님의 포로가 되었다는 사실로 인해 기뻐했고, 이 세상의 다른 어떤 것에도 관심을 두지 않았습니다.

하나님과 나만의 이야기

잠시 쉬고 싶으면 쉬게 해 달라고 기도하고, 비전을 새롭게 하고 싶으면 그렇게 해 달라고 요청하세요. 능력과 용기와 확신이 필요하면 주님께 구하세요. 그렇지만 계속해서 올라가야 한다는 사실만은 잊지 마세요.

여러분이 힘들게 올라갈 때, 하나님은 여러분의 마음에 노래를 주시고 올라가야 할 이유를 알려 주십니다.

안전지대

약한 자들에게 내가 약한 자와 같이 된 것은 약한 자들을 얻고자 함이요 내가 여러 사람에게 여러 모습이 된 것은 아무쪼록 몇 사람이라도 구원하고자 함이니 (고전 9:22)

16세기 영국의 극작가 셰익스피어의 연극 중 하나를 떠올려 보세요. 남녀 배우들이 전통 복장을 하고 다리에 착 달라붙는 바지를 입은 채, 이해하기 어려운 중세 영어를 사용하는 장면을 말입니다. 이제 여러분이 그 세계 속으로 들어간다고 상상해 보세요. 교실이나 집에서 튕겨져 나와 16세기의 왕과 왕비가 사는 궁궐 한복판에 떨어졌다고 상상해 보세요. 바울은 하나님의 종이 되는 상황이 바로 이와 유사하다고 설명합니다. 우리는 때로 안전지대를 벗어나 낯선 곳으로 가야 합니다. 그러나 하나님은 결코 여러분을 실망시키지 않고 동행해 주십니다.

여러분은 무미건조하고 시시한 일을 하는 중에라도, 아주 가치 있고 뛰어난 하나님의 사람이 되어가는 법을 배워야만 합니다. 하나님이 사용하시는 성도들은 전부 평범한 사람들로서 하나님께서 주신 목적으로 인해 그들은 특별한 존재가 되었습니다. 만일 여러분이 하나님의 목적을 지성을 통해 분명히 깨닫지 못하고, 가슴으로 뜨겁게 사랑하지 못한다면, 하나님께 무가치한 존재로 판명될 것입니다.

지금 여러분이 엉뚱한 곳에 있다고 생각하지 마세요. 여러분은 하나님과 함께 있습니다. 하나님과의 관계를 더 뜨겁게 해 달라고 기도드리세요. 그러면 어디를 가든지 편안할 것입니다.

하나님은 여러분과 함께 있습니다. 여러분은 혼자가 아닙니다. 생뚱맞은 장소에 있다고 생각되어도 절대로 홀로 있지 않습니다.

Oct. 26 선교사란?

> 예수께서 또 이르시되 너희에게 평강이 있을지어다 아버지께서 나를 보내신 것 같이 나도 너희를 보내노라 (요 20:21)

'선교사'라는 단어를 들으면 어떤 이미지가 떠오르세요. 탐험가가 쓰는 모자를 쓰고, 한 손에는 큰 칼을 다른 손에는 성경책을 들고 밀림을 헤치고 나아가는 사람이 떠오르나요? 선교사란, 하나님께서 예수님을 보내셨듯이 예수님께 파송을 받은 성도를 말합니다. 선교사는 앞으로 전개될 상황을 알지 못하지만, 만물을 주관하시는 하나님께서 자신을 이끌어 주실 것을 굳게 믿습니다. 여러분도 선교 여행을 통해 선교사의 마음을 경험할 수 있습니다. 선교의 목적은 사람들에게 하나님을 소개하는 것입니다. 여러분의 섬김을 받는 사람은 여러분이 하는 일과는 관계없이, 여러분 안에서 역사하시는 하나님을 봅니다.

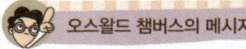 **오스왈드 챔버스의 메시지**

선교사는 주님을 위해 충성하고 그분의 계획을 수행해야 하며 예수님과 늘 친밀한 관계를 유지해야만 합니다. 선교 현장에서 나타나는 중대한 위험은, 하나님의 소명 대신 사람의 필요를 더 강조할 때 찾아옵니다. 이렇게 되면 사람의 필요에 대한 인간적 동정심이 선교사를 파송하신 예수님의 목적을 완전히 압도합니다. 게다가 그 필요가 너무 커지면서 선교사는 기력을 잃고 비틀거리다 쓰러집니다. 명심하세요. 선교 사역을 하는 가장 근본적인 동기는, 현지인의 생활수준을 높이거나 그들을 가르치거나 그들의 필요를 채워주는 일만이 아닙니다. 제일 중요한 예수님의 명령을 실천하는 것입니다. "그러므로 너희는 가서 모든 민족을 제자로 삼아…"(마 28:19).

하나님과 나만의 이야기

여러분을 필요한 곳에 보내 달라고 하나님께 요청하세요. 만일 준비가 되어 있지 않으면 다음에 하세요. 하나님이 원하시는 일을 기꺼이 할 마음이 생겼을 때요.

 하나님이 보내시면 여러분은 가야 합니다. 오직 그분을 위해서요.

자신을 돌아보기

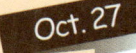
Oct. 27

그러므로 너희는 가서 모든 민족을 제자로 삼아 아버지와 아들과 성령의 이름으로 세례를 베풀고 (마 28:19)

예수님의 명령을 따라 제자를 삼으려면, 여러분이 먼저 제자가 되어야 하지 않을까요? 여러분은 왜 제자를 삼으려 하나요? 예수님을 소개하기 위함인가요, 아니면 여러분 자신이 그들에게 예수님과 같은 존재가 되고 싶은 건가요? 혹시 여러분 안에 이기적인 마음은 없는지 살펴보세요? 그들이 여러분의 견해를 따르게 하고 싶은가요, 아니면 하나님의 말씀을 따르게 하고 싶은가요? 복음을 전하기 전에, 또 다른 성도에게 동참할 것을 요청하기 전에, 여러분이 바른 위치에 있는지 꼭 점검하세요.

오스왈드 챔버스의 메시지 여러분은 다음과 같은 중요한 질문에 대답할 수 있어야 합니다. "부활하신 주님을 믿는가?" "내 안에 거하시는 성령님의 능력을 믿는가?" "예수님의 가르침을 따르는 것이 세상의 관점에서 보면 어리석게 보여도, 하나님의 관점에서 보면 지혜로운 일이라고 믿는가?" 만일 여러분이 하나님의 방법이 아닌 다른 방도를 취한다면, 여러분은 주님께서 명하신 방법을 한꺼번에 발로 차버리는 꼴이 됩니다.

하나님과 나만의 이야기 잠깐 시간을 내어 하나님께서 원하시는 것이 무엇인지 묵상해 보세요. 하나님의 뜻과 여러분의 계획을 비교해 보고, 여러분의 생각이 더 많다면 어서 버리세요. 하나님은 우리가 세상으로 나아가기를 원하십니다.

떠나기 전에 준비되었는지 확인하세요. 하나님을 위해 가세요.
단, 여러분의 이름을 남기기 위해서는 가지 마세요.

Oct. 28

원인과 결과

곧 우리가 원수 되었을 때에 그의 아들의 죽으심으로 말미암아 하나님과 화목하게 되었은
즉 화목하게 된 자로서는 더욱 그의 살아나심으로 말미암아 구원을 받을 것이니라 (롬 5:10)

이 세상에 있는 '모든' 것이 다 하나님으로 인해 존재합니다. 이 책과 여러분이 좋아하는 노래, 친구들, 자연 등 온갖 것이 다 그렇습니다. 우리는 예수님과의 연합을 통해 하나님을 알고, 또 하나님을 통해 예수님을 압니다. 이 사실은 아무리 강조해도 결코 지나치지 않습니다. 하나님이 전부이십니다. 우리가 크리스천임을 자랑스럽게 내세우거나 크리스천이기 때문에 세상을 바꿀 수 있다고 주장한다면, 이는 원인보다 결과를 강조하는 것입니다. 우리가 할 수 있는 여러 가지 선한 일, 우리가 만나는 사람들, 이 모든 것은 다 하나님 때문에 가능한 것입니다.

오스왈드 챔버스의 메시지

우리 죄인들은 회개나 믿음에 의해서가 아니라 하나님의 놀라운 역사에 의해 새로운 피조물로 변화됩니다. 이 하나님의 역사는 예수 그리스도를 통해 이루어졌으며, 인간의 모든 경험보다 앞섭니다. 성화는 인간의 노력에 의해서가 아닌, 오직 십자가를 통한 속죄에 의해 이루어집니다. 하나님께서 베푸신 기적으로 인해 크리스천에게는 초자연적인 것이 자연스러운 것이 됩니다. 이렇게 됨으로써 그리스도께서 선포하신 "다 이루었다"는 말이 성취되었습니다.

하나님과 나만의 이야기

여러분이 생각하는 모든 것이 다 하나님 때문에 존재합니다. 구체적인 것이든 추상적인 것이든 이 우주에 존재하는 만물은 주님께서 창조하셨습니다.

하나님이 제순위입니다.
이 진리는 언제나 변함이 없습니다.

대속이냐 분리냐

Oct. 29

하나님이 죄를 알지도 못하신 이를 우리를 대신하여 죄로 삼으신 것은 우리로 하여금 그 안에서 하나님의 의가 되게 하려 하심이라 (고후 5:21)

이제 우리는 하나님으로부터 분리되었다는 느낌을 조금도 가질 필요가 없습니다. 만약 우리가 의도적으로 하나님과의 관계를 끊고 그분의 사랑에서 우리를 분리시킨다면, 우리는 엄청난 문제에 직면하게 될 것입니다. 예수님은 단절된 하나님과 인간의 관계를 회복시키기 위해 십자가에서 죽으셨고, 하나님은 바로 이 이유 때문에 예수님을 세상에 보내셨습니다. 하나님 역시 우리와 분리되는 상황을 원치 않으십니다. 그래서 이 간격을 메우기 위한 첫 시도로 자신의 독생자를 보내셨죠. 만일 여러분이 하나님으로부터 분리된다면 그것은 전적으로 여러분의 책임입니다. 그러나 더 이상 분리될 이유가 없습니다.

오스왈드 챔버스의 메시지

우리는 주님의 죽으심과 하나가 될 때, 죄로부터 자유로워지고 주님의 의를 선물로 받습니다. 성경에서 가르치는 대속은 두 가지 의미를 지닙니다. 즉, "하나님이 죄를 알지도 못하신 이를 우리를 대신하여 죄로 삼으신 것"과 "으리로 하여금 그리스도 안에서 하나님의 의가 되게 하려 하신 것"입니다(고후 5:21). 하지만 그리스도의 형상이 내 안에서 이루어지도록 내가 결단하지 않으면, 그리스도의 사역은 내게 어떠한 효력도 미치지 못합니다.

하나님과 나만의 이야기

여러분이 신앙생활을 하며 이 책을 읽고 묵상하는 이유는 오직 하나입니다. 예수님께서 죽으셨다가 다시 살아나심으로써, 그분이 말한 모든 내용이 진리임을 입증하셨기 때문입니다.

성경에 기록된 내용은 전부 진리입니다.
이제 더 이상 하나님과 분리될 필요가 없습니다.

Oct. 30

'믿음'이라는 다리

> 믿음이 없이는 하나님을 기쁘시게 하지 못하나니 하나님께 나아가는 자는 반드시 그가 계신 것과 또한 그가 자기를 찾는 자들에게 상 주시는 이심을 믿어야 할지니라 (히 11:6)

거대한 계곡의 중간 지점까지 다리가 하나 걸쳐 있다고 상상해 보세요. 반대편에도 다리가 하나 있는데, 이 둘은 연결되어 있지 않고 중간 부분이 끊어진 상태입니다. 그런데 그 간격이 너무 커서 도저히 뛰어 넘을 수가 없습니다. 이 간격, 즉 텅 빈 공간이 바로 믿음의 영역입니다. 믿음이 없으면 불가능한 일은 절대로 해결되지 않습니다. 세상 사람들이 이성적이고 상식적인 차원에서 "너는 할 수 없어. 불가능해"라고 말할 때에도, 여러분은 믿음으로 발걸음을 떼야만 합니다. 인간은 가능한 일과 불가능한 일을 따지지만, 이것이 하나님께는 아무 문제가 되지 않습니다. 우리가 믿음을 가지고 다리를 건너면 세상 사람들이 불가능하다고 여기는 일도 넉넉하게 할 수 있습니다.

오스왈드 챔버스의 메시지 상식과 믿음은 다릅니다. 이는 육적인 삶과 영적인 삶, 그리고 충동과 영감이 다른 것과 마찬가지입니다. 예수님이 말씀하신 내용은 상식이 아니라 계시인데, 계시는 상식이 도달할 수 없는 영역까지 완벽하게 다릅니다. 믿음이 여러분의 삶에서 실제로 나타나려면 반드시 시험을 거쳐야 합니다. 하나님의 섭리는 어떠한 상황도 변화시키는 능력을 지니는데, 완벽한 믿음이 성도의 삶에서 실제로 드러나게 합니다. 이 믿음은 언제나 개인적으로 드러납니다. 하나님은 완전한 믿음이 자신의 자녀들을 통해 드러나는 모습을 보고 싶어 하십니다. 이것이 그분의 간절한 소원입니다.

하나님과 나만의 이야기 우리는 때로 자신의 힘으로 도저히 해결할 수 없는 장애물 앞에 서서 걱정하며 낙심합니다. 이러한 순간을 만날 때마다 하나님께서 지켜 주시도록 기도드리세요. 여러분에게 필요한 믿음조차도 하나님께서 선물로 주셔야 가능하기 때문입니다.

인간의 한계점에서부터 불가능한 일이 시작됩니다. 하나님은 거기에 계십니다. 믿음을 가지세요. 그분께 불가능이란 없습니다.

믿음의 결단

Oct. 31

만일 너희에게 믿음이 겨자씨 한 알 만큼만 있어도… (마 17:20)

믿음의 삶을 살면 하나님께서 축복하시지만 또한 반드시 여러분을 시험하십니다. 여러분은 마치 블록들을 질서 정연하게 높이 쌓아올리듯이 인생을 설계하고, 그 위에 서서 "저는 주님의 종입니다"라고 외치고 싶을 것입니다. 그렇지만 하나님은 가끔 내려오셔서 제일 아래에 있는 블록을 빼어 버리십니다. 그러면 당연히 여러분의 삶은 완전히 무너지겠죠? 여러분이 넘어지면, 주님은 "네가 아직도 나를 신뢰하느냐? 라고 물으십니다. 아니면 상황이 이렇게 전개될 수도 있습니다. 여러분이 높은 탑 위에 서서 "하나님, 저는 주님의 종입니다"라고 외칩니다. 그런데 아무 반응이 없고 침묵만이 흐릅니다. 이렇게 되어도 여러분은 하나님이 거기에 계셔서 역사하신다는 사실을 분명히 믿을 수 있나요? 믿음의 삶을 살 때, 언제나 유쾌한 일만 일어나지는 않습니다. 하지만 어떤 상황에서도 말로 형언할 수 없는 기쁨을 느낍니다.

오스왈드 챔버스의 메시지

믿음은 반드시 시험을 거쳐야 합니다. 진정한 믿음의 시험은 하나님을 신뢰하는 것이 어렵다는 것을 발견하는 데 있지 않고, 하나님의 성품을 마음으로 분명히 이해하는 데 있습니다. 믿음이 현실에서 드러나려면 고립된 것 같은 시기를 수없이 겪어야 합니다. 성경에서 말하는 믿음은, 하나님을 의심하게 만드는 상황에서도 그분을 신뢰하는 것입니다. 그러므로 믿음을 가진 성도는 "하나님께서 어떤 일을 행하시든 나는 그분의 성품을 신뢰한다"고 공언합니다. "그가 나를 죽이시리니 내가 희망이 없노라 그러나 그의 앞에서 내 행위를 아뢰리라"(욥 13:15). 성경에 나타난 가장 위대한 믿음의 고백은, 바로 욥의 고백입니다.

하나님과 나만의 이야기

아마 여러분은 예상치 못한 순간에 시험을 당할지도 모릅니다. 그러니 하나님께 믿음을 구하세요.

믿음을 가지세요. 믿음을 유지하세요.
믿음을 사용하세요. 절대로 믿음을 잃지 마세요.

November

영혼의 관점에서
주님만 바라보기

여러분 안에 역사하시는 주님을 만나세요

아무리 힘들어도 괜찮아요

Nov. 01

> 너희 몸은 너희가 하나님께로부터 받은 바 너희 가운데 계신 성령의 전인 줄을 알지 못하느냐 너희는 너희 자신의 것이 아니라 (고전 6:19)

하나님의 종이 되면, 이제 자신만을 위해 일하지 마세요. 여러분은 하나님께 속해 있고 하나님은 여러분을 사용하십니다. 사실 하나님의 종으로 살면 힘들지 모릅니다. 아니, '분명히' 힘듭니다. 친구들과 가족이 여러분에게 등을 돌릴지도 모르고, 여러분이 수년 동안 하고 싶어 하던 일을 포기할 수도 있습니다. 확실히 고통이 따릅니다. 하지만 그 상처는 곧 치유됩니다. 하나님께서 여러분을 이전보다 더 친밀한 관계로 이끄셔서 고통이 찾아올 때마다 잘 견디게 하실 것입니다. 주님의 부르심에 순종하세요. 만약 그렇게 하지 않으면 여러분은 축복의 통로가 되지 못할 뿐 아니라 오히려 걸림돌이 됩니다.

오스왈드 챔버스의 메시지

하나님은 '고통'이라는 관문을 통해 예수님과 교제할 수 있는 길을 열어 놓으십니다. 그런데 대부분의 사람들은 고통이 찾아오는 순간 넘어지고 완전히 둔괴됩니다. 쉽게 말하면 하나님의 목적이 시작되는 입구에 주저앉아 자기 연민에 빠져 서서히 죽어갑니다. 그때 하나님은 우리에게 오셔서 독생자의 못 박힌 손으로 우리를 붙잡고 말씀하십니다. "나와 함께 하자. 일어나라 빛을 발하라."

하나님과 나만의 이야기

"하나님, 저는 주님의 종입니다." 여러분은 진심으로 이렇게 고백할 준비가 되어 있습니까? 그런데 하나님의 종이 되기란 그리 쉽지 않습니다. 대부분의 사람들이 생각하는 것보다 더 많은 믿음이 필요하기 때문이죠. 만약 여러분이 마음 깊숙한 곳에서 들려오는 하나님의 세미한 음성을 듣는다면, 이미 그분의 선택을 받은 것입니다.

하나님의 음성에 귀를 기울이고 따라가세요.
믿음으로 순종한 만큼 상급을 받습니다.

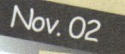

어떤 길을 선택하실래요?

너희가 나를 사랑하면 나의 계명을 지키리라 (요 14:15)

하나님은 여러분에게 종이 되라고 강요하거나 억압하지 않으십니다. 과정만 보여 주시고 결정은 우리가 하게 하십니다. 이것이 멋진 이유는, 우주의 창조자이신 전능하신 하나님께서 선택권을 우리에게 주셨기 때문입니다. 하나님은 제자가 되는 길을 분명하게 보여 주신 후에 이제 "너희가 결정해라"라고 기회를 주십니다. 만약 이때 우리가 종이 되는 길을 선택한다면 하나님과의 은밀하면서도 깊은 관계가 시작될 것입니다. 혹시 "나중에 결정할게요." "저는 이 길을 갈 자격이 없어요." "다른 사람에게 양보할게요." 이렇게 변명한다면 주님과의 깊은 관계를 절대로 체험할 수 없습니다.

주님은 우리에게 규칙을 강요하시기보다는 그분의 기준을 아주 분명히 보여 주십니다. 만일 주님과 나의 관계가 사랑의 관계라면, 나는 주저하지 않고 그분의 명령을 따를 것입니다. 만약 주저한다면 그것은 주님과 경쟁 관계에 있는 누군가를 사랑한다는 뜻인데, 그 대상은 바로 나 자신입니다. 예수 그리스도는 내게 순종을 강요하지 않으십니다. 그렇지만 나는 반드시 순종해야 합니다. 주님의 명령에 순종하면 하나님의 구속의 은혜가 나를 통해 다른 사람에게 흘러갑니다. 그 이유는 순종의 배후에 전능하신 하나님이 살아 계시기 때문입니다.

신앙생활이 결코 쉽지 않다는 것을 하나님도 잘 아십니다. 여러분은 결코 혼자가 아니라는 사실을 잊지 마세요.

쉬운 길, 어려운 길 둘 중 하나를 선택하세요.
그런데 어려운 길이 훨씬 더 좋습니다.

내가 누구일까요?

Nov. 03

> 내가 그리스도와 함께 십자가에 못 박혔나니 그런즉 이제는 내가 사는 것이 아니요 오직 내 안에 그리스도께서 사시는 것이라 이제 내가 육체 가운데 사는 것은 나를 사랑하사 나를 위하여 자기 자신을 버리신 하나님의 아들을 믿는 믿음 안에서 사는 것이라 (갈 2:20)

여러분은 누구를 위해 살아가세요? 여러분 자신입니까, 아니면 하나님입니까? 하나님은 여러분에게 이 책을 통해 365일 하나님을 묵상하는 길을 보여 주십니다. 그러나 결코 강요하지는 않으십니다. 따라서 여러분 스스로 하루하루 진행해나가야 합니다. 물론 이 과정은 깊은 바다 속으로 들어가는 차원이 아니라, 도로 한복판에 있는 문을 통과해 지나가는 것 같습니다. 그런데 문을 통과해도 별로 달라진 점을 느끼지 못할 수 있습니다. 여전히 어제와 동일한 모습일지도 모르죠. 하지만 여러분의 삶의 목표는 확실히 바뀝니다. 겉보기에는 변하지 않은 것처럼 보여도 마음가짐과 살아가는 태도는 분명히 달라집니다.

오스왈드 챔버스의 메시지

오늘 본문의 말씀은 하나님으로부터 독립하려는 나의 강한 욕구를 부수어야 한다고 말합니다. 다시 말하면 나의 뜻을 따르지 않고 오직 예수님께 절대적으로 충성하라는 말입니다. 이 단계에 도달하면 더 이상 갈등을 느끼지 않습니다.

하나님과 나만의 이야기

여러분을 여기까지 인도해 주신 하나님께 감사를 드립니다. 그러나 지금 이 시점에서 여러분은 중대한 결단을 내려야 합니다. 만약 준비가 되어 있지 않다면 나중에 하세요. 하나님께서 다음에 기회를 주실 테니까요.

문은 잠겨 있지 않습니다.
모든 것이 새롭게 되길 원하세요? 그렇다면 문을 여세요!

다 똑같지 않아요

하나님을 가까이 하라 그리하면 너희를 가까이 하시리라 죄인들아 손을 깨끗이 하라 두 마음을 품은 자들아 마음을 성결하게 하라 (약 4:8)

같은 샌드위치도 누구를 위해 만드느냐에 따라 그 의미가 완전히 달라집니다. 샌드위치 같은 작은 것을 하나 만들어도 하나님을 생각하며 만들어 보세요. 하나님의 임재를 구하고 느끼면서 만들어 보세요. 그러면 여러분의 마음자세가 완전히 달라질 것입니다. 모두 똑같이 생겼다고 해서 다 똑같은 샌드위치가 아닙니다. 그 중에서 하나님의 영광을 위해 만들어진 샌드위치는 거룩하다고 말할 수 있겠죠.

오스왈드 챔버스의 메시지

아무리 연약한 성도라도 예수 그리스도와의 관계가 형성 되면 많은 것에서 자유하게 됩니다. 전능하신 하나님의 모든 능력이 그에게 머물게 됩니다. 이제 하나님의 진리대로 살기 시작합니다.

하나님과 나만의 이야기

오늘은 아주 사소한 일을 할 때마다 더 의도적으로 하나님의 영광을 생각하며 해 보세요. 주님께로 더 가까이 나아가세요. 아마도 놀라운 일들이 일어날 거예요.

샌드위치라고 다 똑같지 않습니다.
하나님을 생각하며 만들면 샌드위치 조차도 거룩해집니다.

옹기장이 하나님의 숨겨진 계획

오히려 너희가 그리스도의 고난에 참여하는 것으로 즐거워하라 이는 그의 영광을 나타내실 때에 너희로 즐거워하고 기쁘게 하려 함이라 (벧전 4:13)

옹기장이가 점토를 다루는 광경을 보신 경험이 있으세요? 옹기장이는 점토의 상태를 확인하기 위해 때리고 두드리며 굴려보고 잘라봅니다. 멋진 작품으로 만들기 위해서죠. 하나님의 종으로서 여러분이 겪는 고달픈 시기는 여러분을 준비시켜 앞으로 닥칠 힘든 일에 대비하게 합니다. 그 순간 여러분은 하나님이 시험하신다고 생각할 수도 있고, 하나님이 여러분을 완전히 잊어버리셨다고 생각할 수도 있습니다. 하지만 그렇지 않습니다. 이 시점부터 여러분이 겪는 모든 경험은 하나의 목적을 가지고 있습니다. 만일 여러분이 역경에 처해 있는 사람을 만나 "그래요, 나도 그런 경험을 했어요!"라고 말한다면, 여러분이 힘든 시기를 겪은 이유는 분명해집니다. 아무 까닭 없이 옹기장이가 여러분을 괴롭힌다고 생각하면, 이는 여러분이 하나님을 제한하는 꼴이 됩니다. 하나님이 하시는 일에는 분명한 목적이 있습니다.

오스왈드 챔버스의 메시지   혹시 그리스도의 고난에 동참하고 있나요? 여러분은 왜 하나님이 고난을 겪게 하시는지 그 당시에는 절대로 알 수 없습니다. 그러나 후에는 그것을 깨닫게 됩니다.

하나님과 나만의 이야기   신앙생활은 쉽지 않습니다. 만일 지금 여러분이 힘든 시기를 지나고 있다면 오히려 하나님께 감사드리세요. 이 시기는 하나님이 주신 선물입니다.

불이 점토를 단단하게 만들고 폭풍이 바위의 형체를 바꾸듯이, 시련은 인간의 영혼을 다듬어 빚습니다.

네가 믿느냐?

무릇 살아서 나를 믿는 자는 영원히 죽지 아니하리니 이것을 네가 믿느냐 (요 11:26)

오늘 성경 본문(요 11:23-27)을 보면서 마르다가 일관성 없는 대답을 한다고 평가하는 성도들도 있고, 마르다가 예수님께 불평한다고 해석하는 성도들도 있습니다. 그렇지만 정반대입니다. 지금 마르다는 그녀의 생애에서 가장 힘든 순간을 경험하고 있습니다. 예수님은 마르다에게 "네가 믿느냐?"고 물으셨고, 그녀는 "그렇습니다"라고 대답했습니다. 우리도 마르다처럼 최악의 상황에 직면했을 때, 무릎을 꿇고 기도하며 그 상황에서 구해 달라고 간청해야 합니다. 오직 믿음으로 말입니다.

오스왈드 챔버스의 메시지

믿는 것은 전적으로 맡긴다는 것을 의미합니다. 그리스도께 나 자신을 맡기면, 오로지 그분의 지배를 받기로 결심하게 됩니다. 주님과 대면할 때, 주님은 "이것을 네가 믿느냐?"고 물으실 것입니다. 그때 우리는 전에 주님을 믿지 못한 것에 대해 부끄러움을 느낄 것입니다.

하나님과 나만의 이야기

지금까지 살면서 가장 힘들었던 순간을 회상해 보세요. 혹시 지금 그 힘든 시기를 보내고 있나요? 과거를 돌이켜 보면 여러분을 지켜 주신 하나님의 손길이 분명히 보일 것입니다.

기도하고 믿으세요.
그리고 귀를 기울이면 이해가 됩니다.

만물을 통치하시는 하나님

Nov. 07

우리가 알거니와 하나님을 사랑하는 자 곧 그의 뜻대로 부르심을 입은 자들에게는 모든 것이 합력하여 선을 이루느니라 (롬 8:28)

하나님은 여러분을 필요한 곳에 배치하십니다. 그러므로 환경에 대해 불평하지 마세요. 여러분은 지금 주어진 환경에서 무언가를 배우고, 배운 내용을 실천하도록 배치되었습니다. 하나님이 여러분 안에 계시기 때문에 여러분이 가는 곳마다 하나님도 그곳에 거하시며, 사람들이 여러분을 통해 주님의 사랑을 경험할 것입니다. 오늘의 성경 본문에 나오는 '모든 것'이란 단어를 가볍게 여기지 마세요. 하나님은 만물 안에 계시며 만사를 주관하십니다.

오스왈드 챔버스의 메시지

여러분은 중보기도할 때 기도하는 방법에 대해 고민할 필요가 없습니다. 그저 하나님의 보좌 앞으로 기도제목을 가져가, 여러분 안에 계시는 성령님이 그들을 위해 중보기도하시게 하면 됩니다.

하나님과 나만의 이야기

민감한 영적 귀와 눈을 통해 하나님의 임재를 느끼게 해 달라고 기도드리세요. 믿음의 눈으로 보면 하나님은 언제나 어디에나 계십니다. 그러나 우리는 여전히 완고하기 때문에 그분의 존재를 잘 느끼지 못합니다. 주님의 임재를 구하세요.

이 세상 어디에나 하나님이 계십니다. 안 계신 곳이 없습니다. 잘 보세요!

Nov. 08

성령님!

이와 같이 성령도 우리의 연약함을 도우시나니 우리는 마땅히 기도할 바를 알지 못하나 오직 성령이 말할 수 없는 탄식으로 우리를 위하여 친히 간구하시느니라 (롬 8:26)

성령님은 우리 안에 내주하시며 우리를 통해 역사하십니다. 우리가 지쳐서 더 이상 기도할 수 없을 때도 친히 우리의 필요를 하나님께 아뢰주십니다. 성령님을 통해 맺어진 연합의 관계는 결코 깨지는 법이 없습니다. 또한 우리는 성령님이 거하시는 성전으로 자신을 스스로 정결하게 해야 합니다.

오스왈드 챔버스의 메시지 여러분의 몸이 성령님이 거하시는 성전이라는 사실을 알고 계세요? 우리는 이 사실을 늘 기억해야 합니다. 그렇다면 우리는 그분을 위해 몸을 깨끗하게 해야 합니다. 이것이 우리의 책임입니다.

하나님과 나만의 이야기 우리는 하나님의 칭찬 받는 종이 되기 위해 하나님이 주신 몸을 잘 가꾸어야 합니다. 여러분이 성령님이 거하시는 전이 되는 데 부족함이 없도록 하나님께 간구하며 노력하세요.

여러분 자신을 잘 돌보세요.
성령님과 함께 해야 할 일이 아주 많기 때문입니다.

꼭 전해야 하는 메시지

Nov. 09

나는 이제 너희를 위하여 받는 괴로움을 기뻐하고 그리스도의 남은 고난을 그의 몸된 교회를 위하여 내 육체에 채우노라 (골 1:24)

우리는 살면서 하나님이 자유롭게 역사하시도록 기회를 드려야만 합니다. 따라서 말씀을 전할 때마다, 우리가 전하는 메시지가 듣는 이들의 마음에서 떠나지 않고 하나님께서 주권적으로 그들의 삶을 변화시켜 주실 것을 분명히 믿어야 합니다. 만일 메시지를 전하며 자신의 말을 장황하게 첨가하면 유익보다는 오히려 해가 됩니다. 우리는 단지 예수님의 말씀을 전하고 하나님께서 스스로 일하시도록 맡겨야 합니다.

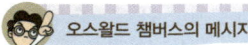

예수 그리스도의 생애와 죽음에 관한 역사적 사실을 선포할 때, 우리가 전하는 메시지는 신성해집니다. 하나님은 주님의 구속에 기초한 이러한 메시지를 통하여 말씀을 듣는 이들의 마음속에 새 창조를 진행하십니다. 이런 창조는 다른 방법으로는 결코 이루어질 수 없습니다.

하나님과 나만의 이야기

오늘 하나님의 사자(使者)로 쓰임 받게 해 달라고 기도드리세요. 그리고 자신을 드러내는 것보다 우리를 통해서 예수님을 높일 수 있는 능력을 달라고 간구하세요.

여러분의 말이 아니라 하나님의 말씀이고,
여러분의 일이 아니라 하나님의 일입니다. 이 둘은 분명히 다릅니다.

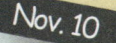

Nov. 10 — 진로 선택

우리 형제 곧 그리스도의 복음을 전하는 하나님의 일꾼인 디모데를 보내노니 이는 너희를 굳건하게 하고 너희 믿음에 대하여 위로함으로 (살전 3:2)

하나님의 진정한 종은 그분이 자신을 꼭 필요한 장소에 배치하신다고 믿습니다. 그렇다면 진로 계획을 다 포기하고 집에서 가만히 앉아 하나님께서 어디로 가라고 지시하실 때까지 기다려야 할까요? 아닙니다! 여러분의 관심과 하나님의 관심을 일치시키세요. 그러면 여러분이 전혀 상상하지 못한 방향으로 하나님이 인도하실 것입니다. 진로를 선택할 때, 하나님께 여쭤보세요.

오스왈드 챔버스의 메시지

하나님은 독생자를 통해 여러분을 구원하여 그분의 목적을 이루신 것처럼, 온 세계를 향한 그분의 목적을 성취하시기 위해 지금 여러분을 사용하십니다. 자신의 관심사와 야망만을 추구하는 사람은 결코 자신을 하나님의 목적과 일치시킬 수 없습니다. 하나님의 관심과 여러분의 관심을 일치시키려면 여러분의 생각을 버리고, 이 세상을 향한 그분의 목적을 위해 주님께서 여러분을 마음대로 사용하시도록 완전히 맡겨야 합니다.

하나님과 나만의 이야기

오늘 하루를 인도해 달라고 기도드리세요. 하나님은 때때로 여러분이 조금도 생각하지 못한 길로 인도하시기도 하고 새로운 길로 안내하셔서, 여러분의 꿈이 이루어지게 하십니다.

하나님의 뜻과 여러분의 뜻, 이 두 선이 종이 위에 그려져 있습니다. 그런데 얼마나 자주 이 두 선이 만나고 있나요?

언제요? 지금입니다!

Nov. 11

여호와께서 이르시되 네 아들 네 사랑하는 독자 이삭을 데리고 모리아 땅으로 가서 내가 네게 일러 준 한 산 거기서 그를 번제로 드리라 (창 22:2)

만약 하나님이 "가라"고 명령하시면 더 이상 고민하지 말고 가세요. 하나님은 이 문제에 관해 여러분보다 더 오래 숙고하셨습니다. 따라서 "왜요? 어떻게요? 어디로요? 정말인가요?"라고 하지 마세요. 어떤 일을 성취하는 데 있어서 인간은 하나님보다 더 좋은 생각, 더 편리한 시간, 더 멋진 대안을 절대로 내놓을 수 없습니다. 하나님은 전능하시기 때문에 그분의 방법이 제일 좋습니다. 만일 하나님이 최고급 아이스크림 한 통을 선물로 주시면 기쁘게 받아먹으며 감사하세요. 마른 빵 한조각을 주셔도 맛있게 먹으며 주님의 목적을 생각하세요. 그러면 아이스크림 한 통을 더 주십니다. 재미있죠?

 **오스왈드 챔버스의 메시지**

아브라함은 단순하게 하나님을 믿었습니다. 얼마나 놀랍습니까! 하나님이 명령하셨을 때 그는 자신의 가족과 상의하지 않았습니다. 여러분의 가족, 심지어 자신의 생각, 통찰력, 지식과 의논하고 싶은 생각이 들거든 조심하세요. 아무튼 하나님과의 개인적인 관계에 기초를 두지 않는 모든 것은 다 배제하세요. 이러한 것들은 우리가 하나님께 순종하는 데 있어서 경쟁 상대나 방해물이 됩니다.

 하나님과 나만의 이야기

하나님이 어떤 일을 하라고 요청하시면 즉시 "예"라고 대답하세요. 만약 그런 요청을 지금까지 들은 적이 없다면, 그분의 음성을 듣지 못하게 막는 모든 장애물이 다 사라지게 해 달라고 기도드리세요.

 하나님의 음성을 들을 수 있는 귀를 주셔서 지속적으로 듣게 해 달라고 요청하세요.

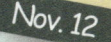

무엇을 원하세요?

그런즉 누구든지 그리스도 안에 있으면 새로운 피조물이라 이전 것은 지나갔으니 보라 새 것이 되었도다 (고후 5:17)

어렸을 적에 크리스마스 선물로 받고 싶었던 특별한 장난감이 있었나요? 만약 그 선물을 받지 못했다면 무척 속상했겠지요? 물론 지금 되돌아보면 아무것도 아닌 일일 것입니다. 어쨌든 과거에 비하면 그토록 원했던 선물은 지금 거의 가치가 없을 것입니다. 하나님이 보실 때 여러분의 옛 자아도 그렇습니다. 여러분은 하나님의 종이 되는 순간, 원하는 것들이 완전히 바뀝니다. 과거에는 그렇게 소중했던 것들이 아무 의미가 없게 됩니다. 이는 여러분이 그리스도 안에서 새로운 피조물, 즉 새 사람이 되었기 때문입니다. 이제 옛 자아가 완전히 사라지게 하세요.

오스왈드 챔버스의 메시지

만일 여러분이 거듭났다면 성령님은 여러분의 삶과 생각에서 분명한 변화가 나타나게 하십니다. 그 변화는 위기가 찾아올 때, 확실히 나타납니다. 이러한 변화를 여러분이 만들어 냈을 가능성은 전혀 없습니다. 이 완전하고 놀라운 변화는 여러분이 구원받았다는 사실을 확실하게 보여 주는 증거입니다.

하나님과 나만의 이야기

마음속에서 원하는 것들을 하나하나 점검해 보세요. 유행이 지나면 곧 잊혀질 것들을 아직도 원하고 있나요? 여러분의 마음의 소원 중에 하나님이 원하시는 것은 얼마나 있을까요?

여러분의 옛 자아와 새로운 자아, 이 둘은 너무 멀리 떨어져 있습니다.
이제 완전히 작별하세요.

하나된 우리

Nov. 13

나를 사랑하사 나를 위하여 자기 자신을 버리신 하나님의 아들을 믿는 믿음 안에서 사는 것이라 (갈 2:20)

여러분은 예수님과 하나 되었다는 것을 언제 느끼나요? 성경공부를 할 때인가요, 찬송을 부를 때인가요? 우리는 찬양을 하든 책을 읽든 무엇을 하든 주님과 관계를 맺고 있다는 사실을 느낄 수 있습니다. 예수님은 과거에도 우리와 함께 하셨고 '지금도' 함께하신다고 약속하셨습니다. 그런데 우리 안에 도사리고 있는 불안이 우리 안에 거하시는 주님의 존재를 의심하게 합니다.

오스왈드 챔버스의 메시지 예수 그리스도에 대한 믿음이 무엇을 요구하고 또 무엇을 주는지 생각해 보세요. 예수님은 하나님의 보좌 앞에서 우리를 흠이 없는 존재로 하나님께 바치십니다. 말로 표현할 수 없을 정도로 순수하고 절대적으로 의롭고 철저하게 용서받은 존재로 말입니다. "하나님으로부터 나와서 우리에게 지혜와 의로움과 거룩함과 구원함이"(고전 1:30) 되신 예수 그리스도를 전적으로 사모하며 믿음 안에서 굳게 서세요. 주님은 우리를 지옥과 사망에서 구해 주셨는데, 우리가 어떻게 희생을 운운할 수 있을까요?

하나님과 나만의 이야기 확신을 가지고 오늘 할 일을 위해 기도드리세요. 여러분과 예수님이 이미 하나가 되었다는 사실을 믿고 자신 있게 간구하세요. 그렇다고 교만해지면 안 됩니다.

예수님은 지금 이곳에 계십니다. 물론 과거에도 계셨고 앞으로도 계실 것입니다. 그분은 여러분을 기다리고 있습니다. 그분과 친밀한 관계를 맺으세요.

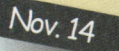

길을 안내해 주세요

여호와께서 길에서 나를 인도하사 (창 24:27)

여러분은 어딘가를 갈 때 다양한 자료를 통해 위치를 확인할 것입니다. 물론 여러 차례 다녀온 곳이라면 스스로 잘 찾아갈 수 있을 것입니다. 그런데 신앙생활은 이와 다릅니다. 하나님은 여러분이 알지 못하는 길로 우회하셔서 목적지에 도달하게 하십니다. 하지만 그 길이 생소하더라도 전혀 걱정할 필요가 없습니다. 하나님께서 친히 동행하시니까요. 혹시 헤매고 있다는 생각이 들면 하나님을 찾으세요. 하나님은 여러분에게 교훈을 주시기 위해 그런 환경에 처하게 하십니다. 따라서 교훈을 얻으며 계속 전진하세요. 목적지에 도달하는 방법이 꼭 하나만 있지는 않습니다.

일상에서 하나님의 존재를 느끼려면 영적 훈련을 통해 성장해야 합니다. 우연히 발생한 것처럼 보이는 일이라고 해서 하나님과 무관하다고 생각하지 마세요. 언제 어디서나 하나님의 거룩한 계획을 발견할 준비를 하고 사세요.

일상생활에서 하나님을 찾으세요. 사소하고 초라한 사건에서 하나님을 찾기란 그리 쉽지 않습니다. 그러나 크리스천은 종종 보잘것없고 하찮은 일을 통해서도 큰 교훈을 얻습니다.

길을 잃었나요? 그럴 리가 없습니다.
여러분은 하나님이 원하시는 곳에 있을 뿐입니다.

상담 금지

Nov. 15

베드로가 그를 보고 예수께 여짜오되 주님 이 사람은 어떻게 되겠사옵나이까 예수께서 이르시되 … 네게 무슨 상관이냐 너는 나를 따르라 하시더라 (요 21:21-22)

가장 받아들이기 힘든 것은, 좋은 의도를 가지고 한 행동이 누군가의 삶을 완전히 엉망으로 만들 수 있다는 사실입니다. 여러분이 크리스천이라는 사실 하나 때문에 누군가가 여러분을 찾아와 상담을 신청할 수도 있습니다. 그런데 여러분은 충고할 수 있는 사람이 못 됩니다! 그러니 그들에게 하나님을 소개하세요. 만약 꼭 충고해야 할 상황이라면, 주님께서 우리를 통해 말씀하시도록 기도하세요. 우리는 어떤 경우에도 전문가로 나서서 남에게 충고할 수 있는 입장에 있지 못합니다. 다만 이정표로서 하나님께로 나아가는 길을 알려주면 됩니다.

오스왈드 챔버스의 메시지

혹시 여러분의 영적 삶이 침체되었나요? 여러분이 다른 사람의 삶에 간섭했기 때문일지도 모릅니다. 제안할 권리가 없는데 제안했고, 충고할 권리가 없는데 충고했을 가능성이 큽니다. 여러분은 오직 하나님과 바른 관계를 유지하세요. 그러면 분별력을 주셔서 여러분을 복의 통로로 삼으십니다.

하나님과 나만의 이야기

여러분은 하나님이 사용하시는 도구가 될 수 있지만 하나님이 될 수는 없습니다. 여러분이 하나님의 일을 방해하지 않는지 점검해 보세요.

충고하지 말고 그를 위해 기도드리세요.
어설픈 상담으로 하나님의 길을 가로막지 마세요.

Nov. 16

존재감 없애기

그런즉 너희가 먹든지 마시든지 무엇을 하든지 다 하나님의 영광을 위하여 하라 (고전 10:31)

예수님은 부활하신 후에 여러 차례 나타나셨습니다. 한번은 조용히 해변에 나타나셔서 제자들과 함께 아침 식사를 하셨습니다. 우리도 이처럼 조용히 세상 사람들에게 하나님을 소개해야 합니다. 그런데 우리는 요란하게 알리고 싶어 합니다. 사람들이 우리가 하나님과 매우 가까운 사이라는 것을 알아 주기를 은근히 기대하면서 말입니다. 그렇지만 이런 마음자세는 우리가 정말로 도와야 할 사람과의 사이를 멀어지게 합니다. 우리의 존재는 주님께 가까이 다가갈수록 희미해져야 합니다. 이것이 핵심입니다.

 오스왈드 챔버스의 메시지

사람의 눈에 띄지 않는 존재로 하나님의 영광을 위해 일하기 위해서는 성령님께 완전히 사로잡혀야 합니다. 성도로서 바르게 살았는지를 평가하는 기준은 성공 여부가 아니라, 얼마나 성실하게 살았느냐 하는 점입니다. 우리는 성공을 목표로 설정하는 경향이 있는데 우리의 목표는 삶을 통해 하나님의 영광을 드러내는 것입니다. 크리스천은 일상생활에서 "그리스도와 함께 하나님 안에 감추어진" 존재로 살아가야 합니다.

 하나님과 나만의 이야기

오늘 가장 평범하고 일상적인 일을 하는 동안 하나님을 생각하세요. 걷고 식사하며 학교에 가고 숙제를 할 때 주님을 기억하세요. 거창한 일을 하는 순간뿐 아니라 사소한 일을 할 때에도 반드시 예수님과 함께해야 합니다.

사람들의 눈에 띄길 원하나요?
오히려 나를 감추는 것이 성공의 비밀입니다.

약속과 순종

Nov. 17

내가 나를 가리켜 맹세하노니 네가 이같이 행하여 네 아들 네 독자도 아끼지 아니했은즉 내가 네게 큰 복을 주고 (창 22:15-18)

여러분이 수천 권에 달하는 요리책을 읽고 요리사가 알려준 최고의 비법을 연구한들, 실제로 과자를 구워보지 않는다면 따끈따끈한 초코칩 쿠키 한 접시도 얻지 못할 것입니다. 아브라함이 기꺼이 하려고 했던 일은 분명히 이 세상의 모든 부모가 가장 하고 싶지 않은 일이었습니다. 그러나 아브라함은 하나님의 명령을 기쁘게 따랐기에, 즉 순종했기에 모든 민족의 조상이 되었습니다.

 오스왈드 챔버스의 메시지

우리가 성경에 있는 어떤 구절을 365일 동안 매일 반복해서 읽는다 해도 순종하지 않으면 그 말씀은 아무 의미가 없습니다. 그런데 하나님께 순종하면, 성경 말씀의 의미를 깨닫게 되고 그분의 성품을 이해하게 됩니다. 우리는 순종을 통해 "예"라고 답해야 합니다. 우리가 순종함으로 "아멘"이라고 화답할 때, 하나님의 약속은 우리의 소유가 됩니다.

 하나님과 나만의 이야기

오늘 실천해야 할 사항을 놓치지 마세요. 실천해야 할 성경 구절을 다시 한 번 생각하고 꼭 지키세요. 가능하다면 지금 바로 하세요.

순종은 어렵습니다.
그러나 하나님은 이를 통해 축복을 주시려고 기다리고 계십니다.

스펀지

Nov. 18

그러므로 아들이 너희를 자유롭게 하면 너희가 참으로 자유로우리라 (요 8:36)

물이 거의 없는 양동이에 있는 스펀지와 물이 넘쳐흐르는 양동이에 있는 스펀지의 모습은 판이하게 다릅니다. 여러분은 스펀지와 같아서 무엇이든 빨아들일 수 있습니다. 이 세상에도 흡수할 수 있는 것들이 널려 있습니다. 무엇을 빨아들일 것인가에 대한 선택은 여러분이 해야 합니다. 그런데 만약 이기심에 사로잡혀 빨아들이기 시작하면 결코 만족하지 못할 것입니다. 끊임없이 빨아들여야 하기 때문이죠. 오직 기도와 순종, 그리고 성경 말씀을 통해 하나님을 빨아들이세요. 그분은 우리가 처한 환경을 은혜로 가득 채워 주실 것입니다. 그러면 우리는 하나님의 은혜를 꽉 짜서 다른 사람과 나누고 더 풍성한 은혜를 공급받습니다.

오스왈드 챔버스의 메시지

우리는 하나님을 위해 엄청난 능력을 발휘할 수 있도록 설계되었습니다. 하지만 우리의 죄와 잘못된 생각이 하나님께 나아가는 것을 방해합니다. 여러분의 삶을 하나님께 드려 완전한 희생제물이 되게 하고, 순종을 통해 '육적인 삶'이 '영적인 삶'으로 변하게 하세요.

하나님과 나만의 이야기

스펀지 같은 여러분을 오늘 어디에 놓겠습니까? 잘못된 것을 빨아들이도록 더러운 환경에 놓겠습니까? 여러분의 주변을 둘러보세요. 지금의 환경이 텅 빈 양동이와 같나요? 아니면 지저분한 것들로 가득 차 있나요?

하나님의 모든것을 빨아들이고 다시 쥐어짜세요.
그리고 나눠주세요.

갈보리의 사랑

Nov. 19

그가 와서 죄에 대하여, 의에 대하여, 심판에 대하여 세상을 책망하시리라 (요 16:8)

우리는 스스로의 선택에 의해 하나님을 멀리하면서도 하나님이 우리로부터 멀게 느껴지면 오히려 화를 내며 그분을 원망합니다. 실제로는 우리가 그분의 손을 놓아 홀로 떨어진 상태가 된 것인데 말이죠. 그러나 하나님은 화를 내시기는 커녕 두 팔을 활짝 벌리고 우리를 기다려 주십니다.

오스왈드 챔버스의 메시지
하나님의 사랑은 '갈보리'를 의미합니다. 하나님의 사랑은 다른 곳이 아닌 십자가 위에서 나타났습니다. 용서란, 단지 지옥에서 구원받아 천국에 들어갈 준비가 된 상태만을 의미하지 않습니다. 용서는 내가 죄를 용서받은 후에 하나님과 새로운 관계를 맺음으로써 그리스도 안에서 하나님과 하나가 된다는 뜻입니다. 하나님은 거룩하지 못한 나를 주님의 기준에 맞는 거룩한 존재로 변화시키십니다. 이것이 구속이 가져오는 놀라운 기적입니다. 하나님은 내 안에 새로운 본성, 즉 예수님의 성품을 넣어주셔서 새로운 존재로 만드십니다.

하나님과 나만의 이야기
만일 여러분이 하나님과 분리되었다는 느낌을 갖는다면 그것은 여러분의 책임입니다. 그러나 하나님은 여러분을 절대로 몰아내지 않으시고 계속해서 부르십니다. 만물을 주관하시는 하나님만 붙잡으세요.

꽉 붙잡으세요. 더 가까이 가세요. 절대로 놓지 마세요.
하나님은 여러분을 결단코 버리지 않으십니다.

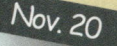

엄청난 대가

우리는 그리스도 안에서 그의 은혜의 풍성함을 따라 그의 피로 말미암아 속량 곧 죄 사함을 받았느니라 (엡 1:7)

어제 배운 내용이 설탕 같다면 오늘 배울 내용은 약 같습니다. 하나님께서 여러분에게 주신 축복, 즉 죄를 지을 때마다 베풀어 주시는 용서, 두려워하며 달아날 때마다 보듬어 주시는 사랑, 영생에 대한 약속, 이 모든 복은 값비싼 대가를 치르고 얻어진 것입니다. 그런데 그 대가는 여러분이 아니라 하나님과 예수님께서 친히 담당하셨습니다. 십자가가 얼마나 침혹한 형벌인가를 상상해 보세요.

오스왈드 챔버스의 메시지 죄를 용서받았다는 진리를 깨달으면, 우리의 가장 깊숙한 곳에서 감사하는 마음이 샘솟듯 일어납니다. 바울은 결코 이 사실을 잊은 적이 없었습니다. 하나님이 여러분을 용서하시기 위해 엄청난 대가를 치르셨다는 사실을 깨닫기만 하면, 여러분은 하나님의 사랑에 의해 완전히 사로잡히게 됩니다.

하나님과 나만의 이야기 순종함으로 하나님께 감사의 마음을 표현하세요. 다른 사람들을 돕거나 위로하거나 용서해 보세요. 그분의 사랑을 나타내기 위해서요.

사랑, 용서, 영생 이러한 것들은 단순한 선물이 아닙니다.
그 이상의, 설명할 수 없는 의미를 지닙니다.

다 이루었다

Nov. 21

아버지께서 내게 하라고 주신 일을 내가 이루어 아버지를 이 세상에서 영화롭게 하였사오니 (요 17:4)

크리스천에게 있어서 우주는 두 번 시작되었습니다. 첫 번째 시작은 창세기 앞부분에 나오는 내용으로, 하나님의 놀라운 창조 사역이 상세히 기록되어 있습니다. 무(無)에서 유(有)가 생겨난, 인간의 머리로는 도저히 이해할 수 없는 일이죠. 두 번째 시작은 예수님이 십자가에 달려 "다 이루었다"고 말씀하신 순간과 함께 찾아왔습니다. 세상의 만물이 이 순간에 새롭게 되었습니다. 여러분의 현재 모습과 미래의 모습도 이때부터 달라졌습니다. 지금까지 이 세상에 살았고, 또 앞으로 태어날 모든 인간의 상황도 이 순간으로 인해 새로워졌습니다. 지금 이 책을 읽고 있는 여러분의 현재와 미래 역시 마찬가지입니다.

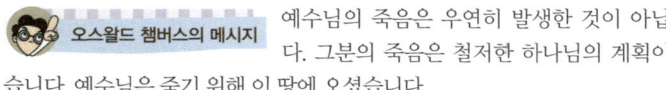

예수님의 죽음은 우연히 발생한 것이 아닙니다. 그분의 죽음은 철저한 하나님의 계획이었습니다. 예수님은 죽기 위해 이 땅에 오셨습니다.

여러분의 삶은 새롭게 변화되었나요? 예수님을 믿으면 가능합니다. 우리를 위해 십자가에 달려 처참하게 돌아가신 예수님을 깊이 묵상하는 하루되세요.

모든 것이 시작되었다가 끝났습니다.
그리고 다시 새롭게 시작되었습니다.

사소한 일의 중요성

Nov. 22

그런즉 너희가 먹든지 마시든지 무엇을 하든지 다 하나님의 영광을 위하여 하라 (고전 10:31)

우리는 때로 사소한 일을 하지 않으려 합니다. 이는 세상 사람들의 시선을 너무 의식하기 때문입니다. 하지만 전능하신 예수님도 갓난아이가 되셨다는 진리를 기억하세요. 우리도 사소한 일을 통해서 하나님을 다른 사람들에게 전할 수 있습니다. 평범한 일과 속에서 예수님을 전할 수 있다는 사실을 꼭 명심하세요.

오스왈드 챔버스의 메시지 일상에서 사소한 일을 할 때 우리는 안전합니다. 크리스천은 평범한 삶을 상식적인 차원에서 살아야만 합니다. 그러나 자신의 성품과 체면에 집착하면 하찮은 일을 무시하게 됩니다.

하나님과 나만의 이야기 오늘 해야 할 일 중에서 가장 사소한 일을 하면서 하나님을 기쁘시게 할 방법을 찾아보세요. 사소하다고 여기는 일이 오히려 하나님께 기쁨이 될 수 있습니다.

왜 심오한 것만 좋아하나요?
일상을 잘 사는 것이 능력입니다.

마음자세 지키기

Nov. 23

여호와여 우리에게 은혜를 베푸시고 또 은혜를 베푸소서 심한 멸시가 우리에게 넘치나이다
(시 123:3)

하나님과 우리 사이를 멀어지게 하는 것은 이 세상이라기보다 우리의 마음 상태입니다. 우리는 인간적 관점이 아닌 영의 눈으로 하나님을 바라보아야 합니다. 인간적 관점에서 세상을 보는 사람은 '하나님이 왜 인간에게 불행을 허락하셨을까'라는 문제를 고민하다가 마침내 하나님의 존재까지 의심하게 됩니다. 하지면 영의 눈으로 바라보는 성도는 모든 일과 상황에서 주님을 발견합니다. 물론 그 과정에서 하나님이 잘못된 점을 바로잡기도 하시죠.

오스왈드 챔버스의 메시지

우리의 마음자세는 강력한 영향력을 행사하는데, 하나님과 원수가 되게도 할 수 있습니다. 우리가 절대로 가져서는 안 되는 이 마음자세는 바른 길에서 이탈하게 만듭니다. 만약 이러한 상태에서 하나님께 돌아와 고침을 받지 못한다면, 인간의 재능과 육신만을 의지하게 되고 믿음은 아무 가치가 없게 될 것입니다.

하나님과 나만의 이야기

영의 눈으로 세상을 볼 수 있게 해 달라고 하나님께 기도드리세요. 모든 상황에서 하나님을 발견하면 여러분 안에 계시는 하나님도 볼 수 있을 것입니다. 기억하세요. 하나님은 언제나 여러분과 함께 하십니다.

아직까지 절반만 차고 절반이 못 찬 상태인가요?
하나님께서 생수를 부어주시면 문제가 해결됩니다.

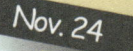

더 노력하세요!

> 상전의 손을 바라보는 종들의 눈 같이, 여주인의 손을 바라보는 여종의 눈 같이 우리의 눈이 여호와 우리 하나님을 바라보며 우리에게 은혜 베풀어 주시기를 기다리나이다 (시 123:2)

일이 다 끝났다고 생각하는 순간부터 혼란이 발생합니다. 하나님이 역경을 통과시켜 주셨다면, 여러분은 그 지점에서부터 다시 시작해 앞으로 나아가야만 합니다. 절대로 멈추면 안 됩니다. 신앙생활에는 끝이 없습니다. 해야 할 일은 언제나 있기 마련입니다. 만약 앞으로 더 이상 배울 것도, 할 일도, 하나님을 찾을 필요도 없다고 생각한다면, 그것은 하나님을 제한하는 것입니다. 무슨 일이 있어도 하나님을 제한하면 안 됩니다.

오스왈드 챔버스의 메시지

눈을 들어 주님을 바라보지 않으면, 영적 능력이 고갈되기 시작합니다. 영적 능력이 약해지는 이유는 주변의 외적 어려움이라기보다는 자기 마음의 잘못된 생각 때문입니다. '평범하고 겸손하게 살았어야 했는데, 너무 열심히 신앙생활을 한 것 같아!' 절대로 이런 생각을 품지 마세요. 신앙생활은 아무리 열심히 해도 결코 지나치지 않습니다.

하나님과 나만의 이야기

오늘은 다음 세 가지 질문을 하나님께 던져보세요. "다른 일이 또 있나요?" "더 해야 할 일이 있나요?" "다음에 할 일은 무엇인가요?" 이제 준비하세요. 하나님이 곧 답을 주실지 모르니까요.

해야 할 일이 더 있습니다.
아직도 배워야 할 것들이 많습니다.

기초가 무엇인가요?

Nov. 25

그러나 내게는 우리 주 예수 그리스도의 십자가 외에 결코 자랑할 것이 없으니 (갈 6:14)

신앙생활을 하다 보면 내가 바른 길을 가고 있는지 확신이 서지 않을 때가 비일비재합니다. 바울은 이럴 때 기초로 돌아가 거기서부터 다시 시작했습니다. 즉, 하나님과 예수님을 깊이 묵상했습니다. 우리는 스스로 일을 꼬이게 만듭니다. 계획을 세우고 목록을 만들며 규칙을 정하며 조직을 구성합니다. 그렇지만 이러한 과정에서는 하나님과 예수님이 설 자리가 없습니다. 우리는 기초를 붙들어야 합니다. 다시 말하면 하나님과 예수님이 우리를 위해 하신 일을 되새겨야 합니다. 이 기초를 끌어안으면 산산조각이 났던 삶이 다시 회복되어 계속 전진할 수 있습니다.

오스왈드 챔버스의 메시지

사도 바울은 하나님께 뿌리를 내리고 그분을 자신의 기초로 삼았기 때문에, 어떠한 변화에도 결코 동요하지 않았습니다. 즉, 그는 십자가에 깊이 뿌리를 내리고 있었습니다.

하나님과 나만의 이야기

해야 할 일과 가야 할 곳에 대한 모든 생각을 떨쳐버리고, 성부 하나님과 성자 예수님, 그리고 성령님을 깊이 묵상하세요. 조용한 가운데 하나님과의 교제 속에 완전히 잠겨보세요.

하나님, 예수님, 성령님 삼위일체 하나님,
여기서 다시 시작하세요.

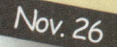

Nov. 26

십자가를 만났나요?

그리스도의 십자가 외에 결코 자랑할 것이 없으니 그리스도로 말미암아 세상이 나를 대하여 십자가에 못 박히고 내가 또한 세상을 대하여 그러하니라 (갈 6:14)

십자가를 만났나요? 십자가를 아는 것과 십자가를 인격적으로 만난 것은 확연히 다릅니다. 여러분은 십자가를 삶에 적용하기 위해 고민해야 합니다. 십자가가 여러분의 고백이 되게 해야 합니다. 이렇게 되면 모든 것이 달라집니다.

오스왈드 챔버스의 메시지 복음을 전할 때에 하나님이 제일 강조하시는 내용, 즉 예수님의 십자가를 전하세요. 그러면 분명히 변화가 일어납니다. 만일 내가 복음을 전하지 않고 개인적인 말만 한다면, 그 말은 여러분의 관심을 끌지 못할 것입니다. 우리는 마땅히 십자가에 집중해야 합니다. 능력의 원천인 십자가를 붙들면 우리의 삶이 능력으로 가득 찹니다.

하나님과 나만의 이야기 예수님이 십자가에 달리시는 부분을 다시금 찾아 읽고 묵상한 후에 친구에게 그대로 전해 보세요. 그 친구에게도 십자가의 복음이 필요합니다.

십자가는 말로도 이야기로도 표현하기 어렵습니다. '진리'이기 때문이지요. 그런데 이것은 반드시 '여러분의 진리'여야 합니다.

세상에서, 세상을 초월하여

Nov. 27

세상이 나를 대하여 십자가에 못 박히고 내가 또한 세상을 대하여 그러하니라 (갈 6:14)

당시 사회에서 가장 존경받는 종교지도자들이 예수님을 증오했습니다. 그들은 끊임없이 예수님을 함정에 빠뜨리기 위해 올무를 놓았고, 그분의 행동 하나하나를 지적했습니다. 자신들과 너무 달랐기 때문입니다. 예수님은 종교지도자들이 가까이 하지 않는 죄인들을 불러 그들과 함께 하셨고 결코 외면하지 않으셨습니다. 예수님은 철저하게 세상에서 살아가셨습니다. 그러나 세상에 속한 분은 아니셨습니다.

오스왈드 챔버스의 메시지

주님은 은둔자나 금욕주의자가 아니셨습니다. 사회로부터 자신을 격리시키지도 않으셨습니다. 그러나 내적으로는 언제나 세상과 거리를 두고 계셨습니다. 쉽게 말하면 세상에 살면서도 세상에 속하지 않음으로써, 영적 에너지를 유지할 수 있으셨습니다.

하나님과 나만의 이야기

매 순간 하나님을 의식적으로 생각하며 살아보세요. 하나님과 연합된 상태에서 살려고 노력해 보세요. 이렇게 하다 보면 더 이상 하나님을 의식적으로 생각할 필요가 없는 순간이 올 것입니다. 주님과 연합하여 하나가 되었으니까요.

어디서나 하나님, 모든 행동에서 하나님, 모든 사람의 마음속에 하나님입니다.
여러분 자신부터 시작하세요.

Nov. 28
궁핍해지세요

그리스도 예수 안에 있는 속량으로 말미암아 하나님의 은혜로 값 없이 의롭다 하심을 얻은 자 되었느니라 (롬 3:24)

성경을 통째로 암송할 수 있는 능력을 가진 사람을 보면 '야, 하나님은 저런 사람을 사랑하실 거야'라는 생각이 듭니까? 또는 전 재산을 팔아 노숙자들에게 쉼터를 제공하는 사람은 어떻게 생각하세요? 하나님이 정말로 이들을 좋아하실까요? 그러나 이렇게 한다고 해서 하나님의 은혜가 임하는 것은 아닙니다. 은혜는 선물이지 우리가 받아내는 것이 아닙니다. 은혜는 노력을 통해서나 받을 자격이 있어서 받는 것이 아닙니다. 하나님께서 주시는 거죠. 은혜가 필요하세요? 간절히 사모하세요. 그러면 가장 필요한 때에 하나님이 선물로 주십니다.

 오스왈드 챔버스의 메시지

노력을 통해서는 하나님에게 아무것도 얻을 수도, 받아낼 수도 없습니다. 이 점을 반드시 깨달아야 합니다. 그러므로 하나님께서 주시는 선물을 받든지 아니면 받지 않고 살든지 둘 중 하나를 선택해야 합니다. 최고의 축복은 자신이 영적으로 궁핍하다는 사실을 아는 것입니다. 우리가 이런 상태에 도달하지 않으면 하나님은 아무런 도움을 주실 수 없습니다. 즉, 우리가 스스로의 힘으로도 충분히 살 수 있다고 생각하는 한, 주님은 우리를 위해 아무것도 하실 수 없습니다. 오직 영적 궁핍이라는 문을 통해 하나님의 나라에 들어갈 수 있습니다. 영적으로 굶주린 상태에 있는 사람에게 성령님이 임합니다.

 하나님과 나만의 이야기

여러분이 할 수 있는 것은 준비밖에 없습니다. 여러분이 지금까지 한 행위로는 하나님의 은혜를 받지 못할 뿐만 아니라 받을 자격도 없기 때문입니다. 은혜는 하나님께서 자신의 뜻대로 주시는 것입니다.

여러분이 최고로 낮아질 때 하나님의 은혜가 임합니다.

예수님은 누구신가요?

Nov. 29

그가 내 영광을 나타내리니 내 것을 가지고 너희에게 알리시겠음이라 (요 16:14)

으리으리한 교회에 생전 처음으로 출석한 한 사나이의 이야기를 들은 적 있으세요? 그는 자격 미달로 교회에 들어가자 마자 쫓겨나고 말았습니다. 그가 밖으로 쫓겨나 계단에 앉아 있는데, 예수님이 다가와 이렇게 말씀하셨습니다. "괜찮아! 나도 지금 몇 년째 교회 안으로 들어가려고 시도하고 있어." 우리는 종교적 행위를 하는 데만 신경을 쓰다가 예수님을 교회 밖으로 몰아내버리고 말았습니다. 예수님은 복음 그 자체이시며 우리가 이 세상에 살아야 할 이유를 주시는 분입니다. 그분을 바로 바라보세요.

오스왈드 챔버스의 메시지

예수님을 단지 정신적인 귀감으로 삼지 마세요. 예수님은 모범적인 인물이 아니라 구세주이십니다. 오늘날 예수님은 기독교를 대표하는 인물로, 다시 말하면 일종의 모범 정도로 받아들여집니다. 하지만 예수님은 우리가 상상할 수 없을 만큼 더 중요한 의미를 지니신 분입니다. 그분 자신이 '구원'이시며 '하나님의 복음'이십니다!

하나님과 나만의 이야기

여러분은 예수님을 한번에, 그리고 완전히 이해할 수 없습니다. 따라서 조금씩 예수님을 알아가는 과정 자체가 정말로 멋진 일입니다. 이 책을 읽고 묵상하는 여정도 바로 예수님을 알아가기 위함이죠.

아직도 모르는 것이 많다고 믿으세요. 그러면 알게 됩니다.
아직도 이해할 수 없는 것이 많다고 믿으세요. 그러면 깨닫게 됩니다.

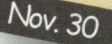

하나님의 보물

내게 주신 그의 은혜가 헛되지 아니하여 (고전 15:10)

왜 우리는 언제나 자신을 다른 사람과 비교하는 걸까요? 우리는 주변을 둘러보며 늘 이렇게 중얼거립니다. "쟤는 나보다 뛰어난 운동선수야." "나보다 공부를 잘해." 심지어 우리는 교회에서조차 서로를 비교합니다. "나보다 더 거룩해." "나보다 성경을 많이 알아." "나보다 성경공부에 더 열심히 참석해." 그런데 하나님은 열등한 존재를 만들지 않으셨습니다. 만약 여러분이 자신을 무능하다고 평가한다면, 이는 하나님께 "주님께서 실수하셔서 저를 잘못 만드신 것 같아요"라고 항의하는 것이나 마찬가지입니다. 우주를 창조하신 하나님께 정말로 이렇게 따지고 싶은가요? 여러분은 하나님의 보물입니다.

 오스왈드 챔버스의 메시지

만약 우리 자신이 능력이 없다고 계속 주장한다면, 이는 창조주 하나님을 모독하는 처사입니다. 자신의 무능에 대해 불평하는 행위는 하나님이 자신을 돌봐주시지 않는다고 꾸며대며 비방하는 행태와 동일합니다. 인간의 귀에 겸손하게 들리는 말을 하나님의 관점에서 점검하는 습관을 가지세요. 그러면 여러분은 그런 말이 얼마나 하나님을 경멸하며 무시하는 말인지 깨닫고 깜짝 놀랄 것입니다.

 하나님과 나만의 이야기

그동안 받은 축복을 세어보며 하나님께 감사드리세요. 여러분은 주님의 축복을 받을 만한 존재입니다.

여러분의 있는 모습 그대로를 사랑하세요.
하나님이 여러분을 지으셨잖아요.

December

진정한 시작은
회개로부터

날마다 여러분의 잘못을 고백하여
깨끗해지세요

절대적 기준

Dec. 01

누구든지 온 율법을 지키다가 그 하나를 범하면 모두 범한 자가 되나니 (약 2:10)

모든 사람은 하나님 앞에서 평등합니다. 여러분과 나, 대통령, 길모퉁이에서 소리를 지르는 노숙자 모두가 똑같습니다. 하나님은 우리에게 율법을 주시며 "모두 지켜라"라고 명령하셨습니다. 그분은 여러분의 과거 행위를 들추시거나 스펙을 따지지 않으시며 국적이나 가족 환경도 전혀 염두에 두지 않으십니다. 단지 그분이 정하신 기준을 제시하시며 "완벽하게 지켜라. 타협은 없다"라고 선언하십니다. 물론 완벽하게 지킬 수 있는 사람은 아무도 없습니다. 그러나 한 가지 방법은 있습니다. 만일 여러분이 하나님께 "제가 율법을 지키겠습니다"라고 고백하면 도와주실 것입니다.

 오스왈드 챔버스의 메시지 율법은 인간을 연약한 존재로 간주하여 봐주는 법이 없습니다. 오직 완벽한 도덕적 인간이 될 것을 요구합니다. 우리가 이 사실을 깨달을 때, 성령님은 우리의 죄를 책망하십니다. 성령님의 지적을 받고 자신에게 소망이 없다고 느낀 사람만이 그리스도의 십자가에 관심을 갖습니다. 죄인인 우리는 절대로 하나님과 바른 관계를 맺을 수 없습니다. 하나님과 관계를 맺는 유일한 길은 그리스도의 십자가뿐입니다.

 오스왈드 챔버스의 메시지 하나님의 법을 잘 따르겠다고 다짐하며 기도드리세요. 그렇지만 완벽하게 따를 수 없다는 사실도 인정하고 고백하세요.

 하나님께서 율법을 지키라고 명령하셨습니다. 불가능하다고요? 어쨌든 지키려고 노력해 보세요.

Dec. 02

위시리스트

내가 이미 얻었다 함도 아니요 온전히 이루었다 함도 아니라 오직 내가 그리스도 예수께 잡힌 바 된 그것을 잡으려고 달려가노라 (빌 3:12)

여러분이 원하는 것을 목록으로 작성한다고 상상해 보세요. 아마 모든 사람의 목록이 다 다를 것입니다. 이제는 하나님을 생각하면서 새로운 목록을 작성해 보세요. 여러분이 하나님의 자녀로서 앞으로 필요하다고 생각하는 것들을요. 만약 오직 '하나님'이란 단어만 적으셨다면, 아주 잘하셨습니다. 사실 하나님 외에 다른 것은 필요하지 않습니다.

오스왈드 챔버스의 메시지 여러분이 살면서 얼마나 하나님을 드러내느냐 하는 문제는, 성도로서 얼마나 바르게 살아가느냐에 달려 있지 않습니다. 오히려 예수님과 살아 있는 진정한 관계를 맺었느냐에 달려 있습니다. 하나님의 목적은 우리가 그분과 하나가 되는 것이기 때문입니다.

하나님과 나만의 이야기 여러분을 도구로 사용해 달라고 기도드리세요. 하나님께 더 가까이 나아가기 위해 주어진 모든 것을 사용할 수 있게 도와 달라고 간구하세요.

여러분은 모든 것을 소유할 수 있습니다.
하나님이 전부이시고 만물이 그분의 소유이기 때문이죠.

복음을 전할 때 주의사항

Dec. 03

내 말과 내 전도함이 설득력 있는 지혜의 말로 하지 아니하고 다만 성령의 나타나심과 능력으로 하여 (고전 2:4)

진리는 진리입니다. 여기에는 논쟁의 여지가 없고 '만약'이나 '그렇지만'이란 단어가 들어설 수도 없습니다. 진리에 무언가를 더 보탠다고 해서 나아지지도 않고, 무시한다고 해서 소멸하지도 않습니다. 아무도 진리를 닦지 못합니다. 복음을 전하려면 진리를 있는 그대로 선포하세요. 거기에 뭔가를 덧붙이려고 하지 마세요. 성령님이 진리의 말씀을 통해 역사하신다는 사실을 믿는다면, 성령님의 사역을 방해하지 말아야 합니다. 일단 진리를 소개한 후에는 모든 것을 주관하시는 하나님께 맡기고 믿음의 눈으로 지켜보아야 합니다.

오스왈드 챔버스의 메시지   복음을 선포할 때, 복음의 능력을 의지하지 않고 자신의 지식을 의지한다면, 여러분은 사람들이 예수님께 나아가는 것을 방해하는 것입니다. 구원에 이르는 지식을 전파하기 전에 먼저 여러분 자신이 믿음 안에서 하나님께 뿌리를 내리고 있는지 꼭 확인하세요. 복음을 제시할 때, 성령님을 의지하세요. 절대로 여러분의 말재주를 의지하지 마세요.

하나님과 나만의 이야기   복음을 전할 때 지혜를 달라고 기도드리세요. 하나님의 일을 우리가 하나님보다 더 잘할 수 있다고 생각하는 것은 아주 이기적이며 자기중심적인 사고입니다.

믿음을 갖고 복음만 전하세요.
다른 말로 하나님이 하시는 일을 방해하지 마세요.

Dec. 04

싸우는 법

귀 있는 자는 성령이 교회들에게 하시는 말씀을 들을지어다 이기는 그에게는 내가 하나님의 낙원에 있는 생명나무의 열매를 주어 먹게 하리라 (계 2:7)

만약 여러분이 우주정거장에서 몇 년 동안 살다가 지구로 귀환한다면, 처음에는 움직이는데 상당한 어려움을 겪을 것입니다. 이는 중력이 우리의 근육에 작용해야 비로소 튼튼해질 수 있기 때문입니다. 끊임없이 작용하는 이 힘이 우리의 생활을 가능하게 합니다. 만일 중력이 없다면 근육이 약해져 나중에는 자취를 감추게 되겠죠? 영적 세계에서도 이 원리가 적용됩니다. 성도로서 생활할 때, 우리는 우리를 넘어뜨리기 위해 끊임없이 다가오는 세력과 맞서 싸워야 합니다.

오스왈드 챔버스의 메시지

전쟁은 불가피합니다. 예수님은 "세상에서는 너희가 환난을 당하나 담대하라. 내가 세상을 이기었노라"(요 16:33)고 선언하셨습니다. 이 말씀의 의미는 영적인 것이 아닌 것은 모두 우리를 파멸시키기 위해 노력한다는 뜻입니다. 그러나 우리는 예수님이 이미 승리하셨기 때문에 담대할 수 있습니다. 우리는 우리를 대적하는 적과 싸워서 승리하는 법을 배워야만 합니다.

하나님과 나만의 이야기

영적 전투에서 싸우기를 주저하면 패합니다. 신앙생활을 할 때 갖가지 환경이 여러분을 방해하지만, 그 어느 것도 여러분이 나아가는 길을 완전히 막지 못합니다. 장애물이 오히려 여러분을 더 강하고 빠르며 뛰어난 인물로 만들어 줄 것입니다.

초조함, 스트레스, 외부의 압력,
이것들을 통해 눈부신 진주가 탄생합니다.

어서 들어오세요

Dec. 05

너는 내 집을 다스리라 내 백성이 다 네 명령에 복종하리니 내가 너보다 높은 것은 내 왕좌 뿐이니라 (창 41:40)

마음속에 집을 그려보세요. 이제 하나님께서 그 집을 여러분에게 주시며 그곳에서 함께 살겠다고 말씀하십니다. 자, 이제 어디서부터 정리할까요? 쉽게 정리할 수 있는 곳부터 시작하면 도움이 될 것입니다. 유리창도 깨끗하게 닦아야 빛이 잘 들어오겠죠? 마지막으로 집이 튼튼한지 기초를 살펴볼 필요가 있습니다. 하나님이 우리 안에서 편하게 지내시려면 필요한 물품도 반드시 챙겨야 합니다. 여러분은 이 준비가 잘 되었나요? 하나님은 여러분에게 집, 즉 몸을 주셨습니다. 바울은 이 집을 '성전'이라고 부릅니다. 하나님께서 성전에 거하시도록 여러분이 초청한다고 가정했을 때, 꼭 준비해야 할 것은 무엇일까요?

 오스왈드 챔버스의 메시지

크리스천은 자신의 몸을 하나님의 지배 아래 두어야 합니다. 하나님은 우리에게 '성령님이 거하는 성전', 즉 우리의 몸을 관리하게 하셨습니다. 여기어는 생각과 감정까지 포함됩니다. 따라서 책임을 맡은 우리는 그릇된 생각이나 감정에 절대로 굴복하지 않아야 합니다. 하지만 대부분의 크리스천은 자신에게는 너그럽고 타인에게는 엄격하게 대합니다. 그 결과 자신의 행위에 대해서는 핑계를 대고 다른 사람이 저지른 잘못은 정죄합니다.

 하나님과 나만의 이야기

해야 할 다른 일도 많겠지만, 무엇보다 먼저 주님을 초대하세요. 하나님이 언제 문을 두드리실지 모르니 준비하세요.

성전을 깨끗하고 산뜻하게 수리하며 준비하세요.
지금은 성전(여러분)을 수선할 때입니다.

이렇게 해 주면 믿겠어요

내가 내 무지개를 구름 속에 두었나니 이것이 나와 세상 사이의 언약의 증거니라 (창 9:13)

하나님은 인간의 생각을 초월하여 역사하십니다. 그분은 때로 우리를 위해 어마어마한 저택을 지어주십니다. 그런데 우리는 정문 앞에 서서 이렇게 불평합니다. "하나님이 내게 집을 한 채 주신다면 얼마나 좋을까!" 주님께 달라고 조르기만 하는 성도는 그분의 풍성하심을 마음껏 누리지 못합니다. "원하는 것을 주실 때까지 저는 주님께 헌신할 수 없어요." 이렇게 우기는 사람이 있다면, 그는 하나님이 어떤 분인지를 모르고 있는 것입니다. 만약 우리가 뒤로 물러서서 "하나님, 이제 주님과 함께 살 준비가 되었습니다"라고 말한다면, 주님은 우리가 상상하지 못한 멋진 집을 주실 것입니다.

오스왈드 챔버스의 메시지

하나님이 일하실 때까지 기다리는 태도는 불신앙의 표현입니다. 이는 주님을 신뢰하지 못한다는 뜻이며, 그분께서 나를 위해 뭔가를 해 주셔야만 믿겠다는 태도입니다. 그런데 하나님은 우리에게 그렇게 하지 않으셨습니다. 하나님이 언약을 성취하시기 위해 자신의 영광을 버리고 이 땅에 오신 것처럼, 우리도 주님과 언약을 맺기 위해 육체와 감정의 벽을 뛰어넘어야만 합니다. 이것은 하나님께 대한 믿음의 문제인데, 신앙생활에서 굉장히 중요합니다. 그런데 우리는 오직 느낌만을 믿습니다. 그분께서 손에 만질 수 있는 뭔가를 주셔야만 비로소 "이제야 제가 믿습니다"라고 고백합니다.

하나님과 나만의 이야기

하나님께 무엇을 달라고 요청하거나 어떻게 하겠다고 약속하지 마세요. 단지 다음 단계로 나아갈 준비가 되었다고 고백하세요. 그러면 앞길이 환해질 것입니다.

뭔가를 해 주셔야만 믿겠다고요?
아니요, 그것은 믿음이 아닙니다.

후회인가요, 회개인가요?

Dec. 07

하나님의 뜻대로 하는 근심은 후회할 것이 없는 구원에 이르게 하는 회개를 이루는 것이요 세상 근심은 사망을 이루는 것이니라 (고후 7:10)

죄를 용서받으려면 고통이 따릅니다. 그런데 이 고통은 세상에서 느끼는 고통과는 차원이 다릅니다. 은밀한 것을 더 이상 감추지 못하는 데서 오는 고통이기 때문입니다. 이때 성령님은 우리를 숨지 못하게 하실 뿐 아니라, 다른 사람의 도움도 받지 못하게 하십니다. 오직 하나님과 직접 대면하게 하십니다. 우리는 하나님의 도움으로 죄 문제를 해결해야 합니다. 진정한 회개는 말이 아닌 온 마음으로 이루어집니다. 회개하면 죄를 용서받고 계속 나아갈 수 있습니다.

오스왈드 챔버스의 메시지

죄에 대한 뉘우침, 죄를 용서받았을 때 느끼는 경이감, 그리고 성화의 체험은 서로 긴밀하게 연결되어 있기 때문에, 오직 죄를 용서받은 성도만이 거룩한 사람이라고 말할 수 있습니다. 이러한 사람은 하나님의 은혜를 받아 과거의 자아와 정반대되는 사람이 됨으로써 자신의 죄가 용서받았다는 사실을 입증합니다. 회개는 언제나 "내가 죄인입니다"라는 고백을 동반하는데, 이러한 진심 어린 고백은 하나님이 그 사람 안에서 역사하신다는 가장 확실한 증거입니다. 후회는 회개보다 한 차원 낮은데, 자신의 실수에 대한 단순한 뉘우침이며 자신에 대한 혐오감의 표현에 불과합니다.

하나님과 나만의 이야기

막상 자신이 죄인이라는 사실을 인정하기란 쉽지 않죠. 고요한 가운데 하나님을 묵상하며 속마음을 털어놓으세요.

하나님으로부터 멀어졌나요? 잘못 되었으면 어서 회개하고 돌이키세요.

Dec. 08

단 하나의 문

그가 거룩하게 된 자들을 한 번의 제사로 영원히 온전하게 하셨느니라 (히 10:14)

사방이 문으로 가득 찬 방 안에 여러분이 서 있다고 가정해 보세요. 문의 크기, 형태, 두께, 자물쇠, 손잡이가 모두 제각각입니다. 그런데 그중에서 단 하나의 문만 구원으로 통합니다. 그리고 예수님은 그 문을 열어 놓은 채로 여러분을 기다리고 계십니다. 그러나 우리는 주님을 보지 못합니다. 때론 일부러 못 본 체합니다. 구원의 길로 들어서려면 주님의 못 자국 난 손과 보혈을 직시해야 합니다. 어떤 사람들은 이것이 부담스러워 열리지 않는 문들을 계속 두드리고 있는지도 모릅니다.

오스왈드 챔버스의 메시지

우리가 누구이며 어떤 사람인지는 중요하지 않습니다. 이는 십자가로 인해 우리가 완전히 회복되었기 때문입니다. 이 회복은 우리의 공로가 아니라 하나님의 은혜입니다. 십자가를 인정하지 않는 기도는 아무 의미가 없습니다. 이것은 예수님이 열어 놓으신 문이 아닌 다른 문을 두드리는 행위와 같습니다. 하나님이 오직 하나의 문을 열어 놓으셨다는 것은 얼핏 보면 무자비한 것처럼 보이지만, 실제로는 그분의 무한하신 사랑과 자비를 입증합니다.

하나님과 나만의 이야기

십자가를 진지하게 묵상하세요. 여러분은 이미 구원을 받았습니다. 이제 주님께 삶을 통해 감사의 마음을 표현하세요.

구원으로 인도하는 문은 단 하나입니다.
십자가를 만나세요.

최고의 상태?

그리스도 예수의 사람들은 육체와 함께 그 정욕과 탐심을 십자가에 못 박았느니라 (갈 5:24)

"나는 죄를 짓거나 악을 행하지 않아." "나는 정직하고 친절하며 하나님과의 관계도 아무 문제 없어." 이렇듯 내가 최고의 상태라고 여길 때, 하나님이 무언가를 요구하신다면 무조건 순종할 수 있나요? 이 세상에서 좋아하는 것들을 다 버리고 하나님의 종이 될 수 있나요? 모든 것을 다 포기하고 "이제 저는 100퍼센트 하나님의 소유물입니다"라고 선언할 수 있나요? 바로 이 상태가 '최고의 상태'입니다.

오스왈드 챔버스의 메시지

우리는 나 자신에 대한 권리, 즉 하나님으로부터 독립하려는 마음과 자기 주장을 포기해야 합니다. 바로 이 영역에서 전쟁을 치러야 합니다. 그런데 우리로 하여금 하나님의 최고의 것을 누리지 못하게 하는 것들은 대게 눈에 보기에 가장 멋있고 좋고 우아한 것들입니다.

하나님과 나만의 이야기

나쁜 것은 쉽게 포기할 수 있습니다. 그러나 하나님 위해 좋아하는 것까지도 포기하기란 그리 쉽지 않습니다. 오늘은 여러분이 가장 아끼는 좋은 것들을 포기하고 하나님께 드리세요.

좋은 것을, 최고의 것을
아니, 전부를 하나님께 드리세요.

Dec. 10 — 두 종류의 삶

> 기록된 바 아브라함에게 두 아들이 있으니 하나는 여종에게서, 하나는 자유 있는 여자에게서 났다 했으며 (갈 4:22)

오늘의 성경 본문은 두 종류의 삶을 언급합니다. 하나는 일상의 세속적인 삶이고, 다른 하나는 영적인 거룩한 삶입니다. 세속적 영역에서 우리는 시간을 내어 자원봉사 활동에 동참하고 찬양대로 섬기며 선교 헌금을 드립니다. 영적 영역에서는 우리 자신을 하나님께 드립니다. "하나님, 제가 여기 있습니다. 저를 사용해 주세요." 이 말은 가장 위험한 말이 될 수 있습니다. 그렇지만 진심으로 고백한다면, 이 세상에서 가장 가치 있는 선언이 됩니다.

 **오스왈드 챔버스의 메시지**

세속적인 것은 하나도 드리려 하지 않고, 영적 희생 제사만 먼저 드리려고 애쓰는 사람이 더러 있습니다. 하나님께 영적 제사를 드릴 수 있는 유일한 방법은 우리의 몸을 산 제사로 드리는 것뿐입니다. 성화란, 죄로부터 구원받는 것 그 이상을 의미하는데, 대가를 따지지 않고 우리를 구원하신 하나님께 우리 자신을 신중하게 헌신하는 행위를 의미합니다.

하나님과 나만의 이야기

여러분의 내면을 점검해 달라고 하나님께 요청하세요. 만일 완벽하게 준비하지 않고 다음 단계로 넘어간다면, 여러 가지 방해물이 나타나 길을 막고 넘어지게 할 테니까요.

하나님, 제가 여기 있습니다.
저를 사용해 주세요.

단단한 껍질

Dec. 11

이에 예수께서 제자들에게 이르시되 누구든지 나를 따라오려거든 자기를 부인하고 자기 십자가를 지고 나를 따를 것이니라 (마 16:24)

하나님은 세상에서 살아가는 데 필요한 것을 모두 다 주셨습니다. 그래서 세상 사람들은 "내 힘으로 여기까지 잘 살아왔는데 왜 하나님이 필요하죠?"라고 거침없이 합니다. 그렇지만 우리에게는 주님이 꼭 필요합니다. 그분과 하나가 되어야 합니다. 만약 우리가 딱딱한 껍질 안에 홀로 살아간다면, 주님이 들어오실 수 없을 뿐만 아니라 나중에 껍질에서 빠져 나올 가능성도 희박해집니다.

오스왈드 챔버스의 메시지

성령님이 여러분 안에서 역사하실 때 여러분의 내면을 잘 관찰하세요. 그분은 여러분을 한계점까지 밀어붙여 반드시 둘 중 하나를 선택하게 하십니다. 그러면 여러분은 "나는 성령님께 항복하지 않을 거야!"라고 선언하며 반항하든지, 아니면 단단한 껍질을 깨고 나와 성령님께 항복하든지 둘 중에 하나를 선택해야 합니다. 만일 항복하면 새로운 영적 삶이 시작됩니다.

하나님과 나만의 이야기

여러분과 하나님 사이를 가로막는 것이 있어서는 안 됩니다. 하나님께 여러분 안에 은밀한 것들을 다 털어놓으세요.

단단한 여러분의 내면의 껍질을 깨고 나와 새롭게 시작하세요.

Dec. 12
내가 누구인지 모르겠어

내게 주신 영광을 내가 그들에게 주었사오니 이는 우리가 하나가 된 것 같이 그들도 하나가 되게 하려 함이니이다 (요 17:22)

우리는 여러 역할을 하며 여러 모습으로 살아갑니다. 그래서 때로는 "나도 내가 누구인지 잘 모르겠어"라고 말하며 고민할 때가 있습니다. 우리도 우리 자신을 다 알지 못합니다. 우리를 완전히 이해하시는 분은 우리를 창조하신 하나님뿐입니다. 하나님은 여러분과 하나가 되기를 원하십니다. 이것이 그분의 목표입니다. 그래서 예수님도 의미심장하게 "우리가 하나가 된 것 같이 그들도 하나가 되게" 해 달라고 기도하셨습니다. 만일 여러분의 여러 모습이 하나가 되어 하나님과 연합한다면 어떻게 될지 상상해 보세요.

오스왈드 챔버스의 메시지

바다 가운데 있는 섬은 단지 큰 산의 일부일지도 모릅니다. 우리의 모습도 이와 같습니다. 우리는 자신의 깊은 내면을 알 수도, 측량할 수도 없습니다. 우리는 스스로를 안다고 생각하지만, 창조주이신 하나님만이 우리를 온전히 이해하실 수 있습니다.

하나님과 나만의 이야기

발전소에서 보내는 전기가 도시의 각 지역으로 공급되어 빛을 전달하듯이, 하나님이 공급하시는 능력이 여러분 각각의 다양한 역할을 통해 생생하게 드러나도록 간구하세요.

여러분의 다양한 모습이 하나님의 생명과 연합하여
빛을 발하게 하세요!

어떻게 기도할까요?

Dec. 13

예수께서 그들에게 항상 기도하고 낙심하지 말아야 할 것을 비유로 말씀하여 (눅 18:1)

우리는 어려움에 처한 친구를 볼 때, 어서 문제가 해결되기를 바라며 기도드립니다. 그러나 하나님은 그 친구를 강하게 하시기 위해 그 어려운 상황을 허락하셨을지 모릅니다. 하나님은 분명한 목표를 가지고 일하시니까요. 그러니 길을 잃은 사람이 길을 찾도록 기도하지 말고, 하나님을 발견하도록 간구하세요. 고통을 겪는 사람이 고통에서 해방되도록 기도하지 말고, 주님을 만나게 해 달라고 간청하세요. 이것이 바로 중보기도입니다.

오스왈드 챔버스의 메시지

중보기도를 드릴 때 하나님과 우리의 관계는 완전히 열립니다. 중보기도를 할 때 꼭 주의해야 할 점이 있는데, 그것은 대상자가 '일시적으로' 회복되도록 기도해서는 안 된다는 것입니다. 우리는 그가 온전히 하나님의 생명과 연합되도록 기도해야 합니다. 우리가 중보기도할 때, 하나님은 놀라운 일을 행하십니다.

하나님과 나만의 이야기

지금 어려운 상황에 빠진 친구를 떠올려 보세요. 그러나 그 친구의 문제가 해결되도록 기도하지는 마세요. 오직 하나님께서 그에게 능력과 인내를 주시고, 이 과정 가운데 하나님을 알게 해 달라고 기도드리세요.

문제의 해결을 위해 기도하지 마세요.
그 문제 안에서 하나님을 만나기를 사모하세요.

Dec. 14

평안 누리기

평안을 너희에게 끼치노니 곧 나의 평안을 너희에게 주노라 … 너희는 마음에 근심하지도 말고 두려워하지도 말라 (요 14:27)

하나님으로부터 멀어지면 당연히 문제가 생깁니다. 만일 우리가 어려움 가운데서 하나님께 불평한다면 이는 핵심을 놓치고 있는 것입니다. 반면 "주님을 신뢰합니다. 제가 이 상황을 받아들여 주님께서 저를 어떻게 인도하시는지 인내하며 지켜보게 해 주세요"라고 고백한다면, 주님은 놀라운 평안을 주실 것입니다. 어려움이 닥쳐올 때, 참고 견디며 하나님의 인도하심을 기다리세요.

오스왈드 챔버스의 메시지 하나님께 순종하면 그 증거로 평안을 주십니다. 이것은 세상이 주는 평안과는 차원이 다릅니다. 혹시 이러한 평안을 느껴보지 못했다면, 주실 때까지 기다리든지 아니면 왜 주시지 않는지 그 이유를 찾아보세요. 만일 여러분이 충동에 사로잡혀 있거나 영웅심으로 행동하고 있다면 예수님의 평안이 임하지 않을 것입니다. 이러한 현상은 하나님을 신뢰하지 못한다는 사실을 입증하기 때문입니다.

하나님과 나만의 이야기 하나님의 주권을 인정하며 다음과 같이 고백하세요. "저는 주님의 소유물입니다. 필요한 곳에 저를 보내주세요." 만약 이때 평안을 느끼지 못한다면 기다리세요. 아무 응답이 없을 것이라고 속단하지 마세요. 하나님은 여러분에게 반드시 평안을 주십니다.

평안은 싸워서 얻는 것이 아닙니다.
순종으로 주어지는 것입니다.

간증 훈련

Dec. 15

너는 진리의 말씀을 옳게 분별하며 부끄러울 것이 없는 일꾼으로 인정된 자로 자신을 하나님 앞에 드리기를 힘쓰라 (딤후 2:15)

처음에는 쉽지 않겠지만 포기하지 말고 여러분의 믿음에 대해 다른 사람들에게 고백하세요. 계속해서 입을 다물고 있으면 아무 영향력도 행사하지 못합니다. 입을 열어 마음에 있는 것을 잘 표현하게 해 달라고 하나님께 기도드리세요. 가장 훌륭한 선생은 모르는 것을 가르쳐 주는 사람이 아니라, 마음속 깊이 묻혀 있는 것을 끄집어내주는 사람입니다.

오스왈드 챔버스의 메시지

여러분이 깨달은 진리를 잘 설명할 수 있도록 연구하세요. 만약 그렇게 하지 않으면 누군가가 진리를 깨닫지 못하고 하나님의 복을 놓칠 수도 있습니다. 이제부터 하나님의 진리를 이해할 수 있도록 잘 설명하는 연습을 하세요. 그러면 하나님께서 여러분을 통해 복음을 전하실 것입니다. 하나님의 진리를 분명하게 표현할 수 있도록 연습하고 훈련하세요. 여러분의 설명이 다른 사람에게 힘을 공급하는 귀한 '포도주'가 될 날이 올테니까요.

하나님과 나만의 이야기

진리를 표현하는 것은 참 어렵습니다. 그러나 하나님께서 도와주실 것입니다. 여러분을 통해 진리가 전해지기를 사모하며 기도드리세요.

하나님의 진리를 분명하게 표현할 수 있도록 연습하고 훈련하세요.

Dec. 16

잘 분별해야 합니다

> 모든 기도와 간구를 하되 항상 성령 안에서 기도하고 이를 위하여 깨어 구하기를 항상 힘쓰며 여러 성도를 위하여 구하라 (엡 6:18)

우리는 하나님이 막지 않으시면 그분이 다 허락하신 일이라고 여깁니다. 그러나 하나님은 우리가 모든 일을 선택하게 하십니다. 하나님은 우리를 세탁기 속에서 물살에 휩쓸려 돌아가는 수건처럼 하나님의 뜻에 따라 휘둘리는 존재로 만들지 않으셨습니다. 그러기에 우리는 더욱 무엇이 옳고 그른지 분별하여 선택해야 합니다. 주님의 뜻을 따르는 것은 쉽지 않습니다. 하지만 어떤 상황에서도 주님은 우리와 동행해 주십니다.

오스왈드 챔버스의 메시지

언제나 하나님의 확실하신 뜻과 하나님께서 허용하시는 상황을 구별하세요. 하나님의 뜻은 결코 바뀔 수 없는 것이고, 하나님이 허용하시는 상황은 그분의 섭리 가운데서 우리에게 허락되는 것입니다. 허용된 상황 속에서 우리는 하나님 앞에서 씨름해야 합니다. 허용된 상황에서 하나님의 뜻을 따라야 합니다.

하나님과 나만의 이야기

언제나 선택할 수 있는 기회를 주신 하나님께 감사드리세요. 여러분이 어떤 선택을 하든지 항상 함께하십니다.

정의를 위해 싸우고 연약한 사람을 위해 싸우세요.
그러나 하나님과는 싸우지 마세요. 절대로 이기지 못하니까요.

목마릅니다!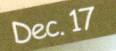

Dec. 17

육에 속한 사람은 하나님의 성령의 일들을 받지 아니하나니 이는 그것들이 그에게는 어리석게 보임이요 (고전 2:14)

모든 인간은 하나님을 찾게 되어 있습니다. 비록 자신이 분명하게 의식하지 못한다 할지라도 말입니다. 하나님을 갈망하는 사람이라면, 그분이 자신의 삶에 얼마나 필요한 분이신지를 절실히 깨달을 것입니다. 혹시 목마릅니까? 오직 하나님만이 그 갈증을 해결해 주실 수 있습니다. 그런데 사실은 우리가 하나님을 갈망하는 것이 아니라, 하나님이 우리 마음속에 주님을 갈망하는 마음을 주시는 것입니다.

오스왈드 챔버스의 메시지

마음속에 갈망을 창조하시는 분은 바로 하나님이십니다. 그런데 하나님은 우리가 그것을 요청할 때까지 주지 않으십니다. 그것은 주기 싫어서가 아니라, 십자가의 구속과 관련하여 그렇게 하시기로 정하셨기 때문입니다. 우리가 간구하면 주님은 전에 없던 새로운 것을 우리 안에 창조해 주십니다.

하나님과 나만의 이야기

하나님을 갈망하는 마음을 더욱 부어달라고 기도드리세요. 늘 그분을 목말라하세요. 그래야 하나님의 임재를 누릴 수 있습니다.

하나님을 갈망하는 마음을 주시는 분도
그 갈망을 채워주시는 분도 하나님이십니다.

Dec. 18 — 잘되면 내 탓, 안 되면 하나님 탓?

> 우리가 알거니와 하나님을 사랑하는 자 곧 그의 뜻대로 부르심을 입은 자들에게는 모든 것이 합력하여 선을 이루느니라 (롬 8:28)

우리는 일이 잘 풀릴 때에는 자신의 공으로 돌리고, 일이 꼬일 때에는 하나님 탓으로 돌립니다. 그렇지만 실제로 주님은 모든 것을 통치하십니다. 여전히 여러분이 내린 결정으로 인해 행복과 불행이 찾아온다고 믿나요? 아닙니다. 우리는 매우 한정된 시각으로 보지만 하나님은 전체를 보십니다. 그러니 하나님께 복종하세요. 하나님이 여러분을 통해 그분의 일을 하십니다.

오스왈드 챔버스의 메시지

우리는 주님이 모든 것을 주관하신다고 말하지만, 실제로는 그렇게 믿지 않을 때가 많습니다. 오히려 자신이 모든 것을 통제하는 것처럼 행동합니다. 하나님은 때로 우리의 환경을 산산조각 내셔서 우리가 얼마나 하나님의 주권을 거부하고 살아왔는지를 깨닫게 하십니다.

하나님과 나만의 이야기

하나님께서 지금까지 여러분의 삶을 어떻게 지켜주셨는지 되돌아보세요. 그리고 그분의 손길을 느끼며 "주님께서 주관하십니다"라고 고백해 보세요. 만일 진심으로 고백하지 못한다면, 하나님은 여러분을 잠시 어려운 환경에 처하게 하셔서 그것을 확실히 깨닫게 하실 것입니다.

좋은 일도 일어나고 나쁜 일도 생깁니다.
이 모든 일을 하나님이 주관하십니다.

예수님의 손을 잡으세요

Dec. 19

내가 세상에 화평을 주러 온 줄로 생각하지 말라 화평이 아니요 검을 주러 왔노라 (마 10:34)

지금 여러분은 아주 높고 가파른 벽을 오르고 있습니다. 그런데 반대편에서 "내가 여기 있으니 믿고 내게 손을 뻗어라"는 예수님의 음성이 들려옵니다. 여러분이라면 어떻게 하실 건가요? 예수님을 믿고 손을 놓을 수 있나요? 떨어질 수도 있는데요? 오늘날 많은 사람들이 자신만의 삶을 포기하는 것이 두려워서 거듭난 삶을 살지 못하고 있습니다. 지금 그들의 삶이 엉망인데도 말입니다. 여러분은 어떤가요?

오스왈드 챔버스의 메시지

지금도 많은 사람들은 이 세상에서 하나님 없이도 행복하다고 착각합니다. "내가 이렇게 행복하고 양심적으로 사는데 왜 그리스도가 필요하다는 말입니까?" 그러나 이들이 누리는 행복과 평화는 잘못된 길에서 누리는 것입니다. 그들이 예수님을 영접해야만 진정한 행복을 누릴 수 있습니다.

하나님과 나만의 이야기

하나님의 음성을 듣게 해 달라고 기도드리세요. 그래야 여러분이 지금 붙잡고 있는 것을 놓을 수 있습니다. 그분의 음성에 귀를 기울이시고 그분을 믿으세요.

지금 잡고 있는 것을 놓아야 삽니다.
그리고 주님의 손을 움켜잡으세요.

삶으로 전하는 복음

Dec. 20

내가 땅에서 들리면 모든 사람을 내게로 이끌겠노라 (요 12:32)

이제 우리는 예수님을 세상 사람들에게 알려야 합니다. 무엇보다 말이 아닌 삶을 통해 전해야 합니다. 하나님은 여러분 안에 계십니다. 그러니 여러분 주변의 사람들이 여러분을 통해 하나님을 보게 하세요. 때로는 예수님을 전하기 위해 여러분이 그들의 힘든 상황 속으로 들어가야 될지도 모릅니다.

오스왈드 챔버스의 메시지

우리가 꼭 해야 할 한 가지 일이 있는데, 그것은 바로 십자가에 달린 예수 그리스도를 전하는 것입니다. 다시 말하면 언제나 사람들이 예수님을 바라보게 하는 것입니다. 그리스도의 십자가에 뿌리를 내리지 않은 가르침은 사람들을 잘못된 길로 인도합니다. 하나님의 일꾼은 죄를 드러내고 예수님을 구세주로 소개하는 사람입니다. 그래서 아마도 이들은 매력적이거나 친절하게 보이지 않을 것입니다. 때로는 엄하고 무서운 사람으로 보일 수도 있습니다.

하나님과 나만의 이야기

하나님은 용기가 필요할 때 용기를 주시고 말이 막힐 때 할 말을 주시며 낙심할 때 믿음을 주십니다. 그런데 이것을 얻으려면, 먼저 여러분이 벌떡 일어나 세상을 향해 나아가야 합니다.

하나님은 선하십니다. 그러나 여러분이 전하지 않으면 아무도 모를 것입니다. 크게 외치세요. 사람들이 놀라서 쳐다보도록 말이에요.

믿으면 됩니다

Dec. 21

> 우리가 세상의 영을 받지 아니하고 오직 하나님으로부터 온 영을 받았으니 이는 우리로 하여금 하나님께서 우리에게 은혜로 주신 것들을 알게 하려 하심이라 (고전 2:12)

하나님은 눈에 안약을 조금씩 떨어뜨리듯이 자신을 우리에게 주지 않으셨습니다. 그러니 주님의 은혜를 받기 위해 줄을 서서 오래 기다릴 필요가 없습니다. 그분은 성령님을 보내주셔서 우리를 완전히 감싸 주십니다. 우리는 예수님만 믿으면 됩니다. 예수님을 통해 하나님을 알고, 성령님을 통해 은혜를 받기 때문입니다. 우리는 하나님께서 주신 은혜에 감사해야 합니다. 하나님께 감사할 때 모든 것이 새롭게 시작됩니다.

오스왈드 챔버스의 메시지

예수님의 구속을 경험한 성도는 자신을 초월하는 신앙 체험을 하면서 살아갑니다. 그는 언제나 체험이 아닌 진정한 실재이신 예수님의 구속에 관심을 갖습니다. 만일 신앙 체험이 진리의 근원이신 예수님께 나아가지 못하게 한다면 그것은 아무 가치가 없습니다.

하나님과 나만의 이야기

하나님께 감사의 고백을 드리세요. 우리가 믿으면 하나님은 더 많은 것을 주십니다. 예수님이 그렇게 말씀하셨습니다. 그대로 믿고 감사하세요.

주님의 은혜에 감사하세요. 모든 것이 새롭게 변화됩니다.

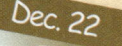

믿기로 결심했습니다!

나를 보내신 아버지께서 이끌지 아니하시면 아무도 내게 올 수 없으니 오는 그를 내가 마지막 날에 다시 살리리라 (요 6:44)

이제 여러분은, 왜 여러분이 믿음을 갖게 되었는지 알고 싶어 하는 사람들을 계속 만나게 될 것입니다. 아마도 그들은 눈에 보이지 않는 하나님을 어떻게 믿게 되었냐고, 동정녀 탄생을 어떻게 믿을 수 있냐고, 고통뿐인 세상에서 어떻게 사랑의 하나님을 믿게 되었냐고 물을 것입니다. 대답은 간단합니다. "내가 믿기로 결심했기 때문입니다!" 불신자는 믿지 않기로 결심했기 때문에 안 믿는 것이고, 우리는 믿기로 결심했기 때문에 믿는 것입니다. 그래서 믿음의 사람은 하나님께 더 가까이 나아갈 수밖에 없고, 믿지 않기로 결심한 사람은 하나님으로부터 더욱 멀어지며 더 격렬하게 싸울 수밖에 없습니다.

오스왈드 챔버스의 메시지

믿음은 믿으려는 '의지'에서 나옵니다. 하나님의 기적에 의해 주님과 관계를 맺을 때, 우리는 믿으려는 의지를 행사해야 합니다. 그러면 삶에서 놀라운 변화가 일어났음을 깨닫고 진정으로 감사하게 됩니다. 하나님과 우리의 관계는 지적인 관계가 아니라 무엇보다 개인적이며 인격적인 관계임을 기억해야 합니다.

하나님과 나만의 이야기

누구나 때로 의심합니다. 하지만 믿기로 결단하고 하나님께 그 믿음을 드리세요.

믿기로 결심하고 믿으세요.
그러면 됩니다.

마술처럼

그러나 내게는 우리 주 예수 그리스도의 십자가 외에 결코 자랑할 것이 없으니 (갈 6:14)

신앙생활은 마술과 같습니다. 그렇다고 해서 공중에 걸린 줄 위에서 묘기를 부리는 서커스나 축제 때 하는 마술 시범을 떠올리면 안 됩니다. 예수님과 진정으로 하나가 되면, 인간의 이해력을 초월하는 뭔가가 일어나는 것을 보게 됩니다. 마치 마술처럼요. 우리가 이 비밀을 깨달으면 모든 것이 변화됩니다. 단순한 행동도 그 차원을 넘어섭니다. 우리가 예수님의 임재를 경험하면 말로 형언할 수 없는 뭔가가 일어납니다. 그런데 죄에 대해 죽을 때 그 변화가 더 커진다고 하네요.

오스왈드 챔버스의 메시지

주님은 이렇게 선언하십니다. "나를 떠나서는 너희가 아무 것도 할 수 없음이라"(요 15:5). 그러기에 기독교의 바탕은 예수님께 드리는 개인적이며 열정적인 헌신이 될 수밖에 없습니다.

하나님과 나만의 이야기

예수님은 지금 여기에 계십니다. 여러분이 이 책을 읽는 순간에도 주님께서 여러분의 어깨에 그분의 손을 얹고 계십니다. 주님의 임재를 느끼며 잠시 책을 덮고 기도드리세요.

진짜 마술이 여기에 있습니다.
예수님을 믿으세요.

Dec. 24 위험하지 않아요

이는 너희가 죽었고 너희 생명이 그리스도와 함께 하나님 안에 감추어졌음이라 (골 3:3)

어떤 사람은 예수님의 제자로 사는 것이 마치 공중에 걸린 줄 위를 걷는 것처럼 위험하다고 생각합니다. 그런데 이것은 정말 어리석은 생각입니다. 하나님 없이 살아가는 것이 오히려 더 위험합니다. 성도는 점차 발판이 넓어지는 긴 사닥다리를 올라가는 사람들입니다. 땅에 있는 사람들이 볼 때에는 곧 떨어질 것 같지만, 하나님의 사람들은 늘 더 안전한 상태에 머물게 됩니다. 예수님은 "너희는 마음에 근심하지 말라"(요 14:1)고 명령하셨습니다. 여러분이 하나님을 진정으로 알면 '절대로' 근심에 빠지지 않습니다. 예수님께서 약속하신 평안이 여러분을 지배하기 때문입니다.

오스왈드 챔버스의 메시지

우리는 거룩한 삶을 사는 것이 가장 불확실하고 불안한 것처럼 이야기합니다. 실제로는 가장 안전한데 말입니다. 이는 전능하신 하나님이 함께하시기 때문이죠. 이 세상에서 가장 위험하고 불안한 삶은 하나님 없이 살아보려고 하는 태도에서 비롯됩니다. 거듭난 성도에게는 하나님과 바른 관계를 맺으며 사는 삶이 가장 쉽고, 그릇된 길로 가는 삶이 오히려 가장 어렵습니다.

하나님과 나만의 이야기

염려하지 마세요. 실패할 거라고 미리 걱정하지 마세요. 절대로 하나님은 여러분을 버리지 않으십니다.

동요하지 말고 하나님과의 관계에 신경쓰세요.
예수님이 바로 이곳에 계시니까 염려하지 마세요!

크리스마스 선물, 예수님

> 그러므로 주께서 친히 징조를 너희에게 주실 것이라 보라 처녀가 잉태하여 아들을 낳을 것이요 그 이름을 임마누엘이라 하리라 (사 7:14)

우리는 "주님의 제자가 되기를 원합니다"라고 고백하는 순간, 예수님과 연합하게 됩니다. 주님은 우리의 생각, 사랑을 베푸는 행동 등 우리의 모든 것을 통해 역사하십니다. 우리가 이 세상에 존재하는 목적은 우리 안에 있는 빛을 사람들에게 보여 주기 위함입니다. 여러분은 그 빛을 나타내고 있나요?

오스왈드 챔버스의 메시지

예수님은 가장 비천한 문을 통해 이 세상에 들어오셔서 가장 고상하고 거룩한 삶을 사셨습니다. 그분의 탄생은 성육신, 즉 하나님이 인간의 몸을 입고 내려오신 사건입니다. 거듭난 성도는 자신을 완전히 주님께 드리고 그분과 연합합니다. 그리고 삶을 통해 그분을 나타내기 시작합니다.

하나님과 나만의 이야기

오늘은 크리스마스 선물, 즉 여러분 안에 계신 예수님을 친구들에게 다음껏 자랑하세요. 여러분의 삶을 통해 예수님이 마음껏 활동하게 하세요. 여러분의 손과 발, 입과 마음이 하나님의 도구로 사용되게 하세요.

최고의 선물은 예수님입니다.
우리를 위해 이 땅에 오신 예수님을 찬양해요!

빛 가운데로

> 그가 빛 가운데 계신 것 같이 우리도 빛 가운데 행하면 우리가 서로 사귐이 있고 그 아들 예수의 피가 우리를 모든 죄에서 깨끗하게 하실 것이요 (요일 1:7)

여러분을 하나님으로부터 멀어지게 만드는 악한 요소들을 잘 알고 있나요? 아마도 의식하지 못하는 것도 아주 많을 것입니다. 그런데 하나님의 환한 빛에 들어서면 모든 것이 다 드러나게 될 것입니다. 만약 악한 요소들을 깨닫지 못한 사람은 그것들로 인해 해를 입어야만 비로소 사태의 심각성을 깨닫게 될 것입니다.

오스왈드 챔버스의 메시지 하나님이 빛 가운데 계신 것처럼 우리도 빛 가운데 살아야 합니다. 여기서 말하는 빛은 양심의 빛이 아니라 하나님의 빛을 말합니다. 이 빛은 죄가 얼마나 나쁜지를 절실히 깨닫게 해 줍니다. 게다가 우리 안에서 역사하시는 하나님의 사랑은 성령님과 더불어 그분의 거룩하신 속성과 어울리지 않는 모든 것을 증오하게 만듭니다. '빛 가운데 행한다'는 표현은 어둠에 속한 것으로 인해 오히려 빛의 중심을 향해 더 가까이 나아가는 행위를 의미합니다.

하나님과 나만의 이야기 두려움은 우리로 하여금 빛에서 멀어지게 만듭니다. 혹시 하나님이 여러분의 악한 요소를 찾아내실까 봐 두렵나요? 빛으로 나아갈 수 있는 용기를 달라고 하나님께 기도드리세요.

하나님이 빛 가운데 거하시듯 여러분도 빛 안에서 사세요.
빛을 발하세요.

사랑으로 승리하세요

Dec. 27

여호와께서 이르시되 이스라엘아 네가 돌아오려거든 내게로 돌아오라 네가 만일 나의 목전에서 가증한 것을 버리고 네가 흔들리지 아니하며 (렘 4:1)

여러분은 지금까지 "하나님, 저는 주님의 종입니다"라는 고백을 수없이 해왔습니다. 그러나 이 고백을 믿음으로 하지 않았다면, 이는 마치 폭포 근처에 서서 튀기는 물방울로 몸을 적시며 만족하는 사람과 같습니다. 그것은 폭포 속으로 뛰어들어 소용돌이치는 물살을 온몸으로 느끼는 짜릿한 쾌감과는 비교가 안 될 것입니다.

오스왈드 챔버스의 메시지

영적 전쟁의 성패는 외부에서가 아니라 나의 의지라는 은밀한 장소에서 먼저 결정됩니다. 영적 전쟁이 몇 분이 걸릴지, 몇 년이 걸릴지는 우리에게 달려 있지 하나님께 달려 있지 않습니다. 이때 우리는 자아를 포기하는 힘든 과정을 감내해야만 합니다. 하나님 앞에서 이 전투를 치르고 승리한 성도는 어느 누구도 감당하지 못합니다.

하나님과 나만의 이야기

하나님은 언제나 여러분을 사랑하십니다. 이 진리를 절대로 잊지 마세요. 그분은 언제나 여러분을 받아주시고 놀라운 사랑을 베풀어 주십니다. 그 사랑으로 모든 것을 이겨나가세요.

영적 전쟁의 기간은 여러분에게 달려 있습니다.
예수님의 사랑 안에서 어서 여러분 자신을 포기하세요.

Dec. 28 — 평생 아이로 사세요

> 이르시되 진실로 너희에게 이르노니 너희가 돌이켜 어린아이들과 같이 되지 아니하면 결단코 천국에 들어가지 못하리라 (마 18:3)

예수님은 하나님 나라를 이해하기 위해서는 어린아이와 같이 되어야 한다고 말씀하셨습니다. 우리도 이 말씀을 종종 인용하곤 합니다. 그런데 여기서 문제는 우리가 어린아이에 머물지 않고 점점 커진다는 데 있습니다. 예수님을 알수록 더욱 겸손해지세요. 반항하지 말고 순종하세요.

오스왈드 챔버스의 메시지

교만한 마음은 하나님의 보좌를 향해 침을 뱉으며 "절대로 복종하지 않을 거야!"라고 말하며 반항합니다. 세상은 이러한 반항과 하나님 없이 살아가려는 태도를 미화합니다. 안타깝게도 인간은 완고함이라는 가장 큰 약점을 강점으로 착각합니다. 우리는 아직도 하나님께 순복하지 못한 부분이 수두룩합니다. 이 문제는 끊임없는 회심(回心)에 의해서만 해결될 수 있습니다. 우리는 천천히, 그리고 동시에 삶의 모든 영역이 성령님의 통제 아래 들어가게 해야 합니다.

하나님과 나만의 이야기

오늘은 어린아이처럼 기도드리세요. 어린아이처럼 겸손하고 순수한 마음으로 하나님의 이름을 부르세요. 그분이 들으시고 계십니다.

이제는 어린아이가 아니라고요?
나이가 들어가도 하나님 앞에서 아이 같은 순진한 마음을 유지하세요.

불공평하다고 느끼나요?

Dec. 29

그 때부터 그의 제자 중에서 많은 사람이 떠나가고 다시 그와 함께 다니지 아니하더라 (요 6:66)

신앙생활을 하다 보면 질문이 생기게 마련입니다. 우리는 종종 이런 질문을 던집니다. "지금까지 예수님이 말씀하신 대로 살아왔는데 도대체 그 보상이 뭐지?" "그 애는 성경대로 살지 않아도 잘 살잖아. 이건 정말로 불공평해!" 그런데 이렇게 말해서는 안 됩니다. 우리는 누가 어떤 축복을 받고 어떻게 사는지에 대해 판단할 처지가 아니기 때문입니다. 하나님은 여러분의 필요를 아시며 여러분을 향한 계획을 가지고 계십니다. 그분을 의지하세요. 만일 여러분이 다른 사람을 판단한다면, 성장하지 못하게 됩니다. 다른 사람의 일로 인해 초조해 하지 말고 하나님께 시선을 고정시키세요. 믿음의 길을 따라가며 예수님만 바라보세요.

오스왈드 챔버스의 메시지

여러분을 다른 사람과 비교하지 마세요. 그리고 판단하지도 마세요. 그것은 그들과 하나님 사이의 문제입니다. 만약 하나님과 논쟁을 한다면 소유욕과 자기주장이 여러분 안에서 싹트기 시작합니다. 그런데 예수님은 이러한 요소들을 무가치한 것으로 간주하셨을 뿐 아니라, 자신과 전혀 어울릴 수 없는 모든 것의 뿌리로 여기시며 항상 배척하셨습니다.

하나님과 나만의 이야기

하나님만 바라보세요. 주님의 부르심만 기억하며 살겠다고 다짐하세요.

무엇이 불공평한가요?
판단은 하나님만이 하십니다.

Dec. 30 — 인생의 연료

노래하는 자와 뛰어 노는 자들이 말하기를 나의 모든 근원이 네게 있다 하리로다 (시 87:7)

지금까지 여러분은 인생의 연료를 어떻게 공급받았나요? 자신의 능력이나 자부심이었나요, 아니면 누군가의 위로였나요? 이제부터는 다른 방법으로 공급받아야 합니다. 새로운 방법, 즉 말씀 묵상, 기도, 예배를 통해서 말입니다. 그 이유는 여러분의 새 자아가 새로운 공급원을 요구하기 때문입니다. 이 새로운 자아는 바로 여러분 안에 계신 하나님입니다. 여러분은 시간이나 장소, 그리고 방법에 구애받지 않고 그분을 통해 영혼을 새롭게 할 수 있습니다.

오스왈드 챔버스의 메시지 하나님은 우리의 노력을 좌절시키는데, 그것은 바로 주님께서 우리 안에서 역사하신다는 증거입니다. 하나님은 계속해서 우리가 예수 그리스도의 생명과 접촉하게 하려고 애쓰십니다. 인간의 미덕으로는 예수님의 생명을 절대로 설명할 수가 없기 때문이죠. 그런데 슬픈 현실은 하나님을 섬기는 사람들이 그분의 은혜를 의지하기보다 자신의 미덕을 더 의지한다는 점입니다.

하나님과 나만의 이야기 지금부터는 하나님으로부터 모든 인생의 연료를 공급받으세요. 주님께 날마다 새롭게 해 달라고 기도드리세요. 여러분이 무슨 일을 하든 상관이 없습니다.

이제 세상의 모든 공급원을 버리세요.
오직 하나님의 은혜를 의지하세요.

이제 어떻게 하죠?

Dec. 31

여호와께서 너희 앞에서 행하시며 이스라엘의 하나님이 너희 뒤에서 호위하시리니 너희가 황급히 나오지 아니하며 도망하듯 다니지 아니하리라 (사 52:12)

과거: 지난 일 년을 되돌아보며 이 책을 쭉 훑어보세요. 읽은 내용들이 잘 생각나세요? 계획한 대로 잘 진행되었나요? 무엇보다 우리는 과거를 돌아보며 하나님이 함께하셨다는 사실을 발견하고 놀랄 것입니다. 주님은 우리의 과거를 통해 그분의 목적을 성취하십니다. 과거는 절대로 사라지지 않습니다. 과거의 사건으로 인해 지금의 우리가 존재하니까요.

오늘: 새로운 마음으로 오늘 하루를 시작하세요. 과거는 이미 여러분의 손을 떠나 바꿀 수 없습니다. 앞으로 헤쳐 나가야 할 미래가 여러분 앞에 놓여 있고, 그 미래가 어떻게 전개될지는 아무도 모릅니다. 지금까지 인도하신 하나님, 또 앞으로 인도하실 하나님을 묵상하며 기도하고 찬양하며 감사하세요.

 오스왈드 챔버스의 메시지

되돌릴 수 없는 과거는 하나님의 손에 맡기고 다가오는 미래를 향해 주님과 함께 힘차게 나아가세요.

하나님과 나만의 이야기

무작정 미래로 뛰어들지 말고 하나님이 동행하신다는 진리를 믿고 나아가세요. 한 걸음 한 걸음 내디딜 때마다 세상 사람들에게 이 진리를 전파하며 하나님께 영광을 돌리세요.

하나님은 어제나 오늘이나 영원히 동일하십니다.
아멘, 아멘!

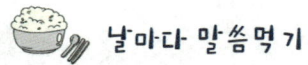
날마다 말씀먹기

책																									
창 세 기	1	2	3	4	5	6	7	8	9	10	11	12	13	14	15	16	17	18	19	20	21	22	23	24	25
	26	27	28	29	30	31	32	33	34	35	36	37	38	39	40	41	42	43	44	45	46	47	48	49	50
출애굽기	1	2	3	4	5	6	7	8	9	10	11	12	13	14	15	16	17	18	19	20	21	22	23	24	25
	26	27	28	29	30	31	32	33	34	35	36	37	38	39	40										
레 위 기	1	2	3	4	5	6	7	8	9	10	11	12	13	14	15	16	17	18	19	20	21	22	23	24	25
	26	27																							
민 수 기	1	2	3	4	5	6	7	8	9	10	11	12	13	14	15	16	17	18	19	20	21	22	23	24	25
	26	27	28	29	30	31	32	33	34	35	36														
신 명 기	1	2	3	4	5	6	7	8	9	10	11	12	13	14	15	16	17	18	19	20	21	22	23	24	25
	26	27	28	29	30	31	32	33	34																
여호수아	1	2	3	4	5	6	7	8	9	10	11	12	13	14	15	16	17	18	19	20	21	22	23	24	
사 사 기	1	2	3	4	5	6	7	8	9	10	11	12	13	14	15	16	17	18	19	20	21				
룻 기	1	2	3	4																					
사무엘상	1	2	3	4	5	6	7	8	9	10	11	12	13	14	15	16	17	18	19	20	21	22	23	24	25
	26	27	28	29	30	31																			
사무엘하	1	2	3	4	5	6	7	8	9	10	11	12	13	14	15	16	17	18	19	20	21	22	23	24	
열왕기상	1	2	3	4	5	6	7	8	9	10	11	12	13	14	15	16	17	18	19	20	21				
열왕기하	1	2	3	4	5	6	7	8	9	10	11	12	13	14	15	16	17	18	19	20	21	22	23	24	25
역 대 상	1	2	3	4	5	6	7	8	9	10	11	12	13	14	15	16	17	18	19	20	21	22	23	24	25
	26	27	28	29																					
역 대 하	1	2	3	4	5	6	7	8	9	10	11	12	13	14	15	16	17	18	19	20	21	22	23	24	25
	26	27	28	29	30	31	32	33	34	35	36														
에 스 라	1	2	3	4	5	6	7	8	9	10															
느헤미야	1	2	3	4	5	6	7	8	9	10	11	12	13												
에 스 더	1	2	3	4	5	6	7	8	9	10															
욥 기	1	2	3	4	5	6	7	8	9	10	11	12	13	14	15	16	17	18	19	20	21	22	23	24	25
	26	27	28	29	30	31	32	33	34	35	36	37	38	39	40	41	42								
시 편	1	2	3	4	5	6	7	8	9	10	11	12	13	14	15	16	17	18	19	20	21	22	23	24	25
	26	27	28	29	30	31	32	33	34	35	36	37	38	39	40	41	42	43	44	45	46	47	48	49	50
	51	52	53	54	55	56	57	58	59	60	61	62	63	64	65	66	67	68	69	70	71	72	73	74	75
	76	77	78	79	80	81	82	83	84	85	86	87	88	89	90	91	92	93	94	95	96	97	98	99	100
	101	102	103	104	105	106	107	108	109	110	111	112	113	114	115	116	117	118	119	120	121	122	123	124	125
	126	127	128	129	130	131	132	133	134	135	136	137	138	139	140	141	142	143	144	145	146	147	148	149	150
잠 언	1	2	3	4	5	6	7	8	9	10	11	12	13	14	15	16	17	18	19	20	21	22	23	24	25
	26	27	28	29	30	31																			
전 도 서	1	2	3	4	5	6	7	8	9	10	11	12													
아 가	1	2	3	4	5	6	7	8																	
이 사 야	1	2	3	4	5	6	7	8	9	10	11	12	13	14	15	16	17	18	19	20	21	22	23	24	25
	26	27	28	29	30	31	32	33	34	35	36	37	38	39	40	41	42	43	44	45	46	47	48	49	50
	51	52	53	54	55	56	57	58	59	60	61	62	63	64	65	66									
예레미야	1	2	3	4	5	6	7	8	9	10	11	12	13	14	15	16	17	18	19	20	21	22	23	24	25
	26	27	28	29	30	31	32	33	34	35	36	37	38	39	40	41	42	43	44	45	46	47	48	49	50
	51	52																							
예레미야애가	1	2	3	4	5																				
에 스 겔	1	2	3	4	5	6	7	8	9	10	11	12	13	14	15	16	17	18	19	20	21	22	23	24	25
	26	27	28	29	30	31	32	33	34	35	36	37	38	39	40	41	42	43	44	45	46	47	48		

"최상의 하나님께 나의 최선을 드립니다"

다니엘	1	2	3	4	5	6	7	8	9	10	11	12		
호세아	1	2	3	4	5	6	7	8	9	10	11	12	13	14
요엘	1	2	3											
아모스	1	2	3	4	5	6	7	8	9					
오바댜	1													
요나	1	2	3	4										
미가	1	2	3	4	5	6	7							
나훔	1	2	3											
하박국	1	2	3											
스바냐	1	2	3											
학개	1	2												
스가랴	1	2	3	4	5	6	7	8	9	10	11	12	13	14
말라기	1	2	3	4										

마태복음	1	2	3	4	5	6	7	8	9	10	11	12	13	14	15	16	17	18	19	20	21	22	23	24	25
	26	27	28																						
마가복음	1	2	3	4	5	6	7	8	9	10	11	12	13	14	15	16									
누가복음	1	2	3	4	5	6	7	8	9	10	11	12	13	14	15	16	17	18	19	20	21	22	23	24	
요한복음	1	2	3	4	5	6	7	8	9	10	11	12	13	14	15	16	17	18	19	20	21				
사도행전	1	2	3	4	5	6	7	8	9	10	11	12	13	14	15	16	17	18	19	20	21	22	23	24	25
	26	27	28																						
로마서	1	2	3	4	5	6	7	8	9	10	11	12	13	14	15	16									
고린도전서	1	2	3	4	5	6	7	8	9	10	11	12	13	14	15	16									
고린도후서	1	2	3	4	5	6	7	8	9	10	11	12	13												
갈라디아서	1	2	3	4	5	6																			
에베소서	1	2	3	4	5	6																			
빌립보서	1	2	3	4																					
골로새서	1	2	3	4																					
데살로니가전서	1	2	3	4	5																				
데살로니가후서	1	2	3																						
디모데전서	1	2	3	4	5	6																			
디모데후서	1	2	3	4																					
디도서	1	2	3																						
빌레몬서	1																								
히브리서	1	2	3	4	5	6	7	8	9	10	11	12	13												
야고보서	1	2	3	4	5																				
베드로전서	1	2	3	4	5																				
베드로후서	1	2	3																						
요한일서	1	2	3	4	5																				
요한이서	1																								
요한삼서	1																								
유다서	1																								
요한계시록	1	2	3	4	5	6	7	8	9	10	11	12	13	14	15	16	17	18	19	20	21	22			

청소년 주님은 나의 최고봉

1판 1쇄	2015년 12월 5일
1판 10쇄	2025년 2월 20일
지은이	스티브 L. 케이스
옮긴이	장인식
발행인	조애신
편집	이소연
디자인	임은미
마케팅	전필영
경영지원	전두표
발행처	도서출판 토기장이
주소	서울시 마포구 동교로 71-1 2F
출판등록	1998년 5월 29일 제1998-000070호
전화	02-3143-0400
팩스	0505-300-0646
이메일	tletter77@naver.com
인스타그램	togijangi_books_
ISBN	978-89-7782-340-2

- 이 책은 저작권 법에 따라 보호를 받는 저작물이므로 무단 전재와 무단 복제를 금합니다.
- 이 책의 전부 또는 일부를 이용하려면 반드시 저자와 도서출판 토기장이의 동의를 받아야 합니다.

도서출판 토기장이는 생명 있는 책만 만듭니다.
"우리는 진흙이요 주는 토기장이시니 우리는 다 주의 손으로 지으신 것이니이다" (이사야 64:8)